ANNETTE LEO

Erwin Strittmatter

DIE BIOGRAPHIE

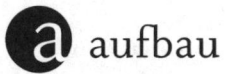

Mit 61 Abbildungen

ISBN 978-3-351-03395-8

Aufbau ist eine Marke der Aufbau Verlag GmbH & Co. KG

3. Auflage 2012
© Aufbau Verlag GmbH & Co. KG, Berlin 2012
Einbandgestaltung hißmann, heilmann, hamburg
Satz Greiner & Reichel, Köln
Reproduktion LVD GmbH, Berlin
Duck und Binden CPI – Clausen & Bosse, Leck
Printed in Germany

www.aufbau-verlag.de

INHALT

LEKTÜRE 9
Fontane-Nachfolger? 16
Dichtung und Wahrheit 24

ALLES VOLLER KINDHEIT. 1912–1929 35
Bohsdorf und der Laden 35
Gymnasium in Spremberg 45
Gespräch mit Erika Brix 52

KNECHTSTATIONEN. 1930–1938 56
Der Schulabbrecher 56
Verhaftung in Döbern 64
Von Dinslaken nach Saalfeld 69

ZELLWOLLE. 1938–1941 79
Kriegswichtig und unabkömmlich 79
Die Karteikarte 86
Gespräch mit Knut Strittmatter 94

DIE SCHWARZE BOX – DER KRIEG. 1941–1944 100
Literatur 103
Lebensläufe und Fragebögen 108
Traditionspflege West 120
Die Söhne 126
Die Briefe 130
Dražgoše 136

Noch einmal Dražgoše 142
Der Sonderauftrag 145
Das Polizei-Gebirgsjäger-Regiment 18 147
Finnland 154
Griechenland 157
Der Schuss 161
Kämpfe auf dem Festland 167

KRIEGSBERICHTER UND DESERTEUR. 1944–1945 ... 169
Die Film- und Bildstelle der Ordnungspolizei 169
Einsatz in Ostpreußen 177
In der Grauzone zwischen Ende und Anfang 181
Die Todesmarsch-Tragödie von Wallern 188

»NUN GLAUBE ICH MEINE ZEIT FÜR GEKOMMEN ...«
1945–1950 196
Nachkriegs-Neugeburt 196
Rückkehr nach Bohsdorf 204
Entnazifizierung 214
Lokalredakteur in Senftenberg 217

SCHRIFTSTELLER UND FUNKTIONÄR. 1951–1960 ... 230
In Zeiten des Formalismus 230
Brecht und das Bauernstück 235
Der 17. Juni 1953 242
Der Sekretär 259
GI »Dollgow« 268
Gespräch mit Erich Loest 275

FREUNDSCHAFTEN, KONKURRENZEN,
FEINDSCHAFTEN 282
Peter Jokostra 283
Boris Djacenko 291

Jeanne und Kurt Stern 297
Lew Kopelew und Raissa Orlowa 304
Gespräch mit Hermann Kant 311

»ICH WILL DICH LIEBER LIEB HABEN ...«
Verhältnis zu Frauen und Kindern 318

»HIER IST MIR SCHON ALLES HEIMAT«
Das Leben in Schulzenhof 339

VOM MAUERBAU BIS ZUM MAUERFALL. 1961–1989 362
Krach mit Stephan Hermlin 362
Der offene Brief 367
Nichteinmischung 374
Konflikt um den »Wundertäter III« 384

Was noch bleibt 398

ANHANG
Abkürzungen 409
Anmerkungen 413
Personenregister 434
Zeittafel 441
Danksagung 446
Bildnachweis 447

LEKTÜRE

Erwin Strittmatter war Schulstoff. Wir nahmen »Tinko« und »Ole Bienkopp« im Deutschunterricht durch. »Tinko« war in der siebten oder achten Klasse dran. Das war bei unserem Klassenlehrer Herrn Schmidt, der katholisch war und der deshalb so viele Kinder hatte, das behauptete jedenfalls meine Mutter, die war im Elternaktiv und wusste Bescheid. Herr Schmidt glaubte an Gott und gleichzeitig an den Sozialismus. Unter seiner Anleitung teilten wir die Figuren im Roman in zwei Gruppen ein: in solche, die für, und solche, die gegen den Fortschritt auf dem Lande waren. Zahlenmäßig ergab das eine ziemlich ausgeglichene Bilanz, trotzdem gewannen am Ende natürlich die Guten. Während wir im Unterricht den Tinko-Stoff behandelten, lief gleichzeitig eine Kampagne, um die letzten Einzelbauern zum Eintritt in die Landwirtschaftlichen Produktionsgenossenschaften (LPG) zu bewegen. »Sozialistischer Frühling auf dem Lande« wurde das genannt. Ich war für den Frühling. Es gab zwar keine Schlagsahne mehr zu kaufen, und die Butter und das Fleisch wurden wieder rationiert, doch das, so tröstete mich mein Vater, seien nur die Schwierigkeiten des Übergangs. In der Weltgeschichte setze sich der Fortschritt niemals ohne zeitweilige Rückschläge durch.

Mit dieser Auffassung stand ich in meiner Klasse ziemlich allein. Das war offensichtlich, obwohl meine Mitschüler bei solchen Themen im Unterricht eher schwiegen. Nur Wolfgang Kümmel, der schräg hinter mir saß, meldete sich einmal und sagte mit zitternder Stimme, er wisse von Bauern, die sich erhängt hätten, weil sie nicht in die Genossenschaft eintreten wollten. Darauf herrschte ein Moment Stille. Ich drehte mich um und starrte Wolfgang erschrocken an. Ob das stimmte, was er da gerade gesagt hatte? Was würde Herr Schmidt darauf antworten? Seltsamerweise tat Herr Schmidt so, als hätte er nichts gehört. Wir sollten das Buch aufschlagen, meinte er, und Beispiele für Strittmatters besondere Sprache heraussuchen. »Die Großmutter strich über die härene Schürze«, an diesen Satz erinnere ich mich noch, und er ist für mich bis heute verbunden mit dem Bild von Wolfgang Kümmels trotzigem blassem Gesicht.

Interessanter und aufregender als das Buch war der Film »Tinko«, den wir uns in einer Vormittagsvorstellung unseres Kinos anschauten. Dieser ohrenbetäubende Lärm im Saal jedes Mal vor einer solchen Schulvorstellung, die Gegenstände, die hin und her geworfen, die Püffe und Knüffe, die verteilt wurden. Erst wenn der Gong ertönte und das Licht erlosch, wurde es plötzlich still. Der Schauspieler Günther Simon spielte Tinkos Vater. Der Junge nennt ihn aber fast bis zum Ende des Films nur den »Heimkehrer«, weil er ihm nach so vielen Jahren Krieg und Gefangenschaft fremd geworden ist. Der »Heimkehrer« gehörte im Film übrigens zu denen, die sich für den Fortschritt auf dem Lande einsetzten. Das wunderte mich nicht, denn seitdem Günther Simon die Hauptrolle im Thälmann-Film gespielt hatte, verkörperte er für mich in allen seinen Rollen immer auch ein bisschen Ernst Thälmann, der vielleicht doch nicht tot war, wie es ja sogar in dem Lied hieß, sondern still und bescheiden in der Maschinen-Traktoren-Station eines Dorfes für den Sozialismus arbeitete.

Strittmatters Roman »Ole Bienkopp« behandelten wir 1964 oder 1965 im Unterricht, als ich schon zur Oberschule ging. Immerhin erstaunlich, dass dieses Buch bereits ein oder zwei Jahre nach seinem Erscheinen in den Lehrplan aufgenommen wurde. War denn unser Bildungssystem so flexibel? Ich rufe unsere damalige Deutschlehrerin Frau Rothe an. Sie erinnert sich sofort, wir waren schließlich ihre erste Klasse gleich nach dem Studium. »Ole Bienkopp«, sagt sie, habe zwar nicht im Lehrplan gestanden, aber es habe aktuelle Empfehlungen gegeben, die sie gern aufgriff, um uns an die moderne DDR-Literatur heranzuführen. Sie meint auch, wir seien beeindruckt bis begeistert gewesen, vor allem von dieser neuartigen knappen Sprache.

An meine damalige Begeisterung erinnere ich mich noch. Doch inzwischen habe ich das Buch aufs neue gelesen und kann den holzschnittartigen, schwerfälligen Text mit diesem Gefühl nicht mehr in Verbindung bringen. Von der »Bienkopp«-Lektüre der Schulzeit war mir nur die Figur der Frieda Simson im Gedächtnis geblieben, die unsympathische Bürgermeisterin, die mit ihren Intrigen das ganze Unglück über Ole Bienkopp brachte und die ständig mit einem schwarzen »Diarium« herumfuchtelte – ehrlich gesagt wusste ich damals gar nicht richtig, was ein Diarium eigentlich war –, dorthinein notierte sie jedenfalls alle missliebigen Äußerungen ihrer Mitmenschen. Ich erinnerte mich auch, dass der Bau der Rinderoffenställe, eine der eklatanten Fehlentscheidungen der SED-Landwirtschaftspolitik jener Jahre, in dem Buch eine Rolle spielte. Doch ich war mir nicht sicher, ob der Autor den Bau dieser Ställe nun befürwortet oder abgelehnt hatte. Vielleicht lag es daran, dass dieser Punkt auch im Unterricht ein bisschen undeutlich geblieben war.

Nach der Oberschule war bei mir erst einmal Schluss mit Strittmatter. Ich las weder »Pony Pedro« noch den »Schulzenhofer Kramkalender«. Auch die beiden ersten Bände des »Wundertäters« müssen an mir vorbeigegangen sein. Jetzt widmete ich mich all den Schriftstellern, die ich bis dahin versäumt hatte: Hemingway und Kafka, Grass, Böll, Frisch und

Steinbeck, Sartre und Dürrenmatt, deren Werke nach und nach als Lizenzausgaben in der DDR herauskamen oder mich auf anderem Wege erreichten. Von Zeit zu Zeit las oder hörte ich etwas über Erwin Strittmatter. Ich wusste, dass er mit seiner Familie auf dem Lande lebte, auf einem Bauernhof, und dort Pferde züchtete. Auf Fotos in Zeitungen und Zeitschriften wirkte er meist ein wenig verträumt und schüchtern, und er sah dem bekannten Schauspieler Erwin Geschonneck ziemlich ähnlich.

Erst im Jahr 1980 kam mir wieder ein Roman von Erwin Strittmatter in die Hände, der dritte Band des »Wundertäters«. Offenbar hatte mich jemand auf das Buch aufmerksam gemacht. So lief das doch damals: mündlich weitergegebene kurze Bemerkungen, Gerüchte über ein Beinahe-Verbot. Es muss mir gelungen sein, eines der raren Exemplare zu erlangen. Ich las die Geschichte gespannt und berührt. Sie traf genau meinen Nerv. Strittmatters vorsichtige, subtile Abrechnung mit dem Stalinismus der fünfziger Jahre passte zu dem Prozess der inneren Distanzierung, den ich zu dieser Zeit durchmachte. Zu einer offenen Auflehnung reichte es noch lange nicht, aber ich begann viele der bisher für unverrückbar gehaltenen Werte zu hinterfragen und konnte mich dabei mit diesem Stanislaus Büdner identifizieren, der sich Stück für Stück frei macht von seinem Glaubens- und Dogmenballast, um die Welt endlich mit eigenen Augen zu sehen. Über den seltsamen Schluss des Buches, in dem eine Agentin aus dem Westen das brisante Manuskript von Stanislaus Büdner rauben will und dabei – in Notwehr – von ihm erschossen wird, habe ich mir wohl kaum Gedanken gemacht. Vielleicht weil diese abrupte Wendung nicht zu dem passte, was ich in dem Buch suchte oder finden wollte. Nach einem erneuten Blick in den »Wundertäter III« scheint mir jedoch, dass dieser unschuldige »Mord aus Notwehr«, wie der Autor selbst die Szene in seinem Tagebuch deutete, eine eigene Logik besitzt.[1] Die führt uns eher weg von Stanislaus Büdner und hin zu Erwin Strittmatter und den bisher weniger bekannten Seiten seiner Biographie.

Nicht lange nachdem ich den Roman gelesen hatte, wurde ich zufällig auf der Leipziger Buchmesse von Fritz Pleitgen, dem damaligen ARD-Korrespondenten in Ostberlin, angesprochen, der sich mit einem Kamerateam in der Messehalle postiert hatte, um die Besucher nach ihrer Meinung über die aktuelle DDR-Literatur zu fragen. Ich erzählte Pleitgen vom dritten Band des »Wundertäters«, wie beeindruckt ich sei, dass dort Geschehnisse vorkämen, die bisher in der DDR-Literatur mit dieser Offenheit nicht behandelt worden seien. Doch offensichtlich wollte mein Interviewer das nicht hören. Er ging darauf gar nicht ein, sondern fragte mich schließlich ganz direkt nach Schlesinger, Kunert, Loest und anderen Autoren, die kurz zuvor in die Bundesrepublik ausgereist waren. Mit einem unbehaglichen Gefühl im Bauch – aber nun konnte ich ja nicht mehr zurück – sagte ich dazu einige Sätze. Als ich mir einige Tage später die Sendung im Fernsehen – wahrscheinlich war es das Kulturmagazin »Titel, Thesen, Temperamente« – anschaute, war alles, was ich zum »Wundertäter« gesagt hatte, weggeschnitten, und nur meine eher ausweichenden Bemerkungen über die in den Westen gegangenen Autoren wurden gesendet. War das der enge Blickwinkel von Pleitgen, der sich mit der DDR-Literatur vermutlich nicht auskannte und deshalb einzig auf die ausgereisten Schriftsteller fixiert war? Wurde Strittmatter als kritischer Autor im Westen kaum wahrgenommen, weil er weder öffentlich angegriffen noch reglementiert worden war? Er gehörte zur Nomenklatura der DDR-Künstler. Bis zum Ende der DDR blieb er in dieser Rolle, und er blieb nach außen hin loyal, unabhängig davon, was sich hinter den Kulissen abspielte und wovon hier noch die Rede sein wird. Mir ist nicht bekannt, dass er sich im Herbst 1989 etwa zu den Verhaftungen von Demonstranten äußerte oder dass er auf einer der vielen Veranstaltungen damals das Wort ergriffen hätte, wie es Christa Wolf, Heiner Müller, Stefan Heym und andere taten.

Erwin Strittmatter rückte erst wieder in mein Blickfeld, als im Jahr 2008 in den Feuilletons Artikel auftauchten, die einen bisher eher unbekannten Teil seiner Biographie beleuchteten. Der Germanist Werner Liersch enthüllte, dass der Schriftsteller während des Zweiten Weltkriegs nicht – wie bisher angenommen – in einer Wehrmachtseinheit gedient, sondern einem Polizeibataillon angehört hatte, das in Polen und auf dem Balkan an Aktionen gegen die Zivilbevölkerung beteiligt war. Eine Kontroverse entbrannte darum, ob die Mitgliedschaft in einer derartigen Formation, die überdies später einem SS-Gebirgsjäger-Regiment unterstellt wurde, schon die Beteiligung an Verbrechen einschloss. Aber mehr noch ging es um die Frage, ob man tatsächlich davon sprechen könne, dass Strittmatter etwas verschwiegen habe, nur weil er sich mit diesem Kapitel seines Lebens in seinen stark autobiographisch gefärbten Romanen nicht auseinandergesetzt hatte. Wie sich herausstellte, hatte er nämlich in den Fragebögen für die SED-Akte zumindest einige Angaben dazu gemacht.

    Zu einer dieser Podiumsdiskussionen im Berliner Literaturforum im Brecht-Haus war ich eingeladen worden. Mein Part an diesem Abend war der historische Kontext des Vorgangs, der Umgang mit den NS-Verbrechen in der SBZ und frühen DDR und der Umgang mit den großen und kleinen Tätern im Rahmen der Antifaschismus-Politik der SED. Bereits eine halbe Stunde vor Beginn der Veranstaltung war der Raum voll. Die Stuhlreihen reichten fast bis an den Podiumstisch, dazwischen blieb gerade noch ein schmaler Durchgang.

Ständig wurden neue Sitzgelegenheiten gebracht und auf jeden freien Fleck gestellt. Es war klar, dass die meisten Besucher treue Anhänger von Strittmatter und seinen Büchern waren, vermutlich ebenso treue Anhänger der untergegangenen DDR, die es vielleicht wieder einmal zu verteidigen galt.

Meine Befürchtung, uns würde eine Veranstaltung voll emotionalen Aufruhrs und erregter Kontroversen bevorstehen, ging aber fehl. Zwar waren die Gefühle im Raum förmlich mit Händen zu greifen, die Leute waren jedoch gekommen, um etwas zu erfahren, und sie hörten sich stumm und konzentriert an, mit welchen Fakten, Argumenten, Hypothesen und Rückschlüssen die versammelten Experten vom Militärhistoriker bis zum Literaturwissenschaftler ihr bisheriges Bild von Strittmatters Leben und Werk in Frage stellten.

Vielleicht war es gerade dieses erschütterte und zugleich resignierte Schweigen, in dem sehr viel gelebtes Leben mitschwang, das mir den Anstoß gab, über eine neue Strittmatter-Biographie nachzudenken. Der Abstand zu den Zeiten des Krieges wie zu den Zeiten des Verschweigens ist heute groß genug, um ohne Zorn und Eifer – weder mit dem Gestus der Anklage noch dem der Rechtfertigung – an die Geschehnisse heranzugehen. Zweifellos ähnelt der Lebensweg von Erwin Strittmatter bis in die fünfziger Jahre hinein dem vieler Angehöriger seiner Generation in Deutschland. Sie waren auf die eine oder andere Weise in die Verbrechen des Dritten Reiches verstrickt, waren mitgelaufen, hatten mitgemacht oder weggeschaut – sei es aus Überzeugung, sei es aus Angst. Nach 1945 bekamen sie auch in der DDR die Chance, noch einmal neu anzufangen, es besser zu machen, und der Eifer für das Neue half ihnen, die Vergangenheit weit von sich zu rücken, sie zu leugnen oder sich ihrer nur noch unter dem Aspekt späterer »Läuterung« zu erinnern. So entstand eine eigenartige Symbiose zwischen den heimgekehrten Soldaten, den enttäuschten Hitlerjungen und -mädchen und den an die Macht gelangten Kommunisten. Auf ihrem Aufbau-Aktivismus, ihrem antifaschistischen Gedenk-Eifer, verbunden mit der Übereinkunft des Schweigens, gründete sich die DDR. Sie zerfiel, als diese Generation sich in den Ruhestand verabschiedete, und gleichzeitig stand damit auch der bisherige Umgang mit der NS-Vergangenheit zur Disposition.

FONTANE-NACHFOLGER?

An der Dorfstraße im brandenburgischen Ort Dollgow stehen drei Stelen aus Plexiglas und bilden zusammen mit zwei Sitzbänken einen kleinen Erinnerungs- und Informationsort. Auf den transparenten Tafeln sind die biographischen Daten von Erwin und Eva Strittmatter angegeben, illustriert von Fotos aus ihrer Kindheit und Jugend, Fotos der Landschaft und des Vorwerks Schulzenhof, auf dem der Schriftsteller fast vierzig Jahre lang zusammen mit seiner Frau, der Dichterin, lebte und arbeitete. Die Stelen wurden im Jahr 2008 aufgestellt und spiegeln den damals neuesten Erkenntnisstand wider. Das heißt, auch die Mitgliedschaft Erwin Strittmatters im Polizeibataillon 325 und dessen spätere Integration in das SS-Polizei-Gebirgsjäger-Regiment Nr. 18 sind dort vermerkt.

Von Dollgow aus führt eine Straße etwa zwei Kilometer durch den Wald zum Vorwerk Schulzenhof mit seinen sieben Häusern und dem kleinen Friedhof. Dort, in Sichtweite zu ihrem Hof, befinden sich die Gräber von Erwin und Eva Strittmatter. Den mittlerweile von Efeu halb überwachsenen großen Findling suchte Erwin Strittmatter zu Lebzeiten noch selbst aus, und er bestimmte auch die Inschrift. Unter einer der großen Tannen, die auf dem Hügel stehen, werde er liegen, schreibt er ganz am Schluss des dritten Teils des Romans

»Der Laden«, und dieses Zitat ist auf einer Metalltafel neben dem großen Stein zu lesen. Den im Wald liegenden Stein habe er seinem Sohn Matthes gezeigt. Darauf sollten die Zeilen aus einem Gedicht seiner Frau stehen: »Löscht meine Worte aus und seht, der Nebel geht über die Wiesen ...« Erwin Strittmatter war offenbar ein Mensch, der über den Tod hinaus seine Angelegenheiten geregelt haben wollte. Es sei ihm angenehm, zu wissen, wo er dereinst liegen werde, schreibt er. Warum hat er sich für seinen Grabspruch gerade diese Zeilen ausgewählt? Schließlich hatte er jahrzehntelang wie ein Besessener angeschrieben gegen den Gedanken an Auslöschen und Vergessen. Er wollte ein Werk hinterlassen, das auch der Nachwelt noch etwas bedeuten würde. Jeden Manuskriptentwurf, jede Notiz, jeden Brief, den er geschrieben hatte, hob er sorgfältig auf.

Vielleicht hatte die Wahl des Spruches mit seiner ganz persönlichen Vorstellung vom Tod zu tun, den er als »Verwandlung« begriff. Als ob er selbst oder auch seine Worte dann als Nebel von den Wiesen aufsteigen würden? Ein schönes Bild. Vielleicht aber ist diese Inschrift nur Ausdruck der zahlreichen Widersprüche, in denen und mit denen Erwin Strittmatter stets gelebt hat. An den Nebelvorhang, der, als er sich diese Inschrift wählte, noch seine Kriegszeit eingehüllt hatte, wird er dabei eher nicht gedacht haben. Und doch muss er gewusst haben, dass der Vorhang sich heben würde, spätestens wenn seine Frau und seine Söhne die im Archivkeller lagernden Dokumente aus jener Zeit lesen würden.

Das geräumige Arbeitszimmer des Schriftstellers im Obergeschoss des Wohnhauses in Schulzenhof befindet sich seit Jahren im Niemandsland zwischen Wohnraum und Museum. Eva, die Witwe, die bis kurz vor ihrem Tod im Jahr 2011 in den unteren Räumen des Hauses gelebt hat, ließ alles so, wie es zu Lebzeiten von Erwin Strittmatter ausgesehen hat: die Bücher, die vielen Gemälde, das Sofa, der Ohrensessel, der kleine Schreibtisch mit der Schreibmaschine und auch das Bett, in dem er am Mittag des 31. Januar 1994 gestorben war. Sogar das Bettzeug ist unter einer gemusterten Samtüberdecke erkennbar.

Unten im Stall steht das altersschwache letzte Pony aus der Pferdezucht und gähnt gelangweilt, ein Ableger der roten »Brecht-Nessel«, die Strittmatter und Brecht 1954 als kleines Pflänzchen aus Frankreich mitgebracht hatten, gedeiht nach wie vor im Blumenbeet. Eva Strittmatter ließ nur wenige Besucher in das Arbeitszimmer ihres Mannes. Sie widersetzte sich auch den touristischen Ambitionen der Gemeinde Dollgow, die aus Schulzenhof einen Pilgerort für Strittmatter-Fans machen wollte. Es heißt, das Konzept für den Busparkplatz, für einen Imbissstand und die Texte für die Informationstafeln wären bereits so gut wie fertig gewesen. Nach dem Willen der Witwe aber sollte alles »einfach und natürlich bleiben«. Verständlich, dass sie nicht in einem Museum leben wollte.

In Bohsdorf in der Niederlausitz, dem Ort, in dem Erwin Strittmatter seine Kindheit und Jugend verbrachte, hat die Vermarktung längst stattgefunden. Besucher, die die dortige Dorfstraße entlanggehen, begegnen allenthalben Wegweisern und kleinen Tafeln, die auf Erwin Strittmatter hinweisen. Im Zentrum des Erinnerungsgeschehens befindet sich *Der Laden*, berühmt geworden durch den dreiteiligen Roman, mehr noch durch seine Verfilmung und mittlerweile fast wieder so hergerichtet, wie er auf den Postkarten aus den zwanziger Jahren aussieht. Nur dass auf dem Schild über der Tür jetzt »Der Laden« steht und darunter »Erwin-Strittmatter-Gedenkstätte«, während die Original-Beschriftung: »Heinrich Strittmatter – Bäckerei und Kolonialwaren« im Innern hängt.

Auch der Ladenraum ist weitgehend in den Zustand versetzt worden, in dem er war, als Strittmatters Mutter Helene noch hinter dem Ladentisch stand und sein Vater Heinrich in der Backstube das Brot in den Ofen schob. Theke, Regale, die alte Waage, Bonbongläser, IMI- und ATA-Päckchen standen und lagen jahrzehntelang vergessen auf dem Dachboden des Hauses, bis Erwin Strittmatters Bruder Heini sie Mitte der neunziger Jahre herunterholte, damit die Leute, die in großer Zahl nach Bohsdorf gepilgert kamen, um das »Bossdom« aus Buch und Film zu entdecken, tatsächlich etwas zum Sehen und Anfassen hatten. Die Idee für eine Gedenkstätte stammte jedoch noch von Erwin Strittmatter selbst, der auch an dieser Stelle für seinen Nachruhm sorgen wollte und deshalb 1991 an seinen Bruder Heinrich schrieb: »Was wirst Du jetzt mit dem Laden machen, wenn die Post ihn aufgekündigt hat? Für das Museum wäre das jetzt der Zeitpunkt zum Zugreifen«[2].

Am 30. Januar 1999 eröffnete der Erwin-Strittmatter-Verein die »Gedenkstätte« und überzog seitdem das Dorf mit jenem schon erwähnten Netz von Hinweisschildern, zwischen denen man sich wie in einer zweiten Realität durch das Bossdom des Romans bewegen kann. Ich muss ein wenig an die Kerkerzelle in der Marseiller Festung Château d'If denken, in der in den siebziger Jahren des vergangenen Jahrhunderts der Film »Der Graf von Monte Christo« nach dem berühmten Roman von Alexandre Dumas gedreht wurde und die bis heute viele Touristen anlockt, die gern einmal die kalten rauen Felswände berühren und einen Blick auf den Tunnel werfen möchten, durch den sich der Held schließlich in die Freiheit grub. Doch während die Geschichte des »Grafen von Monte Christo« unzweifelhaft eine Erfindung des Autors und der Ort eine Filmkulisse ist, überlagern sich in Bohsdorf Fiktion und historische Realität. Auf den kleinen Schildern etwa vor den Häusern des »Konkurrenzbäckers« und des

Stellmachers stehen die Namen der Romanfiguren. Gleichzeitig spielen diese Häuser und ihre damaligen Bewohner eine Rolle in Erwin Strittmatters tatsächlicher Biographie. Wo aber hört die Lebensgeschichte auf und fängt die künstlerische Verdichtung, Bearbeitung an? In Strittmatters Romanen wie auf dem Rundwanderweg in Bohsdorf weiß man das nie so genau.

Die Frau mit den rot-schwarz gefärbten Haaren, die für den Strittmatter-Verein hinter dem Ladentisch steht und Erklärungen, Bücher und CDs anzubieten hat, erzählt, dass die Bohsdorfer die »Laden«-Trilogie seinerzeit vor allem unter dem Aspekt durchforstet hätten, wer von ihnen an welcher Stelle und wie vorkomme. Es habe da viel »böses Blut« gegeben, denn manch einer fand sich falsch dargestellt, ungerecht behandelt. Strittmatter habe, sagt sie, wie es nun mal seine Art gewesen sei, die Charaktere recht drastisch gezeichnet. Heute lebe noch eine Person im Dorf, die im Buch beschrieben werde, doch auch die Nachkommen einiger anderer Vorbilder für Figuren aus dem Roman würden die Gedenkstätte nicht betreten.

Unter der Glasplatte des Ladentisches sind die Erstausgaben der wichtigsten Bücher von Strittmatter versammelt, und in der Tür, die nach hinten zur Backstube führt, gibt es tatsächlich das sehr niedrig angebrachte Guckloch, durch das die »Anderthalbmeter-Großmutter« aus dem Roman die Vorgänge im Laden fest im Auge behalten konnte. Die Dame vom Strittmatter-Verein verweist in ihrer Erzählung routiniert auf dieses Loch, das mitsamt der kleinen, detektivisch begabten Großmutter schon so etwas wie Kult geworden zu sein scheint. Offenbar gilt die Tür mit dem Loch als eine Beglaubigung der Echtheit der im Roman beschriebenen Geschichten. Zumindest bildet sie an diesem Ort eine Brücke zwischen Literatur und vergangener Realität. Dahinter, im Vorraum der Backstube, gibt es eine kleine Ausstellung zum

Leben Erwin Strittmatters und seiner Familie zu besichtigen. Auch die Wohnräume auf der linken Seite des Hauses sind seit einigen Jahren Museum. Erwins jüngerer Bruder Heinrich, später nannte er sich sorbisch Heinjak, der bis zu seinem Tod im Jahr 2002 darin gelebt hat, wurde der eifrige Bewahrer und Hüter der Geschichte seines berühmten Bruders und hat sich damit gleich selbst ein Denkmal gesetzt: Seine Klassenfotos und auch seine Schulzeugnisse liegen hier unter Glas. An der Garderobe hängt der schwere Ledermantel, den – so kann man auf einer kleinen Tafel lesen – Erwin Strittmatter ihm einst schenkte. In der Küche stehen ein paar Gläser mit Sauerkirschen, eingeweckt von Heini für Erwin.

Wieder auf der Dorfstraße und mit dem Blick auf die sanften Wiesen gleich hinter der Häuserzeile, die von Baum- und Buschreihen unterbrochen werden, fällt mir trotz längeren Nachdenkens kein anderer deutscher Dichter oder Schriftsteller ein, der nur wenige Jahre nach seinem Tod schon so viel museale und gedenktafelförmige Aufmerksamkeit erfahren hat wie Erwin Strittmatter. Für Bertolt Brecht, der übrigens im Leben von Strittmatter eine wichtige Rolle spielte, wurde die erste Erinnerungsstätte erst 1977, 21 Jahre nach seinem Tod, in seinem ehemaligen Sommerhaus in Buckow eröffnet. Ein Jahr später kam das ihm gewidmete Literaturforum in der Berliner Chausseestraße mit Museum, Archiv und Veranstaltungsraum hinzu. Die Stadt Augsburg gar ließ sich bis zum Jahr 1985 Zeit, ehe sie im Geburtshaus ihres berühmten Sohnes eine Ausstellung einrichtete. Zweifellos haben diese langen Intervalle im Falle Brechts auf jeweils unterschiedliche Weise mit dem Kalten Krieg und seinen ideologischen Grabenkämpfen zu tun, während die Geschwindigkeit, mit der Erwin Strittmatter und sein Werk Eingang in eine lokale Gedenkkultur gefunden haben, im Gegenzug vielleicht als Folge der deutschen Vereinigung und eines neuaufgeblühten Beharrens auf einer eigenen ostdeutschen Identität gedeutet werden kann. Dabei war von der Stadt Spremberg, dem Geburtsort Erwin Strittmatters, bisher noch gar nicht die Rede. Dort gibt es eine Tafel an der Stelle, wo einmal sein Geburtshaus gestanden hat, eine Tafel am Erwin-Strittmatter-Gymnasium, das er bis 1929 besuchte, eine Tafel am damaligen Lyzeum, wo der Junge »in Kost und Logis« beim Hausmeisterehepaar wohnte. Ein Teil seines damaligen Schulwegs wurde 1995 in Strittmatter-Promenade umbenannt, eine Tafel markiert sogar den Standort des inzwischen abgerissenen Hauses, in dem die kleine Großmutter bis 1919 ihren Laden betrieben hatte. Das Spremberger Schloss schließlich präsentiert eine ständige Ausstellung über Leben und Werk des Ehrenbürgers.

Man würde Erwin Strittmatter und seinen langjährigen Leserinnen und Lesern Unrecht tun, wollte man ihre liebevolle Anhänglichkeit auf das mit ein wenig Nostalgie vermischte Nachwende-Bewusstsein verkürzen. Seine Popularität reichte bereits bis in die sechziger Jahre des vergangenen Jahrhunderts zurück. Er war einer der meistgelesenen Schriftsteller der DDR. Die Auflagen seiner Bücher waren stets schnell vergriffen, seine Leseveranstaltungen meist überfüllt, auf den Literaturbasaren drängten sich die Menschen, um ein Buch von ihm signieren zu lassen. Aus seinen Tagebuchaufzeichnungen und Briefen geht hervor, dass sogar im abgelegenen Schulzenhof häufig Bewunderer und vor allem Bewunderinnen um das Gehöft strichen, um einen Blick auf den Künstler, vielleicht sogar ein Autogramm zu erhaschen. Die Menge an Briefen, die er wöchentlich zu beantworten hatte, brachte ihn bisweilen zur Verzweiflung.

Auf Fotos sieht man Strittmatter mit weißer Maurermütze, mit blau-weiß gestreiftem Möbelträgerhemd, Lederweste und/oder mit Latzhose. Zweifellos von der Brecht'schen

Schiebermütze und Litewka inspiriert, schuf er sich damit seinen eigenen originellen Stil. Doch gleichzeitig war das erkennbar Arbeitskleidung, wie man sie in der DDR im Berufsbekleidungsladen kaufen konnte. In »Pony Pedro«, im »Schulzenhofer Kramkalender« und in den Tagebuch-Auszügen, die er schon zu seinen Lebzeiten veröffentlichte, beschrieb er, wie er täglich die Pferde versorgte, Heu einfuhr, Stalltüren reparierte, Äpfel erntete und Holz hackte.

Die Bezeichnung Volksschriftsteller oder gar »deftiger Heimatdichter«, wie Marcel Reich-Ranicki ihn ironisch nannte, soll Strittmatter gar nicht gemocht haben. Offenbar sah er damit seine Literatur in eine zweitklassige Schublade gesteckt. Unbestritten war er populär. Viele Leute hatten das Gefühl, er wäre einer von ihnen, der ihren Alltag kannte und sie verstand. Gleichwohl blieb er bis zum Ende der DDR ein hochgeehrter Staatskünstler, Adressat von Auszeichnungen, von Würdigungsartikeln im »Neuen Deutschland« und Gratulationsschreiben von Erich Honecker. Das mag widersprüchlich scheinen und passte in seinem Fall doch zusammen. Der Schlüssel für Strittmatters auch nach dem Ende der DDR fortdauernde Popularität liegt vermutlich in der engen Verbundenheit mit seiner Region. Das Verschwinden der DDR und die gleichzeitige Wiederherstellung der 1952 abgeschafften Länder gab zweifellos dem regionalen Identitätsgefühl erst wieder so richtig Auftrieb. Die meiste Zeit seines Lebens verbrachte Erwin Strittmatter in Orten des heutigen Brandenburg: in der Niederlausitz und im Ruppiner Land. Er kam vom Lande, und er konnte nur auf dem Dorf, im Kontakt mit der Natur, wirklich leben, das versicherte er bei vielen Gelegenheiten. In seinen Geschichten beschrieb er die brandenburgischen Landschaften und die Menschen, die ihm dort begegneten, bemühte sich gar, ihre Mundart in Literatur zu übersetzen.

»Nationalschriftsteller einer halben Nation«, schrieb »DER SPIEGEL« über Strittmatter. Hendrik Röder vom Brandenburgischen Literaturbüro Potsdam betrachtet ihn als die brandenburgische Identitätsfigur von heute, wenn nicht gar den Theodor Fontane des 20. Jahrhunderts. Und während der Bohsdorfer Strittmatter-Verein und der Dollgower Heimatverein den Schriftsteller jeweils für sich beanspruchen möchten, tut sich die Stadt Spremberg seit einigen Jahren schwer mit dem Verhältnis zu ihrem Ehrenbürger und wohl berühmtesten Sohn.

DICHTUNG UND WAHRHEIT

Erwin Strittmatter hat keine Autobiographie hinterlassen. Aber von den vier großen Romanen, die er geschrieben hat, tragen drei – »Ochsenkutscher«, »Der Wundertäter« und »Der Laden« – deutliche autobiographische Züge. Im Zentrum aller drei großen Erzählungen steht jeweils ein Junge, der viele (auch äußerliche) Ähnlichkeiten mit dem Autor aufweist. Die Romanhandlungen zeichnen das Heranwachsen, das Erwachsenwerden des Jungen, seine Erfahrungen mit den gewalttätigen Brüchen des vergangenen Jahrhunderts. Im »Wundertäter« wie im »Laden« hegt der Hauptheld den sehnlichen Wunsch, zu schreiben, ein Schriftsteller zu werden. Stationen der Handlung, Ereignisse und Mitmenschen sind in unterschiedlichen Kombinationen und Variationen aus der Lebensgeschichte entlehnt. Die Kindheit und Jugend eines Jungen aus einem Lausitzer Heidedorf bis zum Erwachsenwerden – das ist Strittmatters großes Thema, von dem er niemals loskommt. Kaum hat seine Hauptfigur diesen Punkt erreicht, beginnt der Autor sogleich wieder von vorn. Manchmal in kleinen Skizzen, dann in epischer Breite versetzt er seinen Helden erneut in den Stand der Kindheit und erzählt die Geschichte auf andere Weise. Drückt sich hier eine unstillbare Sehnsucht nach Anfang, nach fortwährender kindlicher Unschuld aus? Bleibt der Autor fixiert auf den lebensgeschichtlichen Entwicklungsroman, weil immer noch etwas ungesagt geblieben war?

»Wenn ein Dichter ein Dichter ist«, schreibt Franz Fühmann, »geht die Summe seines Lebens in jede seiner Dichtungen ein, aber nichts von dem gedichteten Leben muss dem gelebten Leben entsprechen wie ein Protokoll einem Sachverhalt«.[3] Ein solcher Blick auf die dichterischen Zeugnisse fragt nicht nach »wahr« oder »falsch«, sondern eben nach der Essenz. Und es stellt sich heraus, dass gerade die Sinnfrage in wechselnden Zeiten offenbar immer wieder neue Antworten benötigte.

Die drei Lebensentwürfe des Schriftstellers, die vielleicht auch verschiedene Wunschbiographien darstellen, sind nicht zuletzt Ausdruck der jeweiligen Zeit, in der sie geschrieben wurden. Lope Kleinermann, der Held aus »Ochsenkutscher«, Strittmatters erstem, 1950 veröffentlichtem Buch, wächst nach dem Ersten Weltkrieg in einem Dorf in der Niederlausitz auf, in einer Landarbeiterfamilie, die zu den Ärmsten der Armen gehört. Der Autor beschreibt das harte Leben der Mutter, die Trunksucht des Vaters, die Ausbeutung durch Gutsherren und Grubenbesitzer. Lope, ein sensibles Kind, das anders ist als die anderen, nimmt seine Umgebung staunend wahr und erschafft sich seine eigene phantastische Welt. Das Buch endet wenige Monate nach der Machtübernahme der Nazis, als Lope, der etwas über den Klassenkampf gelernt hat, sich dem einzigen Kommunisten des Dorfes anschließt. Seine optimistische Schlussvision einer gerechten Gesellschaft passt nicht so recht in die Zeit der Handlung von 1933, in der die große Katastrophe ja gerade erst ihren Anfang nimmt, wohl aber passt sie zum Geist der Nachkriegszeit. Es ist die Überzeugung des frisch bekehrten Romanautors Erwin Strittmatter, der 1947 in die SED eingetreten war und nach der erschütternden Erfahrung von Krieg und Niederlage vom Wunsch getrieben war, am Aufbau einer neuen, besseren Welt mitzuwirken.

Auch Stanislaus Büdner, der Held des Romans »Der Wundertäter«, wächst nach dem Ersten Weltkrieg in einem Dorf in der Niederlausitz auf. Sein Vater, ein armer Glasmacher, will etwas Besonderes aus ihm machen, er glaubt, dass der Junge die Fähigkeit zum Wahrsagen und zum Wunderheilen besitzt. Wie Lope ist Stanislaus ein verträumtes, phantasiebegabtes Kind. Als junger Mann ist er ein naiv-poetischer Schelm, der meist ohne eigenes Zutun in die verschiedenen Lebenssituationen hinein- und wieder hinausgerät. Erwin Strittmatter erzählt die Irrfahrten seines Helden in drei Bänden von dessen Kindheit und Jugend in der Weimarer Republik über die NS-Zeit und den Krieg bis in die fünfziger Jahre in der DDR.

Die drei Teile des »Wundertäters« sind nicht aus einem Guss. Sie erschienen in langen Intervallen 1957, 1973 und 1980. Jeder Teil repräsentiert für sich schon einen etwas veränderten Blick Strittmatters auf das Leben von Büdner, auf die eigene Biographie und auf die Gesellschaft, in der er lebt. Im ersten Band gerät der unpolitische Bäckergeselle Stanislaus in das Rührwerk des NS-Regimes und des Krieges. Aus Eifersucht auf einen Feldwebel, mit dem ihn seine Verlobte betrügt, meldet er sich freiwillig an die Front. Nach vielen grausamen Erlebnissen beschließt er, zusammen mit einem Kameraden zu desertieren. Der Band endet damit, dass die beiden auf einer griechischen Insel mit Hilfe der Partisanen Zuflucht in einem orthodoxen Kloster finden. Die Erlebnisse von Büdner während des Krieges lesen sich fast wie die Fortsetzung des Lope-Kleinermann-Romans. So und ähnlich begannen und endeten viele Erzählungen, mit denen sich die Angehörigen der Kriegsgeneration in der frühen DDR ihre traumatischen Erinnerungen von der

Seele schrieben und damit zugleich ihre »Läuterung«, ihr Engagement für das Neue, den Sozialismus, begründeten. Die Figur des guten Kommunisten taucht wie im »Ochsenkutscher« auch im »Wundertäter« schon sehr früh auf: Er wird vor allem verkörpert von Reinhold, dem Schwager von Stanislaus, der verhaftet und im KZ gefangen gehalten wird.

Die entscheidende politische Wandlung von Stanislaus Büdner findet im zweiten Band statt, der allerdings am Niederrhein beginnt, wo sich der Held erst durch die Wirren und Widersprüche des schlechteren anderen Deutschland mühen muss. Er verliebt sich in Rosa, eine Kommunistin, die aber auf geheimnisvolle Weise plötzlich verschwindet. Auf der Suche nach ihr erlebt er zahlreiche Abenteuer und landet schließlich wieder in seinem Lausitzer Heimatort, wird dort Gemeindesekretär und tritt seinem Schwager zuliebe in die SED ein. Ende der sechziger, Anfang der siebziger Jahre, als Strittmatter diesen Band schrieb, hatte seine Identifikation mit der Partei schon einige Risse bekommen. Vor allem bei der Beschreibung von Stanislaus' Parteiaufnahme und seinem anschließenden Besuch einer Parteischule spart der Autor seine Beobachtungen über die Enge und den Dogmatismus der SED der Stalinzeit nicht aus und macht sich über die Gläubigkeit seines neu bekehrten Helden ein wenig lustig.

Der dritte Band spielt vollständig in der DDR und endet 1956 kurz nach der Enthüllung der Verbrechen Stalins auf dem XX. Parteitag der KPdSU. Stanislaus Büdner arbeitet als Journalist der Kreisparteizeitung in Kohlhalden, sein erstes Buch wird veröffentlicht und bringt ihm sowohl Ruhm als auch einigen Ärger ein und erregt die Aufmerksamkeit des berühmten Lukian List, der zweifellos Züge von Bertolt Brecht trägt. Büdner zieht nach Berlin, arbeitet eine Zeitlang mit List zusammen. Er beginnt eine Geschichte über ein junges Mädchen zu schreiben, das am Ende des Krieges von sowjetischen Soldaten vergewaltigt und dabei umgebracht wird. Über diesen Tabubruch gerät er in Konflikt mit seiner Partei, wird unter einem Vorwand ausgeschlossen und lehnt es ab, wiedereinzutreten, als er später rehabilitiert werden soll. Nachdem er fast am Ende des Bandes, wie schon erwähnt, in Notwehr eine Westagentin erschossen hat, die ihm sein Manuskript stehlen wollte, kehrt er in seine Lausitzer Heimat zurück, um fortan als Bergmann zu arbeiten und zu schreiben.

Der letzte Teil der »Wundertäter«-Trilogie handelt von der politischen Ernüchterung des Romanhelden, die zugleich die Ernüchterung ihres Autors Erwin Strittmatter spiegelt. Seine Vorbildfigur ist nicht mehr der kommunistische Kämpfer, sondern der sorbische Weise Zaroba, an dessen menschliche Integrität und zeitlose Lebensphilosophie er sich nun halten möchte.

»Der Laden«, Strittmatters Alterswerk, das er zwischen 1983 und 1992 schuf, ist sein dritter Versuch, sich schreibend ein Bild von der eigenen Lebensgeschichte zu machen. Die Geschichte des Esau Matt bewegt sich zweifellos – zumindest was die äußeren Umstände, Ereignisse und Personen betrifft – am dichtesten an seiner eigenen Biographie. Der kleine Esau, ein Alter Ego von Lope Kleinermann und Stanislaus Büdner, stellt wunderliche Fragen, die sonst niemandem einfallen, und er ist, wie seine Mutter sagt: »empfindlich uff de Wörter«. Er stammt aber diesmal nicht aus den in der DDR-Gesellschaft lange Zeit favorisierten proletarischen Verhältnissen, sondern er wächst – ebenso wie Erwin Strittmatter selbst – in einer kleinbürgerlichen Bäcker- und Ladenbesitzerfamilie auf, muss nicht dauernd Hunger leiden, bekommt zu seinem Geburtstag richtige Geschenke und wird von einem Kindermädchen betreut. Der erste Teil endet, als Esau im Alter von zwölf Jahren Bossdom verlässt, um in Spremberg das Gymnasium zu besuchen. Der zweite Teil behandelt die Zeit bis zum vorzeitigen dramatischen Abgang von der Schule. Die Handlung des dritten Teils setzt 1945 ein, als der Held aus dem Krieg und in das elterliche Geschäft zurückkehrt, und endet drei, vier Jahre später. Esau Matt wird Redakteur der Kreiszeitung und tritt aus diesem Anlass in die SED ein. Während Stanislaus Büdner im »Wundertäter II« für diesen Schritt noch eine gewisse Bereitschaft zur Begeisterung mitbringt, schreibt Strittmatter seinem Esau Matt beim Ausfüllen des Aufnahmeantrags nur noch ganz pragmatische Gründe zu: Er will Schriftsteller werden und hofft als Redakteur ungestört an seinem Roman schreiben zu können. »Der Laden« ist ein eher unpolitisches Buch. Darin liegt, nebenbei gesagt, seine große Stärke, sein Reiz, weil hier in einer wunderbaren Sprache Geschichten und Nebengeschichten in ihrer Fülle und Vielschichtigkeit aufgezeichnet werden. In seiner Abkehr von jeglicher politischen Botschaft und gesellschaftlichen Vision bildet Strittmatter ziemlich genau den Zeitgeist der DDR der achtziger Jahre ab. Es ist das Zeugnis eines Desillusionierten, der sich in seinen Hoffnungen mehr als einmal getäuscht sah und nun am Ende seines Lebens allen Ideologien misstraut. Das eigene frühere Engagement wird rückprojizierend nicht nur in Frage gestellt, sondern heruntergespielt. Noch etwas fällt auf. Ähnlich wie in seinem ersten Roman »Ochsenkutscher« liegt der Schwerpunkt der Erzählung auf der Kindheit und Jugend des Protagonisten. Im dritten Band kommen NS-Zeit und Krieg nur in fragmentarischen Rückgriffen, die Jahrzehnte der DDR nur in ausgewählten Vorgriffen vor.

Ursprünglich hatte Erwin Strittmatter den »Laden« wohl als Autobiographie geplant. Am 9. Juli 1967 notiert er in sein Tagebuch, nach stundenlangem Ritt durch die Wälder habe er eine kurze Rast am Wittwe-See gemacht. »Dort Idee für autobiographischen Roman. (Buch?) [...] Im Sinne von ›Dichtung und Wahrheit‹.«

Goethes in zehn Bücher gegliedertes Werk »Dichtung und Wahrheit«, auf das sich Strittmatter bezieht, ist der Versuch des alternden Dichters, seine Lebensgeschichte zu rekonstruieren, soweit das eigene Gedächtnis, überlieferte Briefe, Aufzeichnungen und die Erinnerung der Zeitgenossinnen und -genossen dies hergaben. Getreu seinem Vorsatz im Titel »Dichtung und Wahrheit« klärt Goethe darin auch die Bezüge zwischen einigen seiner berühmtesten literarischen Figuren und den Menschen, die ihm im Leben begegneten und ihn zu diesen Figuren inspirierten. So erfahren wir, dass seine Beziehung zu jener Lotte in Wetzlar in Wirklichkeit keine dramatischen Verwicklungen nach sich zog und wie er den Selbstmord eines unglücklich verliebten jungen Mannes aus der gleichen Zeit und gleichen Stadt dort hineinmischte. Er verrät, dass Züge der Friederike aus Sesenheim in die Gestalten der beiden Marien in »Götz von Berlichingen« und »Clavigo« flossen und dass die »schlechten Figuren, die ihre Liebhaber spielen«, als Resultat der »reuigen Betrachtungen« seines eigenen damaligen Verhaltens entstanden.[4] Vor allem aber schildert Goethe Ereignisse und Zusammenhänge, die nicht direkt oder indirekt in eines seiner Werke eingingen, die aber der Nachwelt überhaupt erst einen Eindruck von seinem Leben vermitteln.

Erwin Strittmatter ist dem Goethe'schen Beispiel dann doch nicht gefolgt und hat die Rätsel der Verwirrung von Fiktion und Realität in seinem Leben und Werk nicht gelöst. Stattdessen hat er in den achtziger Jahren einen dritten Romanzyklus begonnen, hat abermals Spuren gelegt, Spuren verwischt. Das ist das gute Recht eines Romanschreibers. Doch darüber hinaus scheint es, als habe Strittmatter die einmal geschaffene Symbiose von »Dichtung und Wahrheit« immer noch weiter verfestigen wollen, als habe er selbst zumindest den »Laden« für seine Biographie genommen – oder ausgegeben. Wie wäre es sonst zu erklären, dass der dritte Teil in der ersten Ausgabe auf seinem Umschlag ein Foto der Familie Strittmatter zeigt? In dem kleinen Buch mit dem Titel »Lebenszeit«, das 1987 noch unter seiner Mitwirkung entstand, beglaubigen Zitate aus dem »Wundertäter« und dem »Laden« die Fotos und Daten aus Strittmatters Leben.[5]

Das gleiche Herangehen findet sich in der »Biographie in Bildern«, die 2002 von Eva Strittmatter und Günther Drommer herausgegeben wurde. Fotos aus dem Privatarchiv von Erwin Strittmatter, die in Karelien und auf der griechischen Insel Naxos entstanden, werden komplettiert mit Textauszügen aus dem ersten Band des »Wundertäters« und suggerieren so, hier sei von den Kriegserlebnissen des Autors und nicht nur seines Romanhelden Stanislaus Büdner die Rede. Im Lichte unseres heutigen Wissens um Strittmatters Militärvergangenheit scheint das Ineinssetzen von Roman und Leben an dieser Stelle besonders problematisch.

Der Blick auf Strittmatters Biographie durch die Brille seiner Romane und Erzählungen ist spätestens seit den Enthüllungen über seine Militärzeit ein fragwürdiges Unterfangen geworden. An einem entscheidenden Punkt hat sich die literarische Verdichtung als irreführend erwiesen.

Erwin Strittmatter wurde im Jahr 1912 geboren. Die meisten Menschen, die ihn als Kind und Jugendlichen kannten, sind inzwischen nicht mehr am Leben. Seine Romane und Erzählungen bleiben deshalb trotz solcher Bedenken für diese frühe Lebensphase wichtige Quellen. Etwa seit Mitte/Ende der vierziger Jahre hat der Schriftsteller, der Funktionär des Schriftstellerverbandes, das SED-Mitglied Strittmatter viele Spuren in den Archiven und Publikationen hinterlassen. Im Bundesarchiv Berlin befindet sich nicht nur seine SED-Kaderakte, sondern dort liegen auch die Unterlagen der ZK-Abteilung Kultur und der Hauptverwaltung Verlage und Buchhandel beim Ministerium für Kultur, die über den jeweiligen Umgang der Macht mit dem Schriftsteller und seinen Werken Auskunft geben. In den Akten des DDR-Landwirtschaftsministeriums ist die Verleihung der Ehrendoktorwürde einer LPG-Hochschule an den Schulabbrecher und Autodidakten überliefert. Im Nachlass des ehemaligen Gewerkschaftsvorsitzenden Herbert Warnke findet sich ein Briefwechsel über die Bestellung eines Kanarienvogels aus Warnkes persönlicher Zucht für die Voliere in Schulzenhof. Das Archiv des Bundesbeauftragten für die Stasi-Unterlagen bewahrt neben Strittmatters IM-Akte auch einen dicken Band mit Auskünften und Mutmaßungen von Spitzeln über den bekannten Schriftsteller auf. Über das politische Wirken Strittmatters innerhalb des Schriftstellerverbandes und der Akademie der Künste gibt das Archiv der Akademie der Künste Aufschluss.

Eine unschätzbare Quelle für den Alltag, das Leben mit der Familie, den Kontakt mit Freunden und Kollegen sind die Tagebücher. Während aus den dreißiger und vierziger Jahren nur fragmentarische Notizen von einigen Lebensstationen überliefert sind, sind die seit 1954 kontinuierlich geführten Aufzeichnungen erhalten geblieben. Sie geben Aufschluss über seine politischen Reflexionen, seine inneren Konflikte und Wandlungsprozesse bis in die neunziger Jahre. Die Tagebücher enthalten Erlebnisse, Erinnerungen an frühere Lebensphasen, die hier schon stilisiert sind und als Material für die spätere schriftstellerische Arbeit dienten.

Im Zentrum aller archivalischen Überlieferungen über das Leben von Erwin Strittmatter befindet sich jedoch sein umfangreicher Nachlass, der vor allem aus Briefen, familiären Dokumenten und Manuskripten besteht. Als ich mit der Arbeit an der Biographie begann, war noch nicht klar, ob dieser Nachlass mir wenigstens in Teilen zur Verfügung stehen würde. Verunsichert durch die Enthüllungen über die Militärvergangenheit ihres Mannes im Jahr 2008, hatte sich seine Witwe Eva Strittmatter zu keiner Zusage durchringen können. Nach ihrem Tod im Januar 2011 übergaben die Söhne das Privatarchiv ihrer Eltern an die Akademie der Künste. Und sie gewährten mir für das an einen Termin gebundene biographische Vorhaben Einsicht in die Dokumente noch vor deren archivalischer Aufnahme und Verzeichnung. Davon ausgenommen waren zunächst alle Briefe und Aufzeichnungen Erwin Strittmatters und seiner Familienangehörigen, die sich auf die Zeit des Nationalsozialismus und des Krieges bezogen. Jakob Strittmatter und sein Bruder Erwin Berner benötigten selbst erst einmal Zeit, um sich mit dem bisher verschwiegenen, zugedeckten Kapitel im Leben ihres Vaters auseinanderzusetzen, ehe sie sich entschlossen, mir auch diese Unterlagen zur Verfügung zu stellen. Nach und nach durfte ich in den letzten Monaten die Briefe lesen, die Erwin Strittmatter zwischen 1939 und 1945 an seine Eltern und Geschwister schrieb, ebenso die Briefe, die Eltern und Geschwister an ihn richteten, schließlich auch fragmentarische Tagebuchaufzeichnungen, Skizzen, Gedichte und Prosa-Texte aus dieser Zeit.

Wenn ich nun hier den Versuch unternehme, die Lebensgeschichte Erwin Strittmatters, quer zu seinen literarischen Selbstkonstruktionen, mit Hilfe von Dokumenten und Zeitzeugenberichten neu zu erzählen, so wird dieses Bild an einigen Stellen lückenhaft bleiben, und es wird subjektiv gefärbt sein. Trotz allen Strebens nach Sachlichkeit und Objektivität – das bin immer ich mit meinen Erinnerungen, meinen Erfahrungen, meinen Vorurteilen, die die einzelnen Mosaiksteine auswählt und zu einem Bild zusammenzusetzen versucht. Ich tue dies aus dem Blickwinkel der Nachgeborenen, der zweiten

Generation, ich bin eine Frau, ich habe in der DDR gelebt, und ich stamme aus einer Familie, deren Mitglieder während der NS-Zeit zu den Verfolgten gehörten, die im Widerstand und/oder im Exil waren. Im Laufe meiner Arbeit ist mir deutlich geworden, dass Erwin Strittmatter zu den Menschen gehörte, vor denen meine Eltern sich wohl immer ein wenig gefürchtet haben. Das hätten sie natürlich niemals zugegeben, nicht einmal vor sich selbst. Sie hatten sich schließlich dafür entschieden, zusammen mit *denen* den Sozialismus in der DDR aufzubauen: mit den ehemaligen NSDAP-Mitgliedern, den Heimkehrern aus dem Krieg, den Frauenschafts-Funktionärinnen und vielen anderen, die eingebunden waren in das System und vielleicht auch verstrickt in seine Verbrechen. Das waren ihre Genossen in der SED, aber sie haben sich mit ihnen immer fremd gefühlt. Befreundet waren sie nur mit Altersgefährten, die eine ähnliche Geschichte hatten wie sie selbst. Erst spät habe ich begriffen, dass meine Eltern über die unausgesprochene Frage – was hat der oder die während der NS-Zeit getan? – nie hinweggekommen sind, vielleicht gerade weil die Frage unausgesprochen blieb. So ist diese Biographie auch ein Versuch, die Furcht meiner Eltern in mir zu überwinden, ganz nah heranzugehen, genau hinzuschauen und zu versuchen zu verstehen.

ALLES VOLLER KINDHEIT
1912–1929

BOHSDORF UND DER LADEN

Was gäbe es über die Kindheit von Erwin Strittmatter zu berichten, was er nicht längst in großer Ausführlichkeit und in verschiedensten Variationen in seinen Romanen und Erzählungen beschrieben hat? Der »Ochsenkutscher«, »Tinko«, »Der Wundertäter« und »Der Laden«, die »Nachtigall-Geschichten« – alles, alles voller Kindheit. Die Heidelandschaft, das qualmende Kartoffelkraut, die Sprüche des Großvaters, der Lauf der Jahreszeiten, der Gesang der Nachtigall, die Gesichter von Spielgefährten – immer gesehen mit den Augen eines Jungen, der anders ist als die anderen Kinder, empfindsamer und deshalb auch einsamer, der der Schmetterlingskönigin seine Ängste und Wünsche mitteilt, der vieles, was ihm begegnet, bestaunt und dessen seltsame Fragen die Erwachsenen oft nicht beantworten können.

Aus diesen Geschichten, die einmal in der Er-Form, ein anderes Mal in der Ich-Form geschrieben sind, bisweilen weiter entfernt oder näher an der Biographie des Autors, erfahren wir zum Beispiel, dass der kleine Erwin im Alter von sechs Monaten erkrankte und beinahe gestorben wäre, weil seine Mutter, die erneut schwanger war, ihn nicht mehr stillen konnte. Der Großvater mütterlicherseits, ein »Allerweltsmensch und Alleskönner«, kurierte ihn und päppelte ihn wieder auf. Dieser Matthes Kulka sollte im Leben des Jungen eine große Rolle spielen. Noch im Alter erinnerte sich Strittmatter gern daran, wie der Großvater ihn manchmal hochhob und kopfunter an der Decke der niedrigen Stube spazieren ließ, von wo aus der Junge einen völlig anderen Blick auf die Waschkommode und den Tisch werfen konnte. Auf diese Weise, schreibt er, sei in ihm frühzeitig die Lust geweckt worden, mit Hilfe eines vertauschten Standpunktes auf die Welt, ihre Menschen und Dinge zu sehen, und nennt das »die Einnahme eines poetischen Standpunktes«.[6] Die Leute in der Gegend nannten Matthes Kulka einen »Rumgeher«, das heißt, er zog mit seinem Handwagen über die Dörfer und machte alle möglichen Geschäfte. Seine Frau, die schon erwähnte Anderthalbmeter-Großmutter, besaß einen Gemüseladen in Spremberg, während die Großmutter väterlicherseits, die in den Erzählungen meist die »Amerikanische« genannt wird, weil sie nach einer glücklosen Ehe von jenseits des Atlantiks wieder nach Deutschland zurückgekehrt war, eine Gastwirtschaft in Graustein betrieb, einem Dorf, das heute ein Vorort von Spremberg ist. In diesem Haus, in dem der Junge die ersten sechs Jahre seines Lebens zubrachte, befand sich auch das Kurzwarengeschäft seiner Mutter. Erwin Strittmatter entstammte einer Lebenswelt von kleinen Händlern und Gewerbetreibenden, die sich mit allerlei Nebenverdiensten und Lebenskünsten durchschlugen. In seinen biographischen Angaben auf den Fragebögen der Sozialistischen Einheitspartei folgte Strittmatter dem Zeitgeist und »verschob« seine Herkunft ein Stück in die Arbeiter-und-Bauern-Richtung, indem er dem Bäckerhandwerk des Vaters dessen Intermezzo als Fabrikarbeiter hinzufügte, später auch manchmal den Nebenberuf Bauer. Ein Mitarbeiter des ZK der SED verstärkte diese Richtung noch und machte Strittmatter 1958 in einer Beurteilung zum »Sohn einer Landarbeiterfamilie«[7].

Seine Lebensläufe, die er in den vierziger, fünfziger und sechziger Jahren für die Kaderakten der SED verfasste, liefern uns die Daten, die aus den literarischen Verdichtungen nicht immer ersichtlich werden: Geboren am 14. August 1912 in Spremberg, Vater, Heinrich Strittmatter, Mutter Helene, geborene Kulka, von Beruf Schneiderin. Erwin war der Älteste von fünf Geschwistern: Marga, Heinrich, Martin und Manfred.

Schauplatz dieser Kindheit ist das Dreieck Spremberg, Graustein, Bohsdorf, die Heidelandschaft der Niederlausitz, wo etwa seit dem 7. Jahrhundert die Volksgruppen der Wenden, später und bis heute Sorben genannt, leben. In Strittmatters Kinderzeit waren die Sorben bereits in der Minderheit. In der sozialen Hierarchie standen sie unter den Deutschen, die die Beamtenschaft und das Bürgertum repräsentierten, denen meist das Land gehörte und die Fabriken. Unter den kleinen Leuten dieser Gegend weit verbreitet war ein Sprachgemisch aus Sorbisch und Deutsch. Im »Laden« nennt Strittmatter diese Sprache »Ponaschemu« und setzt ihr ein literarisches Denkmal. Aber zuvor hatte er sich lange für den Dialekt, das Markenzeichen seiner Herkunft, geschämt und versucht, ihn loszuwerden, damit er im Leben besser »furtkommt«, wie seine Mutter sich ausgedrückt haben soll. Erst spät, so schrieb er, habe er sich wieder auf den »slawischen Urton« besonnen, mit dem er einst geboren worden sei. Seine Großeltern Matthes und Helene Kulka waren Sorben, während die »amerikanische« Großmutter Dorothea aus Hamburg stammte, der in Amerika gebliebene Großvater Josef kam ursprünglich aus dem Schwarzwald, wo es übrigens ein Dorf namens Strittmatt geben soll, vielleicht der Herkunftsort der Strittmatters.

In Tagebuchaufzeichnungen und in literarischen Texten bezeichnete Strittmatter sich selbst manchmal, als »niederschlesischen Neurotiker«[8]. Diese Zuschreibung hatte er wohl ursprünglich von seiner Frau Eva übernommen, die ihn manchmal so betitelte und es dabei mit der Geographie wahrscheinlich nicht so genau nahm. Das winzige Stück Schlesien, das nach der Verschiebung der Ostgrenzen 1945 auf deutscher

Seite verblieb, liegt nämlich, so erfahre ich aus dem Lexikon, in der Gegend um Görlitz und Löbau, in der Oberlausitz, im heutigen Bundesland Sachsen, ein ganzes Stück südlich von Strittmatters Heimatregion. In Strittmatters literarischer Geographie jedoch verläuft die schlesisch-niederlausitzische Sprachgrenze in den Wäldern zwischen Bossdom (Bohsdorf) und Friedensrain (Friedrichshain), also in seiner unmittelbaren Nähe. Vielleicht klang niederschlesisch irgendwie besser als niederlausitzisch? Wie auch immer – das Land mit der Heide und den kargen Feldern, mit den Kohlegruben und Glashütten war seine Heimat, das Leben dort bildete ein beinahe unerschöpfliches Reservoir für seine literarische Arbeit. Erst im Alter von über achtzig Jahren, nachdem er den dritten Teil des »Ladens« vollendet hatte, dachte Strittmatter an ein Buch über das märkische Vorwerk Schulzenhof, in dem er seit vierzig Jahren lebte. Bis kurz vor seinem Tod arbeitete er an Aufzeichnungen, die seine Frau fertigstellte und unter dem Titel »Vor der Verwandlung« veröffentlichte.

Die ersten noch wenig bewussten Erfahrungen des Jungen Erwin waren der Hunger, der Krieg und die Abwesenheit des Vaters. Der kam 1919 »verhungert, zerlumpt und verlaust«[9] aus dem Krieg zurück. Mit dem Auftauchen des fremden Vaters änderte sich das Leben des Sechsjährigen. Er und seine Schwester wurden aus der mütterlichen Schlafkammer in die Bodenstube ausquartiert. Vorbei waren auch die Fahrten mit dem Großvater und seinem Karren über die Dörfer, wo Matthes Kulka mit den Bäuerinnen Geschäfte machte und seinem Enkel manches zusätzliche Butterbrot oder eine Grützwurst verschaffte. Zu diesem Großvater, dem Helden seiner Kindheit, hatte Erwin Strittmatter eine zeitlebens liebevolle enge Beziehung, ebenso wie zu dessen Frau, der kleinen Großmutter, die im »Laden« wegen ihrer Neugier von allen

»Detektiv Kaschwalla« genannt wurde. Seine schöne Mutter mit ihren feinen Händen beschreibt er verständnisvoll und ironisch, manchmal vermischt mit ein wenig Sehnsucht, weil sie offenbar nie genug Zeit für ihn hatte. Der Vater jedoch bekommt in seinen autobiographischen Geschichten selten die Chance auf eine gute Rolle. Am radikalsten geschieht das wohl im »Ochsenkutscher«, wo er als Vater überhaupt in Frage gestellt wird, weil der Hauptheld Lope zu wissen meint, dass er nicht von diesem rohen Trinker Liepe abstammt, der ihn regelmäßig prügelt, sondern von dem feinsinnigen Gutssekretär Ferdinand, der so viele Bücher in seiner Stube hat. Der Vater von Stanislaus Büdner im »Wundertäter« ist sympathischer gezeichnet als Liepe, doch er verlangt von seinem Sohn Unmögliches: Er soll lernen, Glas zu fressen, um mit dieser Kunst die Familie aus ihrer Not zu befreien. Im »Laden« wird der Vater von Esau Matt als autoritär, jähzornig und eitel beschrieben. Vermutlich schlug auch der reale Heinrich Strittmatter seine Kinder, das taten damals fast alle Väter. Vor allem aber muss sein Sohn unter den rasch wechselnden Stimmungen des Vaters, unter seinen ungerechten Strafen gelitten haben, auch darunter, dass er es ihm nie recht machen konnte. Erst als Erwachsener gesteht Strittmatter sich in seinen Tagebuchaufzeichnungen bestürzt ein, in welchem Maße diese Eigenschaften auch ihn beherrschen. Die Verletzungen saßen wohl so tief, dass er sich auch später, nachdem er selbst aus einem furchtbaren Krieg zurückgekehrt war, nie gefragt hat, ob der Vater seinen Jähzorn und seine Labilität vielleicht aus den zermürbenden Grabenkämpfen der Jahre 1914 bis 1918 nach Hause geschleppt hatte. Im Roman »Der Laden«, diesem überquellenden Füllhorn an Familiengeschichte und -geschichten, steht kein Wort über die Kriegserlebnisse des Vaters. Dafür beschreibt der Sohn mit unübersehbar ironischer Geringschätzung den Militärdienst des

Vaters vor Ausbruch des Krieges: In Lötzen sei er Bursche bei einem General gewesen, »und es war ihm vergönnt, diesen General nackt in der Badewanne liegen zu sehen, und er war ausersehen, diesem General die Schnurrbartbinde umzutun, und er wurde privilegiert, den General nur einmal am Tage, und zwar am Morgen, zu grüßen.«[10]

In Strittmatters später Rückerinnerung erlangten seine ersten Lebensjahre in Graustein – vor der Heimkehr des Vaters – eine immer größere Bedeutung. Dort habe er »das Glück des Lebens unvermischt mit Ängsten und Pflichten« genossen, schreibt er als Zweiundfünfzigjähriger anlässlich eines Besuchs dort in sein Tagebuch.[11] Nach einem solchen Gefühl unvermischten Glücks sehnte er sich lebenslang zurück, und diese Sehnsucht war vielleicht ein wichtiger Antrieb für sein Schreiben, ein Grund für seine nicht enden wollenden Versuche, die Kindheit immer wieder neu zu erschaffen.

Nicht lange nach seiner Rückkehr vom Militär kaufte Heinrich Strittmatter den Bäckerladen und ein Stück Ackerland von einer Verwandten in Bohsdorf. Mit dem Umzug begann ein neues Kapitel im Leben der Familie, in dessen Mittelpunkt der Laden rückte. Die Mutter eröffnete eine »Colonialwarenhandlung«, wie es auf einer Werbepostkarte ein wenig großartig heißt. Der Vater buk das Brot, das die Mutter verkaufte – zusammen mit Mehl und Schmalz, Schnaps und Bier, Bonbons, Haarschleifen, Bohnerwachs und vielen anderen alltäglichen Dingen, die die Dorfbewohner benötigten. Das Dienstmädchen Alma kümmerte sich um die Kinder, vor allem um die beiden Kleinsten, den 1916 geborenen Heini und den 1918 geborenen Martin.

In der sozialen Hierarchie von Bohsdorf standen die Strittmatters eine Stufe über den Glasarbeitern, den Bergleuten und den Kossäten. Mit dem Lehrer, dem Schneidermeister, dem Gemeindevorsteher, vielleicht auch noch dem Pfarrer und dem Gastwirt bildeten sie so etwas wie die Honoratioren des Dorfes. Heinrich Strittmatter war nach dem Krieg der SPD beigetreten, er gehörte dem Sozialdemokratischen Ortsverein und dem Arbeiterradfahrerverein »Solidarität« an, außerdem war er geachtetes Mitglied des Gesang- und des Skatvereins, während seine Frau Helene sich regelmäßig mit den Frauen vom »Königin-Luise-Bund« traf und nach der abendlichen Lektüre von »Vobachs Modenzeitung« vom vornehmeren Leben träumte.

Der sechsjährige Erwin war 1919 noch in Graustein eingeschult worden und musste kurz darauf in die Einklassenschule von Bohsdorf wechseln. Vielleicht war das ein unglücklicher Auftakt, der sein Verhältnis zu Unterricht und Lehrern von Anfang an beeinträchtigte. Es habe nie eine Zeit gegeben, schrieb er später, in der er gern zur Schule gegangen sei. In den ersten Jahren der Weimarer Republik waren pädagogische Reformbestrebungen in der Dorfschule längst noch nicht angekommen. Nach wie vor herrschte der wilhelminische Drill, der Lehrer Düpsch (im »Laden« heißt er Rumposch) prügelte. Er sei, so schreibt Strittmatter, auf alles neugierig gewesen, was sich außerhalb der Schule abspielte: die Entfaltung der Blütenknospen, die Verwandlung einer Raupe in einen Schmetterling.[12] Dieses Wissen trug ihm nicht unbedingt gute Zensuren ein. Zumindest im Lesen jedoch war er seinen Mitschülern wohl weit voraus. In einer Erzählung schildert er, wie ihm der zweite Mann der »amerikanischen« Großmutter, sein sorbischer Stiefgroßvater Jurischka, im Alter von fünf Jahren das Lesen beibrachte, was natürlich zur Folge hatte, dass der Junge sich im Unterricht später langweilte und mit anderen Dingen beschäftigte.[13]

Auf einem Foto aus dieser Zeit sieht man einen zarten Jungen im Matrosenanzug. Er hat einen ziemlich breiten

Kopf und große tiefliegende Augen. Seine Haare sind kurz geschoren. Dass sie rot sind wie die des Vaters und der »amerikanischen« Großmutter sieht man auf den Schwarzweißbildern natürlich nicht. Doch die Haare waren sein großer Kummer, ihretwegen sei er oft gehänselt und angegriffen worden, schreibt er rückblickend in seinem Tagebuch: »Und diese verpönte Rothaarigkeit verfolgte mich, und es gab Zeiten in meiner Entwicklung, in denen ich selber glaubte, ich sei meiner roten Haare wegen kein vollwertiger Mensch.«[14]

Etwa ein halbes Jahr nach dem Einzug der Strittmatters in Bohsdorf folgten ihnen die Großeltern Kulka. Die kleine Großmutter gab ihr Geschäft in Spremberg auf und zog mit ihrem Mann in die Bodenkammer über dem Laden. Die beiden Alten machten sich in der Küche und im Geschäft, in der Backstube und auf dem Feld nützlich. Frühmorgens, wenn die Eltern noch schliefen, fachte die Großmutter das Feuer an und wärmte den Kindern den Gerstenkaffee vom Vorabend auf. Im »Laden« schreibt Strittmatter vom morgendlichen Duft des brennenden Kiens, der für den Knaben Esau der »Weihrauchduft« seiner Kindheit war. Das klingt nach Glück und Harmonie. Doch der Einzug der Großeltern in das Haus in Bohsdorf markiert den Beginn eines Jahrzehnte andauernden Familienkonflikts, der alle Beteiligten quälte und verbitterte. Erwin Strittmatter hat im Roman diese schwelenden und immer wieder aufbrechenden Streitigkeiten meist eher humorvoll geschildert: Wenn die Großmutter, der der Großvater Matthes jeden Kontakt mit dem Rest der Familie verboten hatte, heimlich Kartoffeln für sie schälte und den Topf auf die Treppe stellte, wenn die Kinder als Parlamentäre hin und her huschten, um den feindlichen Parteien Botschaften zu überbringen. Wie zerrissen er sich als Kind in dieser Situation fühlte, beschreibt er deutlicher und noch weitgehend ohne literarische Bearbeitung und Verdichtung in seinem

Tagebuch. Da ist einmal von einem furchtbaren Krach zwischen Vater und Großvater die Rede, der sich auf dem Hof abspielte und schließlich in ein Handgemenge überging. Während Strittmatters Mutter am Stubenfenster vor Schreck in Ohnmacht fiel, bemühten sich Erwin und die Großmutter vergeblich, die beiden Männer auseinanderzubringen: »Ich heulte und zerrte an den Hosenbeinlingen der Kämpfenden und rief abwechselnd: ›Lieber, lieber Grossvater – lieber, lieber Papa, hört auf!‹ [...] Alle Glücksstunden, die unser Familienleben trotz aller Spannungen hier und da produzierte, schienen wie von einem Blitzeinschlag weit in die Zukunft hinausgeschleudert.«[15]

Bei dem Familienkonflikt handelte es sich genau genommen um den Kampf zwischen den beiden Männern. Die Kinder und die Frauen standen hilflos dazwischen, versuchten sich zuzuordnen oder duckten sich einfach nur weg. Es war ein Konkurrenzkampf um Macht, um Ansehen, um Kompetenz, bei dem Heinrich Strittmatter die deutlich schwächere Position hatte. Um den Laden überhaupt betreiben zu können, hatte er sich immer wieder Geld bei seinem Schwiegervater borgen müssen, das er letztlich nie zurückzahlte. Matthes Kulka wiederum konnte nicht mit ansehen, wie Tochter und Schwiegersohn »sein« mühsam erspartes Geld aus Nachlässigkeit und Naivität verschleuderten. Er nahm sich deshalb das Recht heraus, sich überall einzumischen. Vermutlich wusste er tatsächlich manches besser, wenn es etwa um den Kauf eines Pferdes oder um die Bewirtschaftung des Ackerlandes ging – unter seinem missbilligenden und strengen Blick jedoch hatte der lebenslustige und mit wenig Geschäftssinn ausgestattete Heinrich wohl kaum eine Chance. In einer biographischen Skizze erzählt Erwin Strittmatter lange vor der Niederschrift des »Ladens«, der Großvater habe in der Bodenkammer mit dem Stummel eines Zimmermanns-Bleistifts die Schulden und die Zinsen, die sich Jahr für Jahr anhäuften, eingetragen. Eine Zeitlang habe der Großvater sogar Buch über die abendlichen Abwesenheiten seines Schwiegersohnes geführt, um seiner Tochter die Liste dann triumphierend zu präsentieren: »Hinter den entsprechenden Daten stand meist noch eine Notiz: ›Erst um viere‹ oder ›Wieder ganz schön besoffen‹ und wenn nur ein Spazierstock hinterm Datum aufgezeichnet war, so hiess das in Grossvaters Kode ›stockbesoffen‹.«[16] Heinrich Strittmatter seinerseits beschimpfte seinen Schwiegervater schon mal als »wendschen Hund«, verlangte in Konfliktsituationen von seinen Schwiegereltern die Bezahlung von Brot und Mehl aus dem Laden. Matthes Kulka wiederum verstand diese Lebensmittel als »Zinsen« für sein geborgtes Geld und schreckte letztlich nicht davor zurück, seinen Schwiegersohn wegen der säumigen Rückzahlung zu verklagen.

Der sensible Erwin reagierte auf die familiäre Dauerspannung. Im »Laden« schildert Strittmatter, wie der kleine Esau sich täglich abhetzt, um es allen irgendwie recht zu machen: Er hilft der Mutter im Laden, dem Vater beim Teigpressen, dem Großvater auf der Tenne. In der Frühe rennt er übers Feld, um Milch von Tante Magy zu holen, und betet inbrünstig, dass er es pünktlich zur Schule schaffen und so der Prügel des Lehrers entgehen möge. Irgendwann kann er nicht mehr aufhören, zu Gott zu beten, ein andermal kann er nicht mehr aufhören, alles zu zählen, was ihm in den Blick kommt, bis ihn Tante Maika, die sorbische Dorfweise, von diesen Zwängen erlöst.

Erwin Strittmatters spätere Lebensgefährtin Eva, der er diese Geschichten häufig erzählt hatte, lange bevor er sie aufschrieb, war überzeugt, dass er das neurotische Auf und Ab seiner Stimmungen aus dieser »gehetzten, nervösen Kindheit« mitgebracht hatte.[17] Zweifellos haben die damaligen

Erlebnisse sein Bild von der Familie, sein Verhalten zu Ehefrauen und Söhnen beeinflusst. Es scheint, als vererbten sich die erfahrenen Risse und Brüche von einer Generation zur nächsten.

GYMNASIUM IN SPREMBERG

Ein Ausweg aus der vergifteten häuslichen Atmosphäre bot sich, als Erwin 1924 die Aufnahmeprüfung für das Gymnasium in Spremberg – Grodk, wie die Stadt auf Sorbisch heißt – bestand. Ein neuer junger Lehrer, der anders als der alte Düpsch die Begabung des Jungen erkannte, hatte den Eltern diesen Vorschlag gemacht, und die waren – endlich einmal stolz auf ihren seltsamen Sohn – darauf eingegangen. Natürlich können wir nicht wissen, ob der Elfjährige die Trennung von seiner Familie damals tatsächlich als einen willkommenen Ausweg ansah. Im »Laden« jedoch lässt Erwin Strittmatter seinen Ich-Erzähler Esau im schönsten »Ponaschemu« sagen: »Nach Grodk bin ich mehrstenteils geworden, weil mir zu Hause das Gezänk um Geschäfte, Geld und Zinsen das Leben vergällte.«[18]

Am Ende der Osterferien des Jahres 1924 fuhr ihn der Großvater mitsamt seinem Bett und einem großen Reisekorb zu seinen künftigen Pensionseltern in die Stadt. Eine Jugendfreundin der Mutter, Minna Balding, im »Laden« nennt er sie Baltin, und ihr Ehemann Juro waren die Hausmeister der städtischen Mädchenschule und wohnten in der Kelleretage des Schulgebäudes. Das Bett des Jungen wurde in das Schlafzimmer der Eheleute gestellt, im Wohnzimmer bekam er einen Platz für seine Schulsachen zugewiesen. Sein täglicher kurzer Weg von der Mädchenschule in der Wirthstraße zum Reform-Realgymnasium in der Mittelstraße, der heute

»Strittmatter-Promenade« heißt, führte an der Spree entlang und über eine Brücke.

Spremberg mit seinem von Spreearmen umflossenen mittelalterlichen Kern war damals eine prosperierende Stadt, die ihren industriellen Aufschwung vor allem den Braunkohlegruben in der Umgebung und dem 1915 errichteten Kraftwerk Trattendorf verdankte. Ein großer Teil der damals knapp 27 000 Spremberger war in den Tuchfabriken und Bierbrauereien beschäftigt. Die Industriearbeiter prägten das politische Klima in der Stadt. Bis zur Machtübernahme der Nationalsozialisten blieb die SPD dort die stärkste Partei, allerdings schon seit Anfang der dreißiger Jahre dicht gefolgt von der NSDAP. Das Leben der kleinen Leute spielte sich in Spremberg ebenso wie in den Dörfern des Umlands in den zahlreichen Arbeiterkulturvereinen ab. Auch Erwin Strittmatter trat schon als Gymnasiast dem Bohsdorfer Arbeiter-Rad- und Kraftfahrerbund »Solidarität« und dem Arbeiter-Touristenbund »Die Naturfreunde« bei.

In der Mittelstraße, nicht weit vom Strittmatter-Gymnasium, steht, eingefasst in eine kleine Backsteinmauer, der »Mittelpunktstein«, der von 1871 bis 1918 den geographischen Mittelpunkt des Deutschen Reiches markierte. Schon zur Schulzeit von Erwin Strittmatter war diese Markierung nach den Gebietsverlusten im Gefolge des Ersten Weltkriegs nur noch Geschichte. Seit 1945 – als Konsequenz eines weiteren Krieges und der Vereinbarungen des Potsdamer Abkommens – ist Spremberg gar von der Mitte an den Rand Deutschlands gerückt. Die Grenze zu Polen verläuft kaum 30 Kilometer weiter östlich. Die Inschrift auf dem Stein »Mittelpunkt vom Deutschen Reiche« wurde 1946 offenbar als Ausdruck großdeutscher Gesinnung gewertet und auf Anordnung des damaligen Landrates zusammen mit dem Reichsadler weggemeißelt. Erst im Jahre 1991 stellte die Gemeinde eine Kopie des Steins nicht weit vom ursprünglichen Standort auf. Die Mittelpunktsberechnungen gingen übrigens auf den Geographen Heinrich Matzat zurück, einen Oberlehrer am Realgymnasium, allerdings lange vor Erwin Strittmatters Zeit. Bereits 1875 hatte Matzat seinen Dienst an dieser Schule quittiert und war 1908 gestorben.

Der Umzug in die Stadt und der Eintritt in das Spremberger Realgymnasium dürften für den Dorfjungen, der bis dahin in enger Verbindung zu Natur und Tieren gelebt hatte, einen Kulturschock bedeutet haben. Er musste nicht nur Französisch und Latein, sondern vor allem erst einmal Hochdeutsch lernen, er musste sich in eine ganz neue Welt hineinfinden und war dabei wohl weitgehend auf sich allein gestellt. Erwin trug nun die Schülermütze der Sextaner, die Hosen und Hemdsärmel waren ihm nach neuester Stadtmode gekürzt worden. Doch zumindest am Anfang muss er sich schmerzlich als Außenseiter gefühlt haben. Für die tonangebenden Jungen in der Klasse – er nennt sie »die Krachschläger« – war er Zielscheibe für Hänseleien und Quälereien. Im »Laden« schildert Strittmatter, wie sein Esau »wendischer Kito« und »Krumitzka« (Brotranft) geschimpft, wie sein Ranzen mit dem Plüschdeckel als »Weiberranzen« verspottet wird. Dem Autor des Romans mag es ähnlich ergangen sein. In seinem Tagebuch hielt er Jahrzehnte später anlässlich eines Besuchs in Spremberg seine fortdauernde Abneigung gegenüber dieser Stadt fest, in der man ihn »gequält, bespöttelt, verkannt« habe.[19] Sogar auf einem Klassenfoto von 1926 ist seine Außenseiterrolle erkennbar. Als einziger Schüler trägt Strittmatter eine Anzugjacke und einen Schlips wie der Lehrer. Die anderen Jungen sind nach damaligen Begriffen eher lässig gekleidet, mit Pullovern, Sportjacken und Hemden mit sogenanntem Schillerkragen.

Von seinen Mitschülern unterschied ihn nicht nur die sorbische und dörfliche Herkunft. Die Strittmatters gehörten zwar in Bohsdorf zu den Bessergestellten, im Vergleich zu den städtischen Bürgerfamilien, aus denen seine Klassenkameraden kamen, waren das aber bescheidene Verhältnisse. In einem seiner Lebensläufe erwähnt Erwin Strittmatter, er habe am Gymnasium eine Freistelle gehabt. Das bedeutet wohl, dass er sehr gute Zensuren bekam. Irgendwann muss ihm diese Vergünstigung entzogen worden sein, denn in späteren biographischen Angaben heißt es, er habe die Schule verlassen müssen, weil der Vater das Schulgeld nicht mehr aufbringen konnte.[20]

Doch erst einmal lebte sich der Dorfjunge in seinem Wanderleben zwischen Spremberg und Bohsdorf halbwegs ein. Er gewöhnte sich an den Zustand, weder da noch dort richtig zu Hause zu sein. Bei seinen Mitschülern verschaffte er sich allmählich Achtung, befreundete sich mit dem dicken Wapple, dem er immer vorsagen musste, und mit Wolfgang Haas, den Strittmatter im »Laden« später Wullo Kanin nennt und der viel Glück bei Mädchen und Frauen hatte. Etwa im Alter von sechzehn Jahren verließ er seine Pensionseltern in der Kellerwohnung der Mädchenschule und fuhr seitdem am Abend ins Dorf und am frühen Morgen zurück in die Stadt, jeweils 17 Kilometer, zunächst mit dem Fahrrad. Esau Matt im »Laden« entschließt sich zu diesem Schritt, weil er sich in ein Dienstmädchen vom Gutshof verliebt hat und weil er zum Freizeitleben seiner Klassenkameraden in der Stadt keinen wirklichen Zugang bekommt. Weder kann er Mitglied des Kanu-Klubs noch des Tennis-Klubs werden, noch mag er mit den anderen auf die Rennbahn gehen. Dafür wird es ihm wieder wichtig, ein »echter Bossdomer Bursche« zu sein und sich an den Vergnügungen der Dorfjugend zu beteiligen. Als sich sein Vater ein leichtes Motorrad kauft, nimmt Esau diese

Maschine bald ganz für sich in Beschlag und verkürzt dadurch seine tägliche Fahrzeit erheblich.

Dieses Motorrad spielte unbestreitbar eine Rolle auch in Erwin Strittmatters Leben. Auf einem Foto aus dem Jahr 1929 sitzt er stolz lächelnd auf dem Sattel, mit Schiebermütze, Breeches und Lederstiefeln. In dieser Zeit wurde die Schule für ihn wohl eher zur Nebensache. Die Arbeiten auf dem Hof, die er verrichten musste, um den Eltern nicht auf der Tasche zu liegen, die Tanzveranstaltungen in den umliegenden Dörfern, die es gemeinsam mit den Freunden zu besuchen galt, die Mädchen, die unbedingt auf dem Sozius mitfahren wollten, ließen ihm einfach zu wenig Zeit. Neben Mathematik bereitete offenbar das Fach Latein die größten Probleme. Das leidige Vokabellernen, so schrieb er später, habe er immer wieder verschoben. Wenn er sich vorgenommen hatte, am Abend zu lernen, dann seien meist seine Freunde gekommen, die Feierabend hatten, in der Nacht sei er über dem Buch eingeschlafen und habe sich am Morgen damit getröstet, er werde vor Schulbeginn noch ein wenig lernen, spätestens in der Pause vor der Lateinstunde. Schließlich habe er doch wieder eine schlechte Note bekommen.[21]

Anhand seiner Zeugnisse lässt sich das allmähliche Absinken der Leistungen des Gymnasiasten nachvollziehen. Das beginnt bereits 1925 in der Quinta. Seine Schwächen in Mathematik und in Französisch werden auch in den folgenden Jahren nicht geringer, während in anderen Fächern – Religion, Geschichte, Erdkunde – die Leistungen manchmal zwischen »genügend« und »sehr gut« schwanken, wobei das Betragen des Schülers durchgängig in allen Zeugnissen als vorbildlich bewertet wird. Am Ende der Untertertia und der Obertertia wird der Schüler nur noch aufgrund eines Beschlusses der Lehrerkonferenz in die nächste Klassenstufe versetzt. Der Schlusspunkt folgte in der Untersekunda. Schon das Zwischenzeugnis vom September 1929[22] war alarmierend schlecht: ein »mangelhaft« in Latein und Mathematik, ein »genügend« in Englisch, Französisch, Geschichte, Chemie und Musik. Das Zwischenzeugnis von Weihnachten 1929 fehlt ganz, und statt des Abschlusszeugnisses der Klassenstufe fertigten der Direktor Eichler und der Klassenleiter Klemm dem Schüler Strittmatter am 1. April 1930 ein Abgangszeugnis aus. In Latein ist er auf »nicht genügend« abgerutscht, die anderen Noten sind in etwa gleich geblieben. Darunter die Bemerkung: »Nicht versetzt laut Konferenzbeschluß vom 31. III. 30. Er verläßt die Anstalt, um Bäckermeister zu werden.«

Das sieht nach einem Schulabbruch aus. Laut Auskünften von Erwins Bruder Heini habe der Postbote, vermutlich im Herbst 1929, einen »blauen Brief« in den Bohsdorfer Laden gebracht, der die Eltern wohl auf den Ernst der schulischen Lage ihres Sohnes hinwies. Aus Angst vor dem Zorn des Vaters habe Erwin den Brief abgefangen und ihn nur der Mutter gezeigt. Deren Unterschrift – so waren die Verhältnisse damals – erkannte die Schule jedoch nicht an. Vater Heinrich, der schließlich doch informiert werden musste, soll daraufhin getobt und seinen Sohn einen »Nichtsnutz« genannt haben.[23]

Im »Laden« beschreibt Strittmatter eine andere, sehr viel dramatischere Version des Schulabbruchs seines Helden. Im Zorn ohrfeigt Esau den Deutschlehrer Apfelkorn vor der Klasse, weil er sich von ihm gedemütigt fühlt, vor allem aber weil er glaubt, seine Banknachbarin Ilona Spadi, der seine schwärmerische Liebe gilt, habe sich von ihm ab- und diesem Apfelkorn zugewandt. Dichtung oder Wahrheit? Ist es denkbar, dass Schuldirektor und Klassenleiter diesen unerhörten Vorgang, wenn er sich so abgespielt hat, auf dem Abgangszeugnis mit keinem Wort erwähnten und dem rebellischen Burschen sogar ein »sehr gut« in Betragen bescheinigten?

Strittmatters Bruder Heini allerdings soll sich noch im hohen Alter an diesen Tag im Herbst 1929 erinnert haben, als Erwin aus der Schule nach Hause kam und der Familie sehr gelassen von seiner Tat berichtete. Er habe gesagt, so Heini, er werde nie wieder einen Fuß in die Schule setzen. Auch Ehefrau Eva kannte die Ohrfeigen-Geschichte aus den Erzählungen ihres Mannes schon lange, bevor er den Roman niederschrieb.[24]

Bei dieser Version bleiben Fragen offen. Warum beschloss die Schulkonferenz erst am 31. März 1930, den Schüler Erwin Strittmatter nicht zu versetzen, wenn der seit einem halben Jahr nicht mehr am Unterricht teilgenommen und überdies einen Lehrer tätlich angegriffen hatte? Hatte es ein Arrangement zwischen Schulleitung und Eltern gegeben, um dem begabten Jungen die Zukunft nicht zu verbauen? Oder hatte Vater Heinrich seinen Sohn nach diesem Brief einfach von der Schule genommen, damit er seinen Eltern nicht länger auf der Tasche lag? Oder war die Ohrfeigen-Geschichte vielleicht keine späte literarische Erfindung, sondern eine Phantasie des jugendlichen Strittmatter, mit deren Hilfe er sein Schulversagen in einen triumphalen Abgang verwandelte? Hatte er sich diese Szene so oft ausgemalt, bis er schließlich selbst daran glaubte? In biographischen Berichten und Bemerkungen jedenfalls berief er sich noch als alter Mann nicht ohne Stolz auf diese Aktion, die seinem Leben eine ganz andere Wendung gegeben habe. So erklärte Strittmatter 1987 in einer Rede vor Professoren und Studenten der LPG-Hochschule Meißen, er habe seine Gymnasiastenzeit mit einem Aufsatzheft verkürzt, »das ich meinem Deutschlehrer um die Ohren schlug«.[25] Anlass dieser Rede war übrigens die Verleihung der Ehrendoktorwürde – für den damals schon berühmten Autor ein später Triumph über sein frühes Scheitern.

Für und Wider in diesem Fall machen exemplarisch die Schwierigkeiten deutlich, in der Biographie Erwin Strittmatters eine Grenze zwischen Wahrheit und Dichtung zu ziehen, zumal für den Dichter selbst diese Grenzen fließend zu sein schienen und mit den Jahren wohl mehr und mehr verschwammen. Für Renate Brucke, ehemalige Lehrerin am Strittmatter-Gymnasium und Vorsitzende des Erwin-Strittmatter-Vereins, ist die Ohrfeigen-Szene aus dem »Laden« ganz klar eine literarische Erfindung. Auch sie ist der Meinung, dass ein solch eklatanter Vorfall im Abgangszeugnis nicht unerwähnt geblieben wäre.

GESPRÄCH MIT ERIKA BRIX

Es gibt noch eine Zeitzeugin aus Strittmatters Jugendzeit, die dazu vielleicht etwas sagen kann. Im Mai 2011 besuche ich die 98-jährige Dame in einem Seniorenheim in Forst. Sie ist schmal und klein, sitzt in einem Sessel und entschuldigt sich, dass sie nicht aufsteht, um mich zu begrüßen. »Die Füße wollen nicht mehr so richtig«, sagt sie, aber ihre Augen in dem blassen faltigen Gesicht blicken munter und wach. Frau Brix ist eine große Verehrerin der Romane von Erwin Strittmatter. Bis vor etwa drei Jahren war sie im Strittmatter-Verein noch aktiv. Aber dann habe sie sich zurückgezogen, allerdings nicht aus Altersgründen. Es habe ihr nicht gefallen, dass dort alles plötzlich so »politisch« geworden sei, wo doch der Erwin nie politisch gewesen sei. Auf den Versammlungen seien Dinge besprochen worden, die »wir doch gar nicht wissen wollten«. Es seien Leute aufgetreten, die ihren Erwin gar nicht gekannt hätten und die auf einmal »den Stab über ihn brechen wollten«. Das alles nur, weil er »von diesen Erschießungen« nichts geschrieben habe. »Und der hat doch gar keine Flinte in die Hand genommen. Der war nur Schreiber. Und wenn er das mit ansehen musste – ja, dafür konnte er ja nicht.« Sie sei dann aufgestanden und hätte zu ihrem Nachbarn gesagt, hier sei sie das letzte Mal gewesen.

Lieber als von der Politik, mit der »ihr Erwin«, wie sie noch mal betont, eigentlich nie etwas zu tun gehabt hätte, erzählt Erika Brix über ihre Verbindungen zur Strittmatter-Familie. Mit Erwins Schwester Marga habe sie seinerzeit einen Nähkurs besucht, bis heute stehe sie mit deren Tochter im Kontakt. Wenn sie Marga in Bohsdorf besuchte, habe Erwin sie manchmal mit dem Motorrad wieder mit nach Spremberg genommen. Auch mit Christel Scharlach sei sie befreundet gewesen, sagt Frau Brix. Na, vielleicht nicht wirklich befreundet, denn zwischen ihr und der schönen Rechtsanwaltstochter, die im Roman Ilonka Spadi heißt, gab es eine soziale Distanz. »Die waren ja — vornehm«, sagt Erika Brix ein wenig gedehnt. Christels Vater war der erste Rechtsanwalt am Platze, während ihr Vater nur ein Kriminalbeamter gewesen sei. Auf jeden Fall ging Erika Franke, wie sie damals hieß, gemeinsam mit Christel Scharlach in die Mädchenschule, nur eben eine Klasse tiefer. In diesem Schulgebäude habe sie damals den Erwin kennengelernt, der ja bekanntlich bei den Hausmeisters im Keller wohnte. Weil der Essenraum der Mädchen direkt neben deren Wohnung lag, sei Erwin oft dort vorbeigelaufen. Wegen seiner roten Haare sei er ihr gleich aufgefallen. Und er habe sich so anders als die meisten anderen Jungen verhalten, gar nicht draufgängerisch, eher ruhig und zurückhaltend.

Als ich Frau Brix schließlich nach der Ohrfeige frage, beharrt sie auf der Authentizität dieser Geschichte. Natürlich, sie war nicht dabei, als es geschah, sie ist ein Jahr jünger als Erwin und ging auf die Mädchenschule. Er habe ihr jedoch seinerzeit davon erzählt, sagt sie, und dann weicht ihre Version doch ein wenig von der im »Laden« beschriebenen Szene ab und macht die Geschichte sofort plausibler. Nach einem Wortwechsel habe demnach der Schüler dem Lehrer das

Aufsatzheft wütend vor die Füße geworfen und anschließend verkündet, er werde die Schule nicht mehr betreten. Von seinen schlechten Noten in Mathematik und Latein, von einer Versetzungsgefahr weiß Erika Brix nichts. Davon habe Erwin nichts gesagt. Sie ist überzeugt, dies sei jedenfalls nicht der Grund für seinen vorzeitigen Abgang vom Gymnasium gewesen.

Ich frage, was aus Christel Scharlach geworden ist. Aber dazu kann Erika Brix nichts sagen. Anders als Christel ist sie damals nicht aufs Gymnasium gewechselt, sondern hat das Lyzeum mit der 10. Klasse abgeschlossen. 1934 habe sie dann den Direktor einer Tuchfabrik geheiratet, den ihre Eltern für sie ausgewählt hätten, und sei zu ihm nach Forst gezogen. Auch später ist sie nicht mehr nach Spremberg zurückgekehrt. Was sollte sie dort, da ihr Vater bald nach ihrer Hochzeit nach Cottbus versetzt wurde. Sie lächelt ein bisschen verschämt und meint, eigentlich habe ihr auch der Erwin damals gut gefallen, wie gesagt, weil er so zurückhaltend gewesen sei. Aber der sei ja wohl mit Christel Scharlach zusammen gewesen, werfe ich ein. Frau Brix wedelt verneinend mit der Hand. »Die sind doch nicht zusammen gewesen. Der Erwin hat die Christel immerzu angeschwärmt, das wohl, aber zusammen – nein.«

Schade, dass sie ihre Unterlagen und Bücher über Strittmatter schon an ihren Enkel gegeben hat. Sonst hätte sie mir jetzt gern Erwins Klassenfoto in der Bild-Biographie gezeigt. Die Jungen darauf könnte sie alle noch mit Namen benennen, sie hat sie ja gekannt. Auch die Geschwister von Erwin kenne sie und deren Kinder.

Ob ich denn wisse, dass sein ältester Sohn, der Ulf, in Düsseldorf gelebt hat? Ich nicke und sage, die erste Frau von Strittmatter sei doch damals von Ost nach West gegangen. Stammte die nicht aus Saalfeld?

»Aber nein«, ruft Frau Brix und freut sich offensichtlich, dass sie wieder etwas berichtigen kann. »Die stammte aus Spremberg. Traudchen Kaiser ist doch mit mir zusammen zur Schule gegangen.« Also zur Volksschule, nicht aufs Lyzeum und auch nicht in die gleiche Klasse. Traudchen Kaiser sei ein »angenommenes Kind« gewesen. Sie selbst habe schon in Forst gewohnt, als sie hörte, dass Erwin die Traudchen geheiratet habe. »Das war ein hübsches Mädel«, sagt sie wieder so gedehnt, »aber die war wohl ein bisschen flott.« Deshalb musste er sich ja auch von ihr trennen.

Unser Gespräch schweift danach ein wenig ab. Sie erzählt mir von ihrer Lebensgeschichte, vom Krieg, ihren zwei Ehen und davon, wie sie sich und ihre Kinder mit viel Geschick und Mühe durch die schweren Jahre gebracht hat. Dann unterbricht sie sich und sagt: »Das werden Sie doch wohl nicht schreiben! Das gehört doch nicht hierher.«

KNECHTSTATIONEN
1930–1938

DER SCHULABBRECHER

Die »Knechtstationen meines Lebens«[26] nannte Erwin Strittmatter später jene Jahre, die seinem Abgang vom Gymnasium folgten. Die Hochstimmung des Schulabbruchs – ob mit oder ohne Ohrfeige – war vermutlich bald verflogen. Zurück blieb das Gefühl, die Erwartungen der Eltern enttäuscht zu haben, das Gefühl, versagt zu haben. »Aus dem ist nichts geworden«, so dachte und sprach der Vater über ihn, so mögen auch die Leute in Bohsdorf geredet haben. Der verträumte Junge, der ein paar Jahre lang mit der Schülermütze des Gymnasiasten herumgelaufen war, von dem die Eltern gehofft hatten, er würde eines Tages Lehrer oder Pfarrer werden, er musste nun sehen, womit er seinen Lebensunterhalt verdiente. Die anderen Burschen seines Alters waren inzwischen Bergleute oder Glasmacher geworden, sie arbeiteten auf den Feldern des Gutsherrn oder dem väterlichen Hof. Der 17-jährige Erwin – für damalige Verhältnisse schon ein wenig alt für einen Lehrling – fühlte sich nun verpflichtet, Bäcker zu werden wie der Vater.

Im April 1930 begann der Schulabbrecher eine Lehre bei Bäckermeister Hermann Jurk in Spremberg. Über die Demütigung dieses für alle sichtbaren Abstiegs habe er sich, so schrieb er, mit der Vorstellung getröstet, dass er schon ein mannbarer Bäckergeselle sein würde, wenn seine Schulkameraden dem Abitur entgegenschwitzen würden.[27] Bald darauf begann auch sein vier Jahre jüngerer Bruder Heini eine Bäckerlehre beim gleichen Meister. Die Brüder teilten sich eine

Zeitlang die Schlafkammer über der Backstube. Doch Heinis Situation war eine grundlegend andere. Auf ihm ruhten die väterlichen Hoffnungen. Seit Jahren stand schon fest, dass er später einmal den Hof übernehmen und das Geschäft weiterführen sollte. Dass der Vater den jüngeren Sohn so offensichtlich bevorzugte, scheint das Verhältnis zwischen den Brüdern nie belastet zu haben. Sie waren und blieben einander eng verbunden. Heini verehrte Erwin, und Erwin nannte Heini häufig seinen Lieblingsbruder.

Im April 1931, nach dem Ende des ersten Lehrjahrs, verließ Erwin Strittmatter Spremberg und setzte seine Lehre in Pretzsch an der Elbe bei Bäckermeister Knötzsch fort. Stanislaus Büdner im »Wundertäter« muss seine Lehrstelle wechseln, weil er die Meisterin behext hat. Der Bäckerlehrling Strittmatter strebte vielleicht fort, weil er nicht mehr die Brötchen bei den Eltern seiner ehemaligen Mitschüler aus dem Gymnasium austragen wollte. Viele seiner Erlebnisse in den Backstuben von Spremberg und Pretzsch mit Meistern und Meisterinnen, mit Haustochter, Lehrlingskollegen und Gesellen flossen auf die eine oder andere Weise in die Geschichte des Stanislaus Büdner im ersten Band des »Wundertäters« ein. Auch in der Erzählung »Die blaue Nachtigall« ging er noch einmal zurück in seine Bäckervergangenheit im »Eisenmoorbad« Pretzsch und beschrieb – diesmal in der Ich-Form –, wie er dort täglich von fünf Uhr morgens an in der Backstube den Teig knetete und dann bis spätabends im Café der Konditorei als Kellner bediente, um sich mit dem Trinkgeld Bücher und Kleidung kaufen zu können. An manchen Abenden sei er so übermüdet gewesen, dass er sich mit dem Anhängerband seiner Kellnerjacke an den Garderobenhaken hängte, um im Stehen ein paar Minuten schlafen zu können, ohne umzufallen. Trotz aller Hetze und Erschöpfung – das ist die Botschaft seiner Erzählung – sei ihm in einer solchen

Nacht im Park, nachdem ein Mädchen ihn geküsst habe, eine »blaue Nachtigall« erschienen, und dieser Vogel, der auch durch andere Texte von Strittmatter flattert, symbolisierte für ihn die Poesie, die Sehnsucht nach etwas Großem, Schönem jenseits des Alltags, die ihn angetrieben habe, kleine Hefte mit Gedichten und Geschichten zu füllen und die Gedichte manchmal den angebeteten Mädchen zu überreichen in der Hoffnung, das würde Eindruck auf sie machen.[28]

Die blaue Nachtigall war ein Phantasievogel, doch die vollgeschriebenen Hefte gab es wirklich. Und der Minutenschlaf am Garderobenhaken des Cafés – war er erlebt oder erfunden? 1991 stellte Eva Strittmatter in einem Interview eine Art Formel für das Verhältnis von Realität und Phantasie in den Texten ihres Mannes auf: »... das, was die Leser für völlig absurd halten und wo sie sagen, also der hat aber eine schlechte Phantasie, was der da erfunden hat – das ist merkwürdigerweise direkt aus der Realität übernommen.« Als Beispiel nannte sie den Tod des Bäckermeisters und Vizefeldwebels Kluntsch im »Wundertäter«, der sich aus Liebeskummer und Eifersucht mit Gas vergiftete und sich selbst auf dem Küchentisch aufbahrte, bestreut mit Blumen und Tannenzweigen, auf der Jacke die Schulterstücke eines Leutnants und an der Seite einen Infanteriesäbel. Dies habe sich so zugetragen. Erwin Strittmatter, der neben seiner Frau vor der Kamera stand, ergänzte, dass der Sohn des Bäckermeisters Knötzsch sich zwei Jahre zuvor bei ihnen gemeldet und die Geschichte noch einmal bestätigt habe.[29] Tatsächlich findet sich im Strittmatter-Nachlass ein Brief, in dem eine Leni Pöschel aus Pretzsch dem früheren Lehrling Erwin den Freitod des Bäckermeisters in allen Einzelheiten schildert. Leni Pöschel schrieb ihren Brief im April 1935, drei Jahre nachdem Strittmatter ausgelernt und die Stadt Pretzsch verlassen hatte. Von einer eigenmächtigen Beförderung des Meisters Knötzsch zum Leutnant steht jedoch nichts in dem Schreiben.[30] Die hatte der Schriftsteller dann doch hinzuerfunden.

Strittmatters Lehrzeugnis vom 15. März 1932 trägt die Unterschrift von Karl Knötzsch. Im Briefkopf des Zeugnisses präsentiert der Meister die Delikatess-Speckkuchen als seine Spezialität, auf die auch sein literarisches Alter Ego Kluntsch im »Wundertäter« stolz ist. Knötzsch bescheinigt seinem Lehrling ein aufmerksames, gewissenhaftes, fleißiges und korrektes Verhalten und fügt hinzu: »In seiner Betätigung als Cafékellner erfreute er sich einer gewissen Beliebtheit bei meinen Gästen.« Die Pretzscher Bäckerinnung schließlich stellte Erwin Strittmatter ein Zeugnis aus, wonach er am 29. März 1932 die Gesellenprüfung theoretisch und praktisch mit der Note »sehr gut« bestanden habe.

»Natürlich hatte ich nach der Bäckerlehre, in der ich mir meine Kleidung nachts als Café-Kellner verdiente, bereits alles Interesse an meinem Beruf verloren«, schreibt Strittmatter 1969 in der Rückerinnerung an jene Zeit. »Ich kannte und konnte, wie mir schien, bereits alles, was zum Beruf gehörte.«[31] Nach der Gesellenprüfung kehrte er zurück nach Bohsdorf, um dort ohne Lohn, nur für Unterkunft und Essen in der väterlichen Backstube zu arbeiten. Er habe sich damals vorgenommen, mit seiner Arbeit zurückzuerstatten, was der Vater während der Gymnasiastenzeit für ihn verausgabt hatte. Hatte Heinrich Strittmatter das von seinem Sohn verlangt, oder wollte der aus eigenem Antrieb seine »Schuld« abtragen? Das Geld für Bücher, Kleidung und andere Extras verdiente er sich mit vielerlei Tätigkeiten, zum Beispiel mit der Zucht von Angorakaninchen und dem Verkauf ihrer Wolle. Im »Kalender für Geflügelzüchter« vom 19. September 1934 präsentierte er sich mit der Annonce »Strittmatters Tierzucht (Tierschule)« unter anderem als Hundedresseur und Kaninchenzüchter, er bot Futtermittelfirmen seine Dienste bei Fütterungsversuchen an.³² Außerdem fuhr er jeden Nachmittag mit dem Motorrad nach Spremberg und verteilte den »Cottbusser Anzeiger« in den umliegenden Dorfgemeinden. Im Tagebuch schreibt er, dies sei seine »schwerste, bedrückendste Jugendzeit« gewesen.³³ Vor allem wohl deshalb, weil es mit dem Vater wieder nicht gut lief, weil es ihm nicht gelang, dessen Achtung zu erringen. Diese ungestillte Sehnsucht verließ ihn nicht, und noch Jahrzehnte später, als er längst ein berühmter Schriftsteller geworden war, ertappte er sich von Zeit zu Zeit bei dem eifrigen Bemühen, den nunmehr alten Eltern seine Erfolge vorzuführen. Zweifellos, so notierte er im Tagebuch, strebe er noch immer nach ihrer Anerkennung, die er in der Kindheit vermisst habe.³⁴

Die Fotos aus dieser Zeit allerdings spiegeln nichts von der beschriebenen Schwere und Bedrückung. Da lächelt ein fesch aussehender Bursche herausfordernd in die Kamera. Er ist mit Reithosen und Stiefeln, ein andermal mit Knickerbockern und einer modischen, eng sitzenden Jacke bekleidet. Die roten Haare scheinen für ihn kein Ärgernis mehr zu sein. Er trägt sie selbstbewusst und so lang wie möglich. Das schmale Gesicht mit den großen, dunkel umränderten Augen wirkt zart, fast durchscheinend. Dieser junge Mann, so scheint es, litt nicht mehr darunter, dass er anders war als viele seiner Altersgenossen, vielleicht kultivierte er dieses Anderssein sogar ein wenig und bekam Freude an der Provokation. Bis heute erzählen die Spremberger und Bohsdorfer, die es von ihren Eltern oder Großeltern gehört haben mögen, von den sagenhaften Erfolgen des jungen Strittmatter bei den Mädchen der Umgebung und von seinem enormen Alkoholkonsum – Geschichten, die sich längst zu Legenden verdichtet haben und von denen niemand mehr sagen kann, was daran wahr und was erfunden ist.

Wie viel von diesem herausfordernden Benehmen mag

jugendlicher Überschwang, wie viel aber auch Verzweiflung gewesen sein? Der mittlerweile zwanzigjährige Erwin Strittmatter war auf der Suche nach dem Sinn seines Lebens. Der konnte, so meinte er, nicht darin bestehen, in einem ungeliebten Beruf täglich körperlich schwere Arbeit leisten zu müssen, Brot zu backen, das am nächsten Tag schon wieder verzehrt war, sich vom Vater oder von einem Meister herumkommandieren zu lassen. Der Zugang zu geistiger Beschäftigung, zu einem Leben mit Büchern, mit der Poesie schien nach dem Schulabbruch in die Ferne gerückt. Oder doch nicht ganz – Strittmatter war ein begeisterter Laienschauspieler, und er trug stets ein kleines Heft bei sich, in das er Gedichte und Notizen schrieb. Außerdem korrespondierte er mit gleichgesinnten Freunden, unter anderen mit seinem Klassenkameraden aus dem Gymnasium Wolfgang Haas und dem enzyklopädisch belesenen ehemaligen Bäckerkollegen Rudolf Hammer. Sie tauschten philosophische Gedanken und selbstverfasste Gedichte aus und bestärkten einander in ihrer Außenseiterrolle.[35]

In Strittmatters Rückerinnerung erschien der Weg von den frühesten Notizheften zu den späteren Romanen als eine beinahe gerade Entwicklungslinie. »Ich habe eigentlich sehr zeitig gewußt, was ich will, und immer dahin gestrebt, einmal Schriftsteller zu werden«, sagte er 1993, kurz vor seinem Tod, in einem Interview.[36] In einer Erzählung über die Anfänge seines Schreibens datiert er den Beginn des Schriftstellerdaseins sogar bis in sein dreizehntes Lebensjahr zurück, als er noch das Gymnasium besuchte und bei den Baldings im Keller wohnte. Dort habe er an vielen Abenden seine erste Geschichte verfasst, die von einem Hund handelte, der ihnen in Bohsdorf zugelaufen war. Der Zeichenlehrer habe seinen Text an das »Kunstblatt der Jugend« geschickt, wo die Geschichte unter dem Titel »Flock« veröffentlicht wurde.[37] Ein verheißungsvoller Beginn, dem viele Jahre lang keine Fortsetzung folgte. Allerdings erscheint es ein wenig seltsam, dass Strittmatter noch als erwachsener und erfolgreicher Schriftsteller sich auf diesen wirklich sehr kindlichen Aufsatz berief, der im Übrigen erst im Jahr 1928 erschien, als der Schreiber bereits 15 oder 16 Jahre alt gewesen sein muss.[38]

Im weiteren Verlauf der »Mingedö«-Geschichte schildert Strittmatter eindrucksvoll, wie das Schreiben ihm in der Zeit nach seiner Bäckerlehre einen Ausweg aus einer tiefen Krise bot: »Der Strick war schon da, der Baum ausgesucht. Es sollte an einer Chaussee geschehn ... Ich wollte nicht mehr zu den Bäckern zurück«[39]. Statt sich umzubringen, habe er dann aber seine Ersparnisse genommen und sich in einem Gasthaus am Rande einer Spreewald-Kleinstadt eingemietet, um einen Roman zu schreiben – anfangs noch ohne Vorstellung, wovon dieser Roman eigentlich handeln sollte, doch habe er dabei jenes Hochgefühl erlebt, mit Menschen und Dingen umzugehen, »die ich mir neu erfunden hatte«[40]. In seinem Tagebuch erinnerte sich Erwin Strittmatter 1963 ein wenig nüchterner an die Tage und Nächte im Bahnhofshotel von Lübbenau, wo ihn »zum ersten Mal der Schreibdrang« überfallen habe. Er habe dort für eine Kleintierzüchter-Zeitschrift eine Fortsetzungsserie geschrieben unter dem Titel »Was ich mit Haustieren erlebte«. Als sein Geld aufgebraucht war, sei er »demütig wieder in Vaters Backstube« zurückgekrochen.[41] Ob die Kleintierzüchter-Zeitschrift seine Fortsetzungsserie veröffentlichte, ist nicht überliefert. In der »Mingedö«-Erzählung kehrt der Held mit einem »Roman unterm Arm [...] wie ein Triumphator zu den Bäckern zurück«. Er borgt sich von Mutter, Schwester, Tante und Großeltern Geld für einen Verlagsagenten, der verspricht, das Werk an die Öffentlichkeit zu bringen. Am Ende ist das Geld weg, seinen Text jedoch hat niemand drucken wollen. Aus Scham gegenüber den hilfsbereiten Verwandten, die ihn immer wieder nach dem Roman fragten, sei er schließlich »bis an den Niederrhein« geflüchtet.

Tatsächlich befindet sich in Strittmatters Nachlass ein Manuskript, das er auf einem Deckblatt als »meinen ersten Roman« bezeichnet, versehen mit der Zeitangabe »Anfang der dreißiger Jahre«.[42] Und tatsächlich verließ er – allerdings erst im April 1935 – den elterlichen Hof und zog fort an den Niederrhein. Der Zusammenhang zwischen der gescheiterten Veröffentlichung und seinem Weggang aus der Heimat mag eine literarische Konstruktion sein. Doch was Erwin Strittmatter in dieser Erzählung offenbart, ist ein Grundmuster seiner inneren Verfassung. Das heftige Auf und Ab zwischen tiefstem Selbstzweifel bis hin zu Selbstmordgedanken und dem Gefühl höchsten Triumphes sollte ihn sein Leben lang begleiten. Das Schreiben hatte dabei stets die doppelte Rolle, Quelle der Verzweiflung und zugleich ihr Heilmittel zu sein.

Der Roman »Tians Heimkehr« ist unschwer erkennbar als ein früher autobiographischer Entwurf. Er handelt von einem jungen Mann, einem Sonderling und Einzelgänger, der auf einem Bauernhof in einem Heidedorf aufgewachsen ist und nach dem Besuch des Gymnasiums in der nahe gelegenen Industriestadt Walzenburg in einer Getreidehandelsfirma arbeitet. Die Sehnsucht nach dem Landleben, nach dem täglichen Umgang mit Tieren verlässt ihn jedoch nicht. In seiner Wohnung züchtet er heimlich weiße Mäuse und pflegt kranke Vögel. Und natürlich liest er Tolstoi, Goethe, Schopenhauer und Nietzsche. Nachdem er es sieben Jahre in der Stadt ausgehalten hat, stirbt sein Vater, ein jähzorniger Trinker. Er hinterlässt einen verschuldeten Hof, und sein Bruder Heino, der eigentliche Hoferbe, hat sich davongemacht. Tian schlägt das Angebot seines Chefs aus, die Leitung der Firma zu übernehmen und dessen Tochter zu heiraten. Stattdessen kehrt er zurück auf den Hof zur geliebten Mutter und zur geliebten Heimaterde, um dort ein neues Leben beginnen.

Der Geist der dreißiger Jahre, Krisenerfahrungen und ein bisschen Blut-und-Boden-Romantik wehen durch die Geschichte, wenn vom »Erdgeruch der frischen Schollen« die Rede ist, von dem der heimgekehrte Held »beseelt« ist, oder wenn der »Wucherzins« die Bauern in den Ruin treibt und die Kaufleute sich an ihrer Arbeit bereichern, »ohne einen Finger gekrümmt zu haben«. Der Roman hat jedoch einen verblüffenden Schluss, der vermutlich auf die Lektüre von Tolstoi zurückzuführen ist. Der Held bringt nicht nur den eigenen Hof mit ungewöhnlichen Ideen wieder auf die Beine, indem er zum Beispiel weiße Mäuse und Angorakaninchen züchtet, sondern er betätigt sich darüber hinaus als Landreformer und sorgt dafür, dass die armen Bauern und die arbeitslosen Bergleute seines Dorfes ihr Schicksal selbst in die Hand nehmen und das brachliegende Grubenland bewirtschaften können. Am Ende sind alle glücklich und arbeiten gemeinsam – fast wie in einer Genossenschaft, geleitet von dem bescheidenen, fleißigen und vorausschauenden Tian, der uns vielleicht ganz entfernt schon an Ole Bienkopp erinnert.

VERHAFTUNG IN DÖBERN

Bevor Erwin Strittmatter im April 1935 den elterlichen Hof verließ und Farmleiter im niederrheinischen Dinslaken wurde, hatte er bereits einige Versuche unternommen, aus seinem bisherigen Leben auszusteigen. Überliefert ist unter anderem ein Absagebrief des Cirkus Krone, bei dem er sich im Februar 1934 als Tierpfleger beworben hatte und womit er sich wohl einen Kindheitstraum erfüllen wollte.[43] Die Begeisterung für die Welt der Artisten und Tierdresseure blieb ihm lebenslang erhalten. Vierzig Jahre später stand er schließlich selbst einmal in der Manege, mit Frack und Zylinder, und präsentierte eine Pferdedressur.[44]

Nicht lange nach der Ablehnung vom Cirkus Krone gab es ein Ereignis im Leben des tierzüchtenden Bäckergesellen, das ihn in seinem Wunsch fortzugehen zweifellos bestärkte und das in seinen späteren biographischen Angaben, vor allem für die SED-Kaderunterlagen, eine große Rolle spielen sollte. Die Rede ist von einer kurzen »Schutzhaft« im Polizeigefängnis Döbern. In den verschiedenen Schriftstücken variierte er einige Male sowohl den Anlass für die Inhaftierung als auch ihre zeitliche Dauer. So bringt er in einem frühen Bewerbungsschreiben von 1945 seine Verhaftung mit dem Verbot einer Zeitung in Verbindung, für die er damals geschrieben habe. Nach wechselnden Verhören sei er als »jugendlich Verdorbener« wieder entlassen worden.[45] In einem Fragebogen von 1947 schreibt er, er sei 1934 »mehrmals tageweise« in Schutzhaft genommen worden, zwei Jahre später ist die Rede von einer Haft im »März/April 1934«. 1948 gibt er in einem Fragebogen an, man habe ihm »kommunistische Propaganda« vorgeworfen, er sei mit einer Verwarnung entlassen worden. In einem Lebenslauf von 1958 nennt er als Verhaftungsgrund: »Kommunistische Propaganda. Ich hatte einen Russenkittel getragen. Von Kommunismus und Marxismus hatte ich keine Ahnung.«[46] Viele Jahre später schließlich, 1991, spricht Strittmatter in einem Interview davon, er sei »als Sozialdemokrat bei den Nationalsozialisten ein paar Mal in Schutzhaft gewesen«[47].

Diese changierenden Angaben sind ein Beispiel für die Wandelbarkeit des autobiographischen Gedächtnisses. Abgesehen davon, dass sich das Gedächtnis gerade in Bezug auf Zahlen und Daten häufig als unzuverlässig erweist, entfaltet es sich vom Blickwinkel der jeweiligen Gegenwart aus in immer wieder unterschiedlichen Facetten. Strittmatters Mitteilungen in den SED-Fragebögen der vierziger und fünfziger Jahre waren zu unpräzise und zudem unbelegt, als dass sie etwa den Status eines Verfolgten des NS-Regimes begründet hätten. Auf jeden Fall aber konnten sie seine antifaschistische Gesinnung beglaubigen, was damals – kurz nach dem Ende des Dritten Reiches – sehr wichtig war. Dabei macht Strittmatter nicht den Eindruck, als wolle er sich damit hervortun, wenn er den Vorwurf »kommunistischer Propaganda« erwähnt und ihn mit dem Hinweis auf seine politische Ahnungslosigkeit gleich wieder herunterspielt. Das Interview von 1991 findet vor einem veränderten politischen Hintergrund, nach dem Ende der DDR, und in einer ganz anderen Lebensphase des Befragten statt. Hier erwähnt Erwin Strittmatter plötzlich, er sei »als Sozialdemokrat« verhaftet worden, was in der politischen Nachwendelandschaft zweifellos akzeptabler schien als der Verdacht, kommunistische Propaganda getrieben zu haben. Interessant ist aber auch die Botschaft, die Deutung, die er 1991 mit dieser Episode verbindet. Er habe sich in der Schutzhaft geschworen: »du willst schreiben, und du mußt schreiben, und das ist eigentlich das, wozu du auf der Welt bist, und dazu paßte nicht, daß ich mich irgendwie für eine Ideologie zu Tode hätte quälen lassen sollen und müssen«. Hier geht es ihm nicht mehr um die Versicherung einer antifaschistischen Haltung, sondern um die Abkehr von Ideologien und Utopien und damit unausgesprochen um die Verteidigung aller Kompromisse, die er einging, um sich, wie er sagt, »für dieses Schreiben, sozusagen für das Leben zu behüten«[48].

Doch zurück zum März 1934. Ein gutes Jahr zuvor hatte sich der erste historische Bruch ereignet, den der junge Strittmatter bewusst erlebte, die Machtübernahme der Nationalsozialisten. Wenn er sich auch im Rückblick als eher unpolitisch ansah oder sich in den SED-Lebensläufen als politisch ahnungslos und »wirr« geißelte – die Veränderungen griffen auch in sein Leben ein. Das sozialdemokratische Milieu seines Heimatdorfes, in dem er ganz selbstverständlich gelebt hatte, war zerstört. Die SPD war verboten worden, viele ihrer Funktionäre inhaftiert, der Arbeiter-Radfahrerbund und der Naturfreunde-Bund waren aufgelöst, ihre Vereinshäuser oder -räume beschlagnahmt und von NS-Organisationen übernommen. Drei seiner Bohsdorfer Freunde, bis vor kurzem noch Naturfreunde-Mitglieder wie er, liefen nun in der schwarzen Uniform der SS oder in der braunen der SA durchs Dorf. Es gab Streit, wenn er sich mit ihnen traf, die Freundschaften zerbrachen. Als Erwins Schwester Marga zum Entsetzen der Eltern sich in einen jungen Glasmacher verliebte, der Mitglied der SS war, waren die politischen Zerreißproben auch in der Familie angekommen.

Ihm sei das militärische Gehabe von SA und SS zuwider gewesen, schreibt Erwin Strittmatter vierzig Jahre später in sein Tagebuch. »Um meinen Protest gegen die Nationalsozialisten auszudrücken, kleidete ich mich ununiform und trug Russenkittel, die mir die Mutter schneiderte.«[49] Wieder einmal war der junge Strittmatter in eine Außenseiterrolle geraten. Das war ihm seit seiner Kindheit freiwillig und unfreiwillig immer wieder geschehen. Wie gefährlich eine solche Position unter den neuen politischen Verhältnissen sein konnte, musste er wohl anlässlich seiner Verhaftung erfahren. In seinen Romanen hat er, der sonst so viele biographische Begebenheiten aufgriff und literarisch verarbeitete, über diese Tage in der Haft seltsamerweise nicht geschrieben. 1973 jedoch erinnerte er sich in einer Tagebuchnotiz unter der Überschrift »Eine geistige Irrfahrt« daran:

Er sei, so schreibt er, in einem Café in Döbern von SA-Leuten verhaftet worden. Einer seiner Bohsdorfer Freunde und sein zukünftiger Schwager, so vermutet er, hätten ihn denunziert.

Strittmatter hatte seine große schwarze Dogge bei sich, und in seiner Begleitung befand sich eine junge Seiltänzerin vom Zirkus, der er seine Gedichte und Aphorismen vorgelesen hatte. »Die SA hatte mich bei der Verhaftung geschlagen und gewürgt, ehe ich der Gendarmerie übergeben wurde. Sie hatten mich beschimpft«.[50] Im Frühjahr 1934 konnten SA-Leute ihre Opfer nicht mehr einfach in ein Wachlokal schleppen und dort tagelang oder womöglich wochenlang misshandeln, wie sie es in den ersten Monaten nach der Machtübernahme Hitlers oft getan hatten. Mittlerweile war es Polizei und Gestapo gelungen, die Exzesse der lokalen SA- und SS-Formationen einzudämmen und die Regie über den politischen Terror an sich zu ziehen. Deshalb wurde der junge Mann im Russenkittel »nur« zusammengeschlagen und dann den uniformierten Staatsdienern übergeben. Bevor die jedoch eintrafen, schreibt Strittmatter, habe er einige Seiten aus seinem Notizbuch herausgerissen, auf denen er »abfällig über Hitler geschrieben« hätte. Mit dem Papier wischte er der Dogge den Speichel vom Maul. Das Manöver wurde durchschaut. »Natürlich stürzten sich die SA-Leute auf die verschleimten Groschenheftseiten und konfiszierten sie, und die Prügelei begann von neuem.«

Die Polizisten brachten den Verdächtigen ins Gefängnis von Döbern. Das Mädchen wurde zusammen mit der Dogge nach Hause geschickt. Letztlich ging der Vorfall noch glimpflich aus. Nach einigen Verhören ließen sie den Bäckersohn aus dem Nachbardorf trotz seiner Aphorismen gegen Hitler laufen. Auch diesmal liefert Strittmatter übrigens keine Angabe, die diese Haft nach Tagen oder Wochen eingrenzen könnte. »Von da an«, so schreibt er, »war ich vollauf, nicht nur gegen das militaristische Gehabe, sondern gegen den ganzen Hitler und seine ›Bewegung‹.« Zweifellos war dieses Erlebnis ein Schock für den Zweiundzwanzigjährigen. Die Verhaftung sollte Angst machen, und gewiss verfehlte sie ihre Wirkung nicht. Er habe sich danach zurückgezogen von den ehemaligen Freunden, habe viel gelesen und geschrieben und »versucht, der Welt philosophisch beizukommen«.

Das Brandenburgische Landeshauptarchiv antwortete im Februar 2011 auf meine Anfrage, über die Schutzhaft von Erwin Strittmatter in Döbern hätten keine Unterlagen ermittelt werden können. Aufklärung über das Ereignis kommt schließlich vom Döberner Heimatverein, der das Gefangenen-Kontrollbuch des Dorfgefängnisses in seinem Archiv aufbewahrt. Für das Jahr 1934 sind in diesem Buch zehn Festnahmen dokumentiert. Gleich der erste Eintrag betrifft den Bäcker Erwin Strittmatter, der vom »Landjägermeister Neugebauer« am 6. März 1934 um »24.30 Uhr« eingeliefert wurde. In der Spalte für den Verhaftungsgrund steht »Schutzhaft« mit einem Fragezeichen davor. Am folgenden Tag, dem 7. März 1934, wurde der Festgenommene morgens um »8 ½ Uhr« wieder entlassen. Dadurch entstanden vierzig Pfennig Haftkosten, wie in einer weiteren Spalte vermerkt ist. In einem Artikel im »Döberner Kultur- & Heimatblatt« schreibt Eberhard Roy, das aus drei Zellen bestehende Dorfgefängnis habe sich im »Spritzenhaus« in der Spremberger Straße befunden. Als Grund für Strittmatters Verhaftung nennt Roy »eine Bekanntschaft mit einer weiblichen, nicht ortsansässigen Person«[51]. Zweifellos war damit die Zirkustänzerin gemeint, mit der der junge Mann im Café gesessen hatte. Am Telefon sagt mir Eberhard Roy, das könne nur das »Café Cutter« gewesen sein.

VON DINSLAKEN NACH SAALFELD

Am 19. April 1935 antwortete Erwin Strittmatter auf ein Inserat in der Zeitschrift »Leipziger Züchter« und bewarb sich um die ausgeschriebene Stelle als Farmleiter für eine geplante Zuchtanlage im Tierpark »Diwa« im niederrheinischen Dinslaken. In seinem Schreiben stellt er sich als Experte für Angorakaninchen-Zucht vor, er sei »Wollfachwart« des Brandenburgischen Angora-Züchter-Klubs sowie »Zuchtwerbewart und Stammbuchführer« beim Kaninchenzüchter-Verein Döbern.[52] Kurz darauf bekam er die Zusage, zunächst für einen Probemonat. In einem Brief an seinen künftigen Arbeitgeber Weidemann kündigte Erwin Strittmatter seine Ankunft auf dem Bahnhof in Dinslaken für den Abend des 28. April an. »Erkennungszeichen: hellgelber Koffer und ein Buch in der Hand.«[53]

Damit begann für ihn ein neuer Lebensabschnitt, in dessen Verlauf er seine Aufenthaltsorte ebenso rasch wie die Tätigkeiten wechseln sollte. Im Tierpark »Diwa«, wo er einen Zuchtbetrieb für Angorakaninchen, Nutria, Rassehühner, Tauben und andere Kleintiere aufbauen sollte, blieb er sechs Monate. Aus Briefen, die seine Eltern und Geschwister an ihn schrieben, geht hervor, dass er dort einen Konflikt mit dem Chef bekam und kündigte. Anschließend verbrachte er drei Monate, von November 1935 bis Januar 1936, als »Volontär« in den Ortenburgischen Zuchtbetrieben in Tambach/Oberfranken. Für die folgenden sieben Monate bis August 1936 fehlt ein Beschäftigungsnachweis. Das geht aus seinem Arbeitsbuch hervor, ausgestellt vom Arbeitsamt Coburg am 24. Januar 1936. Ein solches Nachweisbuch der Beschäftigungsverhältnisse war laut Gesetz vom 24. Februar 1935 für alle arbeitsfähigen Bürger des Reiches zur Pflicht erhoben worden. In der Rubrik »Berufsausbildung« gibt Strittmatter neben seiner Bäckerlehre auch das Volontariat in Tambach als »Lehrzeit« an. In die Spalte »Besondere Fertigkeiten« schreibt er: »Englisch, Französisch, Schriftstellerei«[54]. Wie aus einer Bescheinigung von Tierparkleiter Weidemann hervorgeht, war Erwin Strittmatter bereits in Dinslaken nicht mehr allein. Im September und Oktober 1935 arbeitete dort auch Waltraud

Kaiser, seine spätere erste Ehefrau, als »Haustochter«[55]. Auch bei seiner nächsten Arbeitsstelle, der Silberfuchs- und Nutriafarm in Tambach, bemühte er sich offenbar, Waltraud unterzubringen. Da jedoch die Stelle der Volontärin besetzt war, vermittelte die Gräfin »seine Braut« an eine Dame, die gerade bei ihr »Zuchtmaterial«, also Kaninchen, bestellt habe. Sehr wahrscheinlich handelte es sich bei dieser Dame um Hedwig Ruetz, die nächste Arbeitgeberin von Erwin Strittmatter, auf deren »Edelhof« in Beulwitz bei Saalfeld er – wieder zusammen mit Waltraud – dann von September 1936 bis Mai 1937 beschäftigt war. Für Hedwig Ruetz und ihre Schwester Elsa baute er zunächst eine Angorakaninchenzucht auf und diente den Damen später als Gärtner und Chauffeur.

Die neun Monate auf dem Edelhof waren in dieser unsteten Zeit sein längstes Beschäftigungsverhältnis, danach wurde der Wechselrhythmus immer schneller: drei Monate als ziviler Pferdepfleger bei der Heeresstandortverwaltung in Saalfeld, zwei Monate als Hilfsarbeiter bei der Thüringischen Zellwolle A. G. Schwarza, im November 1937 trat er eine Stelle als Kleintierzüchter auf dem Mühlgut Reschwitz bei Saalfeld an.

Die Bäckerei hatte er also hinter sich gelassen. Seinen Lebensunterhalt verdiente er hauptsächlich mit den Kenntnissen und Fertigkeiten, die er auf dem Dorf im Umgang mit Tieren erworben hatte. Dabei mag er sich wohler gefühlt haben als in der ungeliebten Backstube. Doch auch für die Arbeit auf der Pelztierfarm, zu der letztlich die massenhafte Tötung der Nerze, Füchse und der Karakullämmer gehörte, eignete sich Erwin Strittmatter offenkundig nicht.[56] Wenn er diese Jahre später die »Knechtstationen« nennt, so steckt darin natürlich die biographische Deutung seines Weges von ganz unten hinauf zum berühmten Schriftsteller. Abgesehen von den sechs Monaten als Leiter einer noch nicht existierenden Farm, war er ja tatsächlich damals ein Knecht: eine Art Lehrling auf der

Pelztierfarm, Hausdiener auf dem Edelhof und Hilfsarbeiter in der Fabrik. Überall musste er für wenig Geld schwer arbeiten. Wenn er nicht selbst aus Unzufriedenheit wieder kündigte, wurde er wahrscheinlich von den Arbeitgebern entlassen, weil sie immer wieder neue billige Hilfskräfte einstellen wollten. In der Erzählung »Damals auf der Farm«, für die zweifellos die Ortenburgischen Zuchtbetriebe die Vorlage lieferten, bekommt der Held als Schlafplatz ein Strohlager im Schafstall zugewiesen und ein Taschengeld für seine Arbeit. Auf dem Edelhof bei den kunstliebenden Schwestern Ruetz, die er in der Erzählung »Meine Freundin Tina Babe« beschrieben hat, traf Strittmatter es deutlich besser. Dort wohnte er in einer Dachstube und chauffierte die Damen in Saalfeld und Weimar umher. Aber gerade der Aufenthalt bei den wohlhabenden Schwestern, die es sich leisten konnten, einfach ihren Neigungen nachzugehen, zu singen und zu malen, während er, der doch ebenfalls ein Künstler sein wollte, ihnen dienen musste, erfüllte ihn mit Bitterkeit. Anlässlich eines Besuchs in Weimar und Saalfeld erinnerte er sich 1966:

»Manchmal musste ich, wenn sie Besuche machten, mich stundenlang in Weimar herumdrücken. Den Wagen durfte ich nicht verlassen, damit er bereit war, wenn die Damen Lust hatten heimzufahren. [...] Gern hätte ich die Stübchen der Weimarer Dichter gesehn. Ich las viel und ich schrieb damals schon. Allein, ich musste das Auto bewachen. Und wenn ich es nicht gemusst hätte, hätte ich kein Geld gehabt. Und wenn ich Geld gehabt hätte, hätte ich mich nicht zwischen die ›vornehmen‹ und ›gelehrten‹ Leute getraut«.[57]

Daneben unternahm Erwin Strittmatter in dieser Zeit offenbar einen Anlauf, um das versäumte Abitur nachzuholen. In dem Band »Lebenszeit« gibt es ein Bild, das ihn an einem Tisch sitzend und schreibend zeigt, daneben ein Regal, gefüllt mit Aktenordnern und Büchern. »Selbstunterricht nach Methode RUSTIN« lautet die Unterschrift.[58] Im »Wundertäter« studiert Stanislaus Büdner nach Feierabend in seiner Kammer nach der »Methode Mentor«. Er träumt davon, Doktor der Poesie zu werden, bis er das Mädchen Lilian kennenlernt, das alle seine Pläne durchkreuzt. Auch Erwin Strittmatter schaffte es im Selbstunterricht nicht bis zum Abitur. 1947 schreibt er zwar in einem Personalfragebogen der Märkischen Druck- und Verlags GmbH auf die Frage nach der Schulbildung: »Abitur als Autodidakt« und darunter: »seit 1933 Werkstudent«[59], in späteren biographischen Angaben für die Kaderabteilung der SED, nachdem sein erster Roman »Ochsenkutscher« erschienen und ein Erfolg geworden war, ist von einem Abitur aber nicht mehr die Rede, dafür vom Schulabschluss »mittlere Reife«, was auch schon ein wenig geschummelt war.

Doch jenseits von Schulabschlüssen bildete sich Erwin Strittmatter als Autodidakt beständig weiter. Zeitweilig beschäftigte er sich intensiv mit esoterischen Ideen. Aus Briefen in seinem Nachlass geht hervor, dass er 1935 Abonnent der Zeitschrift »Mazdaznan« war. Über den Verlag bezog er unter anderem eine »Tinktur«, die, wie er an Bruder Heini schreibt, seinen Haarausfall erfolgreich gestoppt habe.[60] Mazdaznan war eine quasireligiöse Lehre, die auf einer Kombination von zarathustrischen, christlichen und hinduistisch-tantrischen Elementen basierte. Trotz ihrer Nähe zum rassistischen Denken der Nazis wurde die Organisation und ihre Publikationen 1935 bzw. 1938 von den NS-Behörden verboten.[61] Auch das Haarwuchsmittel dürfte dann ausgeblieben sein.

Auf dem Ortenburgischen Schloss in Tambach und bei den Schwestern Ruetz in Beulwitz durfte Strittmatter die Bibliothek benutzen. Er verschlang alles, was sich ihm dort bot: die gesammelten Werke von Shakespeare, Goethe, Rilke, Nietzsche, Schopenhauer, Tolstoi. Vor allem die Werke Tolstois, dessen Autobiographie er schon als Vierzehnjähriger zum ersten Mal gelesen hatte, blieben lebenslang für ihn von Bedeutung. Esau Matt im »Laden« wird nach dem Vorbild von Tolstoi und Rilke sogar für einige Zeit zum Vegetarier (auch die Mazdaznan-Anhänger predigten übrigens den Verzicht auf Fleisch). Weil die Lebensmittelzuteilungen für Vegetarier nach Kriegsbeginn jedoch immer schlechter werden, kehrt er letztlich wieder zu den Fleischtöpfen zurück.

In einem handschriftlichen Lebenslauf aus dem Jahr 1958 schreibt Strittmatter in dem damals üblichen selbstkritischen Duktus, er habe in dieser Zeit ein »einzelgängerisches völlig apolitisches Leben« geführt. An Literatur und Philosophie habe er alles gelesen, was ihm in die Hände gekommen sei. Doch »politische Klarheit und Einsicht erhielt ich nicht«[62]. Dies ist natürlich im Hinblick auf die spätere »Einsicht«, den Eintritt in die SED, sein Engagement für den Sozialismus, so formuliert: der Weg von der bürgerlichen Versponnenheit zur marxistischen Klarheit. Erwin Strittmatter war zu dieser Zeit offenbar überzeugt, dass die Beschäftigung mit den bürgerlichen Denkern ihn während der NS-Zeit vom Widerstandskampf abgehalten habe. Als er sich jedoch in den späten sechziger und frühen siebziger Jahren von der »marxistischen Religion«, wie er es nun ausdrückte, wieder entfernte, wandte er sich erneut den Schriften zu, die er in seiner Jugend studiert hatte. In einem Tagebucheintrag von 1971 kehrt er seine frühere Bewertung völlig um. Der Beschäftigung mit Schopenhauer, so schreibt er, verdanke er seine »Skepsis gegen das Tun und Treiben der Nationalsozialisten«. »Schopenhauer, überhaupt die Philosophie«, fährt er fort, »hat mich in jeder Weise vor den Barbaren geschützt.«[63]

In jeder Weise? Ich stocke beim Lesen angesichts von so viel Selbstgewissheit, vor allem mit dem Wissen um die späteren Geschehnisse. Aber noch befinden wir uns im Jahr 1937.

Am 1. Juni 1937 stellte Hedwig Ruetz ihrem Gärtner, Chauffeur und »Berater für die Angorakaninchenfarm« Erwin Strittmatter ein Zeugnis aus. »Er ist absolut ehrlich und zuverlässig und von anständiger Gesinnung«, schreibt sie. Seinen Dienst auf dem Edelhof beende er »auf eigenen Wunsch«. Offenbar hatte Strittmatter seine Arbeit bei ihr schon einige Wochen zuvor aufgegeben. In einem Brief vom 26. April 1937 schreibt ihm Frau Ruetz, sie würde ihm wie abgesprochen zum 1. Juni kündigen. »Ich hoffe, es ist für Sie das Beste, wenn Sie sich zunächst mal ganz ausruhen und sich dann vielleicht mit Schreiben von den Gedanken an das Erlebte ablenken«. Unterschrift: »Heil Hitler«.[64] Auf welches Erlebnis die Schreiberin hier anspielt, das können wir uns aus der Erzählung »Meine Freundin Tina Babe« ein wenig zusammenreimen. Darin hat der Ich-Erzähler eine Geliebte, ein junges Mädchen, das auf dem Hof die Angorakaninchen betreuen soll. Das Mädchen hat in der Erzählung keinen Namen, es wird nach einer Vogelart »die Heckenbraunelle« genannt und als oberflächlich, egoistisch und flatterhaft beschrieben. Erst betrügt sie den Ich-Erzähler mit dem Sohn des Ortsbauernführers und dann den Sohn des Ortsbauernführers mit dem Ich-Erzähler. Der eifersüchtige Nebenbuhler feuert schließlich einen Schuss auf das Glashaus ab, in dem der Held zusammen mit dem Mädchen die Kaninchen versorgt. Nach diesem höchst dramatischen Ereignis verlässt der Erzähler den Edelhof, weil er die Aufmerksamkeit der Polizei nicht auf sich lenken will. Er sucht sich eine neue Arbeit und will die treulose Freundin vergessen.

In seiner Strittmatter-Biographie schreibt Günther Drommer (leider ohne Angabe einer Quelle), Erwin Strittmatter habe im Sommer 1937 wegen einer Beziehungskrise mit seiner Verlobten einen Nervenzusammenbruch erlitten.[65] Das ist wohl das »Erlebte«, von dem die mitfühlende Hedwig Ruetz ihrem ehemaligen Chauffeur und Gärtner Ablenkung durch Schreiben empfahl.

1937, vermutlich im Juni oder Juli, schreibt Erwin Strittmatter einen Geburtstagsbrief an den Großvater Kulka in Bohsdorf. Er schildert ihm darin begeistert seine neue Arbeit als Pferdepfleger bei der Wehrmacht. Zum ersten Mal in seinem Leben habe er eine geregelte Arbeitszeit von morgens sieben Uhr bis nachmittags halb fünf. Die Pferde seien leicht zu putzen, nur das Auskratzen der Hufe bei den jungen Tieren sei manchmal ein bisschen schwierig. Nach dem Putzen werde ausgeführt oder ausgeritten. »Das ist doch nun so richtig etwas für mich und meine Kollegen sagen immer: ›Langer mach mal Zirkus.‹ Ich binde dann ein besonders wildes Pferd an eine lange Leine und lasse es immer im Kreise herumlaufen und sich austoben, bis der Schweiß nur so runterkleckt. Dann fluche ich ordentlich: ›Shakreff Peronjie‹ und springe drauf und es geht wie ein Sausewind über die Reitbahn.«[66] Bei dieser rohen und harten Arbeit, fährt er fort, würden seine Nerven bald wieder in Ordnung sein.

Irgendwann im Sommer müssen Erwin und Waltraud sich wieder versöhnt und ihren Sohn Ulf gezeugt haben, der im März 1938 geboren wurde. Ihre Ehe wurde am 4. November 1937 vor dem Saalfelder Standesamt geschlossen, die kirchliche Trauung fand am 2. Adventssonntag im Bohsdorfer Nachbarort Hornow statt. Das Foto von diesem Tag zeigt eine hübsche dunkelhaarige Frau in weißem Kleid mit weißem Schleier, die einen großen Blumenstrauß hält. Das Kleid, der Schleier und der Strauß lassen nicht erkennen, wie weit ihre Schwangerschaft schon fortgeschritten ist. Der Bräutigam an ihrem Arm macht den Eindruck, als fühle er sich umklammert, während er, lächelnd zwar, aber ein wenig steif, neben ihr steht.

Über die erste Ehefrau von Erwin Strittmatter ist nur wenig zu erfahren. Laut Eheurkunde wurde Waltraud Maria Vineta Kaiser im Jahr 1917 in Jagdschütz, Kreis Bromberg, geboren. Vermutlich gelangte sie zusammen mit Mutter und Schwester nach 1920, als die preußische Provinz Posen Teil des neu gegründeten polnischen Nationalstaates geworden war, nach Spremberg bzw. Forst.[67] Vielleicht war es aber auch anders. Erika Brix, die Jugendfreundin von Strittmatter, berichtet, dass »Traudchen Kaiser« ein »angenommenes Kind« gewesen sei. Vielleicht kam das Mädchen aus einem Heim und wurde erst in der Lausitz in eine Pflegefamilie gegeben. Sie selbst erwähnt in ihrem offenbar ersten Brief an Erwin Strittmatter, unmittelbar nachdem die beiden sich kennengelernt hatten, ihre »Pflegemutter«[68]. In »Grüner Juni« schreibt Strittmatter, er habe seine spätere Frau zum ersten Mal gesehen, als sie in einem Laientheater auf der Bühne stand. Da er selbst sehr gern Theater spielte, muss ihn das gleich für sie eingenommen haben. Er gibt an, sie sei »gelernte Verkäuferin für Eisen- und Porzellanwaren« gewesen.[69] Knut Strittmatter, der jüngere der beiden Söhne aus dieser ersten Ehe, meint, sie habe ursprünglich Schneiderin gelernt und vor der Eheschließung in einem Miederwarengeschäft gearbeitet. Für modische Dinge habe sie viel Sinn und Geschmack besessen. Aus dem Westen habe sie später für seine Töchter, ihre Enkelkinder, »tolle Kleidchen« geschickt.

Der erste Wohnort des Ehepaares und Geburtsort des Sohnes Ulf war das Mühlgut Reschwitz, wenige Kilometer von Saalfeld entfernt, wo Erwin Strittmatter von November 1937 bis zum Mai 1938 laut Zeugnis des Gutsinspektors Folkers 700 Legehennen betreute und 1000 Küken aufzog. Das Mühlgut gehörte zu der bekannten Saalfelder Schokoladenfirma »Mauxion«, die während der DDR-Zeit unter dem Namen »VEB Rotstern« produzierte. Für die Schokoladenherstellung verwendet man zwar hauptsächlich Kakao und Milch, aber vielleicht waren die Reschwitzer Eier als Zutaten für Schokoladenkekse oder andere »Mauxion«-Produkte vonnöten. Aus dem Zeugnis geht nicht hervor, warum Erwin Strittmatter seine Tätigkeit als Hühnerzüchter bereits nach sechs Monaten wieder aufgab. Handelte es sich nur um eine befristete Anstellung? War seine Unterkunft für das Leben mit Frau und Kleinkind nicht geeignet, oder reichte der Lohn nicht, um die Familie zu ernähren? Danach verdingte er sich für zwei Monate als Hilfsarbeiter bei der Optischen Anstalt Saalfeld und für sechs Wochen als Montagehelfer beim Maschinenbau-Betrieb Darmstadt. Aber es war wohl klar, dass er sein Leben ändern musste. Er konnte nicht mehr wie bisher von Arbeitsstelle zu Arbeitsstelle und von Quartier zu Quartier ziehen. Nun benötigte er eine dauerhafte Tätigkeit und eine Bleibe für sich und seine Familie. Beides fand er schließlich wieder in der Stadt Saalfeld.

ZELLWOLLE
1938–1941

KRIEGSWICHTIG UND UNABKÖMMLICH

Der Weg vom Bahnhof in die Saalfelder Innenstadt führt über die Saalebrücke an einer Stelle, wo der Fluss besonders breit ist. Am Brückengeländer wirbt ein Transparent für eine »Lange Nacht der Unternehmen«. In Berlin wird jedes Jahr die »Lange Nacht der Museen« veranstaltet und in Saalfeld also die »Lange Nacht der Unternehmen«. Was mag es heutzutage für Unternehmen in dieser Stadt geben? Einige Minuten bevor der Zug am Saalfelder Bahnhof hielt, war er am ehemaligen Gelände der Zellwolle AG vorbeigefahren, zu DDR-Zeiten hieß das Werk »Chemiefaserkombinat Wilhelm Pieck«, und heute steht dort ein Schild mit der Aufschrift »Industriepark Rudolstadt-Schwarza«. Einige Backsteingebäude der 1936 gegründeten Fabrik wurden inzwischen restauriert, an einem weißen Turm prangen die Buchstaben BASF, daneben an einem Gebäude mit viel Glas, das wahrscheinlich neu gebaut wurde, steht »PE Polymere«. Die Kunstfaserproduktion ist also nicht ganz aus der Region verschwunden, und zweifellos beherbergt der Industriepark noch weitere Werkstätten und Firmen, die vom Zugfenster aus nicht auszumachen sind.

Ende des 12. Jahrhunderts wurde die Stadt vom legendären Kaiser Friedrich I. Barbarossa gegründet. Im 16. und 17. Jahrhundert machte der Kupfer- und Silberbergbau ihre Bürger reich, im 19. Jahrhundert entwickelte sie sich zu einem Standort für Stahlproduktion, Maschinenbau, optische Industrie und – nicht zu vergessen – die Schokoladenherstellung. Zumindest die Schokoladenfabrik gibt es heute noch.

Direkt hinter der Brücke steht das Saaltor, eines der vier erhaltenen mittelalterlichen Stadttore. Eine Gedenktafel erinnert daran, dass bei einem Bombenangriff am 9. April 1945 über 200 Menschen starben, 38 von ihnen in dem hinter dem Saaltor gelegenen Luftschutzbunker. Das Tor selbst sei nur leicht beschädigt worden. Eine Treppe führt an dieser Stelle hinunter zu einer Straße, die am Fluss entlangführt und zunächst »Am Kitzenstein« heißt. Nach etwa hundert Metern ändert sie ihren Namen und heißt »Saalwiesen«. Das Ufergelände verbreitert sich dort tatsächlich zu einer Wiese, an deren Rand Weiden und Linden ihre Zweige über das Wasser hängen lassen. Auf dem gegenüberliegenden Ufer sind hinter Bäumen und Büschen Lauben und ein alter Fabrikschornstein zu erkennen. Ein idyllisches Fleckchen. Im Jahr 1938, als Erwin Strittmatter mit seiner Frau Waltraud und dem Sohn Ulf in diese Straße zog, muss die Gegend jedoch alles andere als idyllisch gewesen sein. Damals war hier das Elendsquartier der Stadt, geprägt von der Nähe zum Städtischen Schlachthof mit seinem Lärm und Gestank. Wer hier wohnte, hatte wohl keine andere Wahl. Das Haus Saalwiesen 2, in dem die Strittmatters lebten, war ein barackenähnliches Häuschen mit feuchten Wänden, die, wie es in »Grüner Juni« heißt, im Winter »frostig-silbern tapeziert« waren.[70] Die einzige Wärmequelle war der Küchenherd, fließendes Wasser gab es vermutlich nicht.

Heute steht an den Saalwiesen eine Zeile schmucker Häuschen, die anscheinend erst vor einigen Jahren gebaut wurden. An der Stelle der Strittmatter'schen Baracke erhebt sich ein zweistöckiges, ockergelb verputztes Haus mit rotem Spitzdach. Die Sicht auf den zweifellos gepflegten Vorgarten versperrt eine hohe Metallschiebetür. Erst als sie beiseitegleitet, um einen Landrover hinauszulassen, kann ich einen kurzen Blick auf den Felshang werfen, an dem, der Beschreibung zufolge, die Rückwand des damaligen Häuschens lehnte und von woher es die Nässe bezog, die aus den Mauern nicht weichen wollte. Das Gelände des Städtischen Schlachthofs, das oberhalb des kleinen Felshangs liegt und an das Grundstück Saalwiesen 2 grenzt, liegt heute verlassen und still. In »Grüner Juni« schildert Erwin Strittmatter das Gebrüll der Rinder, die schrillen Schreie der Schweine, das Klacken des tödlichen Bolzens. Sein kleiner Sohn, so schreibt er, hört »Tausende von Tieren sterben, ehe er Kühe oder Schweine kennengelernt und gestreichelt hat«[71].

Fast zwanzig Jahre später, im Oktober 1956, machte Erwin Strittmatter zusammen mit seiner Ehefrau Eva nach einer Lesung im Erfurter »Klub der Intelligenz« einen Abstecher nach Saalfeld, der »ehemaligen unfreiwilligen Heimatstadt«, wie er sie nennt. Sie sahen von weitem die Zellwoll-Fabrik, fuhren in Beulwitz am »Edelhof« vorbei, wo er sogar meinte, eine weißhaarig gewordene Hedwig Ruetz unter einer Buche sitzen zu sehen. Dann standen sie vor dem Haus an den Saalwiesen, das er damals unverändert und »immer noch von Menschen bewohnt« vorfand. »Seltsam – diese Knechtstationen meines Lebens nun als freier Mann mit einer verständnisvollen, lieben Frau an der Seite wiederzusehen«, notiert er in seinem Tagebuch,[72] sichtlich erleichtert, diese Lebensphase hinter sich gelassen zu haben.

Aber damals, als das seine Gegenwart war, hat er es wohl anders gesehen, vor allem zu Beginn dieser Ehe. Er versuchte sich einzurichten, das Beste aus der Situation zu machen. Am 6. September 1938 schreibt er an seine Großmutter in Bohsdorf: »Ich habe hier, wo ich wohne, auch drei kleine Beetchen vor meinen Fenstern«.[73] Seine Söhne erinnern sich später an Erzählungen von weißen Mäusen, die er im Schuppen gezüchtet habe, weswegen er Ärger mit dem Hauswirt bekam. Im September 1938 war das Baby Ulf noch kein halbes Jahr alt. »Wenn ich von der Arbeit komme und spreche ihn an, fängt er an zu lachen und zu krähen.« Auch über Waltraud weiß der junge Ehemann und Vater Gutes zu berichten: Sie sei sehr tüchtig in der Wirtschaft und verstehe es, »mit wenigen Mitteln ein gutes schmackhaftes Essen auf den Tisch zu bringen«.

Zu dieser Zeit arbeitete Strittmatter noch als Hilfskraft in der Maschinenbau-Anstalt. »Bei uns wird es wohl nun bald ein bisschen besser gehen«, kündigt er der Großmutter an. Er habe eine Arbeit angenommen, bei der er mehr Geld verdienen werde als die derzeitigen 73 Pfennige pro Stunde. Laut Arbeitsbuch begann sein Beschäftigungsverhältnis bei der Thüringischen Zellwolle AG Schwarza am 17. Oktober 1938. In den Fragebögen der SED-Kaderakte gibt er einen monatlichen Verdienst von 120 Mark an. Das war offenbar nur ein Anfangsgehalt. Nach zweijähriger Tätigkeit galt Strittmatter als angelernter Facharbeiter und verdiente, wie aus einem Schreiben des Anwalts seiner Frau hervorgeht, wöchentlich 40 bis 50 Mark netto.[74] Aus einem leider nicht datierten Lohnstreifen, den er bei seinen Unterlagen aufgehoben hat, ergibt sich ein monatlicher Verdienst von mehr als 200 Reichsmark. Hinter den Lohnstreifen ist das Formblatt einer Polizeiverfügung vom 27. Oktober 1938 geheftet, in der Waltraud Strittmatter zur »Hausfeuerwehrfrau« für das Haus Saalwiesen Nr. 2 ernannt wird. Eine Bescheinigung vom 2. November 1938 bestätigt ihre Teilnahme an einem »Grundausbildungslehrgang für Selbstschutzkräfte«, dahinter steckt eine Quittung vom 15. April 1939 über die Zahlung von acht Reichsmark zur Tilgung des Ehestandsdarlehens – Fragmente eines vergangenen Alltags.[75]

Die Arbeit in der Zellwoll-Fabrik war ein einschneidendes Erlebnis für Erwin Strittmatter, das er auch literarisch verarbeitet hat. In seinem Roman »Der Wundertäter« verlegt er das Werk zeitlich und räumlich in den Nachkrieg und an den

Niederrhein. Stanislaus Büdner heuert dort an, nachdem er sich von einer Wandertheatergruppe verabschiedet hat. In dem »rumpelnden, rauchenden Fabrikkoloß«[76], wo aus Zellstoff und allerlei stinkenden Chemikalien Textilfasern hergestellt werden, durchläuft er nach und nach fast alle Arbeitsgänge, hetzt sich ab bis zur Erschöpfung oder schläft vor lauter Monotonie ein. Mehrmals verätzt er sich an den hochgiftigen Dämpfen seine Augen, ist tagelang fast blind, doch er hält aus, um Rosa, der unerreichbaren Liebe, zu beweisen, dass er bereit ist, ein Proletarier zu werden. Viele der im Roman beschriebenen Bilder und Szenen in dieser Fabrik stammen zweifellos aus dem Erleben seines Autors in Schwarza. Der historische Kontext jedoch war in den Jahren 1937 bis 1941 ein anderer als in der britischen Besatzungszone der Nachkriegszeit, und Erwin Strittmatters Motive, dort zweieinhalb Jahre auszuhalten, unterschieden sich von denen Stanislaus Büdners.

Die Thüringische Zellwolle AG, am Zusammenfluss von Schwarza und Saale gelegen, verdankte ihre Gründung im Jahr 1935 dem nationalsozialistischen Vierjahresplan. Im Rahmen der Autarkiepolitik des Dritten Reiches sollte die Herstellung künftig kriegswichtiger Ersatzstoffe gefördert werden. Betriebsleiter war ein SS-Brigadeführer mit dem bezeichnenden Namen Schieber. Das Werk galt als nationalsozialistischer Musterbetrieb. Für verdiente Gefolgschaftsmitglieder, wie die Arbeiter und Angestellten im damaligen Sprachgebrauch hießen, entstand in unmittelbarer Nähe der Produktionsanlagen eine hübsche Wohnsiedlung und sogar ein Schwimmbad. Dem naturverbundenen Erwin Strittmatter muss die Arbeit in dem stinkenden Koloss ein Gräuel gewesen sein. In einer Reminiszenz an seine Zeit in Saalfeld/Schwarza schreibt er dreißig Jahre später in sein Tagebuch, er sei damals auf dem Weg zu seiner ersten Schicht, einer Nachtschicht, auf einer Saalbrücke stehengeblieben, habe eine Zigarette geraucht und geweint. Die Arbeit in der Zellwoll-Fabrik war »ein tiefer, tiefer Einschnitt, ein Tieferfallen in meinem bisherigen Leben, dessen Wege keinesfalls mit Rosen bestreut gewesen waren«[77]. Schließlich sei er in diese erste Nachtschicht gegangen, fährt er fort, habe sich an die Arbeit gewöhnt und Arbeitskameraden gefunden, mit denen er sich verstand.

Nicht nur seine soziale Lage zwang Strittmatter, in der Fabrik auszuhalten. Nach der Verschärfung der zivilen Dienstverpflichtung 1939 hätte er den als kriegswichtig deklarierten Betrieb nur mit Zustimmung des Arbeitsamtes verlassen können. »Kriegswichtig« aber bedeutete zugleich »unabkömmlich«. Dem nunmehr 27-jährigen Familienvater blieb eine Einberufung zum Militär deshalb vorerst erspart.

Gleich nach Ausbruch des Krieges, schreibt er in »Grüner Juni«, sei die tägliche Arbeitszeit auf zwölf Stunden erhöht worden. Dazu habe er eine Stunde für den Hinweg und eine Stunde für den Rückweg benötigt, »weil ich, statt mir eine Wochenkarte für die Eisenbahn zu kaufen, Kinokarten für meine damalige Frau kaufte, um sie bei guter Laune zu erhalten«[78]. Dieser Satz lässt kaum Zweifel daran, wem der Schreiber die Schuld am bevorstehenden Scheitern dieser Ehe gibt: der Frau, die nur ihr Vergnügen im Kopf hat, während der Mann ihretwegen bereit ist, auf die bescheidensten Annehmlichkeiten zu verzichten. Dass Waltraud Strittmatter enttäuscht und unzufrieden mit diesem Leben war, lag aber wohl nicht nur an der ärmlichen Wohnung, dem Geldmangel, dem Alltag mit inzwischen zwei kleinen Kindern (im November 1939 war Sohn Knut geboren worden). Wie aus der Erzählung »Grüner Juni« weiter zu erfahren ist, arbeitete Strittmatter in dieser Zeit intensiv an einem Roman, dessen Handlung ihm in den Sinn gekommen war, während er die riesigen Rührbottiche in der Fabrik säubern musste. So war er für Frau und Kinder nicht einmal nach der Schicht erreichbar, weil er sich dann in den dritten, unheizbaren Raum des Häuschens zurückzog. »[…] wenn ich schreibe, bin ich wie verreist«, gesteht er, »und sie sitzt wie eine Seemannsfrau in der Küche und wartet auf meine Rückkehr.«[79]

Im Verlauf des Jahres 1940 muss der Konflikt zwischen der lebenslustigen Frau und dem schreibbesessenen Mann eskaliert sein. Ein Jahr nach der Geburt des zweiten Sohnes Knut verließ Erwin Strittmatter Frau und Kinder. In einer Tagebuch-Reminiszenz von 1971 nennt er seinen neuen Wohnort »Schwarzburg« – ein Zeichen, dass er schon in seinem Tagebuch das Erlebte ständig umwandelte und stilisierte. Tatsächlich aber wohnte er seit November 1940 zusammen mit Erich Töpfer, einem Arbeitskollegen, in dem wenige Kilometer von Schwarza entfernten Städtchen Bad Blankenburg in der Unteren Mauergasse. »Beide hatten wir uns von unseren Frauen getrennt. Da wohnten wir zur Untermiete. Zwei kleine möblierte Räume. Dort las ich alles, was ich von Rilke auftreiben konnte. Ebenso Tagore.«[80]

Flüchtete Erwin Strittmatter vor den Vorwürfen seiner Frau und dem täglichen und nächtlichen Lärm, den seine kleinen Söhne veranstalteten? Aus späteren Tagebuchnotizen geht häufig hervor, wie hochgradig geräuschempfindlich er war und wie schlecht er vor allem Kinderlachen und -schreien ertragen konnte. Oder war der Anlass für den Bruch zwischen den Eheleuten eine erneute Untreue der frustrierten Waltraud? Im Roman »Der Wundertäter« beginnt die Verlobte Lilian eine Affäre mit einem Feldwebel. Der liebeskranke Stanislaus meldet sich daraufhin freiwillig zum Militär, weil er hofft, er könne mit Hilfe der Uniform seiner Liebsten imponieren und sie schließlich zurückgewinnen.

DIE KARTEIKARTE

An dieser Stelle kommt eine Karteikarte ins Spiel, über deren Bedeutung in den letzten Jahren öffentlich gestritten wurde. Das Dokument wird im Bundesarchiv im Bestand des Berlin Document Center aufbewahrt, in dem die West-Alliierten seit dem Kriegsende die Mitgliederlisten der NSDAP, SS und SA unter Verschluss hielten. Die Karte trägt die Nummer 8204 und gehört zur Sammlung »(SS-?)Unterführer/Mannschaften«. Ein Saalfelder Untersturmführer der SS namens Ruge hat am 15. April 1940 darauf die persönlichen Daten von Erwin Strittmatter eingetragen: sein Geburtsdatum, seine Adresse in den Saalwiesen Nr. 2, dass er verheiratet ist und zwei Kinder hat sowie die Herkunftsorte der Eltern und Großeltern. Als Beruf ist »Tierpfleger« angegeben. Auf der Rückseite gibt es noch die Rubriken: Körperbau, Schädelform, Hautfarbe, Haarfarbe, Augenfarbe usw. Strittmatter maß damals 1,78 m, er hatte »rosig-weiße Haut«, aschblonde bis hellblonde Haare, einen runden Schädel und hellgraue Augen. In der Rubrik »Gesamturteil« hat Untersturmführer Ruge die Abkürzung »vorw. n-fäl.« (vorwiegend nordisch-fälisch) vermerkt, was bedeutete, dass der Kandidat die rassistischen Kriterien erfüllte, nach denen die SS auswählte. Die danebenstehende, für uns heute kryptische Formel »4/5b-AIII« bestätigt nach der Deutung des Historikers Joachim Jahns Strittmatters grundsätzliche Eignung für eine Aufnahme in die SS.[81]

Was hat es mit dieser Karteikarte auf sich? Im Jahr 2008, als der Historiker Bernd-Rainer Barth sie im Bundesarchiv entdeckte, glaubte man zunächst an einen Zusammenhang mit der kurz zuvor enthüllten Zugehörigkeit Erwin Strittmatters zum SS-Polizei-Gebirgsjäger-Regiment. Alles schien auf einmal zusammenzupassen. Strittmatter war jedoch nie Mitglied der SS. Sein Regiment bekam 1943 zwar das SS-Kürzel vorangestellt, dessen Angehörige blieben jedoch Polizisten und behielten auch ihre Polizeidienstränge. Strittmatter-Biograph Günther Drommer bemüht in seiner Streitschrift »Erwin Strittmatter und der Krieg unserer Väter« eine Reihe von Argumenten, um diese Karteikarte kleinzureden. Demnach sei Strittmatter vermutlich zu einer »routinemäßigen militärischen Musterung« gegangen, und zufällig habe »ein SS-Untersturmführer auf dem Wehrkreiskommando an diesem Tag Dienst getan«, der diese Karteikarte vielleicht (heimlich?) anlegte mit der Absicht, den Kandidaten später für seine Organisation anzuwerben. Eine weitere Drommer'sche Hypothese lautet, Strittmatters Personalien seien von einem SS-Offizier im Rahmen sicherheitspolizeilicher Überprüfungen in der Fabrik erfasst worden, da es sich bei der Thüringischen Zellwolle AG um einen »SS-Musterbetrieb« gehandelt habe.[82] Zumindest das Argument des »SS-Musterbetriebs« lässt sich rasch entkräften, weil es wohl auf einem sprachlichen Missverständnis beruht. Die Zellwolle AG war ein halbstaatlicher Betrieb, jedoch kein SS-eigenes Unternehmen, wenn auch der Direktor den Rang eines SS-Brigadeführers bekleidete. Dem Betrieb war der Titel »NS-Musterbetrieb« verliehen worden, weil er bestimmte Kriterien in Bezug auf die Arbeitsdisziplin, die Erfüllung des Produktionssolls, den Organisationsgrad der Belegschaft in der Deutschen Arbeitsfront und die Freizeitgestaltung erfüllte.

»Bis zur Vorlage eines eigenhändigen Aufnahmegesuchs«, so Günther Drommer, sei für ihn nichts bewiesen. Doch die Karteikarte selbst ist schon der Beweis. Sie lässt eigentlich nur die Schlussfolgerung zu, dass Erwin Strittmatter im April 1940 um Aufnahme in die kurz zuvor für den Kriegseinsatz gegründete Waffen-SS gebeten hat.

Als mir die Söhne von Erwin Strittmatter im Sommer 2011 schließlich Einsicht in die Briefe gewähren, die ihr Vater in dieser Zeit an seine Eltern und Geschwister schrieb, bestätigt sich diese Annahme unmissverständlich. Demnach meldete sich Strittmatter Mitte September 1939 freiwillig zur Wehrmacht/Kavallerie, im Oktober 1939 bewarb er sich bei der Schutzpolizei und im März 1940 schließlich bei der Waffen-SS. Jedes Mal sei er gemustert und angenommen worden, berichtet er den Eltern, jedes Mal jedoch habe das Werk interveniert. Im Mai 1940 schreibt er an den Vater: »Vorige Woche hatte ich endlich einen Einberufungsbefehl zur Kraftfahrerschule nach Rudolstadt. Die Freude war kurz, denn nach drei Tagen musste ich mich auf dem Wehrkreiskommando melden, wo er mir wieder abgenommen wurde. – Das hat wieder die Waffen-SS gemacht, zu der ich mich freiwillig gemeldet habe. Bin dort vor drei Wochen auch gemustert und angenommen worden. – Wollte zur Gendarmerie in Polen. Immer, immer schiebt sich das Werk wieder dazwischen.«[83]

Offensichtlich war Erwin Strittmatters Abneigung gegen das »militaristische Gehabe« nicht so manifest, wie er es im Rückblick in seinem Tagebuch bekundete.[84] Auch kann seine – ebenfalls nachträglich formulierte – Ablehnung gegenüber dem nationalsozialistischen Regime nicht unüberwindlich gewesen sein, wenn der Eintritt in eine von dessen Eliteformationen für ihn zumindest eine Option darstellte. Seine Briefe geben auch Aufschluss über die Motive, die den Zellwollarbeiter Strittmatter bewogen, seine Einberufung zum Militär mit so viel Energie zu betreiben, dass er sich sogar an den Werkdirektor wandte und ihn »um Freilassung« bat, ohne jedoch eine Antwort zu bekommen.[85]

Vor allem handelte er wohl unter dem tatsächlichen oder gefühlten Druck von Seiten des Vaters. Sein Bruder Heini war schon Soldat, als der Krieg begann, Bruder Martin sollte bald darauf eingezogen werden. »Es ist unmöglich zu ertragen, dass Heini im Feindesland steht und die Heimat schützen hilft, während ich hier in der Fabrik hocke und um sein Schicksal bange«, schreibt er am 15. September 1939 nach Bohsdorf.

Ein zweiter wichtiger Beweggrund war zweifellos die Ehekrise, die ihn in eine tiefe Depression gestürzt hatte. »Mein Familienglück ist zerstört, ein Heim habe ich nicht«, fährt er im gleichen Brief fort.[86] Als Militärangehöriger – ob Waffen-SS, Wehrmacht oder Polizei – hätte er fortgehen und gleichzeitig für Frau und Kinder eine gute Versorgung sichern können. Und vielleicht hegte er sogar heimlich den kindlichen Wunsch – wie Stanislaus Büdner im »Wundertäter« –, dadurch seine Beziehung zu Waltraud zu retten. Letztlich wollte er auch der ungeliebten gesundheitsschädigenden Arbeit in der Fabrik entkommen, obwohl natürlich der Krieg um einiges gesundheits- und lebensgefährlicher sein würde als die Produktion von Zellwolle.

In Strittmatters Briefen an die Eltern ist auch die Rede von einer möglichen Versetzung nach Cottbus oder Lodz (»jetzt Litzmannstadt«) in Tochterfabriken der Zellwolle AG, was für ihn immerhin eine zweitbeste Lösung bedeutet hätte.[87] Auch auf eine Stelle als Hilfslehrer im gerade eroberten Polen hatte er sich beworben. Er zog die Bewerbung jedoch wieder zurück, als sich herausstellte, dass er während der Ausbildungszeit nur monatlich 80 RM Unterhaltskosten bekommen würde – zu wenig, um sich selbst und die Familie zu ernähren.[88] Das Militär zahlte bedeutend besser.

Nach einem dreiwöchigen Aufenthalt in einem Erholungsheim der Zellwolle AG in Seewalchen am Attersee im Mai/Juni 1940 ging es Strittmatter seelisch besser. Er verliebte sich in die dortige Haustochter und erfuhr in dieser Zeit eine Art künstlerischer Erleuchtung – ein Erlebnis, um das seine Gedanken später beim Militär immer wieder kreisen sollten. Die Reise verdankte er dem Betriebsdirektor Dr. Schieber, der auf seine Bitte, ihn zum Militär gehen zu lassen, schließlich doch reagiert hatte. In einem Brief berichtet Strittmatter seiner Mutter, dass sich seine Situation seitdem unerwartet gewandelt habe. Der Direktor habe ihm während einer »Audienz« den Vorschlag gemacht, seine Bewerbung bei der Polizei zurückzuziehen und im Werk zu bleiben. Er habe ihm einen Posten versprochen, »der mir Zeit und Gelegenheit geben soll, mein dichterisches Schaffen zu vervollkommnen«. Sogar die Publikation seiner Gedichte wolle Dr. Schieber finanziell unterstützen. In Seewalchen solle er sich den Vorschlag überlegen und die Gedichte für den Band zusammenstellen. Allerdings habe er sich nun »von der Unabhängigkeit in die Abhängigkeit begeben«, dämpft Strittmatter die eigene Begeisterung gleich wieder. Er habe aber deutlich gemacht, dass er »nie Fabrik- oder politische Gedichte machen werde«.[89] In einem Brief an seinen Bruder Heini im Lazarett erwähnt er ebenfalls skeptisch einen »Haken«, den die Sache habe. »[...] die Falle ist schon aufgestellt, daß ich hineinlatschen werde«[90]. Schieber sei auf ihn aufmerksam geworden, nachdem einige seiner Verse in der Betriebszeitung erschienen seien und großen Zuspruch bei den Kollegen gefunden hätten.

Erwin Strittmatters Gedichte in der Zeitung der Zellwoll AG »Unser grünes Zet« handeln hauptsächlich von der Natur. Da ist pathetisch von Bergen die Rede, die sich dem Schnee entgegenrecken, von schwarzen Föhren, die sich im Sturm biegen, oder eher neckisch von den trippelnden Füßchen der Osterküken. Nur ein Gedicht aus der Juninummer 1940, das »Dem toten Kameraden« überschrieben ist, beschäftigt sich mit einem Zeitthema, den gefallenen Soldaten. Vielleicht handelte es sich um ein Auftragswerk, das er kurz vor oder nach den Ferien in Seewalchen verfasste. Jedenfalls klingen diese Zeilen deutlich hölzerner als Strittmatters andere Verse: »Nun bist du nicht mehr im Sein, / Weil du gingst und gabst das Beste. / Wohl erwarten dich nicht Feste / Und es werden dich nicht droben / Weiße Wunderhimmel loben«[91].

Von Kriegsbegeisterung zeugt dieses Gedicht nicht gerade, natürlich ebenso wenig von einer Gegnerschaft zum Krieg. In diesem Fall wäre es kaum in die Zeitung gelangt. Es drückt aber auch nicht die unpolitische, idealistisch versponnene Haltung aus, die sich Erwin Strittmatter in seinen SED-Lebensläufen selbstkritisch zuschreibt. Der Mann, der diese Zeilen verfasste, wollte vermutlich vor allem gedruckt werden, er wollte dazugehören, mitlaufen, mitschwimmen im allgemeinen Strom, in den so viele Deutsche gerieten, die keine überzeugten Nazis waren, die sich aber doch arrangierten, einrichteten, gewöhnten – an das Regime, an den Krieg, an die SS, die Zwangsarbeiter im Werk, an die Leute mit dem Judenstern auf der Brust und an vieles andere mehr. Das Milieu der sozialdemokratischen Arbeiterkultur, in dem Strittmatter aufgewachsen war, hatte offenbar keinen nachhaltigen Eindruck hinterlassen, gegenüber den neuen mächtigen Einflüssen bot es wohl wenig Schutz.

Auch die Eltern daheim hatten sich inzwischen angepasst, umorientiert. Längst war der SS-Schwiegersohn Rudi in die Familie integriert worden. Während Heinrich Strittmatter vielleicht nur seine Bewunderung für alles Militärische weiterpflegte und ausbaute, zeugen die Briefe von Helene Strittmatter von echter Führerbegeisterung. »Heute kommt Rudi aus Nürnberg [vom NSDAP-Parteitag, A. L.] zurück«, schreibt sie ihrem jüngsten Sohn Manfred nach Stettin. »Hast Du gestern die Führerrede gehört? Gut hat er wieder gesprochen.«[92]

Offenbar nahm Erwin Strittmatter letztlich den Vorschlag von Dr. Schieber doch nicht an und zog seine Bewerbung bei der Polizei nicht zurück.[93] Jedenfalls schreibt er 1959 in einem Lebenslauf für die SED, er sei Ende 1940 oder Anfang 1941 in eine

Auseinandersetzung mit einem Meister geraten, weil er sich für einen Kollegen eingesetzt habe, den der Meister – offenbar zur Strafe für einen Disziplinverstoß – an die Front zu bringen drohte. Der Konflikt sei vor einem Gremium der Deutschen Arbeitsfront verhandelt worden, im Ergebnis habe der Meister zwar eine Rüge für sein Verhalten einstecken müssen, danach sei jedoch seine, Strittmatters, uk-Stellung als Chemiefacharbeiter aufgehoben worden. Als Reserve-Polizist sei er zum Polizeibataillon 325 nach Halle eingezogen worden. Er betont, dass er sich nicht freiwillig gemeldet habe.[94] Laut Arbeitsbuch war sein letzter Arbeitstag der 20. Februar 1941.

Vermutlich war es Zufall, dass er nicht zur Wehrmacht und nicht zur SS, sondern zur Polizei einberufen wurde. Aus Bad Blankenburg schreibt er an die Eltern: »Vielleicht ist es gut, daß ich nun beim lauten Militär eine Stelle habe, an der ich prüfen kann, ob das alles von Bestand und Festigkeit ist, was ich in der Einsamkeit erwarb. Wenn ich die wunderlichen Umstände betrachte, die mich nun doch zur Polizei bringen werden, so kann ich nur sagen: Es mußte so sein. – Nun, wo die Lösung, die ich in vielen Gebeten erflehte, eintrat, wird sie auch die rechte sein. Ich sehe der Zukunft voll Vertrauen entgegen.«[95]

Zum Zeitpunkt der Einberufung lebte Erwin Strittmatter seit etwa vier Monaten von seiner Familie getrennt. Seine Frau hatte die Scheidungsklage eingereicht, nachdem sie von seiner Affäre mit der Haustochter Silvia in Seewalchen erfahren hatte. In einem Schreiben ihres Anwalts vom 20. Dezember 1940 bekundet sie ihren Willen zur Trennung und nimmt zur Kenntnis, dass Strittmatter bereit ist, »die Schuld zu übernehmen«. Bis zur rechtskräftigen Scheidung fordert sie von ihm die Übernahme der Mietkosten für ihre Wohnung und eine monatliche Unterhaltszahlung »für das Kind Ulf«. Der im November 1939 geborene Knut wird hier nicht erwähnt, er lebte zu der Zeit bei den Großeltern in Bohsdorf. Waltraud schlägt außerdem vor, dass Erwin den gemeinsam angeschafften Radioapparat übernimmt, weil sie sich mit ihrem geringen Monatseinkommen von 85 RM nicht in der Lage sieht, die Raten weiter abzuzahlen.[96] Zu einer schnellen und einvernehmlichen Auflösung der Ehe, die dieses Schreiben einzuleiten scheint, kam es jedoch nicht. Tatsächlich verkündete das Rudolstädter Landgericht erst im Januar 1945 die Scheidung. Dazwischen lagen vier Jahre voller Versöhnungsversuche und erneuter Trennungen, vermutlich gleichermaßen begünstigt wie behindert durch die kriegsbedingte Abwesenheit des Noch-Ehemanns und Polizisten, vier Jahre Treuegelöbnisse und Treuebrüche. Letztlich kam das Gericht zur Auffassung, dass beide Parteien die Ehe gebrochen hätten und damit schuld an der Scheidung seien.[97] Der Spruch des Amtsgerichts Saalfeld acht Monate später und bereits in einem anderen Zeitalter verteilte die moralischen Gewichte aber doch nicht so gleichmäßig. Erwin Strittmatter bekam das Sorgerecht für beide Söhne mit der Begründung zugesprochen, er mache »den gesetzteren Eindruck«[98]. Allerdings hatten er und sein Anwalt sich zuvor alle Mühe gegeben, um die Integrität der Mutter in Zweifel zu ziehen, und dabei vor allem mit deren rasch wechselnden Affären argumentiert.

War Waltraud Strittmatter tatsächlich die verführerische und vergnügungssüchtige Frau, wie es ihr Ex-Mann in seinen Briefen an das Gericht behauptete? Dieses Bild erscheint beinahe zu klischeehaft, um glaubwürdig zu sein. Auf jeden Fall hat sie sich nicht mit dem traditionell weiblichen Part der sich Aufopfernden und Duldenden begnügen wollen. Die eigenen Ansprüche an das Leben agierte sie jedoch – auch sehr traditionell – über Männerbeziehungen aus. In literarisch verdichteter und überhöhter Form taucht Waltraud in einigen von Strittmatters Romanen und Erzählungen als die schlechte, die untreue, die dämonische Frau auf: Annegret in »Ole Bienkopp« zieht den Helden in die Tiefe und verlässt ihn, sie geht nach dem Westen und muss am Schluss zur Strafe im See ertrinken. Lilian im »Wundertäter« nutzt die Sehnsucht des armen Stanislaus nach Wärme und Geborgenheit aus und schiebt ihm zwei Kinder unter, die sie mit einem Feldwebel gezeugt hat. In der Erzählung »Grüner Juni«, die 1945 spielt und den realen Geschehnissen vermutlich sehr nahekommt, heißt die böse Frau Amanda, aber eigentlich hat sie keinen Namen. Sie ist die Frau, »die einmal meine Frau war«, die ihn während des Krieges – mit einem Feldwebel – betrogen hat, die Frau, »die im Begriff ist, eine Amerikanerin zu werden«, weil sie nun einen GI zum Freund hat.[99] Annegret, Lilian, Amanda und auch die »Heckenbraunelle« aus der Erzählung »Tina Babe« haben vermutlich Züge von Waltraud Strittmatter, vor allem aber spiegeln sie den tiefen Groll und das verletzte Selbstgefühl, das Erwin Strittmatter aus dieser gescheiterten Beziehung davontrug und mit dem er noch als alter Mann nicht fertigwurde. Nach Waltrauds Tod im Jahr 1993 schrieb er an den gemeinsamen Sohn Knut: »Ich habe, als ich es erfuhr, meine Gefühle überprüft: Keine Trauer. Obwohl ich diese Frau einst bis zum Verrücktwerden liebte.«[100]

GESPRÄCH MIT KNUT STRITTMATTER

Knut Strittmatter, der jüngere der beiden Söhne aus dieser Ehe, kann mir über seine Mutter nicht viel sagen, weil er nur wenige Jahre mit ihr zusammengelebt hat. Seine Eltern seien beide »große Egoisten« gewesen, sagt er, »deshalb konnte das nicht gutgehen mit ihnen«.

Ich treffe ihn am 4. Februar 2010 auf dem Leipziger Hauptbahnhof. Gemeinsam fahren wir in sein Büro, in das ehemalige Tierernährungsinstitut der Universität in Leipzig-Möckern, einen ziemlich verlassen und marode aussehenden Gebäudekomplex. Knut Strittmatter ist ein schlanker Mann Anfang siebzig mit Schnauzbart, der seinem Vater ziemlich ähnlich sieht. Sein Fachgebiet ist die Schafzucht. Nachdem die Universität das von ihm geleitete Schafzuchtinstitut 1993 im Fachgebiet »Tierzucht und Tierhaltung« aufgehen ließ, haben er und einige Kollegen versucht, der angekündigten Schließung der landwirtschaftlichen Fakultät zuvorzukommen, und 1996 ein »Institut für Agrarwissenschaften e. V.« gegründet. In der ersten Zeit bekamen sie ABM-Stellen und Fördergelder für kleine Forschungsprojekte, die wurden dann weniger und weniger. Zum Zeitpunkt unseres Gesprächs können sie gerade noch zu günstigen Bedingungen die Räume nutzen, die mit ihren Tapeten, Gardinen und Fußbodenbelägen noch originale DDR-Atmosphäre verströmen. Doch auch damit wird es bald vorbei sein. Die Gebäude sollen demnächst geräumt werden.

Knut Strittmatter ist ein ruhiger, freundlicher Mensch. Er weiß nicht, ob er eher traurig oder zornig darüber sein soll, dass eines der ersten landwirtschaftlichen Forschungsinstitute Deutschlands, wie er betont, dem Verfall preisgegeben wird. 1989/90 hat er erlebt, wie sich innerhalb kurzer Zeit Zukunft in Vergangenheit verwandelte. Der damalige Direktor der Sektion Tierproduktion und Veterinärmedizin, Professor Schwark, hatte ihn, in Abstimmung mit dem Nestor der Schafzucht in der DDR, Professor König, für dessen Nachfolge ausgewählt. Er sollte Professor und Chef werden. Doch stattdessen wurde das Institut abgewickelt, wie es damals hieß, und er musste sich bis zur Rente von einem Arbeitsverhältnis zum anderen hangeln.

Mein Gesprächspartner holt heißes Wasser aus der Teeküche und gießt uns einen Tee auf. Die Tassen stellt er auf einen kleinen Tisch. Während er seinen Bürostuhl näher schiebt, meint er, endlich würde jemand nach der ersten Ehe von Erwin Strittmatter, nach ihm und seinem Bruder fragen. Bisher hätten sich die Biographen stets nur auf Eva und ihre Söhne konzentriert.

Knut Strittmatter wurde am 23. November 1939 in Saalfeld geboren. Er sei kein erwünschtes Kind gewesen, sagt er. Die Ehe seiner Eltern lief zu dieser Zeit schon schlecht. Seinen Vater lernte er erst 1945 bewusst kennen, als der aus dem Krieg zurückkam. Seine Mutter soll ihn als Baby zu anderen Leuten gegeben haben, um mit seinem älteren Bruder Ulf in den Urlaub zu fahren. Als Marga, die Schwester seines Vaters davon erfuhr, habe sie ihn nach Bohsdorf »entführt«, und anschließend habe es Ärger gegeben. Knut Strittmatter war sechs Jahre alt, als sein Vater ihn im November 1945 von Saalfeld nach Bohsdorf brachte. 1951 sei seine Mutter mit ihrem zweiten Ehemann in den Westen gegangen. Bis dahin habe es zwischen ihnen nur seltene kurze Begegnungen und hin und wieder einige Briefe gegeben. Erst 1987, anlässlich ihres 70. Geburtstags, durfte er sie in Düsseldorf besuchen. Sein nächster Mensch, die wichtigste Bezugsperson seiner Kindheit, war sein älterer Bruder Ulf, der am 10. Dezember 2008 starb. Da die beiden oft sich selbst überlassen blieben, waren sie als Kinder sehr aufeinander angewiesen. Deshalb, so meint Knut, sei Ulf eines Tages, das war etwa 1949 oder 50, von zu Hause abgehauen und nach Spremberg gekommen, wo Knut in der neuen Familie seines Vaters lebte. Zusammen mit der zweiten Ehefrau hatte Erwin Strittmatter inzwischen zwei weitere Söhne – Uwe und Thomas. Sie hätten alle Probleme einer »Patchwork-Familie« erlebt, sagt er. Wenn er und sein Bruder sich zurückgesetzt oder ungerecht behandelt fühlten, hätten sie sich dafür an den kleinen Halbbrüdern gerächt. Die neue Frau, er nennt sie Maria, sei das »Idealbild einer Stiefmutter« gewesen. Der Vater habe während der Woche als Redakteur in Senftenberg gearbeitet. In dieser Zeit habe Maria alle »Untaten« der Jungen notiert und die Liste am Wochenende dem Ehemann präsentiert, damit er sie bestrafe. Sein Vater habe sehr hart gestraft, sagt Knut.

Als Erwin Strittmatter dann 1952 auch seine zweite Familie endgültig verließ und nach Berlin zog, habe er alle vier Söhne bei Maria gelassen. Nicht lange danach sei sie Mitarbeiterin bei der SED-Kreisleitung in Cottbus geworden und habe die Jungen ins Kinderheim gegeben. Das heißt, seinen älteren Bruder Ulf nicht. Der hatte zu dieser Zeit schon die Schule beendet und begann eine Lehre als Geflügelzüchter im Volksgut Markee bei Nauen. Weil er sich dort aber nicht wohl fühlte, habe er Kontakt zu seiner Mutter aufgenommen, die ihn überredete, zu ihr zu kommen. Ein Zuhause besaß er ja nicht mehr, und so sei Ulf 1954 nach Duisburg gezogen, wo Waltraud Lemcke mit ihrem zweiten Ehemann lebte. In den Strittmatter'schen Kaderunterlagen wurde Ulf seitdem als »republikflüchtig« vermerkt.

Knut sagt, er habe zweieinhalb Jahre im Heim bleiben müssen. 1953 habe er dort die 8. Klasse abgeschlossen. Sein Vater lebte inzwischen mit seiner neuen Frau Eva in einer Wohnung in der Stalinallee. Dort sei für ihn zunächst kein Platz gewesen, denn da waren schon wieder zwei neue kleine Brüder. Eva hatte den Sohn Ilja mit in die Beziehung gebracht, und 1953 war ihr gemeinsamer Sohn Erwin geboren worden. Erst als Erwin Strittmatter 1954 das Haus in Schulzenhof kaufte, wurde Knut erneut ein Teil der Familie. Er sei dann in Rheinsberg zur Oberschule gegangen, habe ab 1955 im Internat gewohnt und sei an den Wochenenden und in den Ferien in Schulzenhof gewesen.

An diese Jahre hat Knut Strittmatter zwiespältige Erinnerungen. Es sei wunderbar gewesen, mit dem Vater durch den Wald zu reiten, seinen Erklärungen zuzuhören. Gemeinsam hätten sie die Pferde versorgt und Tauben gezüchtet. Tauben züchtet er übrigens heute wieder, allerdings nicht in seiner Leipziger Wohnung, sondern im Haus seiner Lebensgefährtin in Karsdorf bei Freyburg an der Unstrut. In Schulzenhof habe er die Gelegenheit gehabt, interessanten Gesprächen zuzuhören, wenn Hermann Kant, Benno Besson oder Gerhard Holtz-Baumert zu Besuch kamen. Doch das Leben dort unterlag völlig dem Arbeitsrhythmus von Erwin Strittmatter. Der habe Störungen selten toleriert. Knut durfte keine Freunde einladen. In Konflikten habe Eva immer »dolmetschen« müssen. Sie sei damals für ihn »wie eine große Schwester« gewesen.

Knut Strittmatters Weg zum Schafzuchtforscher verlief nicht geradlinig. Nach dem Abitur habe er sich zunächst freiwillig zur Armee gemeldet. Sein Vater, der sich damals als Pazifist verstand, sei damit gar nicht einverstanden gewesen. Weil seine Mutter und sein Bruder im Westen lebten, sei er jedoch nicht genommen worden. Stattdessen begann er eine Lehre als Facharbeiter für Acker- und Pflanzenbau im Volkseigenen Gut Wentow, Kreis Gransee. Danach ging er zum Studium der Landwirtschaft nach Berlin. Doch nach drei Semestern war damit Schluss. Knut Strittmatter bestand die Chemieprüfung nicht. Außerdem war er im Anschluss an einen der damals üblichen studentischen Agitationseinsätze in Westberlin noch ins Kino gegangen, das hatte jemand beobachtet und gemeldet.

Er musste die Universität verlassen. Zunächst absolvierte er eine Ausbildung als Schäfer, später beendete er sein Studium als Diplomlandwirt im Fernstudium und arbeitete viele Jahre auf einem Volksgut bei Brandenburg. Neben der Arbeit als Bereichsleiter Schafzucht und stellvertretender Direktor des VEB Tierzucht Rostock promovierte er. Das habe sich etwa zehn Jahre lang hingezogen.

Nach Schulzenhof sei er nur noch selten zu Besuch gekommen. Die Beziehung zu seinem Vater stieß immer wieder an Grenzen. Vor allem nachdem er eine eigene Familie gegründet hatte, sagt er, habe er häufig das Gefühl gehabt, dass für ihn kein Platz mehr sei, dass der Vater keine Toleranz für Schwiegertochter und Enkelkinder aufbringen konnte.

Mit Ulf dagegen hat Knut Strittmatter immer Kontakt gehalten, auch als er schon in Leipzig an der Universität war und seine Karriere deswegen hätte Schaden nehmen können. Sein Bruder habe im Westen den Beruf gewechselt und sei in die Versicherungsbranche gegangen, später selbständiger Finanzmakler geworden. Ulf habe ihn mit seiner Familie jedes Jahr besucht. Nachdem er jedoch versucht hatte, einer Cousine zur Flucht über die Grenze zu verhelfen, durfte er nicht mehr in die DDR einreisen. Sie hätten sich dann heimlich auf Transit-Parkplätzen getroffen. Als Knut 1987 anlässlich des Geburtstags seiner Mutter in den Westen fahren durfte, sei für ihn das Wichtigste gewesen, Ulf wiederzusehen, sein Verhältnis zur Mutter sei schwierig geblieben. 1992 habe er noch einmal einen Versuch unternommen und das Weihnachtsfest mit ihr in Düsseldorf verbracht. Ulf hätte sich zu diesem Zeitpunkt bereits völlig von ihr losgesagt. Aber auch er habe es nicht lange ausgehalten. Mit ihr sei keine Aussprache möglich gewesen, sagt er, kein Gespräch über seine Kindheit, nichts Klärendes oder Versöhnendes.

Am 3. Januar 1993 starb Waltraud Lemcke. In der Sterbeurkunde, die mir das Standesamt Düsseldorf zuschickte, steht, dass der Zeitpunkt ihres Todes zwischen dem 2. Januar abends und dem 4. Januar nachmittags liege. Das heißt wohl, sie war allein und wurde erst Tage später gefunden.

DIE SCHWARZE BOX – DER KRIEG
1941–1944

Mitte/Ende der achtziger Jahre begann Erwin Strittmatter mit der Arbeit an einem dritten Teil seines Romanzyklus »Der Laden«. Dieser Band sei ursprünglich nicht geplant gewesen, erzählte Eva Strittmatter 1998 in einem Interview. Aber Erwin habe unbedingt noch »die Wahrheit über die Zeit nach 1945« aufschreiben wollen. Es sei ihm dabei vor allem um die Ereignisse gegangen, die sich während der Vereinigung von KPD und SPD unter dem Druck der sowjetischen Besatzer wirklich abgespielt hätten. Das habe er als eine Verpflichtung gegenüber seinen Söhnen angesehen. Er müsse das schreiben, habe er gesagt, »damit er in Ruhe sterben kann«.[101]

Tatsächlich erfüllte Erwin Strittmatter diesen selbst gestellten Auftrag mit beinahe letzter Kraft und beendete das Manuskript 1992, zwei Jahre vor seinem Tod. Offensichtlich hatte er sich nicht in gleicher Weise gedrängt gefühlt, »die Wahrheit« über seine Erlebnisse vor 1945 zu schreiben. Das Thema schien für ihn abgeschlossen, und er hatte sich wohl nicht vorstellen können, mit welcher Vehemenz es nach dem Ende der DDR und nach seinem Tod noch einmal wiederkehren würde.

»abgestossene Seelenhäute«, diese Worte notiert er im Mai 1971 in seinem Tagebuch, als ihm eine ehemalige Geliebte aus der Kriegszeit nach Jahrzehnten des Schweigens ein Paket mit seinen Briefen und Notizen schickte. Er habe innerlich gezittert, schreibt er, aber offenbar nicht, weil »diese verlorenen und vernichtet geglaubten Tagebücher und Briefe« schmerzhafte Erinnerungen aufrührten, sondern weil er schon seit

Tagen an jene Monette aus Tirol habe denken müssen und »also die Ankunft und die Nähe dieses Paketes und des Briefes über die Weite hinweg« erfühlt habe.[102]

Die offiziellen Auskünfte über Strittmatters Militärzeit waren bis 1990 mehr als knapp. In den Würdigungsbotschaften anlässlich von Auszeichnungen und runden Geburtstagen ist von der Kriegszeit nicht die Rede. Biographische Angaben auf den Schutzumschlägen seiner Bücher zählen seine verschiedenen Berufe als Bäcker, Chauffeur, Tierwärter und Hilfsarbeiter auf, um unmittelbar auf die Nachkriegszeit überzugehen. Im Lexikon deutschsprachiger Schriftsteller liest sich seine Biographie eher wie ein antifaschistischer Werdegang. Nach dem Hinweis auf seine kurzzeitige Inhaftierung im Jahr 1934 heißt es lediglich: »desertierte als Soldat der Hitlerwehrmacht gegen Ende des Krieges«[103]. Woher stammt die Information, er sei Soldat der Wehrmacht gewesen? Von Strittmatter selbst? Zumindest hat er bei keiner Neuauflage des Lexikons je versucht, diese Angabe zu korrigieren. Er hat es auch zugelassen, dass sein Kollege und Freund Helmut Hauptmann in einem Strittmatter-Porträt für die Zeitschrift »Neue Deutsche Literatur« die dürren Auskünfte phantasievoll ausschmückte: »Die braunen Machthaber und ihren Krieg hasste er. Dennoch, als sie ihn in die Soldatenuniform steckten, marschierte er in ihren Krieg mit Schopenhauer und Rilke im Tornister, mißmutig und ratlos. Noch immer hatte er tausend Fragen und wenig Antworten. Sie führten dazu, dass er schließlich desertierte.«[104]

Hat Erwin Strittmatter sich eine andere Vergangenheit erdichtet? Vielleicht waren die Schichten von Schweigen und Ausflucht, Vereinfachung und Umdeutung mit den Jahren so angewachsen, dass er an die ursprünglichen Erlebnisse nicht mehr herankam. Anders als sein Schriftstellerkollege Günter Grass, der sich als Achtzigjähriger doch noch entschloss, »die

Häute der Zwiebel«, wie er es nannte, abzuziehen, hat Strittmatter nicht versucht, diese Schichten abzutragen. Er hat sich nie wieder anschauen wollen, was darunterlag.[105]

Selbst in seinen Tagebüchern aus der Nachkriegszeit, in denen er nicht selten spontane Rückerinnerungen an die Kindheit und Jugend festhielt, taucht die Zeit des Krieges allenfalls in flüchtigen Anspielungen auf, Erinnerungsfragmente an Birkenreiser in der karelischen Sauna oder eine Nierenkolik auf dem Transport nach Griechenland. Am 6. August 1963 hält er seine Gedanken während einer Kranzniederlegung auf dem Leningrader Friedhof der Blockadeopfer fest, den er »Millionenfriedhof« nennt. Um sich »dem Ansturm von Kollektiv-Scham« zu entziehen, beruhigt er sich im Tagebuch mit der Versicherung, er selbst habe während des Krieges keinen einzigen Schuss abgegeben, »hilfsweise«, so fährt er fort, denke er auch an »die Massengräber, die auf Stalins Konto kommen« und die nirgendwo gezeigt werden.[106] Warum wehrt sich der Schreiber so heftig gegen die Gefühle, die ihn zu überkommen drohen, dass er sogar die Opfer des Stalinismus gegen die NS-Opfer aufrechnen möchte? Wäre für einen Deutschen seiner Generation in den sechziger Jahren an einem solchen Ort des Gedenkens ein kollektives, das heißt letztlich ganz allgemeines Schamgefühl nicht die angemessene Reaktion gewesen? Diese Zeilen lesen sich für mich eher wie die Abwehr eines sehr persönlichen Schuldbewusstseins, wobei die – auch bei anderen Gelegenheiten wiederholte – Beteuerung, »dass den ganzen Krieg über keine Kugel meinen Gewehrlauf verliess«, wie eine Beschwörungsformel klingt.

Im Laufe seines Lebens hat sich Erwin Strittmatter bei verschiedenen Gelegenheiten und in unterschiedlichen Kontexten über seine inzwischen umstrittene und ins Visier geratene Militärzeit geäußert. Die Lebensläufe für die SED-Kaderakte, die Antworten in einem biographischen Interview und die

Schilderungen der Kriegserlebnisse seiner Romanhelden Stanislaus Büdner und Esau Matt folgen natürlich jeweils anderen Gesetzen und unterliegen anderen Maßstäben. Im ersten und zweiten Fall wird ein direkter Bezug zum gelebten Leben vorausgesetzt, während der Autor eines Romans die Freiheit der Gestaltung und Verwandlung des Erlebten besitzt. Doch auch in den literarischen Texten stecken Spuren der vergangenen Realität. Sie geben zumindest Auskunft darüber, wie Erwin Strittmatter die Geschehnisse jeweils darstellen und deuten wollte, welche Rolle er sich selbst und/oder seinen Romanhelden darin zuschrieb und wie sich sein Blick darauf seit den vierziger bis in die neunziger Jahre wandelte.

LITERATUR

Vielleicht liegt es daran, dass ich im Jahr 2008, als der Fall Strittmatter durch die Medien ging, als Erstes zum dritten Band des »Wundertäters« griff, der in meinem Bücherregal steht. Im Lichte der Enthüllungen jedenfalls erschien mir dieses Buch plötzlich doppelbödig und voller versteckter Botschaften. Die Handlung spielt in den frühen fünfziger Jahren. Die NS-Vergangenheit gilt als überwunden, die meisten Romanfiguren treten als Antifaschisten auf und engagieren sich mit Eifer für die neue Gesellschaft. Nur wenige unter ihnen waren tatsächlich im Widerstand oder kehrten aus dem Exil zurück, die anderen wurden umgeschult und frisch bekehrt. Wenn sie miteinander sprechen, vermeiden sie jede Erwähnung von Geschehnissen, die nicht zu ihrem aktuellen Lebenslauf passen. Doch die Decke, auf der sie sich bewegen, ist dünn, überall schaut die NS-Zeit hervor. So spricht der Theaterintendant Klapphorn aus Versehen vom »reichsdeutschen Kulturgut«. Ein Arbeiterheld entpuppt sich als ehemaliger SA-Schläger, und der frühere Feldwebel und jetzige SED-Propaganda-Sekretär Wummer nennt sein Büro aus alter Gewohnheit immer noch »Schreibstube«.

Es scheint, als ob der Autor beständig sagen will, sein Schweigen sei nichts Besonderes, es sei nur Teil des allgemeinen Schweigens in der Gesellschaft. Die Last der Vergangenheit verteilt er vor allem auf die unsympathischeren Romanfiguren. Deshalb muss der eichhörnchengesichtige dogmatische Wummer seine (Strittmatters) Gebirgsjägerstiefel tragen. »Aber wer kann für sein Gesicht und Gebirgsjägerstiefel?«, lautet der etwas kryptische Satz, der dem ersten Romanauftritt Wummers folgt.[107] Ähnlich zweideutig ist eine Aussage, in der es um Schuld geht. Der Hauptheld Stanislaus Büdner sieht sich »für schuldig befunden«, weil er die Nazis nicht rechtzeitig bekämpft hat, »weil er ein unpolitischer Mensch gewesen ist«.[108] In der Formulierung schwingt Abwehr gegenüber diesem offensichtlich von außen angetragenen Schuldgefühl. In die Romanlogik scheint das zu passen. Wer den ersten und zweiten Band des »Wundertäters« gelesen hat, weiß, dass Büdner nicht zu den rasch Gewendeten und frisch Bekehrten gehört. Ihn trieb nicht das Bedürfnis, etwas gutmachen zu müssen, in die SED, sondern die Liebe zu der schönen Kommunistin Rosa.

Die im ersten Band beschriebene Odyssee des Strittmatter'schen Helden durch den Krieg erschien im Jahr 1957. Stanislaus Büdner, der übrigens bei der Wehrmacht, genauer gesagt, bei der Kavallerie dient, wird als ein ziemlich naiver Kerl geschildert, der sich, wie schon erwähnt, aus Liebe zu seiner ungetreuen Verlobten Lilian freiwillig gemeldet hat und offensichtlich nicht ahnt, worauf er sich einlässt. Vor allem mit seinen Liebesschmerzen und den Träumen von einem Leben als Dichter beschäftigt, stolpert der Held in den folgenden Jahren erschrocken und eher hilflos über einige Schauplätze der von Deutschland okkupierten Länder. In einer nicht genannten polnischen Stadt, in der seine Einheit Wachdienste leistet, erlebt er, wie Juden von SS-Männern gejagt und misshandelt werden. Ohne wirklich zu begreifen, was dort abläuft, rettet er zusammen mit zwei anderen Kameraden einen alten Mann. In Paris bewahrt er ein Liebespaar vor der Verhaftung. In den karelischen Wäldern setzt er seine Hypnosekünste ein, um einem Kameraden beim Überlaufen zur Sowjetarmee zu helfen.

Büdners letzte Station in diesem Krieg ist schließlich eine griechische Insel. Zusammen mit dem Dichter Weißblatt desertiert er und verbirgt sich in einem Kloster. Vor diesem entscheidenden Schritt hat er in einem Wortwechsel dem Feldwebel Zauderer entgegengeschleudert, sie alle seien Mörder und hätten deshalb nichts mehr zu hoffen. Als der Feldwebel ihm widersprechen will, sagt Büdner, er habe zumindest »den Menschen Zauderer getötet« und er selbst »habe den Büdner umgebracht«.[109] Dies ist zweifellos eine Schlüsselszene, die Strittmatters Botschaft, seine damalige Deutung des Geschehens, enthält. Sie bezeugt die für die Kriegsromane der fünfziger Jahre beinahe unerlässliche Wandlung des bis dahin unentschlossenen, versponnenen Helden zu einem Kriegsgegner. Die Opfer des Krieges, das ist unmissverständlich, sind er und seine Kameraden, wobei die Taten, bei denen sie sich selbst »gemordet«, also ihre Menschlichkeit eingebüßt haben, weitgehend undeutlich bleiben.

Mit dieser Haltung steht Erwin Strittmatter keineswegs allein. Viele Vertreter seiner Generation haben im ersten Jahrzehnt nach Kriegsende ihre Erlebnisse schreibend so verarbeitet. Auch Heinrich Böll richtet in seinen Erzählungen den traurigen Blick vor allem nach innen auf die eigene zerstörte Jugend und bleibt zunächst blind für die Leiden der »anderen«, der von den Deutschen Überfallenen und Verfolgten. In radikal anderer Weise tut das zur gleichen Zeit Franz Fühmann in seiner Erzählung »Kameraden«. Auch er bleibt bei der Beschreibung der inneren Welt dreier junger deutscher Soldaten, die einen Tag vor dem Überfall auf die Sowjetunion in einen Strudel grausamer Ereignisse geraten. An einem freien Nachmittag im Gelände schießen die drei unerlaubterweise auf einen seltenen Vogel und treffen dabei die Tochter ihres Majors tödlich. Es gelingt ihnen, ihre Tat zu vertuschen, zumal einige Stunden später der Angriff beginnt. Im ersten Dorf hinter der Grenze jedoch lässt der Major zur Vergeltung für die angebliche Feindestat zwei junge Mädchen öffentlich hinrichten. Als einer der drei Soldaten, gepeinigt von Schuldgefühlen, die Exekution verhindern will, wird er für verrückt erklärt. Er versucht zu fliehen und wird schließlich erschossen. Die Handlung mag so erlebt worden, sie mag aber auch komplett erfunden sein. Für mich ist sie eine eindrucksvolle Metapher für das, was Fühmann über seine Erfahrungen in diesem Krieg mitteilen will: das Gefühl, unentrinnbar verstrickt zu sein in Schuld, die immerfort neue Schuld zeugt, das Gefühl, verloren zu sein, unabhängig davon, wie man sich entscheidet.

Fast dreißig Jahre nach dem ersten Band des »Wundertäters« kommt Strittmatter im Jahr 1985 noch einmal zurück auf die Kriegsjahre. Die Erzählung »Grüner Juni« beginnt im Frühjahr 1945 mit der Desertion des Ich-Erzählers in einem böhmischen Dorf. Nach seiner Rückkehr nach Grottenstadt, wo er seine Ex-Ehefrau auf dem Schoß eines amerikanischen Sergeanten findet, verdingt er sich als Arbeiter auf einem Obstgut und erzählt eines Abends der Tochter des dortigen Chefs und ihren beiden Freundinnen »eine absonderliche Geschichte aus meinem jüngsten Leben«. Die Erzählung ist in einem ironischen und distanzierten Ton gehalten. Das ist keine Auseinandersetzung mit der Vergangenheit mehr, eher die Schilderung eines Reiseabenteuers: Der Ich-Erzähler, der wie im »Laden« Esau Matt heißt, wird zusammen mit dem Gefreiten

Krause und dem Funker Müller auf der winzigen Insel Ios im Ägäischen Meer abgesetzt. Sie bilden dort die Inselbesatzung, bis eines Tages Krause und Müller während einer Bootsfahrt von einem englischen U-Boot gefangen genommen werden. Esau Matt bleibt als einziger deutscher Soldat auf der Insel zurück. Anfangs hat er Angst, dass die Inselbewohner sich gegen ihn wenden würden. Aber da sich niemand um ihn kümmert, der griechische Dolmetscher Kostas jeden Tag weiterhin freundlich mit ihm mittagessen geht, beschließt er, den blauen Himmel und den Sonnenschein zu genießen. Er sucht nach dem Grab von Homer und findet es nicht, er rudert mit dem Boot hinaus, liest und schreibt. Eines Tages kommt ein deutsches Schiff vorbei und bringt ihn nach Naxos, nicht lange danach verlassen die deutschen Truppen und mit ihnen der Soldat Matt auch die Insel Naxos. An dieser Stelle endet die Erzählung in der Erzählung.

In den achtziger Jahren greifen auch andere Autoren in der DDR das Thema Nationalsozialismus und Krieg noch einmal auf. Aus der gewachsenen historischen Distanz, bisweilen autobiographisch gefärbt, werden die Gründungsmythen der DDR, die antifaschistischen Wandlungsgeschichten der fünfziger und sechziger Jahre neu befragt und andere Perspektiven erprobt. In »Kindheitsmuster« nähert sich Christa Wolf dem jungen Mädchen und überzeugten BDM-Mitglied, das sie damals war. Hermann Kant versetzt sich zurück in seine polnische Kriegsgefangenschaft und legt im Roman »Der Aufenthalt« sein sehr persönliches Verhältnis zu deutscher Schuld offen. Christoph Heins Roman »Horns Ende« verweist auf die Opfer der Euthanasie, die in der DDR-Erinnerung nicht vorkommen, und Franz Fühmann spürt in seinem Essay »Vor Feuerschlünden« entlang der immer erneuerten Erfahrung mit Georg Trakls Gedichten seinem raschen Wechsel von der nationalsozialistischen zur stalinistischen Gläubigkeit nach.[110]

Strittmatters Insel- und Sommeridylle – auch das war zweifellos eine ungewöhnliche Perspektive auf die NS-Vergangenheit, wenn auch ganz anders als bei Christa Wolf oder Franz Fühmann. Die Erzählung passierte nicht ohne Widerstände die Zensurbehörde, denn in einem Gespräch mit dem Kulturminister Hoffmann, so jedenfalls notiert es ein Informant der Staatssicherheit, soll Strittmatter sich strikt geweigert haben, an dem Manuskript »Grüner Juni« etwas zu ändern, und zwar mit dem Hinweis auf die Authentizität der Geschichte. Er sei dabei, sein Leben in der Reihe der »Nachtigallengeschichten« memoirenhaft aufzuarbeiten. »Dabei könne er nichts anderes schreiben, als was er erlebt hat«.[III] Beim weiteren Lesen des Berichts stellt sich heraus, dass der Stein des Anstoßes gar nicht die Schilderung der deutschen Okkupation in der Ägäis war, sondern die Erwähnung eines »Albin«, den der Autor als seinen »Belehrer und Bekehrer« bezeichnet und mit dem vermutlich der Kulturchef im SED-Politbüro Kurt Hager gemeint war, der während des Spanischen Bürgerkriegs den Decknamen »Albin« getragen hatte. Damit der Text erscheinen konnte, änderte Strittmatter schließlich unter Protest »Albin« in »Edwin«. Festzuhalten bleibt jedoch sein Hinweis, es handle sich in dieser Erzählung um ein Stück seiner Lebensgeschichte. Der Autor selbst hebt hier die Distanz auf zwischen Biographie und literarischer Verarbeitung und muss seine Auskünfte daran messen lassen.

LEBENSLÄUFE UND FRAGEBÖGEN

Nach dem historischen Bruch des Kriegsendes hatten die besiegten Deutschen die Aufgabe, ihre Lebensverläufe neu zu formulieren. Die bisherigen Wertmaßstäbe hatten sich umgekehrt. Die alliierten Sieger und Besatzer, ausgestattet mit mehr oder weniger Wissen, Namenslisten und Aktenmaterial aus der gerade erst vergangenen Vergangenheit, besaßen die Definitionsmacht über Gut und Böse. Militärtribunale, Spruchkammern und Entnazifizierungskommissionen entschieden über Festnahmen, Enteignungen, über das Ende oder den Neubeginn von Karrieren. Das war die Zeit der Zeugnisse und Beglaubigungen, denn amtliche Dokumente waren oft verlorengegangen oder vernichtet. Es war auch eine Hoch-Zeit für Denunzianten. Wer aus den Ostgebieten geflohen war oder aus einer von Bomben zerstörten Stadt stammte, konnte sich zumindest in den ersten Nachkriegsjahren mit einer frisierten Biographie durchschlängeln. Wer jedoch »ordentlich« mit Rangabzeichen auf der Uniformjacke und dem Wehrpass in der Tasche in Gefangenschaft geriet, wer eine Blutgruppentätowierung unter dem Arm aufwies oder als NSDAP-Mitglied bekannt war, besaß deutlich schlechtere Karten im Kampf um einen Platz im neuen Zeitalter. Natürlich waren die jeweiligen Chancen nicht zuletzt abhängig von der Besatzungszone, in der man lebte. Die Verhaftungs- und Beförderungskriterien, das Maß an Willkür waren für den Einzelnen oft schwer durchschaubar und unterschieden sich nicht nur zwischen sowjetischer Besatzungsmacht und den Westalliierten.

Alles in allem kamen bei Erwin Strittmatter wohl einige glückliche Umstände zusammen, die ihm Spielraum für einen Neustart boten. Die frühesten in seinem Nachlass überlieferten biographischen Auskünfte stammen aus den Jahren 1946 und 1947 und bezeugen eine große Flexibilität im Umgang mit der eigenen Vergangenheit. In dieser Zeit bewarb er sich unter anderem als Lehrer, als Polizist, als Zeitungsredakteur und Autor und variierte seine Angaben offenbar je nach Bewerbungsziel und vermuteten Interessen der betreffenden Adressaten. So schreibt er im Oktober 1946 an den Schulrat

Toussaint in Spremberg, er habe sich vor 1933 politisch in der SPD betätigt und sei 1934 nach einer kurzen Gefängnishaft mit »Schreibverbot« belegt worden. Nach der Ausbildungszeit beim (nicht näher bezeichneten) Militär sei er dann »zur Kriegspresse (PK) abkommandiert« worden und bei Kriegsende »in tschechische Gefangenschaft« geraten. Er habe sich entschieden, Volksschullehrer zu werden, unter anderem weil er während des Krieges den Journalismus zu »verabscheuen« gelernt habe, als er »widerwillig bei der Kriegspresse und im Rundfunk« habe arbeiten müssen.[112]

Mit ähnlichen Angaben, allerdings ohne die ausdrückliche Abscheu vor dem Journalismus, präsentiert sich Strittmatter im Januar 1947 als potentieller Autor bei der Zeitschriftenredaktion »Das Tor«, der er einige Kurzgeschichten und Novellen mit der Bitte um Veröffentlichung schickt.[113] Im Juli des gleichen Jahres verfasst er einen Lebenslauf für einen Journalistenlehrgang der SED. Darin präzisiert Strittmatter zum ersten Mal seine Militärzugehörigkeit und schreibt, 1941 sei er zum Reserve-Polizeibataillon eingezogen worden. Er sei Bataillonsschreiber gewesen, »dann abkommandiert zur Film- und Bildstelle der Ordnungspolizei nach Berlin«. Ende 1944 sei die Dienststelle allmählich nach Oberfranken verlagert worden. Statt der tschechischen Gefangenschaft, die er nicht wieder erwähnen wird, ist nun die Rede von seiner Desertion: »Auf dem Reisewege nach dort, Anfang März 1945 Flucht in den Böhmerwald. Bei Bauern versteckt gehalten bis Kriegsende.« Anschließend hätten ihn die Amerikaner nach Jena entlassen.[114]

Knapp drei Monate bevor sich Erwin Strittmatter für den Journalistenkursus bewarb, war er am 1. Mai 1947 Mitglied der SED geworden. Leider ist der Aufnahmeantrag in seiner SED-Kaderakte nicht überliefert. Vermutlich hatte er auch dort bereits angegeben, in einem Polizeibataillon gedient zu haben, denn diese Information zieht sich durch alle Fragebögen und Lebensläufe in den SED-Unterlagen. In seinen biographischen Angaben für den Deutschen Schriftstellerverband erwähnt Strittmatter hingegen niemals seine Zugehörigkeit zu einem Polizeibataillon. Während er im Jahr 1951 nur undeutlich mitteilt, er sei 1941 eingezogen worden, enthalten die jeweils aktualisierten Versionen aus den sechziger und siebziger Jahren fast alle die Angabe: »Einberufung zur Wehrmacht«[115], und vielleicht bezogen die Autoren des Schriftstellerlexikons daher ihre Informationen. War das eine bewusste Doppelgleisigkeit – hier Partei dort Schriftstellerverband bzw. Öffentlichkeit? Oder ließ sich der einmal entstandene Widerspruch später nicht mehr korrigieren, ohne größere Aufmerksamkeit zu erregen? Man mag sich wundern, dass solche Ungereimtheiten erst nach dem Ende der DDR aufflogen. Doch in einem Land, in dem Kaderunterlagen streng vertraulich behandelt wurden, in dem es keinen investigativen Journalismus gab und quasi keine Öffentlichkeit, hätten einzig die Staatssicherheit und die Kaderabteilung des SED-Zentralkomitees die Möglichkeit besessen, darüber zu stolpern und nachzuforschen.

Doch zurück zur SED-Akte von Erwin Strittmatter. Der älteste Fragebogen darin stammt aus dem Jahr 1949 und widmet der NS- und Kriegszeit mehr als eine Seite. Präzise wird dort nach Truppenteil, Dienstgrad, Zeiten, Einsatzorten und militärischen Aktionen gefragt. Wer dieses Formular ausfüllte, konnte es schwerlich im Unklaren belassen, bei welcher Formation er gedient hatte, es sei denn, er fälschte bewusst. Ende der vierziger Jahre kamen die meisten männlichen Parteimitglieder bzw. Anwärter auf eine Mitgliedschaft aus der Altersgruppe der ehemaligen Kriegsheimkehrer, NSDAP-Mitglieder oder Hitlerjungen. Die Partei, die für sich die Tradition des antifaschistischen Widerstands in Anspruch nahm, hatte etwa seit 1947/48 schrittweise ihre Reihen für die kleinen Nazis und Mitläufer geöffnet, wollte aber gerade deshalb sehr genau wissen, mit wem sie es zu tun hatte.

Strittmatter gibt an, er sei Oberwachtmeister gewesen, habe als Bataillonsschreiber »an keinen Gefechten teilgenommen«, sei in Jugoslawien (1941), in Österreich (1942) in Finnland und Griechenland (1943) eingesetzt worden, schließlich sei er bei der Film- und Bildstelle der Ordnungspolizei in Spandau (hier fehlt die Jahresangabe) mit Archivarbeiten, Kriegstagebuch und Berichten beschäftigt gewesen. »Im Frühjahr 1945 wurde meine Dienststelle von Spandau nach Neustadt/Obfr verlagert. Ich benutzte die Gelegenheit, um mit gefälschten Papieren nach Böhmen zu entfliehen. Dort hielt ich mich mit 2 Kameraden trotz Verfolgung von Gendarmerie bei einem Bauern versteckt. [...] Bei Kriegsende von Amerikanern und tschechischen Beamten verhört, dann nach Jena entlassen.«[116]

Es fällt natürlich auf, dass Strittmatter den Tagen oder Wochen der Desertion mehr Raum widmet als den Jahren des Krieges. Doch während er in den vorherigen Lebensläufen angab, jeweils gleich nach der Ausbildungszeit zur Film- und Bildstelle der Ordnungspolizei abkommandiert worden zu sein, zeichnet er hier zum ersten Mal ein anderes Bild seiner Kriegsjahre und nennt die Stationen der Einsätze des Polizeibataillons – mit Ausnahme einer einzigen, auf die ich noch kommen werde.

Im Juli 1958 füllt Erwin Strittmatter erneut einen Fragebogen aus. Diesmal sieht das Formular für die Kriegszeit nur noch eine halbe Seite vor. Die Zeiten haben sich geändert. Jetzt wird zum Beispiel nach der Teilnahme an Parteitagen und Konferenzen gefragt und ob jemand aus der Familie »republikflüchtig« geworden sei. Zusätzlich verfasst Strittmatter einen handschriftlichen Lebenslauf, wo er jedoch über seine Einsätze in Jugoslawien, Österreich und Finnland kein Wort mehr schreibt als im Fragebogen. Ausführlicher wird er erst, als es um die Geschichte seiner Wandlung geht: Zunächst habe er auch während des Krieges sein »unpolitisches, idealistisch versponnenes Leben« fortgesetzt. »Allmählich jedoch begann ich über Krieg und Misère nachzudenken. In Griechenland, wo wir als kleine Trupps auf den Ägäischen Inseln lagen, bekam ich das erste Mal Anschluss an griechische Patrioten und Kommunisten. Sie machten mir den Vorschlag, mich zu verbergen. Ich zögerte, war noch zu feige.« Im September 1944 sei er dann zur Film- und Bildstelle der Ordnungspolizei nach Berlin abkommandiert worden. Dort habe er das Kriegstagebuch »zunächst wieder treu und brav und ohne Skrupel« geführt. »Ich sah einige Bombenangriffe auf Berlin. Sie rüttelten mich endlich völlig aus meinem immer noch halbversponnenen Leben. Die Verlegung der Dienststelle benutzte ich, um mich mit gefälschten Papieren in den Böhmerwald zu flüchten.«[117]

Die SED-Führung gab sich mit diesen Ausführungen ihres Genossen und hoffnungsvollen Autors zunächst zufrieden. Aber ein Jahr später, im Mai 1959, wollte sie erneut Genaueres über seine Militärzeit wissen. Erwin Strittmatter war im Februar in die Funktion des hauptamtlichen 1. Sekretärs des Deutschen Schriftstellerverbandes berufen worden. Offenbar gab es in diesem Zusammenhang doch noch einige verspätete Bedenken, ob seine Vergangenheit tatsächlich kein Problem darstellte.

Was Erwin Strittmatter im »Nachtrag zu meinem Fragebogen. Erläuterungen zu meinem Militärverhältnis« auf zweieinhalb Seiten niederschrieb, übersteigt auf der faktischen Ebene – Orte, Zeiten und Einsätze betreffend – nur wenig seine bisherigen Angaben. Zusätzlich erfahren wir, dass er nach seiner Einberufung zum Polizeibataillon in Eilenburg ausgebildet wurde, ferner dass er 1942 eine weitere Ausbildung zum Polizei-Gebirgsjäger in Tirol absolvierte. In der Darstellung fehlt jeder Hinweis darauf, dass sein Bataillon 1942 in das Polizei-Gebirgsjäger-Regiment Nr. 18 integriert wurde, ebenso wenig erwähnt er, dass dieses Regiment seit dem Februar 1943 die Bezeichnung »SS-Polizei-Gebirgsjäger-Regiment Nr. 18« trug.[118] Diese Benennung folgte einem Erlass von Himmler, hatte aber keine praktischen Konsequenzen. Das Gebirgsjäger-Regiment blieb Teil der Ordnungspolizei, die Mitglieder behielten ihre Polizeiuniformen und Dienstränge. Angesichts der angestrebten und bereits in Gang gesetzten Verschmelzung von SS und Polizei im Dritten Reich verlor diese Unterscheidung jedoch zunehmend ihre Bedeutung.

Wie schon in seinem handschriftlichen Lebenslauf ein Jahr zuvor widmet Strittmatter auch diesmal großen Raum der Selbstkritik an seiner damaligen »idealistischen Versponnenheit« und der Lektüre bürgerlicher Philosophen. Er sei gleich nach der Ausbildung als Schreiber in den Bataillonsstab gekommen. In seiner »damaligen Verworrenheit« sei er stolz auf diesen Druckposten gewesen und habe dort seine »individualistischen ›Studien‹« fortsetzen können. Im Bataillonsstab habe er zunächst die Stärkemeldungen bearbeitet und die Heeresdienstvorschriften verwaltet. Später sei ihm vom Bataillonsadjutanten die Kriegstagebuchführung übergeben worden. Den Einsatz seiner Einheit in Jugoslawien bezeichnet Strittmatter in seiner Darstellung kurz als »Objektbewachung in Krainburg«. Ausführlicher wird er erst wieder, als es um seine Kontakte zu griechischen Kommunisten auf der Insel Naxos geht, die ihm angeboten hatten, ihn zu verstecken. Er wisse heute, schränkt der Schreiber ein, dass es sich um »keine klaren Genossen« gehandelt habe, denn sie hätten »ihr Heil von England und seiner ›Demokratie‹« erwartet. Im Hochsommer 1944 sei seine Einheit dann von Naxos abgezogen und zum Hochgebirgseinsatz auf den Peleponnes beordert worden. Er sei zur Film- und Bildstelle der Ordnungspolizei nach Berlin-Spandau versetzt worden, wo er die Kriegstagebücher verschiedener Polizeibataillone zusammengestellt habe.

Zum Schluss seiner Erläuterungen erklärt er sich noch einmal: »Ich habe trotz meiner Zugehörigkeit zur Schutzpolizei außer bei der Ausbildung auf dem Schießstand nie eine Gewehr- oder Pistolenkugel abgeschossen. Das gehörte zu meinem ›individualistischen‹ Programm, wenn ich so sagen darf. Es gelang mir auch, es einzuhalten. Dabei weiß ich heute natürlich, wieviel Handlangerdienste ich den Nazis in meiner politischen Unklarheit geleistet habe. Ich stelle das mit Scham fest. Allerdings weiß ich auch, daß dauernde Scham lähmt.«[119]

Zu diesem Nachtrag gibt es noch einen Nachtrag, der deutlich macht, welche Gratwanderung Erwin Strittmatter in diesem Text unternahm. Einerseits strebte er den Posten, für den er hier seine Eignung beweisen sollte, gar nicht an, andererseits wollte er aber natürlich alles vermeiden, was ihn hätte belasten oder weitergehende Fragen auslösen können. Er dränge sich nicht zu dieser Funktion, schreibt er. »Meine Zugehörigkeit zu einem Nazi-Pol-Batl. wird (besonders auf diesem exponierten Posten) immer eine willkommene Angriffsfläche bieten. [...] Seit meinem Eintritt in die Sozialistische Einheitspartei Deutschlands habe ich mich bemüht, gut in unserem Sinne zu arbeiten und meine Verfehlungen zu tilgen. Ich bitte die Genossen beim Zentralkomitee zu erwägen, ob ich der Partei nicht bessere Dienste leisten kann, wenn ich weiterhin schreibe und mich bemühe, gute Kunstwerke in unserem Sinne hervorzubringen.«[120]

Es half ihm nichts. Am 20. Mai 1959 folgte das Sekretariat des SED-Zentralkomitees der Vorlage von Kultur- und Kaderabteilung und bestätigte den Einsatz des Genossen Erwin

Strittmatter als 1. Sekretär des Deutschen Schriftstellerverbandes. »Wir sind der Meinung«, heißt es in der Beschlussvorlage, dass Strittmatter mit dem Nachtrag zu seiner Militärdienstzeit »die Unklarheiten in den fraglichen Punkten beseitigt« habe. Welches die fraglichen Punkte waren, die nun geklärt worden sind, wird nicht ausgeführt. Es scheint, als ob hier vor allem einer Formalität genügt wurde.

Etliche Jahre später keimte noch einmal ein Verdacht gegen Strittmatter auf, der sich in der Akte niederschlug. Die Notiz vom 6. Juni 1974 dokumentiert einen besorgten Anruf des Berliner SED-Bezirkschefs Konrad Naumann in der ZK-Kaderabteilung, wer genau der Adressat war, ist nicht überliefert. Michael Tschesno-Hell[121] habe ihn darauf aufmerksam gemacht, so Naumann, »daß bei Strittmatter irgend was nicht in Ordnung gewesen sein soll in bezug über seine Angaben. […] viel soll gefälscht sein in den Angaben. Genosse Naumann sagte, das wäre bekannt bei Dir selbst und bei Heinz Wieland. Insgesamt geht es darum, daß Genosse Strittmatter kein Antifaschist gewesen sein soll.«[122] Daraufhin verglich einige Tage später jemand aus der Kaderabteilung die Angaben über Erwin Strittmatter im gerade neuaufgelegten Lexikon deutschsprachiger Schriftsteller mit denen in den Parteiunterlagen. Die dabei festgestellten – erheblichen – Unterschiede wurden aufgelistet. Dabei blieb es. Eine Korrektur des Eintrags in einer späteren Ausgabe des Schriftstellerlexikons wurde nicht erwogen. Den Funktionären der Kaderabteilung genügte es offenbar, dass der Genosse Strittmatter ihnen gegenüber »die Wahrheit« gesagt hatte. Niemand kam auf den Gedanken, weiter nachzuforschen. Zu diesem Zeitpunkt allerdings war über die Rolle der Polizeibataillone in den von Deutschland besetzten Gebieten noch wenig bekannt. Die Verdacht auslösenden Reizworte lauteten damals: SS, Gestapo, SA. Dass Angehörige der Ordnungspolizei ebenso am Massenmord an den Juden und dem Terror gegen die Zivilbevölkerung beteiligt waren wie die berüchtigten Einsatzgruppen der SS, wussten nur wenige Forscher, einige Staatsanwälte – und natürlich die Betroffenen selbst.[123]

Erst einige Jahre nach diesem Telefonanruf, etwa 1978/79, begann die für die NS-Verbrechen zuständige Abteilung IX/11 des DDR-Staatssicherheitsdienstes, sich für das Polizeibataillon 325 zu interessieren. Die Mitarbeiter der Abteilung sammelten Belastungsmaterial, rekonstruierten die Befehlshierarchien und suchten nach ehemaligen Angehörigen dieser Polizeieinheit, die auf dem Gebiet der DDR lebten. Dabei stießen sie unter anderem auf die Akte von Josef Heller, der von 1940 bis 1945 dem Polizeibataillon 325 angehört hatte. Im Jahr 1968 war er – eher zufällig – über das Bataillon vernommen worden. Heller, ein aus dem Sudetenland stammender Fleischermeister, Jahrgang 1908, war im August 1968 in Neustrelitz von der Staatssicherheit festgenommen worden, nachdem er in betrunkenem Zustand in einigen Kneipen der Stadt laut auf die sowjetische Armee geschimpft und den Einmarsch der Truppen des Warschauer Paktes in die Tschechoslowakei verurteilt hatte. Für dieses Vergehen wurde er zu zwei Jahren und neun Monaten Gefängnis verurteilt, die er ohne Bewährung absitzen musste.

Im Verlaufe der Vernehmungen stellte sich heraus, dass Heller 1940 zur Schutzpolizei eingezogen worden war und von 1941 bis 1944 als Bekleidungs- und später als Verpflegungswart in der ersten Kompanie des Polizeibataillons 325 gedient hatte, zuletzt im Rang eines Hauptwachtmeisters. Die Mitarbeiter der Bezirksverwaltung Neubrandenburg befragten den Häftling in mehreren Vernehmungen ausführlich über das Bataillon, über seine Vorgesetzten und vor allem über die Einsätze. Bei einer Wohnungsdurchsuchung fanden sie zudem Hellers Polizeidienstpass, in dem Orte und Zeiten der Einsätze genauer vermerkt waren, als Heller sie noch erinnerte. Demnach war das Bataillon vom 20. September 1941 bis 20. Oktober 1941 in Laak an der Zaier (Škofja Loka) zu einer »Befriedungsaktion« eingesetzt. Danach ging es für knapp zwei Monate (31. Oktober bis 20. Dezember 1941) ins Generalgouvernement nach Krakau zu »Wach- und Streifendiensten«. Anschließend bekam das Bataillon den Marschbefehl zurück nach Slowenien, wo es bis zum Oktober 1942 die Gebiete Oberkrain (Gorenjska), Pöllandertal und Draschgosche (Dražgoše) »befrieden« sollte. Vom Januar bis zum Juli 1943 war die Einheit – nun als 3. Bataillon des SS-Polizei-Gebirgsjäger-Regiments 18 – bei »Abwehrkämpfen« in Nordfinnland eingesetzt, dann seit dem August 1943 bis Ende Juni 1944 »zur Bekämpfung der Bandenbewegung in Griechenland« auf den Ionischen und Ägäischen Inseln, wobei zwischendurch für den Februar 1944 noch einige Tage »Kämpfe um das Parnassov-Gebirge« vermerkt sind.[124]

An dieser Stelle brechen die Eintragungen in Hellers Dienstpass ab. In den Vernehmungen gab Josef Heller zu Protokoll, aus Griechenland sei das Regiment »zur Auffrischung« nach Regensburg zurückgeführt worden. Er selbst sei nach einem längeren Lazarettaufenthalt im jugoslawischen Skopje erst im Januar 1945 wieder zu seiner Einheit gestoßen. Da aus der »Auffrischung« nichts mehr wurde, sei er im Februar oder März 1945 in seinen Heimatkreis Aussig / Ústí nad Labem kommandiert und »Zur Regelung des Flüchtlingsstromes« in Reichenberg eingesetzt worden, wo er »Anfang Mai 1945 als Hauptwachtmeister der Schutzpolizei in sowjetische Internierung kam«.[125] In einem Lebenslauf, dessen Abschrift sich bei den Vernehmungsakten befindet, hatte Heller Mitte der fünfziger Jahre geschrieben, am 10. Mai 1945 hätten ihn die Tschechen verhaftet und ihn am 20. Mai an die sowjetische Behörde übergeben. Von Mai 1945 bis Januar 1950 war er zuerst im sowjetischen Speziallager Buchenwald und dann in Bautzen interniert.[126] Nach seiner Freilassung zog er nach Neustrelitz und nahm eine Arbeit im Schlachthof auf. Das Foto in seiner Gefangenenakte zeigt einen vorzeitig gealterten Mann mit eingefallenem Gesicht und verbittert nach unten gezogenen Mundwinkeln.

Fünf Jahre Haft in einem sowjetischen Speziallager! Vermutlich bewahrte Erwin Strittmatter lediglich seine Zivilkleidung vor diesem Schicksal – und/oder der Umstand, dass er wenige Kilometer weiter südlich in die Hände der Amerikaner statt der Sowjets geriet. Josef Hellers Geschichte bietet auch in anderer Hinsicht Vergleiche und Bezüge zu Strittmatters Biographie. Beide gehörten sie der 1. Kompanie des Bataillons 325 an, die Eintragungen in Hellers Dienstpass dürften also mit geringen Abweichungen etwa bis zum Sommer 1944 auch den Weg Strittmatters durch den Krieg nachzeichnen. Dabei fällt auf, dass Strittmatter in seinen Angaben für die SED-Kaderakte die zwei Monate Wach- und Streifendienst in Krakau von Oktober bis Dezember 1941 komplett weggelassen hat. Gab es dafür einen bestimmten Grund? Das slowenische Kapitel, das bei Strittmatter »Objektbewachung in Krainburg« heißt, wird in Hellers Dienstpass als »Befriedungsaktion« bezeichnet. In den Vernehmungen, in denen sich Heller mit dem Hinweis auf seine damalige Funktion als Koch persönlich als eher unbeteiligt präsentierte, gab er an, dass seine Einheit die Aufgabe hatte, gegen die unbewaffnete Bevölkerung vorzugehen, um den Widerstand zu brechen. Im Februar 1942 habe das Bataillon zur Vergeltung für den Angriff auf einen Streifenwagen der Einheit eine Ortschaft, 40 bis 50 Kilometer von Krainburg entfernt, niedergebrannt. Von Erschießungen wollte er nichts gewusst haben. »Mir ist nicht bekannt, daß bei diesen Einsätzen Teile der Bevölkerung erschossen wurden. Ich habe auch nicht gesehen, daß Menschen mißhandelt oder erschossen wurden.«[127]

Bis zur Besetzung der Berliner Stasi-Zentrale im Januar 1990 durch Demonstranten sammelten Mitarbeiter der Abteilung IX/11 Material über das Polizeibataillon 325. Dabei lag die Information, dass einer der bekanntesten Schriftsteller der DDR diesem Bataillon angehört hatte, quasi vor ihren Augen, doch ebenso wie die berühmte Nadel im Heuhaufen war sie trotzdem nicht sichtbar. Um darauf zu stoßen, hätte es eines Hinweises bedurft, vergleichbar dem Anruf von Michael Tschesno-Hell bei Konrad Naumann. Warum hätten die Ermittler gezielt in der archivierten IM-Akte von Erwin Strittmatter suchen sollen, in der sich seit 1959 die Abschrift einer Kurzbiographie aus seiner SED-Kaderakte befand und wo auch seine Mitgliedschaft im Polizeibataillon 325 vermerkt war? Die Staatssicherheit saß auf einem riesigen Berg von Informationen, das ist bekannt, es ist auch bekannt, dass sie immer weniger damit anfangen konnte. Beim näheren Anschauen der Abschrift fällt auf, dass die Angabe »Polizeibatl. 325« rot angestrichen und markiert ist.[128] Vielleicht ein Hinweis darauf, dass einige Zeilen davor die Nummer des Bataillons fälschlich mit 53 angegeben ist? Oder war jemand im Begriff, Informationen aus verschiedenen Schubladen zusammenzubringen? Irgendwann wären die Mitarbeiter der Abteilung IX/11 vermutlich auf Strittmatters Spur gekommen. Vielleicht haben sogar friedliche Revolution und Wende 1989/90 die Entdeckung um einige Jahre verzögert.

TRADITIONSPFLEGE WEST

Über die Beteiligung des Polizeibataillons 325 bzw. des später daraus hervorgegangenen SS-Polizei-Gebirgsjäger-Regiments 18 am Vernichtungskrieg auf dem Balkan war lange Zeit in Ost und West wenig bekannt. Der Historiker Ralph Klein, der sich als einziger Forscher bisher mit dieser Einheit beschäftigt hat, beklagt die schlechte Quellenlage. Die bundesdeutsche Nachkriegsjustiz habe, wie er schreibt, die wenigen in den fünfziger bis siebziger Jahren eingeleiteten Ermittlungsverfahren gegen einige Offiziere der Einheit »ohne ernsthaftes Verfolgungsinteresse«[129] wieder eingestellt. Angesichts fehlender Beweisstücke – die Kriegstagebücher der SS-Polizeiregimenter und fast aller Polizeibataillone waren Anfang Mai 1945 in Bischofteinitz/Böhmen vernichtet worden – fühlten sich die überlebenden Veteranen des Regiments wohl vor Strafverfolgung sicher. Klein geht davon aus, dass sie sich bei ihren regelmäßigen Treffen im Rahmen des »Kameradenkreises der Gebirgstruppe e.V.«[130] über etwaige Aussagen bei Vernehmungen abgesprochen haben. Die von der »Traditionskameradschaft« herausgegebenen Publikationen zeugten noch bis in die jüngste Vergangenheit von einem ungebrochenen Selbstverständnis, das jegliche Beteiligung an NS- und Kriegsverbrechen ignorierte. Die ehemaligen Polizei-Gebirgsjäger stilisieren sich darin als Elitetruppe, als heldenhafte Bezwinger der Berge, die »mit den Unbilden der Natur, mit Schnee, Eis, mit Kälte und Hitze, im Kampfe mit dem äußeren Feinde und mit illegalen Banden« fertigwerden mussten, wie es Adolf von Bomhard, Generalleutnant der Ordnungspolizei a. D., im Vorwort zu einer verklärenden Geschichte des Regiments hervorhebt.[131] Im Klima des Kalten Krieges der fünfziger und sechziger Jahre der Bundesrepublik schienen die damaligen Einsätze gegen überwiegend kommunistisch geführte Partisanengruppen Jugoslawiens und Griechenlands gerechtfertigt, oder sie wurden zumindest kaum hinterfragt. Lange Zeit protestierten überlebende Häftlinge und antifaschistische Gruppen erfolglos gegen die jährlich im bayrischen Mittenwald abgehaltenen Traditionstreffen. Erst als neuere Recherchen von Journalisten und Historikern seit 2002 die Beteiligung der Gebirgsjäger an

Kriegsverbrechen und am Holocaust offenlegten, befinden sich die verbliebenen alten Kameraden in der Defensive.[132]

Als Hermann Franz, der ehemalige Kommandeur des Polizei-Gebirgsjäger-Regiments, im Jahr 1963 eine Geschichte der Einheit veröffentlichte, ging es ihm darum, fast zwanzig Jahre nach Kriegsende »das Geschichtsbild des Regiments zu gestalten«[133]. Die Bruchlosigkeit, mit der ein ehemaliger SS-Brigadeführer den Kampf der tüchtigen und tapferen Polizisten preist, die er gar als Vorbild für die neue Polizei der Republik verstehen möchte, ist heute kaum noch zu vermitteln. Zur Zeit ihres Erscheinens prägten solche Darstellungen jedoch maßgeblich die öffentliche Erinnerung in der Bundesrepublik. Sie waren so etwas wie Haltepunkte, Bestärkung für viele aus der Gefangenschaft zurückgekehrte Offiziere und Mannschaftsangehörige, ihre damaligen Handlungen zu verklären oder zu verdrängen, sich selbst als Opfer zu betrachten und die bisherigen Überzeugungen nicht in Frage zu stellen.

In seinem Buch präsentiert Hermann Franz eine weitgehend gereinigte Geschichte der Polizei-Gebirgsjäger, die in harten und entbehrungsreichen Kämpfen letztlich unbesiegt blieben. Die SS-Runen, die dem Regiment im Februar 1943 quasi ehrenhalber von Himmler verliehen worden waren, sind aus der Nachkriegsrepräsentation ebenso verschwunden wie die erschossenen Geiseln, die verwüsteten Dörfer und die deportierten Juden. Die Daten und Orte der Einsätze des Regiments und seiner drei Bataillone gibt Franz jedoch, so meint Ralph Klein, einigermaßen korrekt wieder, so dass auch seine Darstellung herangezogen werden kann, um den Weg des Schutzpolizisten Erwin Strittmatter zwischen 1941 und 1945 zu rekonstruieren.

Allerdings setzt die Darstellung von Franz erst im Sommer 1942 mit der Formierung des Polizei-Gebirgsjäger-Regiments 18 ein. Für die Vorgeschichte seines III. Bataillons als

Polizeibataillon 325 ist die Informationslage besonders schwierig. Da gibt es nur die wenigen Rechercheergebnisse der MfS-Ermittler, den Polizeidienstpass von Josef Heller und dessen Aussagen in den Vernehmungen, in denen der Häftling vermutlich nur das zugab, was ihn persönlich nicht noch mehr belasten würde. Im Bundesarchiv Berlin fand ich jedoch eine Akte, die diese Informationslücke ein wenig füllen kann. Sie enthält unter anderem Teile des Kriegstagebuchs des Polizeibataillons 93, das zwischen Herbst 1941 und Herbst 1942 in Slowenien zeitweise im gleichen Gebiet Gorenjska/Oberkrain eingesetzt war wie das Bataillon 325. Im Tagebuch sind sogar einige Aktionen vermerkt, an denen beide Einheiten beteiligt waren.

Bewahrt und zusammengestellt hat diese Aufzeichnungen und Fotos der letzte Kommandeur des Bataillons 93, Major der Schutzpolizei Wilhelm Kissel. Die Unterlagen befinden sich seit 1962 im Bundesarchiv. Ob der ehemalige Bataillonskommandeur sie aus ähnlichen Motiven wie Hermann Franz selbst dem Archiv übergab oder ob sie erst nach seinem Tod dorthin gelangten, geht leider aus dem Findbuch nicht hervor. Zu den Dokumenten gehören auch Nachkriegszeugnisse früherer Untergebener, die Major Kissel ein menschliches Verhalten während des Krieges bescheinigen. Andererseits enthalten die Aufzeichnungen im Kriegstagebuch all das, was Hermann Franz aus seiner Darstellung getilgt hatte: das brutale Vorgehen der Ordnungspolizei in Slowenien gegen jeglichen Widerstand und die Vergeltungsmaßnahmen gegen die wehrlose Zivilbevölkerung, das Niederbrennen von Dörfern, deren Bewohner die Partisanen unterstützt hatten. Auch die Exekution von Geiseln wird in diesen zeitgenössischen Aufzeichnungen nicht verschwiegen oder verschlüsselt, sondern »ordentlich« festgehalten.

Das Kriegstagebuch, das Kissel, damals noch als Hauptmann und Adjutant, vermutlich selbst geführt hatte, bevor er später Major und Bataillonskommandeur wurde, gibt Aufschluss über die besonders explosive Situation in den von den deutschen Truppen besetzten Teilen Sloweniens. Die Untersteiermark (Štajerska) und Oberkrain (Gorenjska) sollten dem Reichsgebiet einverleibt werden, deshalb betrieben die Besatzer dort eine brutale Eindeutschungspolitik. Sie verboten die slowenische Sprache, verhafteten Lehrer und Priester. Eindeutschung bedeutete auch die massenhafte Vertreibung von Bauern nach Serbien, Kroatien oder ihre Deportation nach Deutschland und die Ansiedlung von Deutschstämmigen aus Südtirol oder Bessarabien. Die nach rassistischen und politischen Gesichtspunkten für »eindeutschungsfähig« befundenen Slowenen wurden seit 1942 zum Arbeitsdienst und zum Wehrdienst verpflichtet. Viele Bewohner flüchteten in die Berge zu den Partisanen, um entweder der Vertreibung oder der Einberufung zu entgehen. Wer sich mit den Besatzern einließ, musste wiederum Racheakte der Partisanen fürchten: von Zwangsrekrutierungen der Söhne über Beschlagnahmung von Lebensmitteln und Vieh bis hin zu Attentaten. Die Einheiten der Ordnungspolizei, die seit dem Sommer 1941 mit der Zwangsumsiedlung Tausender Dorfbewohner beschäftigt waren, wurden zunehmend gegen die »Banden«, wie sie die Partisanen nannten, eingesetzt. Dabei vermischten sich die verschiedenen Aktionen miteinander, Vertreibung und Enteignung galten auch als Strafe für Widerstand. Um das Unruhegebiet Oberkrain zu »befrieden«, wie es in der Sprache der Täter heißt, wurden Ende September 1941 das Polizeibataillon 93 aus Butzbach und Anfang Oktober das Polizeibataillon 325 aus Eilenburg dorthin beordert. Das 325er Bataillon, dem der Schutzpolizist Erwin Strittmatter angehörte, kam direkt aus dem Ausbildungslager und war mit schweren und leichten Maschinengewehren, Maschinenpistolen, Karabinern, Klapphacken, Fahrrädern, Taschenlampen und Drahtscheren ausgerüstet.[134]

Bereits wenige Tage nach ihrer Ankunft am 7. Oktober 1941 verzeichnet Kissels Kriegstagebuch einen ersten gemeinsamen Einsatz seines Bataillons und des Bataillons 325:

Um Mitternacht verließen die Einheiten ihre Quartiere und begannen gegen halb drei Uhr morgens den Fußmarsch in das Pokljuka-Gebiet, wo sich »eine Bande in Stärke von etwa 15 bis 20 Mann aufhalten« sollte. Sie hatten den Auftrag, gemeinsam mit weiteren Polizeieinheiten das Gebiet weiträumig zu umstellen, um anschließend den Ring zusammenzuziehen. Der Schreiber möchte in dem Tagebuch mehr als nur die militärischen Fakten und Daten festhalten. Ambitioniert schildert er den Aufstieg der Männer als »still und unverdrossen« über Steilhänge und Felswände mit Stahlhelm und Gewehr. »Selbst der Kommandeur mit seinen 50 Lenzen stand in Nichts hinter seinen Männern zurück.« Offensichtlich waren die Partisanen aber längst an einem anderen Ort. Die Aktion wurde am späten Vormittag ergebnislos abgebrochen. In Veldes (Bled), einem bekannten Luftkurort, wo die Fahrzeuge für die Rückfahrt bereitstanden, hatten die Polizisten Gelegenheit, sich ein wenig umzuschauen: »Wie ein Juwel lag die Insel St. Marie mit ihrer Kirche in der Mitte des Veldeser Sees und wie Märchenschlösser am jenseitigen Ufer all die vielen Hotels und Profanbauten. [...] Wer die Natur zu sehen und zu belauschen versteht, nahm dieses schöne Bild mit in sein Herz und trug es heute nach Hause.«[135]

Am 3. Januar 1942 notiert der Schreiber eine Exekution, an der die erste Kompanie des Bataillons 93 beteiligt ist. 35 Häftlinge aus dem Gefängnis Vigaun (Begunje), die – wie er behauptet – »als Mitglieder von Banden an zahlreichen Mord- und Raubüberfällen beteiligt waren, bzw. Banditen mit Nachrichten, Lebensmitteln usw. unterstützt haben«, wurden ohne Gerichtsurteil zur Abschreckung erschossen.[136] Am 12. Februar 1942 gab es erneut eine Exekution. Während die 2. Kompanie des Bataillons 93 den Auftrag bekam, 37 Häftlinge aus dem Gefängnis Vigaun in das Arbeitserziehungslager Kraut zu schaffen, stellte die 3. Kompanie »zu den dort [in Vigaun, A. L.] um 10 Uhr stattfindenden Erschießungen das Exekutions- und Sicherungskommando«[137]. Ebenfalls anwesend waren der Bataillonskommandeur und der Stabsarzt Dr. Schröder. Die Anzahl der Erschossenen ist nicht vermerkt. Am Nachmittag des 13. Februar nahmen laut Tagebuch »Männer des Bataillons an einer KdF-Veranstaltung im Tonkino in Veldes teil«. Handelte es sich dabei um die Mitglieder des Exekutionskommandos, die sich Belohnung und Ablenkung verdient hatten?

Warum schreibe ich das hier? Erwin Strittmatters Bataillon nahm an diesen Exekutionen nicht teil. Aber vielleicht an ähnlichen Aktionen? Die Tagebücher seiner Einheit wurden vernichtet. Mit Hilfe dieses überlieferten Kriegstagebuchs wird jedoch die Situation deutlich, in der die Ordnungspolizisten zu dieser Zeit in Slowenien agierten. Die Erschießung von Zivilisten gehörte offenbar zu ihren Aufgaben. Die Einträge im Tagebuch geben zudem einen Eindruck davon, was ein Bataillonsschreiber damals so aufschrieb, schließlich wurde auch Strittmatter später Schreiber.

DIE SÖHNE

Jakob Strittmatter öffnet seine Tasche und zieht einen dünnen Hefter heraus. »Podarok – Geschenk«, sagt er und: »Ich hab das mit meinen Brüdern besprochen.«

Vor mir auf dem Tisch liegen – nicht die Briefe, die sein Vater während des Krieges an Eltern und Geschwister schrieb, aber

Auszüge daraus vom September 1939 bis zum Februar 1942. Jakob, der jüngste Sohn von Erwin und Eva Strittmatter, der Erbe ihres Nachlasses, hat die Auszüge im Jahr 2008 angefertigt, als seine Mutter wissen wollte, was von den beunruhigenden Meldungen über die Militärzeit ihres Mannes eigentlich zu halten sei. Ich nehme die Papiere in die Hand, schaue den Mann an, der mir gegenübersitzt. Dass ich diese Abschriften nun lesen darf, hätte ich mir vor einem halben Jahr noch nicht vorstellen können. Da hatte mir Jakob Strittmatter einen Brief geschrieben, in dem er deutlich machte, dass er eine neue Biographie über Erwin Strittmatter nicht unterstützen wolle. Einige Monate später jedoch begannen die Dinge in Bewegung zu geraten. Nachdem Jakob und sein älterer Bruder Erwin sich durch Teile des väterlichen Nachlasses gearbeitet hatten, schrieben sie mir, sie hätten ihre Ablehnung gegenüber dem Biographieprojekt aufgegeben und würden mir den Zugang zu den Unterlagen eröffnen, sobald die Papiere im Archiv der Akademie der Künste angekommen seien. Sie wünschten sich eine »kritische Neubewertung des Strittmatter-Bildes«, eine objektive Darstellung, die weder beschönigen noch verdammen sollte. Die Briefe und Aufzeichnungen Erwin Strittmatters aus der Kriegszeit allerdings seien davon ausgenommen. Diese Dokumente, die natürlich – das wussten sie – die meiste öffentliche Aufmerksamkeit auf sich ziehen würden, wollten sie nicht an das Archiv geben. Sie seien derzeit für niemanden zugänglich.

Wie sich herausstellte, blieb das nicht das letzte Wort. Ich werde in den folgenden Monaten Zeugin, vielleicht sogar Teil eines Prozesses, in dessen Verlauf die Söhne – jeder für sich und gemeinsam – um einen Umgang mit dem widersprüchlichen Erbe ihres Vaters ringen und sich entschließen, nach und nach auch die Unterlagen über das bisher verschwiegene Kriegskapitel seiner Biographie preiszugeben.

Einige Wochen bevor mir Jakob Strittmatter das »Geschenk« überreichen wird, sitzen wir einen Nachmittag lang in seinem kleinen Arbeitszimmer, vor ihm liegt der Hefter mit den Auszügen aus den Briefen, die Erwin Strittmatter an seine Eltern und Geschwister schrieb. Jakob Strittmatter liest mir einzelne Passagen vor. Ich erfahre auf diese Weise, dass sich Erwin Strittmatter 1939/40 gleich dreimal freiwillig gemeldet hat: bei der Wehrmacht, bei der Schutzpolizei und schließlich bei der Waffen-SS. Ich höre von seiner Verzweiflung darüber, dass das Werk ihn nicht freigeben will. Der Sohn liest mir vor, welche Bewunderung Erwin Strittmatter seinem Vater zollt für die vier Jahre, die dieser während des Ersten Weltkrieges »draußen« war, dass er ihn um Verzeihung bittet für alle Kränkungen, die er ihm als Jugendlicher zugefügt habe. Im September 1940, wahrscheinlich anlässlich der deutschen Bombenangriffe auf Großbritannien, schreibt Strittmatter, der Krieg werde wohl noch eine Weile dauern, denn nun würden sich »Germanen« gegenüberstehen, »jedenfalls zwei Vertreter der nordischen Rasse«.

Einige Mal hält Jakob Strittmatter inne. Es fällt ihm sichtlich schwer, solche Sätze laut zu lesen. Weiter geht es mit der Einberufung zum Polizeidienst im März 1941, der Ankunft im Ausbildungslager Eilenburg, der Aufnahme ins Beamtenverhältnis, wofür der Briefschreiber von den Eltern eiligst den Nachweis der »arischen Abstammung« erbittet. Weil Erwin Strittmatter zunächst annimmt, sein Bataillon werde ins südliche Russland geschickt, phantasiert er in einem Brief davon, sich »in der Ukraine ein ordentliches Stück Land [zu] mausen«.

»Das ist nicht der Vater, den ich kenne«, wiederholt Jakob Strittmatter mehrmals.

Ich frage ihn, was ihn noch davon abhalte, mir die Papiere in die Hand zu geben. Ganz offensichtlich wolle er doch nichts verschweigen oder zurückhalten. Es sei der Respekt vor dem

Wunsch der Mutter, erfahre ich. Eva Strittmatter war 2008, als er ihr die Auszüge aus den Briefen gegeben hatte, befremdet über den Ton, bestürzt über den Inhalt gewesen. Sie habe die Papiere nicht an die Öffentlichkeit geben wollen. Damals sei sie schon zu krank gewesen, um sich mit den Tatsachen auseinanderzusetzen, die das Bild, das sie bisher von ihrem Lebensgefährten hatte, radikal in Frage stellten. Er könne, sagt Jakob Strittmatter, rein rechtlich als der Erbe jetzt neu entscheiden, aber moralisch fühle er sich an ihren Wunsch gebunden. Vielleicht, fügt er nach einer Pause hinzu, würden er und seine Brüder einfach noch ein wenig Zeit brauchen.

Als mir Jakob Strittmatter das »Geschenk« im August 2011 schließlich überreicht, sitzen wir an einem Tisch im Garten von Schulzenhof. Zuvor hat er mir den Hof gezeigt, den Garten, den Blick über die Wiese, das kleine alte Haus, das große neue Haus, den Pferdestall mit der ausgebauten Dachstube, die verschiedenen Räume, in denen sein Vater und seine Mutter im Laufe der Jahre geschrieben und gelebt haben, die Kinderzimmer, in denen er und seine Brüder wohnten. Überall stehen Bücher und Zeitschriften, die Wände sind bedeckt mit Fotos und Gemälden, darunter vielen Porträts von Erwin und Eva Strittmatter. Ein Ort, angefüllt mit Vergangenheit, mit der nun die nächste Generation umgehen muss. Auch im Keller waren wir, in dem viele Regale und Schränke leer sind, nachdem der Sohn den größten Teil des schriftlichen Nachlasses seiner Eltern dem Archiv der Akademie der Künste übergeben hat.

In einem Regal steht ein stabiler Pappkarton, adressiert an Erwin Strittmatter, Schulzenhof. Die Absenderin ist Monette Büchele. 1971 schickte sie ihrem früheren Freund Briefe und Aufzeichnungen zu, die er während des Krieges bei ihr in Tirol deponiert hatte. In dem Karton befinden sich Briefe der Eltern und Geschwister an Erwin Strittmatter, außerdem Gedichte,

Aphorismen, Tagebuchaufzeichnungen und andere Texte in einem selbstgebundenen Büchlein unter dem Titel »Dichtung und Prosa«. Das alles müsse er selbst erst durchsehen, sagt er, als er meinen neugierigen Blick sieht, und er wolle zuvor mit seinen Brüdern sprechen. Einige Wochen später kann ich auch in diese Dokumente Einsicht nehmen, außerdem bekomme ich einen Text ausgehändigt, den Erwin Strittmatter im Mai 1945 in Wallern verfasste, und ich darf die Originale der Briefe lesen, die ich bisher nur in Auszügen kannte.

Als ich Jakob und später seinem Bruder Erwin sage, dass ich ihr Verhalten mutig finde, wehren beide ab. Es ist ihnen nicht ganz recht, dass ich solche Sätze über sie schreibe. Und doch finde ich es mutig, denn letztlich können sie nur darauf vertrauen, dass ich mit dem Material sachlich und behutsam umgehen werde. Was die Öffentlichkeit nach dem Erscheinen des Buches daraus machen wird, darauf hat niemand von uns Einfluss.

»Sein Werk ist so groß«, sagt Erwin, »es wird das aushalten.«

DIE BRIEFE

Am 15. und 20. Juni 1941 teilt Erwin Strittmatter seinen Eltern aus dem Ausbildungslager Eilenburg mit, seine schriftliche Abschlussprüfung sei so gut ausgefallen, dass er von der mündlichen Prüfung befreit sei. Nun folge noch die Prüfung im Waffendienst. Er habe jetzt den Rang eines Wachtmeisters der Schutzpolizei. Die »älteren Jahrgänge« seien gleich als Wachtmeister eingestellt worden. An seinen Bruder Manfred schreibt er am 8. August 1941: »Ich bin Schütze 8 der ersten Gruppe des ersten Zuges, der ersten Kompanie. – Also nur eine Nummer. Auch das ist gut; denn ich will auch alles erleben, was Heini und Martin schon jetzt erleben.«

Einen Monat später, am 8. September, befindet er sich immer noch in Eilenburg: »Wir machen jetzt tüchtig Fahrrad-Exerzieren und Geländeausbildung«, berichtet er den Eltern. »Dazwischen kommt ab und zu eine Jagd auf entsprungene Russen oder eine Absperrung an der Bahn. Nun, da die Rekrutenzeit vorüber ist, hat man doch ein wenig mehr Zeit und kann wieder einmal in ein Buch schauen oder ein wenig seinen Gedanken nachhängen.« Die »entsprungenen Russen«, die er eher beiläufig erwähnt, waren vermutlich sowjetische Kriegsgefangene aus dem Stalag 304 (IV H), das auf dem nahen Truppenübungsplatz Zeithain eingerichtet worden war und in dem katastrophale Verhältnisse herrschten.

Anfang Oktober 1941 erreichte das Polizeibataillon 325 seinen neuen Standort Krainburg (Kranj) in Slowenien. Die erste Kompanie wurde in einer Fabrikhalle der Trikotagenfirma »Iska« untergebracht, in einem Raum ohne Tische, Stühle und Betten, wo die Männer dicht gedrängt auf Strohsäcken lagen. Die Enge mache ihn »seelisch krank«, gesteht Erwin Strittmatter in einem Brief vom 9. Oktober 1941. »Ich bin kein Gemeinschaftsmensch. Die Gesellschaft der Flachen, Nichtdenkenden wird mir immer widerlicher.«

Am 10. Oktober setzt Strittmatter den Brief fort und erklärt seinen Eltern ausführlich den »Bandenkrieg«, mit dem sie es dort zu tun haben: Slowenen und Serben, die sich mit der deutschen Herrschaft nicht abfinden können, seien ins Hochgebirge geflüchtet, wo sie »aus dem Hinterhalt« Landvermesser und Polizisten erschießen würden. »Unter den Banden kämpfen auch Frauen. Alle wollen auf die Sowjets geschworen haben. Gefangene lassen sich eher erschießen, als daß sie etwas aussagen. Dorfbewohner unterstützen diese sogenannten Freiheitskämpfer. Als Sühne sind von der Polizei ganze Bauerndörfer in Brand gesteckt worden.« In seinem Brief vermischen sich die Propagandaparolen, mit denen die

Neuankömmlinge offenbar gefüttert wurden, auf seltsame Weise mit den eigenen zwiespältigen Eindrücken des Schreibers: »Die Bewohner hier sehen uns haßerfüllt an. Auf den Dörfern hat man Angst vor uns. Gestern sah ich ein rührendes Bild. Eine Bauersfrau, die mit ihrem Kuhgespann auf dem Feld arbeitete, legte die Hand militärisch an ihr Kopftuch, wie sie es bei den deutschen Soldaten gesehen hat. [...] Ich werde dieses Bild, so lange ich lebe nicht vergessen. – Stellt Euch vor, die Russen wären bei uns eingefallen und Großmutter würde voller Angst so grüßen.«

Die folgende Schilderung »unserer Einsätze« bezieht sich zweifellos auf die erste Aktion des Bataillons im Pokljuka-Gebiet am 7. Oktober 1941: »Mit Fahrrädern oder ohne Licht fahrenden Autos schieben wir uns lautlos bis an den Fuß des Hochgebirges heran. Noch bei Nacht steigen wir hinauf. Bei Hellwerden wird dann ›gekämmt‹. Von den Wäldern hier könnt Ihr Euch keine Vorstellung machen. Richtige Urwälder, Klüfte und Höhlen«. Am Schluss des Briefes teilt Strittmatter voller Stolz, wohl vor allem an die Adresse des Vaters, mit, als Mitglied der ersten Gruppe der ersten Kompanie sei er »stets dabei, wenn Sonderaufgaben vorliegen: Spähtrupp, Sicherung, Bedeckung für Offiziere«. Sein Bataillon, das aus »aktiven Freiwilligen« bestehe, sei hier mit zwei anderen Bataillonen gezogener Reservisten zum Polizeiregiment »Endler« zusammengeschlossen worden.[138] Dann muss er schließen. »Eben wird in den Saal gebrüllt, daß wir uns bereit halten sollen. Einige Kilometer von hier ist eine Sägemühle in Brand gesteckt worden.«

Der Partisanenanschlag auf die Sägemühle in Lanzowo, südwestlich von Radmannsdorf (Radovljica), und die darauf folgende Aktion sind im Kriegstagebuch des Polizeibataillons 93 vermerkt. Am 10. Oktober 1941 notiert der Schreiber, am Vortag habe eine »Bande in der Stärke von etwa 30 bis 40

Mann« ein Sägewerk überfallen und niedergebrannt. Zwei deutsche Angestellte des Werkes seien verschleppt worden. »Außerdem schlachteten die Banditen 3 Schweine und nahmen sie mit.«[139] In den folgenden Tagen durchsuchten mehrere Stoßtrupps des Bataillons 93 die Gegend, ohne jedoch auf Partisanen zu treffen. Im Tagebuch findet sich kein Hinweis auf die Mitwirkung des Bataillons 325. Offensichtlich waren die Männer nur in Alarmbereitschaft versetzt worden.

Am 18./19. Oktober 1941 meldete sich Erwin Strittmatter aus einem Nonnenkloster in Škofja Loka[140], in dem seine Einheit vermutlich nur für einige Tage stationiert war, denn als seinen Absender gab er weiterhin die Trikotagenfirma in Krainburg an. Er beklagt sich bei Mutter Helene, wie barbarisch seine Kameraden, die er in Eilenburg noch als nette, anständige Kerle beschrieb, in diesen Räumen hausen. Er habe zugesehen und nicht verhindern können, schreibt er, dass sie die Pantöffelchen der Klosterschülerinnen verbrannt haben, mit den seidenen Jäckchen der Nonnen ihre Gewehre putzten und alte ledergebundene Bücher in den Ofen steckten. Offenbar diente das Kloster gleichzeitig als Gefängnis, denn Strittmatter erwähnt die Festnahme eines alten Mannes, der gerade »eingeliefert« worden sei, weil er kurz nach 22 Uhr noch auf der Straße war.[141] Wie er beim Anblick der Bäuerin auf dem Feld an seine Großmutter denken musste, so weckt dieser Mann seine Empathie, weil er ihn an den Großvater erinnert: »Er trug Arbeitskleidung, eine blaue Schürze, wie sie Großvater trägt. Er hatte Besuch bei einem Nachbarn gemacht und die Zeit vergessen. Seine Augen sahen mich flehend an. (Gestern wurden 13 Männer erschossen.) Ich konnte nicht anders, ich mußte ihm auf die Schulter klopfen und sagen, ›Hab keine Angst Großvater, es wird nicht schlimm!‹ Dann führte man ihn ab. Hoffentlich kann er sich morgen ausweisen.«[142]

Nach weniger als einem Monat Einsatz in Oberkrain wurde das Bataillon 325 Ende Oktober 1941 über Eilenburg nach Krakau verlegt, wo es bis zum 20. Dezember blieb. Seine Eltern, denen er aus Slowenien recht freimütig seine Tätigkeit geschildert hat, erfahren diesmal nichts über seine Aufgaben. In den beiden einzigen überlieferten Briefen aus Krakau schreibt Strittmatter von einer Scharlach-Quarantäne, während der seine ganze Kompanie acht Tage lang in ihren Stuben eingesperrt blieb, und von einer Flecktyphusquarantäne anderer Kameraden, die im Zuchthaus »Monti Lupich« Wache hielten und dort festgehalten wurden. Bei seinem bevorstehenden Urlaub in Bohsdorf wollte er ihnen »von den Verhältnissen in Polen« berichten.[143] Wahrscheinlich wurde aus der Fahrt ins Heimatdorf nichts. Auf jeden Fall hielt sich Strittmatter noch fast den ganzen Dezember über in Krakau auf und fuhr kurz vor Weihnachten 1941 von dort zu Ehefrau und Söhnen nach Saalfeld. Seine Krakauer Adresse lautete: »SS-Totenkopfkaserne«.

In Josef Hellers Dienstpass steht, dass seine Einheit in dieser Zeit dem Polizeiregiment »Krakau« unterstellt war. In den Vernehmungen bei der Staatssicherheit gab Heller nur vage an, sie seien in einer Kaserne untergebracht und zu Wach- und Streifendiensten eingesetzt worden. In seinem Buch »Erwin Strittmatter und der Krieg unserer Väter« mutmaßt Günther Drommer, das Bataillon 325 hätte das jüdische Lager Podgórze auf dem rechten Weichselufer bewachen müssen.[144] Das wäre immerhin möglich, aber es gibt keinen Beleg dafür. Ein halbes Jahr zuvor, im März 1941, hatten die Juden aus Krakau und Umgebung in den Ghettobezirk ziehen müssen. Mitte Oktober war die Umgrenzungsmauer fertiggestellt, das Ghetto war von der Umwelt abgeschlossen. Seitdem durfte niemand mehr ohne Kontrolle hinein und hinaus. Illegales Verlassen wurde mit dem Tode bestraft. Neben dem jüdischen Ordnungsdienst war die Polizei für die Bewachung zuständig. Doch dass man für diese eher langfristige Aufgabe ein Bataillon aus Slowenien für zwei Monate nach Krakau beorderte, um es dann wieder zurückzuschicken, scheint wenig plausibel. Vielleicht aber sollte das Bataillon ursprünglich gar nicht zurück nach Slowenien. Vielleicht sollte es in Krakau bleiben oder noch weiter in Richtung Osten ziehen. In einem Brief vom 9. November schreibt Strittmatter nämlich: »Am 15. Dezember, also nach dem Urlaub, geht es von hier nach Kiew.«

Im ersten Band des »Wundertäters« wird die Einheit von Stanislaus Büdner in eine oberschlesische Stadt verlegt, wo sie auf einem Kasernenvorplatz ihre Zelte aufschlagen. Dort sieht er in der Nacht ein Feuer, er sieht bärtige Männer mit Gebetsmänteln, die von schwarz uniformierten »Ariern« ins Feuer gestoßen und beschossen werden. Zusammen mit zwei anderen Kameraden rettet er einen der Männer. Sie löschen seine brennende Kleidung und hoffen, dass er über das dünne Eis der Weichsel entkommen kann.[145]

Enthält diese Szene Spuren von Erwin Strittmatters damaligen Erlebnissen in Krakau? Im November 1941 fanden im Ghetto zwei Razzien statt, in deren Verlauf etwa tausend Bewohner, vor allem Alte und Arbeitslose, aus den Häusern gezerrt und in den Kreis Hrubieszów im Distrikt Lublin verschleppt wurden. Zum grausamen Alltag im Ghetto gehörte aber auch, dass SS-Leute und/oder Polizisten Jagd auf einzelne, meist orthodox gekleidete Männer machten, sie misshandelten oder gar erschossen. Aber hätten sich derartige Szenen nicht eher innerhalb der Ghetto-Mauern als auf dem Vorplatz der Kaserne abgespielt? Die Krakauer SS-Totenkopfkaserne, so erfahre ich auf einer polnischen Website, die die Dienststellen der Besatzer in der Stadt auflistet, befand sich nicht neben dem Ghetto, sondern auf dem Gelände des

Wawel, einige Kilometer von Podgórze entfernt.[146] Strittmatter erwähnt in einem seiner Briefe die »grünspanüberbezogenen Dächer der Krakauer Burg«, die er von seinem Fenster aus sehen kann.[147] Alle diese Puzzleteile passen letztlich nicht zusammen. Es bleibt unklar, was Strittmatters Einheit in Krakau zu tun hatte. Doch vor allem sein Versuch, diese Station in seiner Biographie ganz zu unterschlagen, gibt Anlass zu Vermutungen.

DRAŽGOŠE

Am Ende des Jahres 1941 war das Polizeibataillon 325 wieder in der Oberkrain/Gorenjska. Erwin Strittmatter, der nach dem Weihnachtsurlaub in Saalfeld zunächst nach Krakau zurückgekehrt war, traf dort niemanden mehr an und musste seiner Einheit über Wien nach Krainburg nachreisen. Vermutlich kam er dort in den ersten Tagen des Januar 1942 an.

Am 15./16. Januar 1942 schreibt er an seine Eltern: »Hier ging es gleich los. Hinauf in die Berge. Feuergefecht auf Feuergefecht. Bis jetzt hat unser Batl. 67 Tote und viele Verwundete. Es sind fünf Polizeibatl. hier.«

Für mich besteht kein Zweifel, dass Erwin Strittmatter hier von den Kämpfen um die Ortschaft Dražgoše (Drashgosche) berichtet, eine Ansiedlung in 800 Meter Höhe am Südhang des Jelovka-Plateaus. Der militärische Großeinsatz zwischen dem 9. und 13. Januar 1942, an dem die Polizeibataillone 44, 93, 171, 325 sowie eine Wehrmachtseinheit beteiligt waren, ist in der slowenischen Erinnerung bis heute lebendig und durchaus vergleichbar mit dem Massaker, das die deutschen Besatzer im gleichen Jahr 1942 im tschechoslowakischen Ort Lidice verübten. Im Kriegstagebuch des Polizeibataillons 93 schreibt Hauptmann Kissel am 9. Januar 1942, laut Berichten eines

»Vertrauensmannes« habe sich »eine größere Bande in der Stärke von vermutlich 300 bis 400 Mann« seit Ende Dezember in den Ortschaften von Dražgoše »festgesetzt«.[148] Führer der Gruppe sei ein ehemaliger Lehrer namens Zagar. Die Bandenangehörigen hätten zum Teil serbische Uniformen, aber auch Mäntel der Ordnungspolizei und Stahlhelme. Sie seien mit Maschinengewehren, Maschinenpistolen und Handgranaten ausgerüstet. Zur Vorbereitung der Aktion wird das Gebiet um Dražgoše in fünf Abschnitte unterteilt. Das Bataillon 325 bekommt den Abschnitt V – südlich von Kropp, westlich von Sv. Primos – zugewiesen. In der Nacht vom 8. zum 9. Januar beziehen die einzelnen Einheiten die vorgesehenen Stellungen und schließen den Ring um Dražgoše. Die Bataillone 325 und 44 greifen am Morgen des 9. Januar an, stoßen jedoch, wie Kissel notiert, auf derart starken Widerstand, dass sie die Aktion am Abend abbrechen müssen. Neueren slowenischen Quellen zufolge werden bei diesem Einsatz 27 Polizisten getötet und 42 verwundet.[149]

Er sei mit einem »blauen Auge« davongekommen, fährt Strittmatter in seinem Brief vom 15./16. Januar fort: »War wieder mal Schütze 2 am l. M. G.[150] Trug mein Gewehr auf dem Rücken. Beim Erklimmen eines Felsens erhielt ich ein Dum-Dum-Geschoß, das mir den Gewehrkolben zerschmetterte. Hätte also ein Lungenschuß werden können, ich fiel zwar herab, blieb aber heil. [...] Es war unmöglich heranzukommen, bis endlich ›Arie‹[151] eingesetzt wurde.«

Zwei Tage später, am 11. Januar, greifen die Bataillone erneut an. Diesmal, so Kissel im Tagebuch, haben sie schwere Waffen herangeholt. Er berichtet von »starker Feindeinwirkung«, von hohem Schnee, schwierigem Gelände, bei der großen Kälte seien die Maschinengewehre zeitweise vereist. Bei Einbruch der Dunkelheit schließlich sei es den ersten Angreifern gelungen, vom Osten her in die Ortschaft einzudringen. Erwin

Strittmatter schreibt: »Dann nahmen wir es [das Dorf, A. L.] endlich und brannten alles nieder.« Anschließend schildert er den Eltern, was für »reiche Beute« sie gemacht und wie er selbst sich dabei hervorgetan habe: »Da habe ich wieder mal so richtig fungiert wie früher. Zunächst habe ich bis spät in die Nacht sämtliche Beutekühe gemolken. Es waren etwa 20 Stck. [...] Dann habe ich sämtliche umherlaufenden Pferde gefangen. Eines nahm ich mir zum Reiten und fing damit die anderen ein. Acht Stück hatten wir zum Schluß. Dann suchte ich Geschirre zusammen und spannte sie einzeln in große Hörnerschlitten, die es hier im Gebirge gibt. Jetzt brauchten unsere s. M. G.[152]-Leute die Gewehre nicht mehr selbst die Berge hinaufzuziehen und auch wir konnten unser Gepäck verladen. Das war eine große Erleichterung. Außerdem hatten wir Unmengen von Speck, Hühnern, Zucker, Mehl u. s. w. erbeutet. So bin ich denn mit meiner Karawane bergauf-bergab gezogen wie ein Zirkusdirektor. Das hat mich ganz und gar den Krieg vergessen lassen.«[153]

Was hat er da ganz und gar vergessen wollen? Mit großer Wahrscheinlichkeit hat sich diese Szene erst zwei Tage nach der Einnahme von Dražgoše abgespielt. Was zwischen dem Abend des 11. Januar und der fröhlichen Schlittenkarawane geschah, schreibt Strittmatter in seinem Brief nicht. Im Kriegstagebuch vermerkt Kissel, dass am Morgen des 12. Januar Stoßtrupps nach Dražgoše West geschickt werden, die feststellen, dass die Partisanen nicht mehr da sind. Die Polizisten durchsuchen daraufhin den Ort und »nehmen die männlichen Personen fest«. Am 13. Januar treffen »eine Anzahl SD-Männer«[154] ein, denen die Festgenommenen übergeben werden. Von dem, was nun folgt, will sich der Schreiber des Kriegstagebuchs augenscheinlich distanzieren: »Sämtliche weiteren Maßnahmen über die vorläufig festgenommenen Zivilpersonen, die Evakuierung der Frauen und Kinder, den Abtransport von Vieh, die

Bergung des wertvollsten Inventars und die Inbrandsetzung von Draschgosche West werden vom SD durchgeführt, denen zur Unterstützung Kommandos zugeteilt werden.« Das bedeutet jedoch: Die Männer vom Sicherheitsdienst, es waren vermutlich nicht viele, gaben die Befehle – zu erschießen, zu deportieren, zu rauben, niederzubrennen –, und die Polizeikommandos führten sie aus.

Die Historikerin Tamara Griesser-Pecar, die in ihrem Buch über den Krieg in Slowenien einen ganzen Abschnitt den Kämpfen um Dražgoše widmet und sich dabei auf slowenische Quellen beruft, gibt an, die Deutschen hätten bereits am 11. Januar (also deutlich vor dem Eintreffen der SD-Leute) 20 Männer des Dorfes ermordet, am folgenden Tag, dem 12. Januar, seien abermals 21 Personen getötet worden und am 13. Januar weitere 21 Dorfbewohner. Die übrige Bevölkerung, bestehend aus 81 Männern, Frauen und Kindern, sei in das Lager nach St. Veit (Sentvid) gebracht worden. »Die Ortschaft Dražgoše wurde erst ausgeraubt, dann vollständig niedergebrannt.«[155] Im Februar seien die Deutschen zurückgekehrt und hätten die restlichen Mauern gesprengt. Eineinhalb Monate seien sie damit beschäftigt gewesen, Dražgoše dem Erdboden gleichzumachen. Einzig der Altar der Kirche durfte vorher abgebaut werden.

Die slowenische Historikerin beurteilt das Handeln der Partisanen in Dražgoše sehr kritisch. Ihrer Meinung nach habe es keinen plausiblen Grund für das spektakuläre Treffen gegeben, das das »Partisanenbataillon Cankar« am 1. Januar 1942 in Dražgoše veranstaltete. Am 6. Januar sei ein weiteres Treffen gefolgt, das »zwangsläufig die Aufmerksamkeit der Besatzungsmacht erregen und deren brutales Einschreiten herausfordern« musste. Den besorgten Ortsbewohnern sei versichert worden, die Partisanenarmee würde sie nicht im Stich lassen. Doch genau das sei geschehen, als sich die Partisanen nach dem Angriff am 11. Januar zurückzogen und den Ort den Deutschen überließen. Die Einwohner von Dražgoše seien »Opfer grausamer Rache« geworden, »während sich die Partisanen wieder in Sicherheit befanden«.[156]

Nach dem Kriegsende wurde Dražgoše wiederaufgebaut. Es gehört heute zur Gemeinde Železniki. Außerhalb des Dorfes wurde 1976 am Berghang eine monumentale Gedenkstätte zur Erinnerung an die Ereignisse im Januar 1942 errichtet. Zu Beginn jeden Jahres treffen sich dort bis heute viele Menschen zu einer Gedenkveranstaltung. Im Mittelpunkt der Erinnerung stehen die Partisanen. Die Mosaiken im Innern der Halle zeigen vor allem Kampfszenen, die Statuen auf den beiden seitlichen Plattformen stellen vorwärtsstürmende Männer mit erhobenen Gewehren dar. Eine Tafel informiert darüber, dass an diesem Ort die erste große Auseinandersetzung zwischen der Partisanenarmee und der Wehrmacht stattfand. 200 Befreiungskämpfer hätten gegen eine Übermacht von 2000 deutschen Soldaten gekämpft und dabei 1000 von ihnen getötet. Insgesamt 21 Partisanen seien dabei gefallen. Die Inschrift benennt auch 41 erschossene Dorfbewohner und die Zerstörung der Ortschaft, doch die alles überstrahlende Botschaft ist die von Kampf und Sieg. Darauf gründeten sich nach der Befreiung Selbstverständnis und Legitimation des jugoslawischen Staates unter Tito. Das heroisch überhöhte Bild des Partisanenkampfes ließ für die Erinnerung an die Leiden der Zivilbevölkerung, an die Zwiespältigkeiten und Grauzonen dieses Kampfes, an Versagen und Verrat nur wenig Raum. Die Historikerin Tamara Griesser-Pecar schreibt in ihrem Buch gegen den Mythos an, der die Tragödie von Dražgoše zum Sieg umdeutete.[157] Aber auch sie löst das Dilemma nicht auf, in das Untergrundkämpfer in einem grausamen Krieg unweigerlich geraten, wenn die ansässige Bevölkerung für ihre Aktionen büßen muss.

Ich bin abgeschweift, dabei geht der Brief von Erwin Strittmatter an seine Eltern vom 15./16. Januar 1942 noch weiter. Sein Zug, so berichtet er, habe sich in einem Bauernhaus einquartiert, wo sie sich nach der Aktion drei Tage hätten ausruhen können. Die Orte, an denen er den Brief schreibt, gibt er am 15. Januar mit »Rudno« und am 16. Januar mit »Draczgotce«[158] an. Seit drei Tagen, so fährt er fort, sei er nun der Koch des Zuges. »Stehe von morgens bis abends am Herd, brauche dafür aber keine Wache zu schieben. Prima Pfannkuchen und Plinse habe ich auch gebacken, Hühner gebraten, Schweine geschlachtet, Kälber geschlachtet. Wellfleisch gekocht [...] und der Leutnant strahlte und fraß Backhühner und Pfannkuchen und soff Milch dazu. Nun holen wir zum Hauptschlag aus. Die Banden sind immer noch nicht ganz aufgerieben [...]. Morgen früh geht es wieder an den Feind.«

Das klingt beinahe euphorisch. Die anfänglichen Zweifel und Zwiespältigkeiten scheinen sich aufgelöst zu haben in dem Stolz, von seinem Vorgesetzten gelobt zu werden und den Eltern, vor allem dem Vater, seine Erfolge melden zu können: »Was können Sie eigentlich nicht?«, habe der Offizier ihn gefragt, er habe geantwortet: »Geld machen, Herr Leutnant!« Ganz im Schwung dieser Begeisterung schreibt Strittmatter in einem weiteren Brief Ende Januar aus dem Ort Falkendorf, er habe bei zwei Unternehmen des Bataillons »das Himmelfahrtskommando geführt«.[159] Der Vater werde schon wissen, was darunter zu verstehen sei. Anfang Februar berichtet er von einem Bergbauernhof in Pistodnik nahe der italienischen Grenze, die »Rebellenbande« sei in der Hauptsache wohl zerschlagen, es gebe nur noch »versprengte Teile«. »Unser Zug hat hier in diesem Bauernhaus Stellung bezogen und erwartet die ›versprengten Schafe‹ mit seinem Feuersegen.«[160] Seine Selbstbeschreibung, die er quasi – anstelle eines Fotos – nach Hause sendet, ist die eines abgerissenen, unrasierten »wilden«

Kriegsmannes, bekleidet mit einem seidenen Beutehemd, im Gesicht ein rostroter Vollbart.[161]

Und doch enthalten auch diese Briefe zwiespältige Signale. In seinem Schreiben von Anfang Februar erwähnt Strittmatter, er habe am Vortag Fieber bekommen, weil er sich bei den letzten Einsätzen »zu sehr übernommen« habe. Am liebsten hätte er sich »selber eine Kugel in den Kopf gejagt«. Tut man das, weil man Fieber hat? Ein wenig unvermittelt setzt er dann hinzu: »Einmal geht auch das alles einem Ende zu. Das aber sage ich schon heute: Glücklicher wird keiner, wenn wir siegen.«[162]

Die Erstürmung von Dražgoše bildete zweifellos einen Wendepunkt in der Laufbahn des Wachtmeisters Strittmatter. Wegen seiner »Tierfangexpedition«, so vermutet er, wurde er als einer von zwei Bataillonsangehörigen ausgewählt, um die Polizeiführer-Schule in Dresden zu besuchen. Das war die Verheißung, zum Offizier aufzusteigen, und gleichzeitig die Aussicht, erst einmal aus Slowenien fortzukommen.

NOCH EINMAL DRAŽGOŠE

Nachdem ich an die Söhne Jakob Strittmatter und Erwin Berner eine Mail geschrieben habe, in der ich mich für die Einsichtnahme in die Briefe ihres Vaters bedanke und ihnen in einigen Sätzen schildere, wie plastisch und dicht dadurch die Geschehnisse um den Ort Dražgoše für mich geworden sind, erreicht mich ein aufgeregter Anruf von Erwin. Ihm sei plötzlich klargeworden, dass auch er in die Geschichte seines Vaters involviert sei, sagt er. Bei unserem letzten Treffen habe er mir doch erzählt, dass er 1980 als junger Schauspieler zusammen mit anderen Kollegen von der DEFA zu Dreharbeiten für eine jugoslawische Fernsehserie »ausgeliehen« worden sei. Es habe sich um eine Partisanengeschichte gehandelt, für die die Filmemacher »deutsche Gesichter« benötigt hätten. Die Serie sei jedoch nicht zu Ende gedreht worden. Nach heftigen Protesten seitens der Presse wurden die Arbeiten abgebrochen. Es ging dabei offenbar um eine Auseinandersetzung zwischen Slowenen und Serben, um konträre Erinnerungen an die Vergangenheit. Zum ersten Mal in seinem Leben sei er mit derartigen Äußerungen von Nationalismus konfrontiert gewesen, was ihn sehr befremdet habe. Aus DDR-Perspektive galt Jugoslawien zwar schon fast als »Westen«, doch schließlich war es auch ein sozialistisches Land. Ganz sicher habe er mir neulich nicht den Titel des Films genannt. Der hieß nämlich »Die Schlacht um Dražgoše«.

Nach einer Pause sage ich verwirrt, wenn das in einem Roman vorkäme, dann würde wohl jeder meinen, hier habe die Autorin ein bisschen zu dick aufgetragen.

Ich könne ihm glauben, sagt Erwin Berner, dass er niemals einen solchen Filmvertrag unterschrieben hätte, wenn er nur die leiseste Ahnung gehabt hätte, dass sein Vater zu den deutschen Schutzpolizisten gehört hätte. Die Scham hätte ihn davor zurückgehalten, dorthin zu gehen und Geld dafür zu bekommen, dass er diese Uniform anzieht. Natürlich habe er gewusst, dass sein Vater als Gebirgsjäger in Slowenien gewesen sei. Doch habe er damals von einem »Gebirgsjäger« eine eher harmlose, vielleicht sogar zivile Vorstellung gehabt: jemand, der mit einem Tirolerhut auf dem Kopf und einem Seil über der Schulter auf die Berge steigt.

Nur widerstrebend erklärt er sich einverstanden damit, dass ich diese Geschichte hier aufschreibe. Er möchte nicht, so sagt er, »von den falschen Leuten gelobt werden«.

Ich frage ihn, ob er seinem Vater damals von den Dreharbeiten und dem Titel der Serie erzählt habe. Daran entsinnt er sich nicht. Vermutlich habe er mit der Mutter darüber gesprochen, mit der ihn ein engeres Verhältnis verband. Aber der Vater, meint er, muss gewusst haben, dass er in Slowenien war. Er erinnert sich an eine Ansichtskarte, die er seinen Eltern aus Bled geschickt habe.

Als ich das nächste Mal bei Erwin jr. bin, um mir Briefkopien auszuleihen oder sie zurückzubringen, zeigt er mir den DEFA-Vertrag. Er wurde engagiert, so steht es dort, für die Rolle des »Horst« im Film »Schlacht um Dražgoše«. Außerdem hat er noch ein Foto gefunden, ein »Anschlussfoto«, wie er sagt, auf dem die Spielsituation festgehalten wurde, wenn die Arbeit an einer Szene unterbrochen werden musste. Das sei damals das erste Polaroidfoto überhaupt gewesen, das er in die Hände bekam – eine schon recht verblasste Farbaufnahme. Darauf stehen er und ein Kollege in grüner Polizeiuniform im Hof eines sehr alten Gebäudes. »Polizista Horst, Emil« steht auf dem Rand des Bildes und »Kas. Kranj«. Zweifellos wurde am historischen Schauplatz gedreht – in der Kaserne von Kranj/Krainburg.

Danach suche ich in Erwin Strittmatters Tagebüchern von 1980 nach einem Hinweis auf die Dreharbeit. Am 16. März notiert er, Sohn Erwin sei nach »seinem zweiten Jugoslawien-Trip« nach Schulzenhof gekommen. Er findet ihn »gefestigter, optimistischer« als vorher. Dann schreibt er, Erwin habe ihn nach seinen Jugoslawien-Erlebnissen im Krieg gefragt. Kein Erschrecken, keine Irritation über dieses unvermittelte Zusammentreffen mit der eigenen Vergangenheit ist ablesbar. »[...] ich erzählte zum ersten Mal meinen Söhnen und Hildchen und Daniela[163] einige meiner Kriegserlebnisse. Eigentlich habe ich eine Abneigung dagegen, die wurde mir in der Kindheit eingepflanzt, der Vater und die meisten Kleinbauern und Bergleute erzählten mit und ohne Flaschenbier hinterm Brustlatz, wenn sie zusammen kamen, von ihren Kriegserlebnissen, und die waren das Wichtigste, was sie erlebt hatten, und ich dachte schon damals: Wozu leben, wenn für einen in mittleren Jahren das Kriegserlebnis eine solche Wichtigkeit darstellt?«[164]

Es blieb beim »Tirolerhut«, kommentiert Erwin jr. dieses Zitat.

DER SONDERAUFTRAG

Im Winter 1942 gelangte Erwin Strittmatter dann doch nicht, wie erhofft, zur Polizeiführer-Schule in Dresden. Wegen eines Sonderauftrags, den der Bataillonskommandeur ihm erteilte, verpasste er den Beginn des Lehrgangs am 1. März 1942. Er sei, so schreibt er am 19. Februar 1942 wieder aus Krainburg, für drei Monate vom Dienst freigestellt worden, um an einem Buch mitzuschreiben, das den daheimgebliebenen Deutschen den Kampf der Ordnungspolizei in Slowenien nahebringen sollte. Sicher komme das »in die Beurteilung für Dresden«. Er hoffe, er werde beim nächsten Lehrgang ein halbes Jahr später dabei sein. Etwa zur gleichen Zeit wurde Strittmatter zum Gruppenführer ernannt, außerdem bekam er vom Bataillon den Auftrag, eine »Spielschar« zusammenzustellen, die zum »Tag der Deutschen Polizei« ein Programm einstudierte. In drei Städten Oberkrains sei das Programm mit großem Erfolg aufgeführt worden, meldet er den Eltern stolz. Er selbst habe Verse über den Polizeialltag verfasst, die seine Kameraden auf große Plakate gemalt hätten. Er schreibt auch, er habe den Major »als PK-Mann begleitet«. PK – das bedeutete Propaganda-Kompanie. Den Eltern und Geschwistern wird die Abkürzung vertraut gewesen sein, denn er erklärt sie in seinem Brief nicht. Offenbar verfasste Strittmatter seit dieser Zeit auch hin und wieder Beiträge für die Kriegsberichterstattung.

Am 12. März 1942 meldet er sich aus Laak: Leider könne

er nicht zur Konfirmation des jüngsten Bruders Manfred kommen, es gebe keinen Urlaub. Sein Bataillon sei wieder im Kloster Skofialoka, während er beim Stab einen erkrankten Schreiber vertreten müsse. Dafür habe er die Arbeit an dem Buch unterbrochen. »Man muß jeden günstigen Wind unter den Flügeln ausnutzen«, so schreibt er, »um nicht zur Mannschaft zu gehören.«[165]

Am 5. April 1942, dem ersten Osterfeiertag, teilt Erwin Strittmatter den Eltern mit, er sei froh, dass er in der Schreibstube sitze. Seine Aufgabe bestehe darin, das Kriegstagebuch zu führen und Protokolle zu verfassen. Außerdem kündigt er an, eine Mandoline in einem serbischen Fellsack, den er ausdrücklich als »Beute« bezeichnet, sei auf dem Weg nach Bohsdorf. Die Mandoline war offenbar sein Konfirmationsgeschenk für den Bruder Manfred. Am 25. April bestätigt Helene Strittmatter den Empfang des Pakets mit der »Bratschka« und bedankt sich für die gepressten Frühlingsblumen, die er für sie hineingelegt hat.[166] Der Briefwechsel macht deutlich, wie sehr das »Beutemachen«, die Jagd nach besonderen, im Reich rationierten Waren, und die Schwarzmarktgeschäfte zum Alltag der Besatzer gehörten. So bittet Strittmatter seine Eltern, ihm Brotmarken zu schicken, die er bei seinen Kameraden für andere Dinge eintauschen möchte. Den gewünschten schwarzen Wollstoff (ohne Punktkarte) könne er leider nicht besorgen, fährt er fort. »Manche Kameraden machen es hier so: Sie spielen an ihrer Pistolentasche und dann bekommen sie, was sie verlangt haben.« Das bringe er nicht fertig. Die Bevölkerung sei verbittert, weil die Deutschen »wie die Heuschrecken« alles kahl fressen würden.[167]

DAS POLIZEI-GEBIRGSJÄGER-REGIMENT 18

Am 8. Mai 1942 meldete sich der gerade zum Oberwachtmeister beförderte Erwin Strittmatter aus Reutte im österreichischen Tirol. Laut Dienstpass von Josef Heller nahmen die Angehörigen des Bataillons 325 dort vom 21. Mai bis 13. Juni 1942 an einer speziellen Gebirgsjägerausbildung teil. Heller erklärte in einer Vernehmung beim MfS, er habe dort zusammen mit weiteren Unterführern und Offizieren die Grundbegriffe der Alpinistik und des Skilaufens erlernt. Bereits im März oder April sei er mit einem Vorkommando von Oberkrain nach Reutte geschickt worden, um Quartier zu machen. Die 1. Kompanie sei in einem Waldrestaurant in dem nahe gelegenen Ort Ammerwald untergebracht worden.[168] Als Schreiber im Bataillonsstab wohnte Erwin Strittmatter offenbar nicht mehr bei seiner Kompanie, sondern direkt in Reutte. Es sei dort »friedlich wie im Märchen«, schreibt er an die Eltern. In Reutte lernte Strittmatter jene Monette Schober (später Büchele) kennen, die ihm dreißig Jahre später seine Briefe zurückschicken wird. Zwischen beiden entspann sich eine Liebesbeziehung. Doch auch die Beziehung zu seiner Ehefrau Waltraud war trotz Konflikten und immer wieder erneuerten Trennungsabsichten nicht beendet. Das bezeugen die häufigen Anspielungen in seinen Briefen und denen der Mutter über seine Besuche in Saalfeld. Anlässlich seines Sommerurlaubs im August reiste Waltraud mit den Kindern sogar zu ihm nach Tirol.[169]

In Reutte wurde das Polizeibataillon 325 zusammen mit den Bataillonen 302 und 312 zum Polizei-Gebirgsjäger-Regiment 18 formiert. Die Aufstellung dieser Elitetruppe ging auf eine Initiative von Adolf von Bomhard, Chef des Kommandoamtes im Hauptamt Ordnungspolizei, und seinem Mitarbeiter Oberst Hermann Franz zurück. – Wie Franz später in seinem Buch »Gebirgsjäger der Polizei« schreibt, wurden nur solche Bataillone zum Regiment befohlen, »deren Angehörige aus Gebirgsgegenden stammten und die Voraussetzungen als Bergsteiger und Skifahrer mitbrachten«[170]. Während die Bataillone 302 und 312 als Polizei-Ski-Einheiten bisher im besetzten Norwegen und in Polen für »Ruhe und Ordnung« gesorgt hatten, brachte das Bataillon 325 eine spezielle Anti-Partisanen-Ausbildung und die slowenischen Erfahrungen mit. In dem neuen Regiment bildete es das III. Bataillon.

Bei der Schilderung der Ausbildung in Tirol gerät der Gebirgsjägerveteran Franz geradezu ins Schwärmen: »Der Grundsatz, der aus dieser Zeit noch manchem in Erinnerung sein mag, lautete immer wiederkehrend: ›Die Ausbildung geht weiter!‹ [...] der Erfolg dieser Devise zeigte sich später, als es darauf ankam, in der Oberkrain tagelang und immer wieder Gebirgszüge zu durchqueren oder in Griechenland in den Hochgebirgen des Pindos, des Ilikon-Gebirges oder des Parnassos-Gebirges Kämpfe zu bestehen.«[171] Das Regiment war voll motorisiert, jedes Bataillon verfügte außerdem über 200 Tragtiere (Mulis). Als Zeichen ihrer Zugehörigkeit zu einer Elitetruppe trugen die Gebirgsjäger das Edelweiß am Ärmel der Uniform. Laut Hermann Franz, der mit Wirkung vom 9. Juli 1942 zum Kommandeur ernannt wurde, war die Aufstellung des Regiments Mitte Juni 1942 abgeschlossen. Mitte Juli sei die Truppe dann einsatzbereit gewesen.

Der Historiker Ralph Klein schreibt, die Polizei-Gebirgsjäger seien im Hinblick auf die bevorstehende Eroberung des Kaukasus für einen Einsatz in Tiflis vorgesehen gewesen. Da jedoch die Eroberung des Kaukasus auf sich warten ließ, wurde das Regiment erst einmal nach Slowenien geschickt, wo der Widerstand inzwischen eine derartige Stärke erreicht hatte, dass die Besatzungsbehörden am 2. Juli 1942 den Ausnahmezustand verhängten. Ein Befehl des obersten Chefs von Polizei und SS, Heinrich Himmler, vom 25. Mai lautete: »Die Bandentätigkeit in Oberkrain und Untersteiermark wird in den nächsten Wochen grundsätzlich bereinigt«.[172] Die Aktion erhielt den Decknamen »Enzian« und sollte ursprünglich am 1. Juli 1942 beginnen. Die von Himmler am gleichen Tag erlassenen Richtlinien für die Durchführung der Aktion bekräftigen im Grunde noch einmal die schon seit Anfang des Jahres von den Ordnungspolizisten geübte Praxis der Abriegelung des »zu bereinigenden Gebiets«, der Jagd auf die »Banditen bis zu ihrer Auslöschung« und vor allem die »Strafaktion gegen Dörfer, die sich durch Unterstützung der Banden schuldig gemacht« haben. »Die Männer einer schuldigen Familie, in vielen Fällen sogar die Sippe, sind grundsätzlich zu exekutieren, die Frauen dieser Familien sind zu verhaften und in ein Konzentrationslager zu bringen, die Kinder sind aus ihrer Heimat zu entfernen und im Altreichsgebiet des Gaues zu sammeln. Über Anzahl und rassischen Wert dieser Kinder erwarte ich gesonderte Meldungen. Hab und Gut der schuldigen Familien wird eingezogen.«[173]

Zur Vorbereitung der »Aktion Enzian« fand am 3. Juli 1942 in der Oberkrain eine hochkarätig besetzte Besprechung statt, zu der der eigens aus Berlin angereiste Chef der Ordnungspolizei, General Daluege, außer sämtlichen für die Region zuständigen Befehlshabern von SS, Ordnungs- und Sicherheitspolizei als einzigen Kommandeur einer Polizeitruppe auch Major Franz eingeladen hatte. Für Ralph Klein ist dieser Vorgang ein Beleg für die wichtige Rolle von Franz bei dieser Aktion und für die großen Erwartungen, die in sein Regiment gesetzt wurden.

Wie aus dem Dienstpass von Josef Heller hervorgeht, traf das III. Bataillon am 22. Juli 1942 in der Oberkrain ein. Dort waren die Strafaktionen gegen die Zivilbevölkerung bereits in vollem Gange. Der Befehlshaber der Ordnungspolizei Alpenland hatte am 19. Juli einen Sonderbefehl erlassen und

»Sühnemaßnahmen« gegen die Bevölkerung von drei Ortschaften angeordnet. Das Polizeibataillon 93 bekam die Ortschaft Hrastnigg/Hrastnik zugeteilt, das Polizeibataillon 322 sollte gegen Kanker/Kokra vorgehen und das Polizeibataillon 181 in Zavoden/Sovodenj einfallen. Der Befehl bekräftigt das grausame Ritual von Erschießen, Verschleppen und Niederbrennen.[174] Im Kriegstagebuch des Bataillons 93 vermerkt Hauptmann Kissel am 20. Juli lakonisch den Vollzug: »Die männliche Bevölkerung über 15 Jahre wird an Ort und Stelle erschossen und die übrige Bevölkerung ausgesiedelt.«

Ein weiterer Befehl der SS- und Polizeiführung Alpenland vom 27. Juli 1942 regelte den Umgang mit dem Hab und Gut der ermordeten und vertriebenen Bewohner. »Bei der Verbrennung der Dörfer wird immer noch nicht mit der genügenden Aufmerksamkeit vorgegangen«, heißt es darin. Vieh, Maschinen, neue Möbel, Lebensmittel, Getreide usw. sollten unbedingt vorher »gesichert« werden.[175] Einen Tag später präzisierte ein Erlass des Befehlshabers der Ordnungspolizei Brenner noch einmal das Zusammenspiel von Sicherheitspolizei und Ordnungspolizei:

»Vorläufige Festnahme sämtlicher Personen und Übergabe an die Sicherheitspolizei. Bergung aller Sachwerte, Vorräte usw. gemäß o. a. Befehl und Übergabe an Sicherheitspolizei. Durchführung der Exekution bzw. Evakuierung der von der Sicherheitspolizei bezeichneten Personen, Abbrennen der von der Sipo bezeichneten Objekte.«[176] Laut Ralph Klein ging das Polizei-Gebirgsjäger-Regiment 18 jedoch auch gegen die pauschal als Partisanen verdächtigte Bevölkerung vor, ohne auf Anweisungen von der Sicherheitspolizei zu warten.[177]

In den Monaten Juli und August wurden insgesamt elf Ortschaften und mehrere Ortssprengel auf diese Weise zerstört, ihre Bewohner erschossen bzw. vertrieben. Während Hermann Franz in seinem Buch behauptet, sein Polizei-Gebirgsjäger-Regiment sei erst am 26. Juli in die Oberkrain verlegt worden und sein erster Einsatz habe am 2. August stattgefunden, geht aus einem zeitgenössischen Lagebericht der Polizei- und SS-Führung Alpenland hervor, dass das III. Bataillon der Gebirgsjäger bereits am 25. Juli zusammen mit anderen Einheiten im Raum Krainburg-Laak-Selzach-Kropp gegen tatsächliche oder vermeintliche Partisanen vorging. An diesem Tag, so schreibt Ralph Klein, wurde der Ort Bistrica pri kranju vollständig niedergebrannt und alle männlichen Bewohner erschossen.[178] Doch ob sich Franz an dieser Stelle irrt oder er bewusst die Daten verbiegt – in seiner Abhandlung kommen ohnehin keine angezündeten Dörfer und erschossenen Bewohner vor, nur strategisch gut geplante, heldenhafte Kämpfe gegen brutale und rücksichtslose Banditen.

Bis Ende September 1942 war das Polizei-Gebirgsjäger-Regiment an mindestens neun Einsätzen beteiligt, wobei es lediglich geringe eigene Verluste zu verzeichnen hatte. Am Ende des Jahres 1942 wurde der Kommandeur des III. Bataillons, Oberstleutnant Martin Diez, für seine Verdienste beim Kampf in der Oberkrain mit der Spange zum Eisernen Kreuz 2. Klasse ausgezeichnet. Diez sei es gelungen, heißt es in der Würdigung, den Partisanenführer Gregorcic gefangen zu nehmen und seine Gruppe zu vernichten.[179]

Offenbar saß Erwin Strittmatter während dieser Aktionen keineswegs nur im Stab in seiner Schreibstube. In ihrem Brief vom 6. August 1942 sorgt sich seine Mutter, ob er »gesund aus dem Einsatz gekommen« sei. Sie fragt: »Sag mal Erwin, muss denn Euer Stab immer mit in die Berge? Dann bist Du ja doch den gleichen Gefahren ausgesetzt wie vorher.«[180] Am 25. August 1942 antwortet er aus Naklas: »Unser Stab muss natürlich immer mit in die Berge, denn die Zeiten sind vorbei, wo der Btl.-Kommandeur nur immer mit dem Finger auf die Front gezeigt hat. Unser Kommandeur, der gestern Oberstleutnant wurde ist sogar ein sehr guter Bergsteiger und Skiläufer. Er ist immer da, wo es haarig hergeht, und natürlich sind wir dann auch dabei.«[181]

Besorgt erkundigt sich Helene Strittmatter später, ob »im Einsatz alles gut gegangen« sei.[182]

Es fällt übrigens auf, dass Erwin Strittmatter in seinen Briefen an die Familienangehörigen im Hinblick auf die militärischen Geschehnisse wesentlich zurückhaltender geworden ist. Statt der ausführlichen Beschreibungen, wie etwa nach den Kämpfen um Dražgoše, beschränkt er sich auf knappe Informationen. Am 9. Januar 1942 hatte der Polizei-Einsatzstab Südost einen Befehl von Heinrich Himmler an die höheren Führer und Kommandeure übermittelt. Sie sollten die ihnen unterstellten Einheiten zu strengstem Stillschweigen über ihre Taten verpflichten: »[...] jede Aktion, gleichviel wie sie beendet wurde, [darf] nicht in der Öffentlichkeit erwähnt werden«. Von den Männern werde rücksichtsloses Handeln erwartet. Sie müssten »jeden Herd des Widerstands beseitigen und in schärfster Form Feinde des deutschen Volkes der gerechten Todesstrafe zuführen«. Nicht viel anders als in der späteren Posener Rede sorgt sich Himmler auch hier um die seelische Gesundheit seiner Mannschaften. Nach einem Tag, »der eine solche schwere Aufgabe mit sich gebracht hat«, empfiehlt er »kameradschaftliches Beisammensein« mit Essen und kultureller Umrahmung: »Musikvorträge und das Hineinführen unserer Männer in die schönsten Gebiete deutschen Geistes- und Gemütslebens.« Am Schluss wird die Warnung noch einmal erneuert: »Lebensnotwendige Befehle und Pflichten für ein Volk müssen erfüllt werden. Sie sind hinterher aber kein Gesprächs- oder Unterhaltungsstoff.«[183] Vermutlich hatte Erwin Strittmatter seinen Brief aus Dražgoše bereits geschrieben und abgeschickt, ehe ihn diese Schweigeverpflichtung erreichte. Als neuer Bataillonsschreiber und als Mitautor eines Buches über die Ordnungspolizei im Südosten wird er ohnehin noch zusätzlich belehrt und in die herrschenden Sprachregelungen eingeweiht worden sein. Nach diesem Buch bzw. einer Broschüre über die Kämpfe in Slowenien habe ich in den Bibliothekskatalogen jedoch vergebens gesucht. Vielleicht hat es die Kriegszeit nicht überstanden, vielleicht ist es auch nie erschienen.

Anfang Oktober 1942 wurde die »Aktion Enzian« für beendet erklärt, und fünf der daran beteiligten Polizeiformationen verließen die Oberkrain wieder. Mit ihrem »albtraumartigen Terror«[184], wie Ralph Klein schreibt, hatten die Ordnungspolizisten zumindest zeitweise für Friedhofsruhe in der Region gesorgt. Die geschwächten Partisanengruppen mussten sich vorerst zurückziehen, die Bevölkerung war massiv eingeschüchtert.

Das Polizei-Gebirgsjäger-Regiment 18 kehrte in sein Tiroler Stammquartier zurück. Am 7. Oktober 1942 schreibt Erwin Strittmatter aus Reutte an seine Eltern, sie hätten nun eine Wintergebirgsausrüstung bekommen. Das Bataillon sei mit neuen Kräften aufgefüllt worden. Erneut ist die Rede von einem bevorstehenden Einsatz des Regiments im Kaukasus. Danach, so hofft er, werde er endlich zur Polizeiführer-Schule gehen können. Aus seinen Zeilen klingt Müdigkeit. Vorsichtig deutet er seine Skepsis in Bezug auf den Ausgang des Krieges an. Dann schreibt er, er habe sich als Stenograph gemeldet und seine Stenokenntnisse aus der Schulzeit reaktiviert. Nun werde er täglich zum Diktat gerufen. Außerdem habe er einen neuen Bataillonskommandeur[185] bekommen, bei dem er sich erst wieder einen »neuen Stand erarbeiten« müsse. Erfreut antwortet Helene Strittmatter: »Daß Dein Können in Stenographie durch Deinen Kommandeur wieder aufgemuntert wird, Erwin, ist auch nicht zum Schaden für Dich, aber Du arbeitest Dich ja überall immer wieder ein.« Sie ist begeistert von den Gedichten »Herbst« und »September«, die er ihr zugeschickt hat: »Als hättest Du es eigens für mich geschrieben.«[186]

Im gleichen Monat bekamen die Eltern noch einen weiteren Grund zur Freude. Ihr Sohn Erwin hatte sich an einem Preisausschreiben beteiligt und mit einem Text »über den Einsatz der Polizei in Oberkrain« den ersten Preis gewonnen. Das Preisgeld von 300 RM schickte er nach Bohsdorf mit der Bitte, ihm dafür »ein kleines Stückchen Heimaterde« zu kaufen.[187] Die Vorstellung, in seinem Heimatdorf einmal wieder als Bauer leben zu können, war für Strittmatter offenbar ein Halt. Waltraud, die seinen Sold überwiesen bekam, sollte von diesem Geld offenbar nichts erfahren. Die Mutter schreibt an den Preisträger: »Ich konnte wieder mal mit Stolz sagen: Ich habe immer an Dein Können geglaubt und drücke in Gedanken still Deine Hand.«[188]

FINNLAND

Ende November 1942 bekam das Regiment den Befehl zur Abreise. Mit dem Zug ging es über Berlin, Frankfurt/Oder bis Danzig. Erst dort, so schreibt Hermann Franz, hätten sie offiziell erfahren, dass der neue Einsatzort nicht der Kaukasus, sondern Finnland sein würde. Die sich abzeichnende Niederlage der Wehrmacht bei Stalingrad hatte diese Pläne endgültig vereitelt. Die Gebirgsjäger blieben bis Ende Dezember 1942 in Danzig, erst dann konnte ein Schiffskonvoi für sie zusammengestellt werden, der sie zum finnischen Kriegshafen Hanko brachte. Das III. Bataillon war während dieser Wartezeit in Schönfeld und St. Albrecht untergebracht. Aus dieser Zeit sind keine Briefe von Erwin Strittmatter überliefert. Nur in einem handgehefteten Büchlein, in dem unter dem Titel

»Dichtung und Prosa« eine Auswahl von seinen Versen, tagebuchartigen Notizen und Aphorismen aus den Jahren 1942 bis 1945 versammelt sind, findet sich unter dem Eintrag vom 18. Dezember 1942 die Ortsangabe Danzig/St. Albrecht.

Die Texte aus Strittmatters Karelienzeit sind in dem Bändchen mit der Ortsangabe »Nirgendwo« oder als »Lapplandbriefe« bezeichnet. Darunter befinden sich ein Schlaflied für seine Söhne Ulf und Knut, ein Liebeslied an Vineta-Marie (Waltraud) und viele pathetische Naturschilderungen, die zu Recht niemals veröffentlicht wurden. Zusammengestellt hat das Bändchen wahrscheinlich Monette Schober, Strittmatters Freundin aus Reutte. Bei ihr deponierte er im Verlaufe der folgenden beiden Jahre nicht nur die Briefe, die er von Eltern und Geschwistern erhalten hatte – an ihre Adresse schickte er auch seine literarischen Versuche, die sie abtippte und dann an Erwins Eltern bzw. an potentielle Förderer weitersandte oder für ihn aufbewahrte. »Ich fühle, daß meines Erwins Arbeiten nirgendwo besser aufgehoben sein können als bei Ihnen«, schrieb Helene Strittmatter, als sie ihr ein Päckchen mit Texten des Sohnes zurückschickte.[189] Aus einzelnen Blättern entstand wahrscheinlich im Laufe der Zeit das Büchlein mit Dichtung und Prosa. Ob dieses kleine Buch in dem Paket war, das Monette ihm 1971 nach langer Schweigepause zusandte, oder ob es sich schon vorher in Strittmatters Besitz befunden hatte, wird sich nicht mehr klären lassen. In seinem Nachlass gibt es noch weitere handgefertigte Bändchen mit Erzählungen und Gedichten, zu denen er selbst die Titel zeichnete und die er zu besonderen Anlässen der Mutter, der Schwester Marga, Waltraud oder seinen Freundinnen schenkte.[190]

Zwischen Helene Strittmatter und Monette Schober entstand damals eine freundschaftliche Beziehung, die Frauen wechselten Briefe miteinander. Die Silvestertage 1942/43 verbrachte die Tiroler Freundin bei den Strittmatters in Bohsdorf und nahm von dort zwei Textmappen mit, während Waltraud mit Sohn Ulf den Ehemann kurz vor dessen Einschiffung in Danzig besuchte – ein Frauen-Verwirrspiel, in dem offenbar auch die Eltern ihre Rolle hatten. Über die brüchige Ehe ihres Sohnes waren sie seit langem unterrichtet. Vielleicht hoffte Helene, die Frau aus Reutte, mit der sie sich wohl besser verstand als mit Waltraud, würde ihre neue Schwiegertochter werden. Sie habe sich von Fräulein Schober »wie von einer Tochter verabschiedet«, schreibt sie am 4. Januar 1943 an Erwin. Aus einem Brief von Monette erfuhr sie kurz darauf, dass ihr Sohn nicht in den Kaukasus, sondern nach Finnland geraten war.[191] Eine kleine Beruhigung für die Mutter, denn im Kaukasus befand sich Martin, der zweitjüngste Sohn, als Sanitäter auf einem Lazarettzug und schrieb von dort verzweifelte Briefe.

Vom finnischen Hafen Hanko aus fuhren die Polizei-Gebirgsjäger mit dem Zug weiter bis an den nördlichen Polarkreis nach Karelien. Dort wurde das Regiment der 6. SS-Gebirgs-Division Nord unterstellt. Das III. Bataillon errichtete in Kemi und Tervola bei 40 Grad minus Unterstände. In Finnland, dem Land ohne Partisanen, blieb die Front bis auf eine Auseinandersetzung des I. und II. Bataillons mit Einheiten der Roten Armee im April 1943 weitgehend ruhig. Sowohl in der Erzählung »Grüner Juni« als auch in seinem Lebenslauf für die SED schreibt Strittmatter, er habe erst nach dem Krieg erfahren, dass seine Einheit damals für eine Aktion mit dem Namen »Silberfuchs« vorgesehen gewesen sei. Das sei der Codename für den Plan eines deutschen Einmarsches in Schweden gewesen, der aber letztlich nicht stattgefunden habe. Von einem solchen Vorhaben ist weder bei Hermann Franz noch bei Ralph Klein die Rede. In der Literatur über den Zweiten Weltkrieg kommt zwar eine Aktion mit dieser Tarnbezeichnung vor, dabei ging es jedoch darum, von Nordskandinavien aus den sowjetischen Hafen Murmansk einzunehmen und damit die Lieferung von amerikanischem Kriegsmaterial an die Sowjetunion zu unterbinden. Dieses Unternehmen war bereits ein halbes Jahr bevor die Polizei-Gebirgsjäger in Karelien eintrafen, gescheitert.

GRIECHENLAND

Mitte Juli 1943 wurde das SS-Polizei-Gebirgsjäger-Regiment 18 aus Finnland abgezogen und gelangte nach einer Eisenbahn- und Schiffsreise am 31. Juli erneut nach Danzig. Dort wurden die einzelnen Bataillone mit ihren schweren Waffen, den Fahrzeugen und Tragtieren in die Züge verladen, die sie zu dem neuen Einsatzort in Griechenland brachten. Wie Hermann Franz schreibt, verließ das III. Bataillon zusammen mit dem Regimentsstab Danzig am 4. August 1943. Über Wien, Graz, Belgrad, Skopje, Saloniki gelangten sie nach Lianokladion bei Lamia, wo sich das gesamte Regiment am 15. August abends einfand.[192] Erwin Strittmatter kam wahrscheinlich erst später dort an. Er hatte zwischenzeitlich Urlaub in Bohsdorf gemacht und auf der Rückreise noch einige Tage mit Monette in Wien verbracht. Am 8. September bedankt sich seine Mutter für die Zeilen aus Wien: »So hast Du doch noch Deine letzten Urlaubstage mit ein bißchen Kunstgenuß auffüllen können, was Dir die Heimat nicht bieten konnte.«[193]

In Griechenland fanden die Polizei-Gebirgsjäger eine ähnliche Situation wie in Slowenien vor: wachsender Widerstand der Partisanenbewegung, der mit brutaler Gewalt gebrochen werden sollte. Für einen getöteten deutschen Soldaten, so lauteten die Befehle, sollten 50 bis 100 Geiseln erschossen werden, für einen verwundeten Soldaten waren es zehn. Gleichwohl hatte sich die strategische Lage im Vergleich zum Vorjahr grundlegend verändert. Der deutsche Generalstab rechnete mit einer baldigen Landung der Alliierten in Griechenland. Der italienische Bündnispartner, der einen Teil des Landes besetzt hielt und nach Meinung der Deutschen ohnehin viel zu lasch mit der Partisanenbewegung verfuhr, plante zu diesem Zeitpunkt bereits seinen Austritt aus dem Achsenbündnis und einen Waffenstillstand mit den Alliierten. Wehrmachts-, SS- und Polizeiverbände entwaffneten die Italiener und übernahmen deren Stellungen. Gleichzeitig entfalteten sie einen Massenterror gegen die Bevölkerung, der spätestens ab Oktober 1943, wie Ralph Klein schreibt, zur vorherrschenden Strategie der vorbeugenden Aufstandsbekämpfung wurde.[194]

Der einzige überlieferte Brief von Erwin Strittmatter aus Griechenland ist an seine Großmutter gerichtet und trägt das Datum des 8. September 1943. Darin schreibt er von Nierenkoliken, die ihn auf der Zugfahrt befallen hätten. Außerdem klagt er über die große Hitze, über Wanzen und Moskitos. Hermann Franz berichtet, dass zur Zeit ihrer Ankunft in Griechenland hochsommerliche Temperaturen mit etwa 50 Grad Wärme herrschten. Die Gebirgsjäger aber steckten immer noch in ihrer finnischen Winterbekleidung, weil das Polizeioberkommando es wohl versäumt hatte, Sommeruniformen auszugeben. Mehrere Hundert von ihnen, so Hermann Franz, seien in den folgenden Wochen an dem sogenannten Papataci-Fieber erkrankt. Man habe Sanitätszelte errichten müssen.[195] Auch Kommandeur Franz selbst erkrankte schwer und kehrte nach seiner Genesung nicht mehr an die Spitze des Regiments zurück. Sein Nachfolger wurde Oberst Hösl.

Erwin Strittmatters erstes griechisches Gedicht »Der Thymian« ist auf den 22. August 1943 datiert, als Ort gibt er »im Zelte« an.[196] Vielleicht lag er in einem der Sanitätszelte, weil er zu dieser Zeit immer noch unter Nierenkoliken litt, vielleicht waren alle Gebirgsjäger zunächst in Zelten untergebracht worden.

Am 17. September 1943 bestiegen die Angehörigen des III. Bataillons einschließlich des Stabes mehrere Schiffe und landeten am 23. September auf der Insel Andros. Anstelle der dort stationierten italienischen Truppen sollten sie die Besatzung auf Andros und den anderen Kykladen-Inseln übernehmen. Als die Mitarbeiter des Stabes, ein Sanitätstrupp und wenige Bewaffnete als Erste an Land gingen, wurden sie – offenbar ziemlich unerwartet – von den Italienern angegriffen. Die Schiffe mit den Kompanien und den schweren Waffen befanden sich zu dieser Zeit noch auf See. An den heftigen Kämpfen, die bis zum folgenden Tag andauerten und erst nach der Landung der Hauptkräfte des Bataillons zugunsten der Deutschen entschieden werden konnten, war zweifellos auch der Schreiber Erwin Strittmatter beteiligt. Es gibt im »Wundertäter« eine Szene, die vermutlich auf diese Ereignisse anspielt: »›Rolling verzeih mir‹, betet Stanislaus Büdner, ›vielleicht muss ich töten.‹ [...] Durch das Schwalbengelärm tönte ein helles Gezwitscher. Die Männer des Zuges Krell warfen sich in den nassen Strandsand. Sie wurden beschossen.«[197]

Nach der Einnahme von Andros ging die Entwaffnung und Gefangennahme der italienischen Einheiten auf Naxos, Paros, Delos, Amorgos, Ios und Antiparos – wie Franz schreibt – »ohne große Schwierigkeiten vor sich«[198]. Die verschiedenen Kompanien bzw. Züge des Bataillons wurden auf die Kykladen-Inseln verteilt. Der Stab des III. Bataillons bildete zusammen mit einem Jäger-Zug die Besatzung von Naxos. Der bei den Kämpfen verwundete Kommandeur Spann wurde – zumindest zeitweilig – durch Erwin Strittmatters früheren Kompaniechef Jürgens ersetzt.

Seine tagebuchartigen Skizzen und Aphorismen, die Strittmatter im Oktober und November 1943 verfasste, bezeichnete er mit der Ortsangabe »Insel N.«, manchmal »Insel Nios«, einmal sogar »Naxos«. In diesen Texten nimmt er wenig Bezug auf seine Lebenssituation zu dieser Zeit an diesem Ort. Was er dort festhält, sind eher geistige Ausflüge aus dem militärischen Alltag in die Gefilde der Dichtkunst, der Naturbeobachtung, auch der Zwiesprache mit Gott, der eine wachsende Rolle in den Gedanken und Gefühlen des schreibenden Oberwachtmeisters einnimmt. Dass der Aufenthalt auf Naxos nicht ganz der in »Grüner Juni« gezeichneten Sommeridylle entsprach, ist aber sogar aus den Nebensätzen eines dieser Texte ablesbar. Erwin Strittmatter notiert am 4. November 1943: »Ich liege um 23 Uhr auf dem Fußboden der Bürgermeisterei. Um diese Zeit wird das elektrische Licht von der Station aus ausgeschaltet. Da ständige Alarmbereitschaft für uns befohlen ist, schlafe ich halbangekleidet. Meine Schuhe stehen griffbereit in der Höhe meines Kopfes«.[199] Hauptsächlich geht es in der Notiz um das Erlebnis eines hellseherischen »Voraustraumes« in jener Nacht. Von solchen Erscheinungen war Erwin Strittmatter sein Leben lang fasziniert. Periodisch sollte er sich immer wieder mit Hypnose, Seelenwanderung und anderen übersinnlichen Fragen befassen. Bücher zu diesem Thema füllten noch in seinem Arbeitszimmer in Schulzenhof mehrere Regalbretter. In diesem Text beruft er sich auf den Philosophen Schopenhauer, der bereits von einem solchen »Voraustraum« seiner Magd berichtet habe. An sein eigenes Traumerlebnis, in dem es recht banal um einen zerrissenen Schnürsenkel geht, knüpft Strittmatter die Frage, ob er wohl die sprachlichen Mittel besäße, um Gott »sichtbar werden zu lassen«, wenn der sich ihm zu erkennen geben würde, und »ob man von Kind an prädestiniert sei, Gott in Personifikation oder in Zeichen zu schauen«. In einer Notiz einige Wochen später macht er sich Gedanken über den Unterschied zwischen dem Künstler und

Erwin Strittmatter, 1913

2. Mit der Mutter und Schwester Marga in Graustein, um 1915

3. Die Großeltern Kulka auf dem Hof in Bohsdorf, um 1928

4. Die Bäckerei von Heinrich Strittmatter und die Schule in Bohsdorf, Postkarte von 1919

5. Die Brüder Erwin, Heinrich und Martin auf dem Brandfuchs, links die Mutter, rechts der Vater, 1923

6. Der Gymnasiast in Bohsdorf, 1925

7. Auf dem Leichtmotorrad, 1929

8. Die Quarta des Jahres 1926 am Spremberger Gymnasium. Oberste Reihe rechts: Erwin Strittmatter

9. Die jugendlichen Gäste feiern eine Dorfhochzeit auf ihre Art, 1930. Dritter von rechts: Erwin Strittmatter

10. Bäckereilehre bei Karl Knötzsch in Pretzsch an der Elbe, 1932

11. Ritt auf dem Jungbullen, im Hintergrund Bruder Heinrich, 1932

12. Heinrich und Erwin Strittmatter um 1935

13. Mit den Brüdern Heinrich, Martin und Manfred, um 1935

14. Im von der Mutter genähten »Russenkittel«, neben Strittmatter der Jugendfreund Karl Weber, 1936

15. Um 1937

16. Hochzeit mit Waltraud Kaiser in Bohsdorf, Dezember 1937

17. Waltraud Strittmatter in Finsterwalde, 1941

18. Ulf und Knut, um 1941

Name: Strittmatter	Vorname: Erwin	N° 8204
Geburtstag: 14.8.12	Geburtsort: Gremberg	Wohnort: Saalfeld/S. Saalewiesen 2

Fam.-Stand: 1937	Kinder: 2	dav. lebend: 2	Grund bei Kinderlosigkeit:	Zahl d. eig. Geschwist.: 4	Religion: gottgl.

Beruf: Tierpfleger   **Gedient:** —

Parteiverhältnis: —   **Einheit:** —

Körpergröße: 1,78 cm   **Brille:** —   **Dioptrien:** —

Herkunft der Eltern und Großeltern:
V: Bamberg
VV: Bühlertal Hamburg
VM: Gremberg
M: Gremberg
MV: Rohrfabriks
MM: Blumgartwirts

Erbgesundheitliche Angaben: —

Ort: Saalfeld/S.   **Datum:** 15.4.40   **Unterschrift:** [signature]   Dienstgrad: SS-Sturmführer

Körperbau	Haltung	Hautfarbe	Schädelform	Haarform	Haarfarbe	Augenfarbe	Nasenform
schlank	aufgerichtet	rosigweiß	lang	schlicht	aschblond	hellblau	gerade
muskulär	bequem	gelblich	mittellang	wellig	hellblond	hellgrau	griechisch
rund	schlecht	bräunlich	rund	lockig	dunkelblond	blau	gewellt
schwächlich			kurz	(straff)	braun	grau	gebogen
				(kraus)	dunkelbraun	blaugrau	eingebogen
Mongolenfalte / Epikanthus / Schlitzaugen?:					braunschw.	grünlich	(herabgebog.)
					(rein schwarz)	braun	
Vorspringende Backenknochen?:					rotblond	dunkelbraun	**Lippenform**
Körperbehaarung:					rotbraun	(schwarzbr.)	dünn
Langer Oberkörper?:					rot		mittel
Sonstige Auffälligkeiten:							dick
							wulstig

Gesamturteil: vvwd. n.-fäl.   **Formel:** 4/5 b-Tw

Bemerkungen:

19/20. Karteikarte, Waffen-SS Saalfeld, 15. April 1940

21. Ausbildung in Eilenburg, 1941 (der Pfeil weist auf Erwin Strittmatter)

22. 3. Bataillon des Polizeigebirgsjäger-Regiments 18 im Ausbildungslager Reutte/Tirol, 1942

23. Erich Töpfer, Monette Schober und Erwin Strittmatter, August 1943

24. Im Hof eines slowenischen Klosters, 1942

25. Überfahrt des Bataillons von Finnland nach Danzig, 1943

26. Junkers-Wasserflugzeug im Hafen von Naxos, 1943

27. Das verunglückte Wasserflugzeug, aus dem die Konserven geborgen wurden, 1943

28. Erwin Strittmatter in Griechenland, Sommer 1944

29. Um 1944

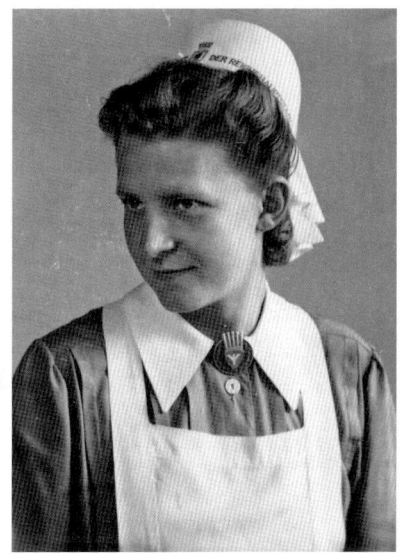

30. Anna Angermann in Krankenschwestertracht, auf der Brosche die Rune der NS-Frauenschaft, o. J.

31. Die Mutter in Bohsdorf mit den Bildern ihrer Söhne und Schwiegertöchter, 1944

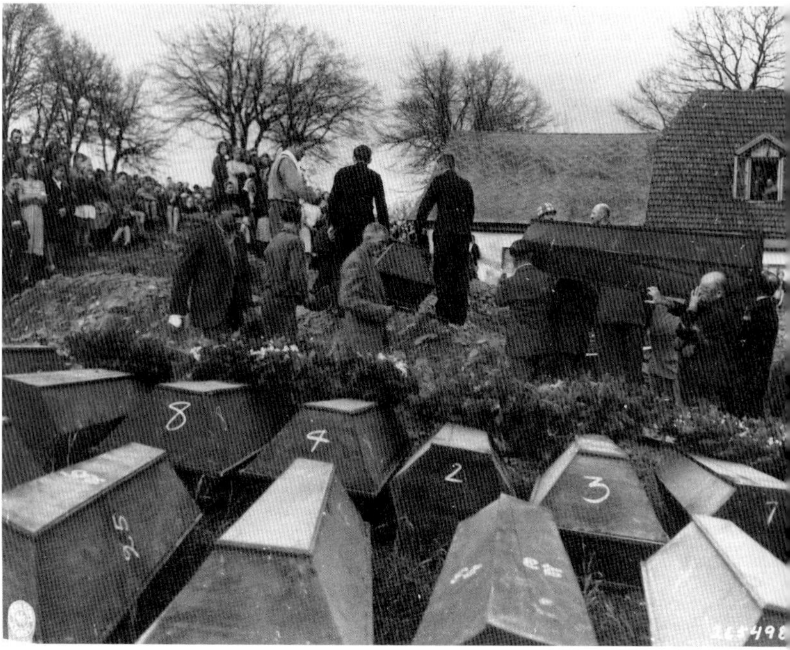

32. *Deutsche Zivilisten aus Wallern bei der Beisetzung jüdischer Frauen, die aus einem Massengrab exhumiert wurden, 11. Mai 1945*

Gültig bis: 1. 3. 51

Potsdam, den 15. 9. 1950

Märkische Druck- und Verlags-GmbH. POTSDAM Personalab

Firmenstempel

(Eigenhändige Unterschrift) (Unterschrift)

Herr/~~Frau/Frl.~~ Erwin Strittmatter

geb. am 14.8.12

wohnhaft Bohsdorf Kr. Spremberg

ist bei der Märkischen Druck- und Verlags-GmbH., Potsdam
angeschlossen der VOB(Z) ZENTRAG Berlin

als Redakteur

in Lok.-Redaktion Frankfurt/O. beschäftigt und berechtigt, das Werkgelände zu betreten.

Schicht:

Gültig nur mit Lichtbild und Firmenstempel

von bis

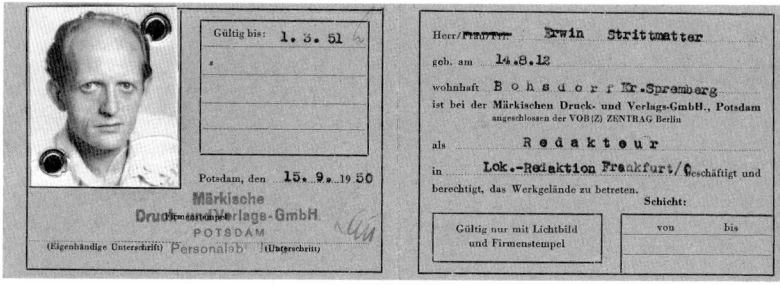

33. *Betriebsausweis der Märkischen Druck- und Verlags-GmbH, 1950*

dem Heiligen und kommt zu dem Schluss, als Künstler sei er gewissermaßen auf halbem Wege zum Weisen und Heiligen. »Noch ist das Nichts mir nicht aufgegangen«, schreibt er und bittet Gott um Verzeihung dafür, dass er manchmal um sein Leben bange.[200]

Hermann Franz schreibt, der Bataillonsstab und der Jäger-Zug auf Naxos seien zahlenmäßig zu schwach gewesen, um die übrigen Inselbesatzungen »einheitlich truppenmäßig zu versorgen«. Die Besatzungen hätten sich daher in der Hauptsache »aus dem Lande verpflegen« müssen, anders ausgedrückt, sie nahmen sich wohl von den Inselbewohnern, was sie benötigten. Sie seien, fährt Franz fort, auf die Unterstützung durch die Marine angewiesen gewesen, mit deren Hilfe auch eine »gewisse Verbindung« zwischen Bataillonsstab und Inselbesatzungen aufrechterhalten werden konnte. Er erwähnt in diesem Zusammenhang einen Vorfall, den Erwin Strittmatter auch in seiner Erzählung »Grüner Juni« in fast gleicher Weise aufgreift: Die dreiköpfige Besatzung eines Bootes, die Befehle und Post von Naxos nach Paros bringen sollte, sei von einem plötzlich auftauchenden englischen U-Boot gekapert worden. Später hätten Angehörige des Bataillons von ihren in Gefangenschaft geratenen Kameraden aus Ägypten Post bekommen.[201]

DER SCHUSS

An diese Stelle gehört eine Geschichte, die sozusagen über »drei Ecken« überliefert wurde. Erwin Berner vermittelte mir den Kontakt zu der Berliner Künstlerin Sabine Landschek. Sie erzählte mir, was einige ältere Inselbewohner ihr berichtet hatten, die es wiederum von ihren Vätern, Müttern, Brüdern oder Nachbarn gehört hatten. Im Bewusstsein dieser dreifachen Brechung mit all den Unwägbarkeiten in Bezug auf die Zuverlässigkeit der Übermittlung werde ich die Erzählung hier wiedergeben.

Sabine Landschek kam seit den neunziger Jahren jedes Jahr für einige Wochen nach Naxos, um dort mit deutschen Kolleginnen und Kollegen in einem verlassenen Kloster zu wohnen und an Kunstprojekten zu arbeiten. Sie sagt, sie sei im Ort bald bekannt gewesen, weil sie die älteren Leute bei jeder Gelegenheit nach der Vergangenheit befragt habe. Vermutlich 1994 oder 1995 sei sie in einer Taverne von zwei alten Männern angesprochen worden, die sie fragten, ob sie einen deutschen Schriftsteller namens Strittmatter kenne. Sie bejahte und sagte ihnen, er sei vor kurzem gestorben. Die Leute auf Naxos, so verstand sie, hatten den Besatzungspolizisten Erwin Strittmatter offenbar in freundlicher Erinnerung behalten. Entweder wussten sie, dass er später ein erfolgreicher Romanautor geworden war, oder er hatte sich ihnen schon damals als Schriftsteller präsentiert, was ja durchaus zu seinem Selbstverständnis gepasst hätte. Die Männer erzählten Sabine Landschek jedenfalls, die Deutschen hätten sich höflicher verhalten als die Italiener, an deren Stelle sie traten. Während die italienischen Soldaten den Leuten die Hühner einfach weggenommen hätten, hätten die deutschen Besatzer angeklopft und die Hühner gekauft, ein Tauschobjekt angeboten oder zumindest gefragt. Die beiden Männer berichteten von einer Situation auf Naxos, die man vermutlich als die Beschreibung einer Art Koexistenz zwischen den Besatzern und der Untergrundbewegung auf der Insel ansehen muss. Angesichts des sich verändernden Kräfteverhältnisses im Krieg, der zunehmenden Unterstützung der Alliierten für die griechische Partisanenbewegung und der kaum noch in Frage gestellten britischen Vorherrschaft auf See scheint ein pragmatisches Verhalten der zahlenmäßig geringen Gebirgsjägertruppe, die auf Naxos weitgehend auf sich allein gestellt war, immerhin denkbar. Der Regimentsstab saß weit entfernt auf dem Festland, wo die SS-Polizei-Gebirgsjäger gemeinsam mit Wehrmachts- und SS-Verbänden einen grausamen Feldzug gegen jeglichen Widerstand seitens der Bevölkerung führten.

Auf Naxos aber, so die Berichte der beiden alten Inselbewohner, habe Erwin Strittmatter dafür gesorgt, dass die Partisanen einen Teil der Lebensmittel abbekamen, die die Versorgungsschiffe der Marine von Zeit zu Zeit auf die Insel brachten. Bei einem solchen Anlass soll Erwin Strittmatter einen Schuss abgegeben haben – eigentlich nur, wie die Männer Sabine Landschek versicherten, um den Partisanen die Ankunft des Schiffes zu signalisieren. Dieser Schuss habe jedoch einen der Partisanen tödlich getroffen.

Wie das bei mündlichen Überlieferungen meist der Fall ist, gibt es für diese Geschichte noch mindestens eine weitere Variante. Ich bekam sie per E-Mail von Klaus Pfeiffer geschickt, einem deutschen Künstler, der seit über dreißig Jahren auf Naxos lebt und arbeitet und mit Sabine Landschek befreundet ist. Pfeiffer sammelt alle Informationen – mündlich, gedruckt und elektronisch –, die er über die Geschichte der Insel findet. Er schrieb mir, der ehemalige griechische Botschafter in Moskau, Anthonoz (Anthony) Protonotarios, der auf Naxos lebe, habe ihm erzählt, es habe sich nicht um ein Versorgungsschiff, sondern um ein Heinkel-Wasserflugzeug gehandelt, das, mit Konserven beladen, im Hafen von Naxos versunken sei. Naxiotische Fischer wären getaucht und hätten die Konserven an Land gebracht, an den felsigen Strand der Paralia, wo es damals noch keine Straße gegeben habe. Laut Aussage von Protonotarios und anderen Zeitzeugen habe Erwin Strittmatter vom Boot aus die Verteilung der Konserven organisiert, und sein bester griechischer Freund, ein Kommunist, habe »oben«

für Ordnung gesorgt. Dabei sei es zu regelrechten Verteilungskämpfen mit großem Geschrei und Gedränge gekommen. »Naxiotisches Chaos eben«, nennt Pfeiffer das. Um die Lage in den Griff zu bekommen, habe Erwin Strittmatter mit seiner Pistole in die Luft geschossen. In diesem Augenblick habe sich sein Freund nach vorn gebeugt und sei von der Kugel tödlich getroffen worden. Klaus Pfeiffer ergänzt, er habe dem Sohn dieses Kommunisten ein Jugendfoto von Strittmatter gezeigt, und der habe ihn sofort zweifelsfrei als den Mann erkannt, der seinen Vater erschossen habe.

Beide Varianten ergänzen und widersprechen einander in manchen Passagen. Dabei erscheinen mir der Unfall des Wasserflugzeugs und die Tumulte bei der Bergung der Lebensmittel realitätsnäher als ein regelrechtes Signal an die Partisanen zur Aufteilung der ankommenden Fracht. Beide Erzählungen treffen sich an dem Punkt, an dem der Ordnungspolizist Erwin Strittmatter einen Schuss abgibt und versehentlich einen Menschen tötet.

Was bedeutete dieser eine Schuss in einem grausamen Krieg, in dem so viele Schüsse bereits so viele Menschen getötet haben? Verschwand die Erinnerung daran hinter der Beschwörungsformel, in diesem Krieg keinen einzigen Schuss abgegeben zu haben? In Strittmatters Romanen sind im Grunde alle seine wesentlichen Lebensereignisse aufgehoben, nur oftmals in anderem Gewand und versehen mit völlig anderen Vorzeichen. Kann vielleicht der tödliche Schuss, den Stanislaus Büdner am Ende des »Wundertäters III« »versehentlich« auf die Agentin Claireliese Leisegang abgibt, als ein Versuch der Bewältigung, der Umdeutung dieses Ereignisses gelesen werden? Das wäre zumindest eine Erklärung für die sonderbare Szene. Der »unschuldige Mord« – wie so oft in seinem Leben weiß Stanislaus gar nicht, wie es überhaupt geschehen konnte –, in der Romanhandlung allerdings trifft er nicht den unschuldigen Freund, sondern die feindliche Angreiferin, und damit sind die moralischen Gewichte noch ein Stück mehr in die entlastende Richtung verschoben.

KÄMPFE AUF DEM FESTLAND

Knapp drei Monate lang blieb das III. Bataillon des SS-Polizei-Gebirgsjäger-Regiments als Besatzungstruppe auf den Kykladen. Mitte Januar 1944 bekamen die Männer den Befehl, auf das Festland zurückzukehren. Sie wurden in den immer härter werdenden Kämpfen gegen den griechischen Widerstand benötigt. Er habe, schreibt Erwin Strittmatter später in seinem Lebenslauf, das Angebot seiner griechischen Freunde, zu desertieren und auf der Insel zu bleiben, abgelehnt. Er sei, so bekennt er, nicht sicher gewesen, ob die Insel nicht doch wieder von deutschen Truppen besetzt und er dann erschossen werden würde. Der Schreiber beschönigt sein Verhalten an dieser Stelle nicht, er bezichtigt sich sogar der Feigheit. Doch dabei verschleiert er offensichtlich etwas anderes. Er verlegt nämlich den Abzug seines Bataillons auf das Festland vom Jahresbeginn in den Sommer 1944, den Zeitpunkt, an dem er selbst das SS-Polizei-Gebirgsjäger-Regiment verließ, um sich nach Berlin zur Film- und Bildstelle der Ordnungspolizei zu begeben.[202]

In den Monaten Januar bis Mai 1944, die Strittmatter in seiner Biographie quasi unterschlagen hat, hinterließ das SS-Polizei-Gebirgsjäger-Regiment 18 eine Spur von Mord und Verwüstung in Mittelgriechenland und in der Hauptstadt Athen. Wie viele Menschen die Polizei-Gebirgsjäger insgesamt während der Strafaktionen, Razzien und Hinrichtungen bis zu ihrem Rückzug aus Griechenland im Oktober 1944 ermordeten, lässt sich nicht mehr feststellen. Während Angehörige des I. Bataillons im März und April 1944 an der Deportation der Athener Juden beteiligt waren und bei Razzien in den widerständigen Arbeitervierteln der Hauptstadt Hunderte Einwohner erschossen, war das III. Bataillon für die Partisanenbekämpfung in Stadt und Bezirk Levadia zuständig.

Ralph Klein, der sich auf griechische Zeugenaussagen aus dem Jahr 1945 beruft, schreibt, dass am 5. Januar 1944 Partisanen im Ort Vrastamites eine Einheit des Polizei-Gebirgsjäger-Regiments überfielen. Zwei Männer wurden dabei getötet, einer verletzt. Daraufhin habe Polizei-Oberleutnant Wendl vom III. Bataillon die Exekution von 120 Geiseln aus dem Gefängnis von Levadia angeordnet. Verzweifelt zogen Angehörige der Inhaftierten und andere Einwohner des Ortes zum Militärkommandanten, dem Polizei-Gebirgsjäger Runge, um von ihm die Aufhebung des Exekutionsbefehls zu erreichen. Runge ließ die Versammlung von Bittstellern gewaltsam auflösen, reduzierte jedoch immerhin die Zahl der zu Erschießenden auf 50. Sie wurden am 8. Januar 1944 außerhalb von Vrastamites von einem Exekutionskommando des Polizei-Gebirgsjäger-Regiments 18 erschossen.[203]

»An mehreren Tagen des Januar 1944« notiert Strittmatter unter der Ortsangabe Levadia die Sätze: »Vor uns war die Wahrheit und nach uns ist wieder Klarheit. In der Zeit aber da es uns scheint, als sei der Körper unser wirkliches Sein, suchen und suchen wir danach.«[204]

»Ich bin glücklich, Dich auf dem Festland zu wissen«, schreibt Helene am 14. Januar 1944 an Erwin und fügt beinahe verschwörerisch hinzu: »durch Reutte«. Sie berichtet, dass nun auch der jüngste Sohn, der 16-jährige Manfred, gemustert worden sei. Im Februar und März bedankt sie sich bei ihm für die Päckchen mit Seife, Rosinen und Zigaretten. Nachdem sie erfahren hätten, dass er Waltraud Pelzstiefel geschickt hatte, wünschten sich seine Schwester Marga und Heinis Frau Martchen ebenfalls solche Stiefel aus Griechenland.[205]

Aus seinen Briefen hatte die Mutter offenbar entnommen, dass Erwin nun wieder an Einsätzen teilnahm. »Ich war beruhigt«, schreibt sie im März 1944, »daß du wenigstens mal nicht ins Gebirge zum Einsatz mußtest.« Und einen Monat später: »Wir haben gedacht, Du brauchtest nicht mit auf die Berge, die Banditen auflauern, aber aus Deinen Zeilen sehen wir, daß Du doch immer wieder mal dabei bist. Wollte Gott, daß Du Deinen Kindern erhalten bleibst.«[206]

Ähnlich wie in Slowenien saß Erwin Strittmatter auch in Griechenland nicht nur in der Schreibstube und dokumentierte die Einsätze, die Exekutionen und die Verluste seines Bataillons. Am 8. Februar 1944 hält er die Teilnahme an einem Nachtmarsch fest, auf dem sein Bataillon östlich von Levadia vorbei am Tkiki-Limni-See hoch ins Gebirge stieg. Den Zug der Männer über Wegbiegungen und Windungen vergleicht er mit den »Bewegungen eines Riesenwurms«. Ziel und militärischen Zweck des Marsches teilt der Schreiber nicht mit. Mit viel Pathos schildert er drei Beobachtungen, die ihn damals bewegten: die tiefe Frömmigkeit des Dorfältesten, in dessen Haus sie kurze Zeit vor dem Aufstieg ruhen, das Geschrei einer gewaltigen Entenschar am See und die Begegnung mit einer Hirtenfamilie, die wie ihre Urahnen vor zweitausend Jahren in einer primitiven Schilfhütte lebt. Strittmatter nennt diese Begegnungen in seinem Text »drei feurige Male, die sich in das Denken einbrennen, daß man zuweilen vergessen kann, wozu man unterwegs ist«. Das Vergessen, es wird – wie auf dem fröhlichen Ritt fort von dem niedergebrannten Dražgoše – auch hier wieder beschworen. Man mag sich nicht vorstellen, welche Erinnerungsbilder von diesen »feurigen Malen« überstrahlt werden.[207]

Nachdem im April 1944 in Korakolithos bei einem Anschlag drei Offiziere und vier Wachtmeister des Regiments getötet worden waren, ordnete der Regimentskommandeur Hösl die Exekution von insgesamt 110 Geiseln aus dem Gefängnis Levadia an. Sie wurden am 25. und 27. April 1944 hingerichtet.

Strittmatters letzter griechischer Eintrag in »Dichtung und Prosa« stammt aus Amfissa und entstand, wie er notiert, »nach einer durchwachten Nacht im April 1944«. Die Zeilen lesen sich wie das Credo des damals 32-Jährigen und gleichzeitig wie eine Formel des Abschieds an die Kameraden Gebirgsjäger, die er zurückließ, um in eine neue Zukunft aufzubrechen:

»Euer Mühen und Streben:

Ohne Anstoß und mit der Gunst der Mitlebenden durch euer Leben zu kommen.

Mein Trieb:

Ohne Rücksicht auf meine Umgebung in der Zukunft zu gelten und Leuchte zu sein.«

KRIEGSBERICHTER UND DESERTEUR
1944–1945

DIE FILM- UND BILDSTELLE
DER ORDNUNGSPOLIZEI

In der Ausgabe vom März/April 1944 der Zeitschrift »Die Deutsche Polizei« war ein Aufruf abgedruckt: »An alle Kameraden, die ein besonderes Interesse für die Kriegsberichterstattung haben«. Berücksichtigt würden »nur Fachleute und Könner« für »jede Art der Kriegsberichterstattung in Wort, Bild, Film und Funk«. Die Bewerbungen sollten, nach Möglichkeit zusammen mit Arbeitsproben, an das Hauptamt Ordnungspolizei, Referat 1c, Berlin NW 7, Unter den Linden 74, gerichtet werden. Es ist nicht überliefert, ob Erwin Strittmatter sich auf diesen Aufruf hin meldete oder ob er auf anderem Wege in die Film- und Bildstelle der Ordnungspolizei gelangte. Für ihn war der Wechsel gewiss nicht nur ein willkommener Anlass, den Kämpfen in Griechenland zu entkommen, sondern er bot auch die Chance, entsprechend seinen Fähigkeiten eingesetzt zu werden. Statt Desertion also der Aufstieg zu höheren Aufgaben! In seinem Lebenslauf für die SED schreibt er sich dabei eine eher passive Rolle zu: Seine gute Führung des Kriegstagebuchs habe ihm die Abordnung nach Berlin zur Film- und Bildstelle der Ordnungspolizei eingetragen. Im dritten Teil des »Ladens« liest sich Esau Matts Versetzung gar wie eine Abschiebung. Der Adjutant des Bataillons sorgt dafür, weil er ihn nach einigen defätistischen Gesprächen als unbequemen Zeugen lieber loswerden möchte.[208]

»Mit Interesse las ich von Deinem voraussichtlich neuen Wirken«, schreibt ihm seine Mutter kurz vor seiner Abreise aus Griechenland. »Ich weiß nicht, wo Du die Lust und die

Kraft zum immer wieder Neuen aufbringst, bist doch schon nicht mehr der Jüngste.«[209] Erwin Strittmatter verließ vermutlich Anfang Mai 1944 den Bataillonsstab in Amfissa. Von Athen aus war er zwölf Tage mit dem Zug unterwegs. In Saalfeld machte er bei Frau und Kindern einige Tage Urlaub, ehe er nach Berlin weiterreiste zu seinem neuen Einsatzort, dem Hauptamt der Ordnungspolizei. In Saalfeld traf er auch seine Schwester Marga an, die die erkrankte Waltraud im Haushalt unterstützte. »Schwer war es mir ums Herz, als Du gingst«, schreibt Marga am 30. Mai an den Bruder. Auch Waltraud habe noch bitter geweint. Es hatte offenbar wegen einer von Waltrauds Affären Krach zwischen den Eheleuten gegeben. Marga versuchte auszugleichen: »Sie versprach mir, daß sie bis zum Urlaub ganz treu sein will.« Kurz nach seiner Abreise habe sie Waltraud dann doch ins Krankenhaus bringen müssen, berichtet sie weiter. »Ich hatte Angst, daß sie die Kinder anstecken könnte.« Am Pfingstsonntag (dem 28. Mai 1944) habe sie mit den drei Jungen, ihrem eigenen Sohn Jürgen sowie mit Ulf und Knut, den ersten Bombenangriff auf Saalfeld erlebt, Ulf habe geschrien. Zum Schluss des Briefes kündigt sie an, sie werde Knut mit nach Hause nach Friedrichshain nehmen.[210]

Über seine Tätigkeit in der Film- und Bildstelle der Ordnungspolizei gab Erwin Strittmatter später zu verschiedenen Zeiten und Anlässen jeweils unterschiedliche Erklärungen, die allesamt vage blieben. Unmittelbar nach Kriegsende hielt er diese Tätigkeit offenbar für unverfänglicher als die Einsätze seines Bataillons in Jugoslawien und Griechenland. Deshalb ließ er 1946 in einem Bewerbungsschreiben für die Volksbildung durchblicken, er sei nach seiner Ausbildung zum Schutzpolizisten direkt in die Film- und Bildstelle versetzt worden. Dort habe er »widerwillig bei der Kriegspresse und im Rundfunk«[211] arbeiten müssen. In späteren Lebensläufen schien er seine Einschätzung geändert zu haben und spielte die Tätigkeit in Berlin – zeitlich wie inhaltlich – eher herunter. Er habe dort seit September 1944 im Archiv gearbeitet, gab er 1959 an, und die Kriegstagebücher verschiedener Bataillone zusammengestellt. Im dritten Teil des »Ladens« schreibt er anschaulich von »mehreren Kasernenstuben« voll mit gesammelten Kriegstagebüchern, aus denen er und andere Mitarbeiter der Dienststelle wohl eine Publikation herstellen sollten, »einen Krieg auf Papier für die Nachwelt«[212]. Aber zumindest das kann nicht stimmen. Als Strittmatter nach Berlin kam, also Ende Mai 1944, befand sich die »Gruppe Kriegsgeschichte« mitsamt dem Archiv aufgrund der Bombenangriffe bereits seit einem Jahr in der Kaserne des Schutzpolizei-Lehrbataillons in Hellerau bei Dresden. Als die Bestände auch dort zunehmend gefährdet schienen, übersiedelte die Gruppe im August 1944 in das Schloss Bischofteinitz des Fürsten Carl von Trauttmansdorff bei Taus/Böhmen. Beim Herannahen der Amerikaner ließ der Leiter der Gruppe, Oberstleutnant der Schutzpolizei Klofanda, zwischen dem 17. April und dem 5. Mai 1945 alle Tagebücher und Fotos verbrennen.[213]

Im Nachlass von Erwin Strittmatter liegt ein Brief, in dem ihn der Anwalt von Waltraud Strittmatter, Dr. Zetzsche, am 16. Januar 1945 über das Scheidungsurteil informiert. Adressiert ist dieser Brief an »Herrn Erwin Strittmatter, Kriegsberichter der Film- und Bildstelle der Ordnungspolizei, Kriegsberichterzug«. Das klingt nicht gerade nach Archivarbeit. Die Kriegsberichter waren Leute, die Propaganda betrieben, die die Wochenschauen, Rundfunkanstalten und Zeitungen mit verherrlichenden und verharmlosenden Berichten über den tapferen Kampf der deutschen Soldaten und Polizisten belieferten. Ausdrücklich ging es dabei natürlich nicht um Information, sondern um die Verbreitung von Ideologie, um den Glauben an den Endsieg – an der Front wie in der Heimat.

Waffen-SS, Wehrmacht und Ordnungspolizei hatten jeweils ihre eigenen Propagandakompanien. Die einzelnen Kriegsberichterzüge oder -staffeln waren entweder direkt den militärischen Truppenteilen zugeordnet, oder sie unterstanden einer zentralen Propagandadienststelle und bereisten von dort die verschiedenen Kriegsschauplätze.

In einer Zeit der Niederlagen und des ständigen Rückzugs der deutschen Truppen wollte offenbar auch die Ordnungspolizei ihre bisher vergleichsweise bescheidene Propagandaarbeit ausbauen, um die Durchhaltemoral an der Front und im Hinterland zu stärken. Deshalb dieser Aufruf in der Zeitung zur Werbung kompetenter Mitarbeiter. Zuständig für die Propaganda im Hauptamt Ordnungspolizei war die Film- und Bildstelle. Vor dem Krieg war diese Abteilung vor allem mit der Herstellung von Schulungsmaterial für die Polizeiausbildung beschäftigt gewesen. Darüber hinaus gab es bereits eine Sammlung von Fotografien, die der Darstellung von Polizeiarbeit in der Öffentlichkeit dienen sollten.[214] Mit dem Beginn des Krieges und dem wachsenden Einsatz von Polizeieinheiten im Hinterland und an der Front veränderten und erweiterten sich die Aufgaben der Film- und Bildstelle. Die Polizei sollte als aktiver und gleichwertiger Teilnehmer des Eroberungskrieges präsentiert werden. Deshalb veröffentlichte die Zeitschrift »Die Deutsche Polizei« neben Beiträgen über die »normale« Polizeiarbeit zunehmend Reportagen und Berichte von den Einsatzorten der Polizeibataillone und -regimenter an der Ostfront, in Jugoslawien, in den Niederlanden, in Griechenland. Der »Bandenbekämpfung« in der Oberkrain war im Oktober 1942 ein ganzes Heft gewidmet. Reportagen, Fotos und auch martialische Zeichnungen, etwa von der »Ausräucherung eines Banditennestes«, verherrlichten den »Gebirgskampf« der Polizei, wie es hieß.[215] An prominenter Stelle kam immer wieder das Polizei-Gebirgsjäger-Regiment vor, erst in Slowenien, dann in Karelien und später in Griechenland, von wo z. B. Polizeihauptwachtmeister Fritz Priller einen Bericht über die Eroberung der Insel Andros sandte.[216] Die Film- und Bildstelle übernahm auch die Funktion einer Agentur und vermittelte Beiträge ihrer »Berichter« an andere Zeitungen und Zeitschriften zur Veröffentlichung. Als Autoren der Texte und Fotos zeichnen sowohl »Polizeikriegsberichter« als auch »SS-Kriegsberichter«.

Auf dem Gebiet der Propaganda war offensichtlich die angestrebte Verschmelzung von Polizei und SS bereits weit fortgeschritten. Der Historiker Christoph Spieker schreibt, dass in der Film- und Bildstelle der Ordnungspolizei sowohl SS-Leute als auch Polizeidienstgrade beschäftigt waren. Er fand auch Hinweise, wonach einzelne Personen zwischen den Kriegsberichterzügen der Waffen-SS und der Polizei hin und her wechselten.[217] Ein ehemaliger Mitarbeiter erinnert sich gar, die Polizeikriegsberichter seien 1944 alle der SS-Standarte »Kurt Eggers« angegliedert worden.[218] Strittmatters Kamerad Hein Bethmann, mit dem zusammen er sich später nach Böhmen absetzen würde, zeichnete die Fotoserie »Unter dem blauen Himmel Griechenlands« mit: »SS-Kriegsberichter Bethmann«.[219] Zweifellos kannten sich Bethmann und Strittmatter von Naxos und hatten Gefallen aneinander gefunden, vielleicht hatte Bethmann sogar an der Versetzung des wortgewandten Bataillonsschreibers nach Berlin mitgewirkt.

Erwin Strittmatters jüngster Bruder Manfred, seit einigen Monaten Lehrling in einem Rüstungsbetrieb in Kleinmachnow, schreibt ihm im Juni 1944, er habe bei der Familie in Bohsdorf »äußerst schnurrige Dinge« über seine Arbeit gehört. Nach einem Brief von Erwin jedoch sei ihm nun »alles klar«.[220] Leider ist dieser Brief nicht überliefert. In Strittmatters Nachlass fanden sich dafür fragmentarische Tagebuchaufzeichnungen aus Spandau, in denen der Schreiber einige äußere Umstände seines damaligen Lebens sowie seine Gedanken und Gefühle festhielt. Die Tätigkeit im »Kriegsberichterzug« sparte er jedoch weitgehend aus. Immerhin ist daraus zu entnehmen, dass er am 27. Juli 1944 aus seinem bisherigen Quartier in der Columbiastraße in den Spandauer Kasernenkomplex umziehen und dass er den kargen Raum am neuen Ort mit vier Kameraden Kriegsberichter teilen musste. Einen von ihnen, den ehemaligen Sportschriftleiter Holzmann, bezeichnet er als »Vorzensor«. Vier Tage später, am 31. Juli, zog auch die Dienststelle um: aus der Golßener in die Schönwalder Straße 52.

Die Straße führt nahe an der Zitadelle vorbei, in deren Park Erwin Strittmatter sich in den folgenden Wochen und Monaten häufig aufhielt und auf einer Bank seine Gedanken und Beobachtungen aufschrieb. Es scheint, als ob dieser Ort eine Art Zuflucht für ihn bedeutete. »Ein Park mitten in Berlin. Blühende Seerosen, dunkelgrünes Wasser. Wildenten am Wehr ruhend, die Schnäbel unter die Flügel geschoben. – Ich komme mir jedoch vor, als wäre ich der einzige Ausländer in der Runde. In Athen, Belgrad, Krakau oder Oulu habe ich so gefühlt: Ein Fremder, ein unnötiges Ding; nicht gerade störend, aber auch nicht beachtenswert. Feiernde Ostarbeiterinnen lustwandeln mit ihren Kavaleros in den Anlagen, und die deutschen Frauen stehen um diese Zeit bei Lampenlicht in den Fabriken und arbeiten für ihre ›Freiheit‹.«[221] Die Ostarbeiterinnen »lustwandeln«, während die deutschen Frauen arbeiten müssen? Warum diese Verkehrung der tatsächlichen Verhältnisse? Strittmatter muss doch gewusst haben, wie schlecht gerade die sowjetischen Zwangsarbeiter und Zwangsarbeiterinnen unter der deutschen Besatzung behandelt wurden, wie elend sie leben mussten. Vermutlich wollte der Schreiber mit diesen Zeilen vor allem sein Gefühl der Fremdheit und Verlorenheit in der großen Stadt ausdrücken, vielleicht auch seine Einsamkeit angesichts dieser händchenhaltenden Paare. Doch wie erschreckend selbstverständlich ist sein Ausdruck vom Zeitgeist des Herrenmenschentums gefärbt. Einige Tage später, als er feststellen muss, dass »ein fremdländisches Liebespaar« seine Bank besetzt hält, bewegen ihn keine ablehnenden Gefühle, aber auch diesmal ist er vor allem mit sich selbst beschäftigt: »Hinter meinem Rücken jauchzte und girrte das Mädchen. In diesem Augenblicke wurden die slawischen Mütter in meinem Blute wach und ich fühlte eine lange verlorene Welt.«[222]

Als Angehöriger des Kriegsberichterzuges genoss Erwin Strittmatter einige Freizügigkeiten, wie aus seinen Notizen zu entnehmen ist. Zum Beispiel konnte er nach Dienstschluss Zivilkleidung tragen, er durfte sich auch ohne besondere Genehmigung bis zu 100 km von Berlin entfernen. Als er Anfang August erfuhr, dass sein Bruder Heini auf Urlaub in Bohsdorf war, tauschte er seinen Nachtdienst mit einem Kameraden und fuhr zusammen mit Manfred übers Wochenende nach Bohsdorf. Dem »verantwortlichen Meister« habe er gesagt, er werde nach Lübbenau fahren, »um das Verbotswidrige meines Unterfangens abzuschwächen«.[223] In Bohsdorf traf er auch seinen Sohn Knut, den Marga aus Saalfeld mitgenommen hatte. In Strittmatters Aufzeichnungen von diesem Wochenende wird Knut aber nur kurz erwähnt. Vor allem widmet sich der Schreiber der Freude der »Begegnung mit der Landschaft«, seinem Gespräch mit dem 89-jährigen Großvater und dem Zusammensein mit den Eltern und Brüdern. Kurz vor der Rückfahrt habe er Heini weinend im alten Kinderzimmer angetroffen. Alles werde schlimmer, als man sagen dürfe, habe er ihm anvertraut, und: »Ich fürchte, man wird uns unsere Heimat rauben.«

Einige Tage später notiert Erwin Strittmatter, in seinem Innern spiele sich »eine Katastrophe« ab. »Die Zusammenballung vieler düsterer Wochen ist aufgebrochen.« Offenbar hatte er wieder einmal eine Depression, die Symptome kannte er schon lange, er äußerte Selbstmordgedanken. »Kraftzuwachs und neue Ausblicke« seien ihm jedoch aus einem kleinen Essaybändchen von Emerson erwachsen, das er einige Tage zuvor in einem Antiquariat im Johannisstift entdeckt hatte. Das war seine erste Begegnung mit dem US-amerikanischen Philosophen und Schriftsteller Ralph W. Emerson, dessen Ideen für ihn lebenslang (mit Ausnahme der Jahre seiner kommunistischen Gläubigkeit) von Bedeutung bleiben sollten. »Emersons Wahrheiten. Ein Spiegel der Seele. Meine spiegelt sich mir aus diesem Büchlein entgegen«, schreibt er am 14. August, seinem 32. Geburtstag. Während er an diesem Tag im Spandauer Forst Emerson las, war Waltraud in die Kaserne gekommen und hatte ihn nicht angetroffen. Nach seiner Rückkehr habe er bemerkt, so schreibt er, dass sie ihm nicht nur Geschenke gebracht, sondern aus seinem Koffer auch die letzten Briefe von Monette herausgenommen habe. Seine Ehefrau hatte die Scheidung eingereicht und wollte sich zweifellos einige Trümpfe für die Verhandlung sichern.

Sie konnte nicht wissen, dass Erwin Strittmatter inzwischen schon wieder eine neue Frau kennengelernt hatte. Noch im August 1944 hatte er sich im Spandauer Park – offenbar zunächst von weitem – in eine junge Frau verliebt, die er für sich Maria nennt und an die er fiktive Briefe schreibt. Mit »Maria« war die katholische Krankenschwester Anna Angermann gemeint, seine spätere zweite Ehefrau, die für Strittmatter jedoch stets den Namen behielt, den er anfangs (vielleicht in Anlehnung an Waltraud Vineta Maria) für sie erfunden hatte. Als die beiden schließlich eine reale Beziehung begannen, behielten die »Marienbriefe« ihren gefühlsbeladenen unwirklichen Endzeitduktus: »Ich halte Dich in meinen Armen und trinke Deine blauen Blicke«, schreibt er, und: »Wenn dereinst unsere Enkel in diese Briefe hineinschauen dürfen, so werden sie niemals erahnen in welch wogender Unsicherheit sie entstanden. Die Zeit steht darin stille.« Er unterschreibt mit: »Der fremde Mann aus den Wäldern«.[224] Auch in seinen Tagebuchaufzeichnungen erwähnt er seine neue Geliebte einige Male. Anfang Oktober notiert er, sehr wahrscheinlich sei »Maria« schwanger. Monette sei deshalb »zusammengebrochen«, habe ihm aber trotzdem Geld für den Scheidungsanwalt geliehen.[225]

EINSATZ IN OSTPREUSSEN

Doch was tat Erwin Strittmatter während seiner Dienstzeit? Von der widerwillig geleisteten »Presse- und Rundfunkarbeit« war schon die Rede. In einem Brief an seinen Nachkriegsförderer Dr. Nickold erklärt er 1946 seinen Hang zu weitschweifigen Texten mit den »knappen, allzu gerafften und nichtssagenden PK-Berichte[n]«, die er habe verfassen müssen.[226] In den – allerdings ein wenig lückenhaft überlieferten – Ausgaben der Zeitschrift »Die Deutsche Polizei« von 1944 und 1945 habe ich keinen einzigen Beitrag des Kriegsberichters Erwin Strittmatter finden können.

Aus seinem Briefwechsel mit den Eltern und Geschwistern geht zumindest hervor, dass er häufig unterwegs war. Die Absender seiner Briefe lauteten: Königsberg, Innsbruck, Wien und Hannover. Von Mitte Oktober bis kurz vor Weihnachten 1944 diente ihm Königsberg als Stammquartier und Postadresse. Offenbar hatte er seine Angehörigen anlässlich seiner Besuche in Bohsdorf mündlich über seinen Einsatz informiert, denn Schwester Marga und Mutter Helene schienen Bescheid zu wissen. Am 23. Oktober 1944, da war er bereits unterwegs nach Königsberg, schreibt Marga: »Wir sind alle ganz unglücklich, dass Du wieder rausgehst.« Einen Monat später, am 20. November: »Hoffentlich hast Du Deine schweren Tage im Einsatz bald überstanden.«[227] Anfang Dezember beklagt sich die Mutter, dass er ihr seit Ende Oktober nicht mehr geschrieben habe. Ihre Gedanken seien bei ihm, versichert sie, »denn Du bist der Front am nächsten«. Von Manfred habe sie gehört, dass sein (Erwins) Einsatz nur sechs Wochen dauern würde. Vielleicht könne er Weihnachten bei ihnen sein?[228] Als sie aus einer Antwort des Sohnes erfuhr, dass er nicht nach Bohsdorf kommen würde, schickte sie ihm ein Päckchen und legte auch einen »kleinen Weihnachtsgruß« für »Maria« bei, mit der der Sohn wohl die Feiertage verbringen würde. »Wir freuen uns zu Deinen Erfolgen in Deinem Fach«, schreibt sie, »und tragen den Stolz in unserem Herzen.« Martin sei jetzt in Guben stationiert und bekomme keinen Urlaub. Manfred sei acht Tage zuvor zum Arbeitsdienst nach Ruhlsdorf eingezogen worden. »Jetzt müssen wir den Kleinen auch noch in den Krieg ziehen sehen, es wird mir wirklich schwer bei dem Gedanken.«[229] Wie bei den meisten Deutschen war auch bei Helene Strittmatter die Begeisterung für den Führer deutlich geschwunden. Sie äußerte nun düstere Zukunftsgedanken.

Einige Hinweise, die Erwin Strittmatters etwa sechswöchigen Einsatz in Ostpreußen näher beleuchten, liefert eine Mappe mit Briefen aus dem Nachlass, durch die sich Erwin Berner noch kurz vor Redaktionsschluss dieses Manuskripts hindurchgearbeitet hat. Die Schreiberin ist die Krankenschwester Anna Angermann. Sie stand etwa von Ende Oktober 1944 bis zum 4. April 1945 noch in brieflicher Verbindung mit ihrem Geliebten. Auch danach schrieb sie weiter fast jeden Tag an ihn, konnte die Briefe aber wegen der Kämpfe in Thüringen nicht mehr abschicken. Vermutlich übergab sie Strittmatter bei ihrem Wiedersehen im Mai 1946 die Mappe mit den vielen Liebesbezeugungen, die auf diese Weise in seinen Nachlass gelangten.[230] In einem der nicht abgesandten Briefe vom 11. April 1945 bezieht sie sich auf ein Bild, das er ihr offenbar im Herbst 1944 von seiner »Fahrt nach Memel« geschickt hatte. »Ich sehe es mir so oft an und nehme mir immer wieder vor, stark zu sein, was auch kommen mag.«[231] Memel war am 10. Oktober 1944 von sowjetischen Truppen eingeschlossen worden. Bis zum Januar 1945 hielten die Verteidiger der Belagerung stand, viele Bewohner konnten noch über das Kurische Haff in das unbesetzte Gebiet fliehen.

Noch aufschlussreicher ist Annas Hinweis auf die Stadt Goldap, die am 23. Oktober von der Roten Armee eingenommen worden war und am 3. November 1944 von der Wehrmacht zurückerobert wurde. Ob er schon aus Goldap zurück sei, fragt sie in einem Brief vom 23. November. Sie mache sich große Sorgen, weil sie am Vortag im Kino diese grauenhaften Bilder gesehen habe. Es bleibt unklar, ob sie sich dabei auf die »Deutsche Wochenschau« oder einen anderen Propagandafilm bezieht. Die von der Roten Armee nach kurzzeitiger Besetzung wieder verlassenen Städte und Ortschaften boten Bilder der Zerstörung und des Grauens. Frauen, Kinder, Greise lagen erschossen oder erschlagen auf den Straßen. Die sowjetischen Soldaten hatten in den ersten deutschen Ansiedlungen, die sie nach vier Jahren Krieg und verbrannter Heimaterde betraten, ihren Rache- und Zorngefühlen freien Lauf gelassen. Für die Propagandamaschine der Nationalsozialisten war dies der willkommene Anlass, um mit Angst und Schrecken den Verteidigungswillen der Bevölkerung anzufachen. Sie schickten vor allem Kameraleute und Fotografen und sogar eine Ärztekommission nach Ostpreußen. Es ist vorstellbar, dass auch der Kriegsberichter Erwin Strittmatter im Kontext dieser Ereignisse dorthin beordert wurde. Symbol für die Gewalttaten an der Zivilbevölkerung wurde der Ort Nemmersdorf, der vom 21. bis zum 23. Oktober 1944 von der Roten Armee besetzt worden war. In seinem Buch »Das Ende« schreibt der Historiker Ian Kershaw, es sei von Anfang an schwierig gewesen, Realität und Propaganda auseinanderzuhalten. »Die schauerlichsten Szenen sind möglicherweise eine Erfindung gewesen. Andererseits waren die Taten nicht einfach ein Propagandamärchen oder eine nachträgliche Erdichtung.«[232] Vielleicht fasste Strittmatter in dieser Zeit und mit diesen Bildern vor Augen den Entschluss, weit weg von der Ostfront unterzutauchen, um selbst ein solches Ende nicht erleben zu müssen.

Am 22. Dezember 1944 meldete sich Erwin Strittmatter in seinem Brief an die Eltern wieder aus Spandau und kündigt einen neuen Einsatz für die Zeit gleich nach Weihnachten an. Anfang Februar 1945 erhielt er Post von Hans Angermann, dem Vater von Anna, der seinem künftigen Schwiegersohn mitteilt, wie wenig begeistert er, zumal als Katholik, von der unehelichen Schwangerschaft seiner Tochter sei. »Anni« müsse so bald wie möglich aus Berlin raus, schreibt er, aber »so lange sie nicht geheiratet hat, können wir sie in diesem Zustand nicht ins Haus nehmen«. Strittmatter soll jetzt schnell »klare Verhältnisse schaffen«, dann werde man weitersehen.[233] Einen Monat später, am 6. März 1945, schickte Monette Schober einen Brief an Anna Angermann, die inzwischen bei ihrer Großmutter in Erfurt wohnte. Daraus geht hervor, dass Anna ihr einen Brief gesandt hatte, den sie bat an Erwin weiterzuleiten. Monette teilte Anna jedoch mit, dass sie seine neue Adresse nicht kenne, »aber ich glaube, dass Erwin inzwischen Ihr Aufenthaltsort schon bekannt sein wird«[234]. Strittmatters vorletzter Eintrag in »Dichtung und Prosa« trägt das Datum 27. März 1945 und die Ortsangabe Berlin-Spandau, es ist ein Gedicht mit dem Titel »Märzmorgen«. Seine letzten Texte sind auf den 28. März datiert, als Ort ist Hannover angegeben. Da kleidet er wohl eine bittere Selbsterkenntnis in das Gewand eines Aphorismus: »Wer sein eigenes Leben nicht fähig ist selbst in die Hand zu nehmen und zu leben, der geht freiwillig zum Militär. Dort wird es ihm gelebt.«[235]

IN DER GRAUZONE ZWISCHEN ENDE UND ANFANG

Hat Strittmatter im Frühjahr 1945 sein Leben selbst in die Hand genommen und ist desertiert? Auch dieser Punkt seiner Biographie ist inzwischen umstritten. In der Erzählung »Grüner Juni«, die Strittmatter selbst als »memoirenhafte Aufarbeitung« seines Lebens bezeichnete, spricht er davon, er habe sich »fünf Monate vor Kriegsende aus dem Soldatenstand entlassen« und sich bei einer Bäuerin in Böhmen versteckt. Zusammen mit Leuten aus dem Ort habe er beim Anrücken der Amerikaner die weiße Fahne auf den Kirchturm getragen, sogar wenig später ein zweites Mal, weil die Deutschen noch einmal zurückgekommen seien.[236] In seinen SED-Lebensläufen gibt er als Zeitpunkt der Desertion den Februar 1945 an, als seine Dienststelle nach Neustadt/Oberfranken verlegt werden sollte. Er schreibt von einem gefälschten Urlaubsschein, an anderer Stelle überhaupt von falschen Papieren und nennt die Namen der Bauersleute, Franz und Anna Sauheitl, die ihn und zwei weitere Kameraden auf ihrem Hof versteckt hätten. Er nennt auch den Namen des Ortes – Wallern – ebenso die spätere Adresse der Sauheitls im bayrischen Straubing, wohin sie nach der Vertreibung der Deutschen aus dem Sudetengebiet ziehen mussten. In einem Lebenslauf für die Zeitungsredaktion »Märkische Volksstimme« erwähnt er 1950 ein weiteres Detail: »Ich lebte je nach Bedarf in Uniform oder in Zivilkleidung bei einem Bauern in Wallern im Böhmerwald. Gendarmerie und Feldgendarmerie suchten uns.«[237] In einem lebensgeschichtlichen Interview im Jahr 1992 bekräftigt Strittmatter noch einmal, er sei »im Januar des letzten Kriegsjahres« abgehauen. Ein wenig rätselhaft fügt er hinzu: »zuerst versuchsweise, weil ich mal sehen wollte, wie das klappt. Und es hat geklappt. Ich bin runter nach Böhmen.«[238] Könnte es also sein, dass er sich das Quartier in Wallern bereits im Januar oder Februar organisiert hat und später dorthin zurückgekehrt ist?

Der Publizist Werner Liersch, der im Jahr 2008 mit seinem Beitrag in der »Frankfurter Allgemeinen Sonntagszeitung« die Diskussion um Erwin Strittmatters Militärvergangenheit angestoßen hat, bestreitet inzwischen auch dessen Angaben über seine Desertion. »Wo immer Recherche die Darstellungen hinterfragt«, schreibt er 2011 in einem Artikel für das »Deutschland Archiv«, »brechen die Bilder zusammen.«[239] Liersch bezieht sich unter anderem auf einen Ausspruch der Anna Sauheitl, die später behauptet haben soll, niemals Deserteure beherbergt zu haben. Während sowohl Eva Strittmatter als auch Günther Drommer dies als Schutzbehauptung deuten, weil Deserteure und Helfer von Deserteuren in der Bundesrepublik auch noch viele Jahre nach Kriegsende als Verräter angesehen worden seien,[240] geht Liersch davon aus, dass die Frau die Wahrheit sagt.

Werner Liersch beruft sich außerdem auf das Zeugnis des damals dreizehnjährigen Herwig Zahorka aus Wallern, der heute in Indonesien lebt. Zahorka habe an jenem Tag, als die weiße Fahne auf dem Kirchturm des Ortes gehisst wurde, in einem Versteck in der Nähe der Kirche gehockt und, was Jungen in dem Alter eben so tun, mit einer Steinschleuder herumgeschossen. Dabei habe er beobachten können, wie Einwohner von Wallern ein weißes Tuch auf dem Turm befestigten. Herwig Zahorka ist sich sicher, dass da kein Fremder dabei war. Auch später habe er nichts davon gehört, dass sich seit Januar 1945 Soldaten in Wallern versteckt gehalten hätten. Er meint, in einem kleinen Städtchen mit nur 4300 Einwohnern, in dem jeder jeden kannte, hätte so etwas nicht lange geheim bleiben können. »Dass sich ein Wallerer Deserteur in den letzten Kriegstagen bei seiner Familie versteckte, war eher möglich, ist mir aber persönlich nicht bekannt. Möglich ist, dass sich in den letzten Tagen vor der Besetzung Deserteure Zivilkleidung von Wallerern geben ließen.«[241] Die Tatsache, dass dem Dreizehnjährigen der Fall nicht bekannt wurde, ist natürlich kein Beweis dafür, dass er sich nicht so zugetragen hat.

Unbestreitbar haben Erwin Strittmatter, sein Kriegsberichter-Kollege Hein Bethmann und ein weiterer Kamerad am Ende des Krieges eine Zeitlang gemeinsam auf dem Hof der Sauheitls gelebt. In einem Brief vom 10. Februar 1947 an Bethmann, von dem er eine Kopie aufbewahrte, spielt Strittmatter auf »die gemeinsame Zeit in W. an« und erwähnt auch ihre »vielfachen Erlebnisse« auf der »Insel«, womit Naxos gemeint ist, wo sich die beiden also schon begegnet waren. Das »Naxos-Bildchen aus dem Sauheitl-Exil« würde nun gerahmt in seiner Bohsdorfer Wohnung hängen. Der Schreiber bedankt sich für die Zusendung der neuen Adresse von Anna Sauheitl und kündigt an, ihr in den nächsten Tagen einen Brief zu schreiben. »Unsere gute Frau Sauheitl, wie wird sie sich in der Fremde fühlen? [...] Nun muss sie bei fremden Leuten wohnen und arbeiten. Das wird hart für sie sein. Jedenfalls war sie eine gute alte Haut und das Mittagsmahl zum Muttertag bei ihr in der Küche werde ich nicht vergessen.«[242] Der Muttertag fiel im Jahr 1945 auf den 13. Mai. Da waren die Amerikaner schon in Wallern, die weiße Fahne auf dem Kirchturm längst wieder eingeholt. Leider also kein Anhaltspunkt für die Anwesenheit der Flüchtlinge oder Deserteure vor dem Ende des Krieges. Strittmatter nennt in dem Brief an Bethmann auch den Namen des dritten Wallern-Flüchtlings – Helmut Koppen –, der sich seitdem nicht mehr bei ihm gemeldet habe. In der Nummer 1 der Zeitschrift »Die Deutsche Polizei« vom 15. Januar 1945 ist ein Artikel von Koppen abgedruckt, ein übler Durchhaltebericht vom Besuch des Chefs der Ordnungspolizei, SS-Obergruppenführer und General der Polizei Wünnenberg, »bei der Julfeier unserer Versehrtenabteilung«, unterzeichnet von »SS-Kriegsberichter Helmut Koppen«.

War Erwin Strittmatter etwa mit zwei SS-Männern unterwegs vom Krieg in den Nachkrieg? Auch das erscheint eher zweifelhaft, denn bei den späteren Vernehmungen durch Amerikaner und Tschechen blieben seine beiden Kameraden ebenso unbehelligt wie er selbst. Wären sie als SS-Mitglieder an ihrer Blutgruppentätowierung erkennbar gewesen, hätten die Alliierten sie mit Sicherheit sofort interniert. Hein Bethmann aber berichtet in seinem ersten Nachkriegsbrief vom 20. März 1946 seinem Freund Erwin, drei Tage nach dessen Abreise nach Thüringen sei Helmut mit einem Transport nach Bayern gefahren. Er selbst habe noch nach dem Abzug der Amerikaner bei den Sauheitls auf einen »ordnungsmäßigen« Transport in seine Heimat gewartet und seinen Unterhalt derweil mit Porträtmalerei verdient. Nachdem er jedoch zweimal von der tschechischen Geheimpolizei verhört worden sei, habe er es schließlich doch vorgezogen, illegal über die bayrische Grenze zu gehen.[243] Das heißt also, Bethmann und Koppen nannten sich SS-Kriegsberichter, ohne SS-Mitglieder zu sein? Im Document Center befindet sich zwar die Akte eines SS-Mannes, der Heinz Bethmann heißt, doch seine Daten stimmen mit denen des Kunstmalers und Kollegen von Erwin Strittmatter nicht überein.

In Strittmatters Nachlass fand ich noch einen weiteren Anhaltspunkt für seinen Aufenthalt in Wallern, der ebenfalls mehr Fragen aufwirft als beantwortet. Eine junge Frau, die mit dem Namen »Anni« unterzeichnet (aber nicht Anna Angermann ist), schreibt ihm am 25. April 1945 einen Brief nach Wallern. Leider ist der Briefumschlag nicht erhalten, deshalb können wir nicht wissen, von wo sie sich meldete und ob sie den Brief direkt an Erwin Strittmatter/bei Sauheitl adressierte oder einen anderen Namen angab. Aber welcher Deserteur, der von der Gendarmerie gesucht wird, gibt schon den Ort seines Verstecks preis und lässt sich Briefe dorthin schicken? Da die Deutsche Post um diese Zeit, zumindest in einigen Landesteilen, immer noch erstaunlich gut funktionierte – Günter de Bruyn schreibt in seinen Lebenserinnerungen, er habe am 9. April 1945, ebenfalls aus einem Ort in Böhmen, einen Brief nach Zernsdorf bei Berlin an seine Mutter geschickt, der Ende April »zusammen mit den Russen« bei ihr eintraf[244] –, könnte Strittmatter dieser Anni vielleicht zwischen Anfang und Mitte April eine Nachricht gesandt haben, die sie umgehend beantwortet haben wird. Strittmatter kannte Anni und ihre Eltern aus seiner Zeit in Reutte. 1943 hatte er die kunstliebende Wiener Familie zumindest einmal zusammen mit Monette besucht, wahrscheinlich Anfang 1945 ein weiteres Mal allein. Anni erwähnt in ihrem Brief »unseren Minne-Tag« in Wien. Sie schreibt ihm, wie sehr sie es bedaure, dass sie nicht zu ihm kommen könne. Sie sei gerade von ihrem »letzten Einsatz« zurückgekommen und werde am folgenden Tag nach Prag weiterreisen. »Wie lange, vermag ich selbst nicht zu sagen.«[245] Der schon erwähnte letzte Brief, den Anna Angermann von ihrem Geliebten am 4. April 1945 erhielt, bevor ihre Verbindung abbrach, muss als Absender noch seine Feldpostadresse getragen haben, ebenso wie zwei weitere Briefe vom 1. und 2. April, die sie aber erst nach Aufhebung der Postsperre im Juli 1945 erreichten. Anna Angermann dürfte von seinen Wallern-Plänen nichts gewusst haben, denn in ihrem nicht abgeschickten Brief fragt sie am 21. April: »Bist Du jetzt bei der kämpfenden Truppe? Ich glaube ja, denn Kriegsberichter werden doch keine mehr gebraucht.«[246]

Diese Briefe bestärken meine Annahme, dass Strittmatter, Bethmann und Koppen sich zwischen Anfang und Mitte April 1945 auf den Weg nach Böhmen machten. Ihre Aktion spielte sich wahrscheinlich in der Grauzone zwischen Ende und Anfang ab. Im Chaos von Flucht, Rückzug und allgemeiner Auflösung der allerletzten Wochen wurde eine Entfernung von der Truppe nicht mehr systematisch verfolgt, vielleicht nicht einmal mehr registriert. Aber falls sie wirklich Deserteure waren, hätte es sie noch bis zum letzten Kriegstag das Leben kosten können, wenn sie der Feldgendarmerie oder fanatischen SS-Leuten in die Hände gefallen wären. Viele kleine und große Funktionsträger des NS-Regimes waren allerdings in dieser Zeit schon damit beschäftigt, sich selbst in Sicherheit zu bringen, sich auf die Ankunft der alliierten Truppen vorzubereiten und auf das Leben »danach«.

In einem Artikel über das Ende des Hauptamtes Ordnungspolizei hat der Archivar Jürgen Huck anhand der überlieferten Akten ziemlich genau die Evakuierung der einzelnen Referate aus Berlin erkundet und nachgezeichnet. Ich gebe das hier möglichst detailliert wieder, um eine Vorstellung von der damaligen Situation zu vermitteln. Demnach wurden eine Reihe von Abteilungen des Hauptamtes aufgrund der Bombenangriffe bis etwa Mitte März 1945 zunächst in die nähere Umgebung, nach Biesenthal und Eberswalde, Potsdam-Babelsberg und Spandau, verlagert. Nur die Gruppe »Kriegsgeschichte« befand sich, wie schon erwähnt, zusammen mit dem Archiv bereits seit August 1944 in Bischofteinitz. Die Film- und Bildstelle taucht übrigens als selbständige Abteilung oder Referat des Hauptamtes bei Huck nicht auf. Vielleicht war sie zu diesem Zeitpunkt schon organisatorisch in andere Zusammenhänge aufgelöst. Im April wurde es dann ernst mit der Evakuierung. Wegen der näher rückenden Front wurde das Hauptamt in einen Nord- und einen Südstab aufgeteilt.

Der Südstab, auf den ich mich hier konzentriere, weil Strittmatter wegen seiner südlichen Fluchtrichtung wahrscheinlich ihm zugeordnet war, sollte zunächst nach Suhl übersiedeln, musste aber von dort wegen der heranrückenden amerikanischen Armee sofort nach Hof weiterfahren. Von Neustadt/Oberfranken als Evakuierungsort ist bei Huck übrigens nicht die Rede, aber das muss nichts bedeuten. Als Ziel der Reise benennt der Autor eine Polizeioffiziersschule in Fürstenfeldbruck/Oberbayern. Wegen zahlreicher Schwierigkeiten unterwegs – Ausfall von Fahzeugen, Fliegerbeschuss, Benzinmangel und notwendigen Umwegen wegen der Frontnähe – erreichte die letzte Staffel des Arbeitsstabes Süd den Bestimmungsort auf dem Weg über Leitmeritz/Böhmen erst am Abend des 24. April 1945. Dort wurden erstaunlicherweise sogar noch Beamte und Angestellte, auch die Helferinnen der bisherigen Nachrichtenstelle des Hauptamtes entlassen, was immer das zu dieser Zeit bedeutete. Unter Führung des Obersten der Schutzpolizei Stahl hätten zahlreiche Beamte in Fürstenfeldbruck eine Verteidigungsstellung bezogen, ohne jedoch in größere Kämpfe verwickelt zu werden.

Der Reststab mit einer Nachrichtenkompanie sei am 27. April weitergefahren und hätte am folgenden Tag die Unterkunftsbaracken der Hochgebirgsschule der Ordnungspolizei in Eben, nördlich von Jenbach/Tirol, erreicht. In der Nacht vom 4. zum 5. Mai 1945 lagen die Baracken unter amerikanischem Artilleriebeschuss. In dieser Zeit wurden die letzten mitgeführten Akten verbrannt. Dann begaben sich die Herren in amerikanische Gefangenschaft. Dort wurden sie offenbar zuvorkommend behandelt. Man gestattete ihnen sogar in den ersten Tagen, mit dem Chef der Regierung Dönitz, die noch bis zum 23. Mai 1945 in Flensburg existierte, Funkverbindung zu halten! Immerhin lehnten die Amerikaner den Vorschlag von Generalmajor Flade ab, den Reststab als oberste deutsche Polizeibehörde einzusetzen.

Alle Offiziere vom Obersten aufwärts kamen am 25. Mai 1945 zunächst nach Garmisch-Partenkirchen und von dort in das Internierungslager Augsburg. Am gleichen Tag überführten die Amerikaner die übrigen Dienstgrade in das Entlassungslager Ansbach/Mittelfranken. Hier wurden die Wachtmeister entlassen, die restlichen Offiziere am 17. Juni formell interniert und nach Gaustadt bei Bamberg gefahren.[247]

Demnach müssten sich Strittmatter, Bethmann und Koppen bereits vor der letzten Evakuierungsstaffel auf den Weg gemacht haben. Die Strecke von Leitmeritz (Litoměřice) nach Fürstenfeldbruck führt durch den Böhmerwald, an dessen südwestlichstem Zipfel Wallern (Volary) liegt. Wenn die Annahme zutrifft, dass sie sich schon vorher bei den Sauheitls angemeldet hatten, kannten sie ihr Ziel und mussten nicht lange suchen.

DIE TODESMARSCH-TRAGÖDIE VON WALLERN

Der Ort Wallern wurde am 5. Mai 1945 von den »Red Devils« der 5. Infanterie-Division der US-Army eingenommen. Ähnlich wie in Thüringen, Sachsen und Mecklenburg besetzten die Truppen der Westalliierten im Zuge ihres Vormarschs auch hier zeitweilig einen Teil des Territoriums, der in Jalta als sowjetisches Einflussgebiet vereinbart worden war, in diesem Fall den Böhmerwald westlich der Linie Karlsbad–Pilsen–Budweis (Karlovy–Vary–Plzeň Budejovice). Deshalb konnte es geschehen, dass der Schutzpolizist Josef Heller im nordöstlicher gelegenen Aussig (Ústí nad Labem) von den Sowjets sofort interniert wurde, während sein Kompaniekamerad Erwin

Strittmatter mit einigen Vernehmungen davonkam. In einem seiner Lebensläufe erwähnt Strittmatter außer der Befragung durch die US-Militärs noch ein Verhör durch »tschechische Beamte«. Offenbarte er sich seinen Vernehmern als Deserteur oder als Polizist oder als desertierter Polizist? Während er 1946 von einer kurzen »tschechischen Gefangenschaft«[248] schreibt, ist 1949 von der Gefangenschaft nur noch die Entlassung nach Jena übrig. 1958 gibt er schließlich an, die Amerikaner hätten ihn »wie einen Zivilisten behandelt« und ihn mit einem der ersten Zivilistentransporte nach Jena geschickt.[249]

War es ein Glücksfall oder schlichtes Kalkül, dass die drei Männer in Wallern in die Hände der Amerikaner und nicht der Sowjets gerieten? Vermutlich hatten sie dieses Fluchtziel gewählt, weil sie das Städtchen abseits des großen politischen wie des Kriegsgeschehens wähnten, ein stiller, unverdächtiger Ort, der sich bis dahin vor allem durch seine Holzarchitektur im alpenländischen Stil ausgezeichnet hatte. Kurz vor Schluss jedoch sollte Wallern noch zum Schauplatz für eines der letzten Holocaust-Verbrechen werden. Am 3. Mai 1945 trieben die SS-Bewacher eine Gruppe völlig entkräfteter jüdischer Häftlingsfrauen aus dem KZ Helmbrechts in ein Sägewerk am Rande des Städtchens. Der größte Teil des Todesmarschzuges schleppte sich von dort noch weiter bis Prachatitz (Prachatice), wo die Gefangenen endlich befreit wurden. In dem Sägewerkschuppen ließen die Aufseher etwa hundert kranke, nicht gehfähige Frauen zurück, von denen mindestens zwanzig bis zur Ankunft der Befreier starben. Unter einem Misthaufen nahe dem Friedhof entdeckten die amerikanischen Soldaten weitere Leichen, Opfer eines Massakers, das die SS-Leute vor ihrem Weitermarsch verübt hatten. Über etwaige Hilfe von Wallerern für die sterbenskranken Frauen ist nichts überliefert. Die Männer des Medical Battalion der 5th Infantry Division richteten für die zumeist jungen ungarischen

Jüdinnen, die zuvor bereits einen schrecklichen Marsch von Groß-Rosen nach Helmbrechts hinter sich hatten, im Schulgebäude des Städtchens ein Lazarett ein. Am 11. Mai 1945 fand die Beerdigung der Opfer statt. Wie die Lokalhistorikerin Jaroslava Krejsova berichtet, mussten »auf Anordnung des amerikanischen Befehlshabers [...] alle deutschen Bewohner an den zum größten Teil geöffneten Särgen vorbeigehen, um zu erkennen, was ihre Landsleute mit wehrlosen Menschen gemacht hatten«[250]. Auch Erwin Strittmatter wird Augenzeuge der Bestattung der Häftlingsfrauen gewesen sein. In seinen Artikeln hat Werner Liersch mehrfach auf die Ereignisse in Wallern Bezug genommen und dem Schriftsteller angelastet, dieses Erlebnis verschwiegen zu haben.[251] Tatsächlich hat Strittmatter weder in der Erzählung »Grüner Juni« noch im dritten Band des »Ladens« die Chance ergriffen, aus der gewachsenen historischen Distanz heraus noch einmal ein anderes Bild jener Tage zu zeichnen. »Vielleicht wird einmal Zeit sein, über das alles zu reden«, schreibt er in »Grüner Juni« und legt mit seiner Andeutung: »vor allem darüber, daß ich dann doch noch erschossen werden sollte«, schon wieder eine rätselhafte Spur.[252]

Werner Liersch konnte nicht wissen, dass Erwin Strittmatter über die Wallerner Todesmarsch-Tragödie doch einen Text verfasst hat. Bereits am 3. Oktober 1945 schickte er, inzwischen nach Saalfeld zurückgekehrt, das Manuskript einer Erzählung mit dem Titel »Der Sargträger« an die Zeitung »Die Tribüne«, die sozialdemokratische Landeszeitung von Thüringen. In seinem Anschreiben erklärt er, der Text basiere auf einem Erlebnis, »das ich während der letzten Tage des Krieges in Böhmen hatte«[253]. Im Sommer 1947 sandte er die Erzählung zusammen mit anderen literarischen Versuchen an den Landessender Potsdam, offenbar ohne Erfolg. Die einzige überlieferte Reaktion auf den »Sargträger« kam von einem Heinrich

Knolle, der im Auftrag des Volksbildungsamtes ein Gutachten über diesen und andere Strittmatter-Texte abgeben sollte und der ihm »geschickte Spielbeherrschung« und »Anschaulichkeit der Handlung« bescheinigt.[254] Heinrich Knolle war der bürgerliche Name des Schriftstellers Peter Jokostra. Er sollte in Strittmatters Nachkriegsleben noch eine wichtige Rolle spielen.

Wir können davon ausgehen, dass die Erzählung »Der Sargträger« nie veröffentlicht worden ist. Im Sommer 2011 fanden Strittmatters Söhne in seinem Nachlass eine offenbar frühe, unfertige Fassung dieses Textes, nur zu einem Drittel mit Maschine geschrieben und mit vielen Korrekturen versehen.

Die Geschichte ist in einer düsteren, getragenen Sprache voller vager, teilweise unverständlicher Andeutungen geschrieben. Sie beginnt mit einem Blick von ganz oben, quasi einem göttlichen Blick, auf die Geschehnisse in der kleinen Stadt. Die Menschen darin werden nur als gruppenweise auftretende Typen beschrieben: »engstirnige Offiziere«, »rohgesichtige Treiber«, »verantwortliche Parteigänger«. Gleich am Anfang wird mitgeteilt, dass dort in den letzten Kriegstagen viele Menschen »Unterschlupf« fanden: die einen, »die ihr Leben mit Verbrechen anfüllten und der Sühne bis zum letzten Augenblick zu entgehen trachten«, und andere, »die dem Krieg gegenüberstehen wie Fremde«. Wir können uns aussuchen, zu welcher Gruppe der Schreiber sich zählen wollte. Noch immer aus dieser allwissenden Perspektive sehen wir, wie ein »Zug halbtoter Jüdinnen« um die »nichtsahnende Stadt« getrieben wird. Auf einem Anger außerhalb sterben die Frauen schließlich vor Entkräftung oder werden von »tiergesichtigen Bajonettträgern« ermordet. Hat der Autor die Kolonne der Häftlingsfrauen damals selbst gesehen, oder imaginiert er nur rückblickend das Gehörte und füllt es an mit früheren eigenen Beobachtungen? Im gleichen dunklen, quasi apokalyptischen Ton beschreibt er die letzten Kämpfe, das Dröhnen der Geschütze, die berstenden Granaten, mit denen die Stadt beschossen wird – Ereignisse, die so nicht stattgefunden haben, denn Wallern wurde ja am 5. Mai 1945 kampflos übergeben. Erinnert sei an die weiße Fahne auf dem Kirchturm, die Strittmatter in einer anderen Erzählung selbst gehisst haben will.

Von dem Moment an, da die Sieger in der Stadt sind, wird die Schuld das alles beherrschende, mächtige Motiv der Erzählung, Schuld, die einerseits zugeschrieben und andererseits abgewehrt wird. Ein Psychoanalytiker hätte hier eine Menge zu deuten. Die Schuld legt sich »nächtens wie ein Alb auf die stürzenden Parteigänger«, die in letzter Minute noch versuchen, die Leichen der Häftlingsfrauen verschwinden zu lassen, indem sie »die dunkle Erde zum Komplott aufrufen«. Die »schuldbeladenen Männer« werden »von ihrem Gewissen angesprungen [...] wie von einem Panther«. Schließlich meldet sich einer bei den Siegern und zeigt ihnen die Stelle, wo die Leichen der Frauen vergraben wurden. »Wollte er damit einen kleinen Teil dieser Schuld abtragen? Wenn es nur noch möglich ist, wenn es nur noch ausschlägt und ein wenig Gewicht wird zum Pendelschlag der großen Weltenwaage.«

Aus den ein wenig kryptischen Formulierungen lässt sich herauslesen, dass die »ehemals Gefeierten«, also die Nazifunktionäre von Wallern, die Leichen der Ermordeten bergen und sie in Särge legen mussten. Vermutlich haben sie auch die Gräber geschaufelt. Ein Prozedere, das über das von Krejsova beschriebene verpflichtende Defilee entlang der aufgebahrten Opfern hinausging, aber auch für andere Fälle überliefert ist, in denen Massengräber ermordeter Häftlinge von amerikanischen und britischen Truppen entdeckt wurden.

Nachdem das alles geschehen ist, kommt es zur Bestattung der Toten. An dieser Stelle ändert der Erzähler die Perspektive. In den Mittelpunkt rückt nun ein Mann, von dem man nicht weiß, wer er ist und woher er kommt, aber wir ahnen natürlich, dass der Schreiber des Textes sich selbst darin spiegelt. Dieser Mann steht gemeinsam mit vielen anderen Einwohnern des Städtchens auf dem Friedhof, aber er steht ein wenig abseits, an ein Grabkreuz gelehnt, und wird von einem Soldaten aufgefordert, sich in die Reihe derer zu stellen, die nach und nach die Särge aufnehmen und nach vorn zur Grube tragen. Die Aufforderung löst Abwehr in ihm aus, er hält sie für eine Zuweisung von Schuld an dem Mordgeschehen: »Ja, so ist es: Er steht unter den Männern, die teils durch die Tat, teils durch die Irrlehre, der sie sich verschworen, zu den Mördern dieser Frauen wurden.« Der Mann wird von heftigen Gefühlen bestürmt, wird abwechselnd rot und blass, die Gesichter der Menge verschwimmen vor seinen Augen. Beim Anblick einer gelben Löwenzahnblüte kommen ihm drei Rückerinnerungen, die ihn darin bestärken, dass er, gerade er, nicht zu diesen Schuldigen gehört.

In der ersten Rückblende wird der Mann verhört und von einem »Tribunal« misshandelt, weil er staatsfeindliche Texte geschrieben hat. In der zweiten Szene gerät er während einer Zugfahrt in eine Auseinandersetzung mit einem SS-Mann, der sich vor allen Mitreisenden mit seinen Mordtaten an den Juden brüstet. Die dritte Erinnerung schließlich spielt in Griechenland, wo der Mann in einer Schreibstube sitzt und zusammen mit dem Koch und dem Furier von seinem Oberleutnant zur Teilnahme an einer Exekution befohlen wird, weil der Rest der Einheit gerade »im Gebirge Jagd auf Partisanen und Banditen« macht. Er weigert sich standhaft und wird dafür in die Arrestzelle gesperrt. Nach der Exekution kommt jedoch der Vorgesetzte betrunken in seine Zelle. Er entschuldigt sich quasi bei ihm und lässt ihn wieder heraus.

Im Verlaufe dieser Rückerinnerungen kommt der Mann

zu der Erkenntnis, dass es wichtig ist, dass er, der Schuldlose, die Schuld der anderen auf sich nehmen muss. »Eine unsichtbare Binde fällt von den Augen des Mannes. Er weiß, dass ihn sein Schicksal dazu ausersah, ein Tropfen im Maß zu werden, in dem der Edelmut der Menschheit gemessen wird.« Nachdem er zunächst nur zögernd in der Reihe der Sargträger vorgerückt ist, geht er nun entschlossen nach vorn. Aber zu spät: Gerade wird der letzte Sarg zur Grube getragen.

In diesem Text stecken eine Menge Hinweise auf die innere Verfassung des Schutzpolizisten und Kriegsberichters Erwin Strittmatter an der Nahtstelle zwischen Krieg und Frieden. Zweifellos hat er hier ein Erlebnis zu Papier gebracht, das ihn tief aufwühlte. Verstörend war nicht nur die direkte Konfrontation mit den Opfern der Massenverbrechen, an denen er in diesem Moment nicht mehr vorbeischauen konnte, erschreckt hat ihn vor allem die Rolle, in die er sich gedrängt fühlte, eben weil er als deutscher Mann zu dieser Zeit an diesem Ort war. Er, der sich stets als Beobachter sehen wollte, als »Sinnender«, der abseits der Menge steht wie der Mann in der Erzählung, gerät nun plötzlich in die Reihe derer, die eine Schuld abzutragen haben. Geradezu märtyrerhaft entschließt er sich letztlich, diese Zuschreibung anzunehmen. Die literarische Umformung und Umdeutung des Geschehens dient Strittmatter hier gewissermaßen als Heil-Mittel. Offenbar war es ihm unmöglich, das Ereignis einfach als Augenzeuge zu schildern, obwohl das sowohl für die Leser des Jahres 1945 als auch für uns heute viel interessanter gewesen wäre. Er jedoch musste das Geschehen verwandeln, er musste sich selbst in den Mittelpunkt setzen und gleichzeitig die eigene Rolle umarbeiten, um die Erinnerung daran erträglich zu machen. Doch ist das nicht ein Vorgang, der in der Literatur immer geschieht?

Im Nachkriegsbriefwechsel zwischen Erwin Strittmatter

und Hein Bethmann sowie ihren Wallerner Quartierwirten und zwei damaligen Mitbewohnerinnen wurden weder das Leiden der jüdischen Frauen noch die Bestattungszeremonie auf dem Friedhof jemals erwähnt. Jeder war mit seinem eigenen Schicksal beschäftigt. Hein Bethmann berichtet, dass seine Familie immer noch auf dem Lande lebt, weil es in Braunschweig, wo er wieder als Grafiker arbeitet, keine Wohnungen gibt. Die Sauheitls beklagen den Verlust der Heimat, den Verlust ihres Hofes, und die beiden Südtirolerinnen Emma und ihre Tochter Ada, die offenbar als Flüchtlinge bei den Sauheitls einquartiert waren, beschreiben ihm ihr Zimmerchen im Barackenlager in Kleinmünchen bei Linz. Alle beschwören sie die gemeinsame Zeit in Wallern. »Unvergesslich werden uns die paar Wochen bleiben. Es waren wohl die schönsten die ich bisher erlebt habe«, schreibt Emma am 2. Oktober 1947.[255] Hein Bethmann, dem in Braunschweig »der Alltag wieder im Nacken« sitzt, erinnert sich ein wenig wehmütig daran, »wie frei und ruhig ich dort unten war«.[256] Frau Sauheitl berichtet, sie würde der Frau, bei der sie untergekommen seien, öfters – wie es scheint, mit Stolz – »von den drei Herren« erzählen, »die in unserm Zimmer wohnten«.[257] Nicht nur das düstere Todesmarscherlebnis ist aus der Erinnerung verschwunden – ebenso fehlt jegliche Anspielung auf die Desertion der drei Männer, auf eine Situation von Gefahr, Verfolgung, Verstecken und Angst. Allein Erwin Strittmatter schreibt 25 Jahre später in einem Brief an Frau Sauheitl, die sich nun Seidl nennt, den Satz: »Vielleicht verdanke ich Ihnen sogar mein Leben.«[258]

»NUN GLAUBE ICH MEINE ZEIT FÜR GEKOMMEN ...« 1945–1950

NACHKRIEGS-NEUGEBURT

Am 16. Juni 1945 füllte Erwin Strittmatter ein Formular der Meldebehörde Saalfeld aus und gab an, seit dem 12. Juni wieder in der Stadt zu wohnen. Als Adresse nannte er die Johannisgasse 3. Es sind noch die Formulare aus der gerade vergangenen Vergangenheit, in die er seine Personalien eintrug. So wird in Spalte acht unter a) die Staatsangehörigkeit und b) die »Angabe ob Jude oder Mischling« erfragt, und noch hat es niemand für nötig befunden, diesen Passus unkenntlich zu machen oder durchzustreichen. Doch zumindest der Stempel wurde schon ausgewechselt. Statt des Adlers, der in den Klauen das Hakenkreuz hält, zeigt er das Wappen der Stadt Saalfeld: zwei mit dem Rücken gegeneinandergelehnte Fische mit geöffnetem Maul. Seinen Beruf gibt Strittmatter mit »Schriftsteller« an.[259] Natürlich war das eine gute Portion Überhebung plus Kredit auf die Zukunft. Eine solche Angabe hatte damals jedoch ganz praktische Konsequenzen. Welche Lebensmittelkartengruppe bekam denn ein Schriftsteller zugesprochen?

Im Januar 1945 war seine Ehe geschieden worden, aber die Entscheidung des Gerichts über das Sorgerecht für die beiden Söhne Ulf und Knut stand noch aus. In den ersten Tagen nach seiner Ankunft, bevor er die Stelle als Gärtner auf einer Obstplantage gefunden hatte, übernachtete Strittmatter bei seiner geschiedenen Ehefrau und den Söhnen. Aus dem im Winter kaum beheizbaren Elendsquartier an den Saalwiesen war Waltraud inzwischen ausgezogen, ihre neue Wohnung lag im Zentrum der Altstadt. Der Hintereingang des Hauses, das heute nicht mehr steht, führte, wie in »Grüner Juni« beschrieben, direkt auf den Hof des Rathauses, in dem nun die amerikanischen Besatzer saßen, mit denen Waltraud gute Kontakte unterhielt. Der Kriegsheimkehrer hätte von Orlamünde aus, wo er vom amerikanischen Lastwagen gesprungen war und den Gebirgsjägerrucksack geschultert hatte, durchaus den Weg nach Sömmerda nehmen können, dort hatte »Maria«, die Krankenschwester aus Berlin, die eigentlich Anna Angermann hieß, am 31. Mai 1945 seinen dritten Sohn zur Welt gebracht. Von Böhmen aus hätte er sich auch nach Reutte in Tirol wenden können, wo Monette Schober ihn erwartete. Er aber fuhr nach Saalfeld – natürlich zu seinen Söhnen, aber auch zu Waltraud, zu der er sich immer noch am stärksten hingezogen fühlte. Waltraud, die inzwischen eine Beziehung zu einem Sergeanten der US-Army unterhielt, den sie nach dem Abzug der amerikanischen Truppen gegen einen Russischdolmetscher tauschte.[260]

Noch im Juni fand Strittmatter Arbeit auf dem Obstgut Gehlen am Rande von Saalfeld. Er musste für seinen Lebensunterhalt sorgen und Alimente für seine Kinder zahlen. Das Polizeigehalt gab es ja nicht mehr. In einer Zeit des allgemeinen Chaos und des Elends arbeitete und lebte er in einer Art Paradiesgarten, erntete Erdbeeren, Kirschen und Johannisbeeren, von denen er reichlich auch Waltraud und den Kindern brachte, häufelte Spargelbeete, hackte Rüben, pflanzte Grünkohl und wurde von der Familie des Besitzers wie ein Sohn aufgenommen und behandelt. Der Tochter des Hauses und einigen anderen Frauen erteilte er Englischunterricht und verdiente sich wohl damit zu seinem Gärtnerlohn etwas dazu.

Den Wechsel von der amerikanischen zur sowjetischen Besatzung erlebte Erwin Strittmatter aus dieser Perspektive gelassen, ja optimistisch. »Rote Fahnen über Saalfeld«, notiert er am 5. Juli 1945. »Ich fühle mich freier, obgleich die Menschen um mich her seufzen.« Die Angst der Frauen vor Vergewaltigungen (vielleicht sogar die Vergewaltigungen selbst) bezeichnet er als »die ausgleichende Gerechtigkeit«. Offenbar einzig fixiert auf sein eigenes verletztes Selbstgefühl in Bezug auf Waltraud, schreibt er solche Sätze nieder: »Den Amerikanern warfen sie sich um geringer materieller Vorteile willen an den Hals. […] Nun kamen die naturnäheren Russen, denen die Fähigkeit abgehen soll, zivilisiert um unsere Asphaltdämchen zu werben, sondern sie nach Bedarf nehmen. Die Frauen fürchten sich und stehen entsetzliche Ängste aus. Die westliche Überschätzung der Frau hat ihr jähes Ende gefunden.«[261] Einen Monat später beschreibt Strittmatter, wie er, mit einem Knüppel bewaffnet, äpfelstehlende »Russen in Zivil« vom Gut jagt. Bei dieser Gelegenheit wurde ihm durch das offene Fenster seiner Hütte ein kostbarer Füllfederhalter gestohlen, der, so ist nebenbei zu erfahren, »ein persönliches Geschenk des berühmten Generals Dietl« war. Dieses Geschenk muss er in Karelien empfangen haben, wo das Polizei-Gebirgsjäger-Regiment für die Dauer seines dortigen Einsatzes den Truppen von Dietl unterstellt war. Er habe eine Weile gebraucht, fährt er in seinen Aufzeichnungen fort, um über den Verlust hinwegzukommen.[262]

Seine Existenz als Gärtner und Englischlehrer betrachtete der Kriegsheimkehrer nur als eine Übergangslösung. Jetzt wollte er der Schriftsteller werden, als der er sich schon seit Jahren verstand. Er wollte endlich den Platz im Leben einnehmen, den er sich wünschte. Die Zeit des Umbruchs schien günstig für sein Vorhaben. Die neu und wieder zugelassenen Parteien im Land Thüringen hatten, wie auch in den anderen deutschen Ländern, Zeitungen und Zeitschriften gegründet. Unbekannte Autoren bekamen eine Chance, weil viele Journalisten und Publizisten durch ihr Auftreten während der

NS-Zeit als diskreditiert galten, andere waren im Krieg gefallen oder befanden sich noch in Gefangenschaft, während die aus Deutschland vertriebenen Intellektuellen – wenn überhaupt – erst nach und nach aus dem Exil zurückkehrten.

Überliefert ist aus der Saalfelder Zeit die Kopie eines Briefes von Erwin Strittmatter an die Redaktion der sozialdemokratischen Landeszeitung »Tribüne« in Jena. Darin präsentiert er sich als ein sozialdemokratischer Autor, der nach einer kurzen Inhaftierung im Jahr 1934 nur noch für die Schublade »Novellen, Gedichte, Aphorismen usw.« geschrieben habe. Der nationalsozialistischen Partei habe er nie angehört, das war zu dieser Zeit eine entscheidende Aussage. »Nun da der Albdruck des Naziregimes von uns genommen wurde«, fährt er fort, »glaube ich meine Zeit für gekommen und biete Ihnen deshalb meine Mitarbeit an.«[263] Mit diesem Schreiben übersandte Strittmatter die Erzählung »Der Sargträger«, die er aus Wallern mitgebracht hatte. Am 17. November 1945 erwähnt er in seinem Tagebuch die Erzählung noch einmal – da war er schon in Bohsdorf – und notiert, das an die »Tribüne« geschickte Manuskript »Der Sargträger« sei zurückgekommen, weil er eine falsche Adresse angegeben habe.[264]

In den folgenden Briefwechseln mit Zeitungs- und Zeitschriftenredaktionen spielen andere Erzählungen eine Rolle. So schickte ihm der Schriftleiter der »Thüringischen Landeszeitung« in Weimar im Dezember 1945 die Texte »Grasgarten«, »Lope Kleinermann auf Eigenland«, »Der erste Sägang«, »Advent« und »Verloren in Karelien« zurück. Die Erzählung »Verloren in Karelien« beschreibt den frustrierenden Heimaturlaub eines Soldaten, der einen Feldwebel im Bett seiner Frau findet.[265] »Lope Kleinermann auf Eigenland« und »Der erste Sägang« nehmen dagegen ganz aktuell auf die gerade beschlossene Bodenreform Bezug.

Strittmatter bemühte sich, Texte beim illustrierten Blatt

»Der freie Bauer« in Berlin unterzubringen, er sandte Gedichte an die Redaktion des Alster Verlags in Wedel/Holstein, versuchte es bei der neugegründeten Zeitschrift »Natur, Mensch und Ethik« (die allerdings nicht lange existieren sollte) mit Aphorismen und Pflanzenporträts und beteiligte sich an literarischen Preisausschreiben der Zeitung der sowjetischen Militäradministration »Tägliche Rundschau«.

Ermutigende Reaktionen kamen jedoch zunächst nur von der »Thüringischen Landeszeitung«, die von der Liberal-Demokratischen Partei herausgegeben wurde und deren Schriftleiter Dr. Werner Nickold so etwas wie ein Förderer Erwin Strittmatters wurde. Die Verbindung zu Nickold hatte übrigens Hedwig Ruetz, die ehemalige Dienstherrin vom Edelhof Beulwitz, hergestellt. Strittmatter hatte wohl bald nach seiner Rückkehr aus Böhmen Kontakt mit ihr aufgenommen und ihr einige seiner Texte geschickt.[266] Letztlich veröffentlichte auch die »Thüringische Landeszeitung« nur wenige seiner Arbeiten, weil sie für eine Tageszeitung meist zu umfangreich waren.

Nickolds Briefe zeugen von echtem Interesse. Er erkannte das Talent des Schreibers und motivierte ihn weiterzumachen. Seine durchaus handfeste Kritik äußerte er eher indirekt. So übermittelte er dem Autor beispielsweise die Meinung einer namentlich nicht genannten »Dichterin«, die nach der Lektüre eines Strittmatter'schen Textes erklärt habe, dass »der Verfasser einmal gezwungen werden müßte, für jedes Wort im voraus eine Mark zu hinterlegen«. Nickold riet ihm zu einem »verdichtenden Stil«. Allerdings hätte auch sein eigener Stil einige Verbesserung nötig gehabt, wenn er schreibt: »Ihre mich selbst so angesprochen habende Eigenart einer gewissen tiefen Schreibweise wird zum Teil auch als Manie empfunden, die bei vielen Lesern von vornherein eine gewisse Opposition erzeugt.« Beide Männer waren sich wohl in Saalfeld persönlich begegnet und empfanden Sympathie füreinander, denn Nickold ist sich sicher, dass Strittmatter solche Ratschläge nicht übelnehmen, sondern sie als »praktische Hinweise« verstehen würde. Er bittet ihn, ihm alle seine Arbeiten zuzuschicken. »Vor allem ist der Bedarf an konzentriert geschriebenen Kurzgeschichten jetzt sehr groß.«[267] Und Strittmatter schickte, was er konnte. Unter anderem löste er aus dem in der Zellwolle-Zeit geschriebenen Roman »Dreizehn Doggen« einzelne Teile heraus und arbeitete sie zu Kurzgeschichten um.

Bereits in seinem Brief vom Dezember 1945 bezog sich Nickold auf einen Roman, an dem Strittmatter damals arbeitete und den er in späteren Schreiben »Lope Kleinermann« nannte. Im Januar 1946 kündigte Nickold an, »einen Auszug aus dem ersten Kapitel« abzudrucken, und bot seine Hilfe bei der Suche nach einem geeigneten Verlag an.[268] »Lope Kleinermann« war ein Vorläufer des späteren ersten Erfolgsbuchs »Ochsenkutscher«, in dem zweifellos unterschiedliche Entwürfe, Impulse und Ansätze dieser Jahre zusammenflossen. Am 27. Februar 1946 notiert Strittmatter, ihm sei endlich wieder ein guter Einfall gekommen: »Man müßte das Leben eines Gutsarbeiters einmal realistisch beschreiben, um zu zeigen, was für so einen Menschen die Bodenreform sein kann. Immer Knecht und plötzlich Herr auf eigener Scholle.«[269] Darüber wolle er eine Erzählung schreiben und sie zu einem Preisausschreiben der »Täglichen Rundschau« einschicken.

In nächtelanger Arbeit verfasste er den Text, zeitweise von Zweifeln geplagt, weil die Novelle seiner Meinung nach »tendenziös« werden würde. Es ging ihm vor allem um das Preisgeld, dieses materielle Zugeständnis mache er jedoch »seiner wahren Kunst zuliebe«, schreibt er in sein Notizbuch und fügt hinzu: »Wenn Gott das für richtig hält, so wird er es auch für richtig halten, dass ich aus dem Wettbewerb als Sieger hervorgehe.« [270] Offenbar wollte Gott sich aus dieser Entscheidung lieber heraushalten, denn von der »Täglichen Rundschau« kam Anfang Juni 1946 die enttäuschende Nachricht, dass die Bekanntgabe des Ergebnisses wegen der gewaltigen Menge der Einsendungen »auf unbestimmte Zeit vertagt« worden sei.[271] Drei Monate später, im August, sandte Strittmatter die Manuskripte von »Ochsenkutscher« und »Lope Kleinermann auf Eigenland« an die Redaktion »Der freie Bauer«, im September versuchte er es damit bei der »Märkischen Volksstimme«. Ob es bei der »tendenziösen« Fassung geblieben war? Die Inhaltsbeschreibung in seinem Begleitbrief jedenfalls scheint eher ein ideologisches Traktat denn eine literarische Erzählung anzukündigen: »Im ›Ochsenkutscher‹ wird das Leben eines Gutsarbeiters bis in die Gegenwart verfolgt und zu beweisen versucht, daß im sogen. ländlichen Proletariat Kräfte steckten, die durch das Eingespanntsein in die Gutsarbeit nicht zur Entfaltung kamen und dem Volke dadurch verlorengingen. ›Lope Kleinermann auf Eigenland‹ sind die ersten vier Kapitel einer romanhaften Erzählung in Tagebuchform. [...] Es soll die ethischen Werte des Neubauerntums in das rechte Licht rücken und dazu helfen, die Liebe des Neusiedlers zum neu erworbenen Acker zu vertiefen.«

In den Angaben »zu meiner Person« präsentiert sich Erwin Strittmatter als hoffnungsvolles schriftstellerisches Talent, dem 1934 ein »Schreibverbot auferlegt« worden sei. Während des Krieges sei er als Industriearbeiter tätig gewesen, »um der Naziregierung keine Zugeständnisse als Schriftsteller machen zu müssen«. Bei Veröffentlichung bittet er, sein Pseudonym »Win Atter« zu verwenden.[272]

Erneut bekam er eine Absage. Die Redaktion »Der freie Bauer« verwies ihn an den Deutschen Bauernverlag, der jedoch bedauernd mitteilte, er könne angesichts des Papiermangels lediglich die dringend erforderlichen Fachbücher für die Bauern und Kleinsiedler veröffentlichen. An die »Herausgabe von schöngeistigem Schrifttum« sei vorläufig nicht zu denken, wird ihm freundlich abschlägig beschieden.[273]

Die Erzählung »Ochsenkutscher«, von der eine Fassung in seinem Nachlass überliefert ist, besteht nur aus 49 Manuskriptseiten, umfasst jedoch einen längeren Zeitraum als der spätere gleichnamige Roman, der 1933 endet. Der Autor erzählt die Geschichte des Gutsarbeiterjungen, der noch nicht Lope Kleinermann heißt, von dessen Kindheit bis zum Jahr 1945, als der Ich-Erzähler mit kaputtem Fuß aus dem Krieg heimkehrt und ein Stück Land zur Bewirtschaftung zugeteilt bekommt.

Die Bodenreform ist das Happy End, auf das die Geschichte zuläuft, die in einer noch etwas steifen Sprache geschrieben ist. Eine Liebesszene beginnt beispielsweise mit dem Satz: »Ich erfuhr, daß unsere alte Zuneigung keinerlei Einbuße erlitten hatte.« Wichtige Figuren der Romanhandlung sind hier schon angelegt: der Gutssekretär Ferdinand, der eigentliche Vater des Helden, die Mutter, die ins Gefängnis muss, nachdem sie im Schloss eine Brieftasche gestohlen hat, die übermütigen Söhne des Gutsbesitzers und der Schäfer Marten, der den Frauen des Dorfes hilft, die unerwünschten Schwangerschaften loszuwerden. Allerdings gibt es in der Erzählung noch nicht die Vorbildfigur des Kommunisten Blemska. Diese Rolle spielt im Text von 1946 ein Mann, der »Wandervogel« genannt wird, halb Sozialdemokrat, halb Philosoph, der dem Helden 1933 rät, unpolitisch zu bleiben und sich nicht »ködern« zu lassen. Im Vergleich zu der anfänglich dichten Darstellung der Kinder- und Jugendjahre, die bereits viele Ähnlichkeiten mit dem späteren Roman aufweist, durchschreitet der Text die Zeit zwischen 1933 und 1945 dann nur noch im Eiltempo. Der Erzähler drückt sogar explizit seine Weigerung aus, sich zum Krieg zu äußern, und spricht damit zweifellos vielen Vertretern seiner Generation aus dem Herzen: »Noch zu nah ist diese wilde Zeit mit ihrem Blutdunst, als daß ich von ihr erzählen mag. Sie fällt immer noch in uns hinein und es wird lange währen, bis sie auf dem Grunde des Herzens liegt. Oder soll ich von ihrer Grausamkeit erzählen? – Nein! – Ich unterlaß es, denn mein Wille war sonstwo nur nicht im Kriege.« Im Telegrammstil erfahren die Leser lediglich, dass der Held an der Ostfront wegen einer widerständigen Äußerung zur Strafkompanie verurteilt wird und schließlich desertiert.

Die Schlussworte, quasi die Moral der Geschichte, werden dem »Wandervogel« in den Mund gelegt, vielleicht hat der Autor sie von Schopenhauer, Nietzsche oder Tolstoi entlehnt. Sie lesen sich wie ein Appell an alle Gescheiterten und Resignierten, Mut zu fassen und sich den neuen Verhältnissen anzupassen:

»Der einzelne Mensch kann doch nicht einfach beginnen. Man muß warten bis es in der Atmosphäre liegt, daß jeder es einatmet und viele eine Sehnsucht nach neuen Zielen und Gerechtigkeiten in sich fühlen. Dann erst kann die Geschichte einen Schlußstrich unter ein Kapitel machen ... Ungerechtigkeiten sind eine Schwankung von Raum und Zeit.«[274]

RÜCKKEHR NACH BOHSDORF

Am 31. Oktober 1945 hatte Erwin Strittmatter zusammen mit seinem sechsjährigen Sohn Knut Saalfeld verlassen, um zu seinen Eltern nach Bohsdorf überzusiedeln. Das Saalfelder Amtsgericht hatte am 29. September 1945 das Sorgerecht für die beiden Söhne Ulf und Knut dem Vater zugesprochen. Offenbar hatten sich die geschiedenen Eheleute dahin gehend geeinigt, den älteren Sohn vorerst bei seiner Mutter zu lassen. Spätestens seit dem Februar 1947 lebte auch Ulf in Bohsdorf.

Das geht aus einem Brief an Hein Bethmann hervor, in dem Strittmatter schreibt, er habe »jetzt endlich die volle Familie beieinander«[275]. In den folgenden Jahren sollte Ulf jedoch noch einmal zu seiner Mutter ziehen und bald darauf wieder zum Vater zurückkehren, ehe er 1954 Waltraud in den Westen folgte.

Am 2. November 1945 kamen Vater und Sohn nach einer langen und beschwerlichen Bahnfahrt auf der fünf Kilometer von Bohsdorf entfernten Bahnstation Friedrichshain an. »Von meiner Herfahrt sei Ihnen gesagt, daß ich sie nach vier Tagen mit reichlich Läusen versehen beendete«, schreibt Strittmatter an Fräulein Susanne, die Tochter des Obstgutchefs.[276] Das Reisegepäck ließen sie bei seiner Schwester Marga und holten es am nächsten Tag mit dem Pferdefuhrwerk ab: den Gebirgsjägerrucksack, das Köfferchen mit Knuts Habseligkeiten, eine Bücherkiste und auch die Kiste mit den beiden Angorakaninchen, die er bei Hedwig Ruetz gekauft hatte und die ihnen unterwegs beinahe gestohlen worden wären – Grundstock für eine neue Tierzucht.

Auf dem elterlichen Hof in Bohsdorf trat Erwin Strittmatter wieder in sein altes Leben als Sohn und Teil des Familienbetriebs ein, das er 1935 aufgegeben hatte. »Wir sind noch alle hier und gesund geblieben, das Elternhaus steht noch«, hatte ihm die Mutter in ihrem ersten Brief nach Saalfeld geschrieben, bevor sie ihm vorschlug, zu kommen und ein Stück Bodenreformland in Besitz zu nehmen.[277] Die Arbeitskraft des heimgekehrten Sohnes wurde in der Backstube und in der Landwirtschaft dringend benötigt. Wie die anderen Dorfbewohner in dieser Zeit bauten auch die Strittmatters vor allem Nahrungsmittel für den eigenen Bedarf an und mussten nicht hungern.

Erwins jüngerer Bruder Martin, der vermutlich auf ähnliche Weise wie er selbst der Kriegsgefangenschaft entgangen war, hatte nur auf seine Ankunft gewartet, um das elterliche

Haus zu verlassen und mit seiner Frau in Bohsdorf ein Friseurgeschäft zu eröffnen. Heini befand sich noch in amerikanischer Gefangenschaft, und Manfred, der jüngste Bruder, der 1944 hatte Flakhelfer werden müssen, galt als vermisst. Der Heimkehrer traf noch den geliebten Großvater Matthes Kulka an, der kurz nach seiner Ankunft neunzigjährig starb, während seine Frau, die kleine Großmutter, bis 1953 in der Dachstube des Hauses lebte. Da war der Enkel längst wieder fortgezogen.

Zunächst jedoch bot ihm Bohsdorf eine willkommene Zuflucht nach dem Zusammenbruch aller Verhältnisse – privat wie gesellschaftlich. Die Aussicht, dort auf einem eigenen Stück Land eine neue Existenz gründen zu können, hatte Strittmatter vermutlich ebenso gelockt wie die Möglichkeit, zusammen mit seinem Sohn wieder Teil seiner großen Familie werden zu können. Für Knut war es ohne Zweifel ein Glück, dass er dort von Urgroßmutter und Großmutter, von den Tanten Marga und Martchen (Heinis Frau) betreut wurde und zusammen mit seinen Cousins Volker und Jürgen aufwuchs. Seinen vielbeschäftigten und überforderten Vater erlebte er häufig nur als strafenden Erzieher, wenn der meinte, ihn für irgendein Vergehen schlagen oder in den Stall sperren zu müssen, während die anderen Familienmitglieder ihn in Schutz nahmen – ihn »verwöhnten«, wie Strittmatter erbittert notierte. Erst Jahre später gestand er seinem Sohn in einem Brief sein damaliges Fehlverhalten ein: »Du warst klein und konntest meine Belange nicht verstehn, sahst die Schwierigkeiten nicht, mit denen ich mich zu plagen habe, und ich konnte nie recht (werde es wohl auch nie können) mit Kindern umgehn.«[278] Das schrieb er 1957, ein Jahr bevor sein zweitjüngster Sohn Matthes geboren wurde, der ihm dann doch noch eine Chance eröffnen sollte, ein besserer Vater zu werden.

Im November 1945 aber genoss es Strittmatter vor allem, wieder Sohn sein zu können: »Schlaf nach Essen in traulicher Wohnstube«, notiert er wenige Tage nach seiner Ankunft, »lese den Eltern abends aus Knut Hamsun vor.«[279] Am Silvesterabend ließ er sich überreden, noch einmal seine Wundertäterkünste zu zeigen. Er versetzte seine Schwester Marga in Trance und fragte sie nach dem Verbleib von Heini, Manfred und Monette.[280] Im dritten Teil des »Ladens« schildert er die Szene, wie Esau Matts Schwester Magy den Bruder Frede als Kriegsgefangenen in Russland sieht.[281] Doch das war leider nur ein Wunschbild, an das alle glauben wollten. Das Schicksal des jüngsten Strittmatter-Sohnes Manfred wurde nie aufgeklärt. Wahrscheinlich verlor der 17-Jährige in den letzten Kämpfen um Berlin sein Leben.

Am 18. November war Erwin Strittmatter zum Vorwerk gewandert, um sich polizeilich anzumelden. Der neue Bürgermeister Thräne war Mitglied der KPD. Im Gemeindebüro geriet Strittmatter in eine Diskussion zwischen einem Gesinnungsgenossen Thränes und einem ehemaligen Nazi. »Ich gebe mich politisch nicht zu erkennen«, schreibt er. »Wie kann ich. Ich bin weder dieser noch jener. Ich spreche mich jedoch ganz energisch gegen den Militarismus und den Krieg aus. Getreu meinen pazifistischen Grundsätzen.«[282]

Auf andere Weise noch als diese Notizen führt uns ein Blick in den Ordner mit der Aufschrift »Geschäftspost« sein damaliges Leben vor Augen. Darin hat er die Abschnitte für die Alimentenzahlungen an Waltraud in Saalfeld und an Maria/Anna in Sömmerda abgeheftet. Bestellzettel für Saatgut finden sich neben einem Bauantrag für einen Schuppen und dem Antrag für das dazu erforderliche Bauholz, damals benötigte man ja für alles eine Zuteilung. Ein Lieferschein über »Champignon-Brut« nebst Gebrauchsanweisung, gedruckte Ratschläge für den Anbau von Tabakpflanzen und Brombeersträuchern zeugen von den verschiedenen Ideen, die er ausprobieren wollte, um von dem kleinen Stück Land leben zu können. Auch einen Brutapparat für Küken bestellte er und bewarb sich um die Zuweisung von weiteren Hektar »Ödland« für die Zucht von Hühnern. Er bot schwarze Angorakaninchen zum Tausch gegen weiße Mäuse an, für eine im »Freien Bauern« inserierte Terrierzuchthündin wollte er Tabakblätter oder Bruteier von rebhuhnfarbigen Italienern liefern, und er schrieb zornige Briefe an eine offenbar betrügerische Firma, der er säckeweise gesammelte Kiefernnadeln geschickt hatte, ohne jemals Geld dafür bekommen zu haben. Wie sehr er zu dieser Zeit noch auf der Suche war nach einer Lebensgrundlage, die ihm gleichzeitig das Schreiben ermöglichen sollte, davon zeugt eine Bewerbung als Neulehrer in Brandenburg und sogar eine als Polizist, in der er freilich seine Polizeivergangenheit aus dem Krieg mit keinem Wort erwähnte. Anfang 1947 spielte er noch einmal mit einem solchen Gedanken, als er in einem Brief an seinen früheren Bataillonskameraden Willi, der nun bei der Volkspolizei in Halle diente, die damalige »sorglose Zeit« und die »gute Kameradschaft« lobte, die wohl nie wiederkommen würden. »Oder meinst du, daß es Zweck hätte, wenn ich mich an meinen alten Standort Halle wenden würde, um wieder eingestellt zu werden? Entlassen bin ich eigentlich noch gar nicht.«[283]

In dem Geschäftspost-Ordner befindet sich auch eine Bescheinigung der Deutschen Reichsbahn über den Transport von Schlafzimmer- und Küchenmöbeln eines Fräulein Anna Angermann von Sömmerda ins niederlausitzische Friedrichshain. Daran angeheftet ein Beschwerdeschreiben über den Verlust von drei Küchenstühlen, die offenbar nicht wieder herbeigeschafft werden konnten. Am 8. Mai 1946 war Anna Angermann, die »Maria« aus seinen Spandauer Notizen, in

Bohsdorf eingetroffen. In den Monaten zuvor hatte sie dem Vater ihres kleinen Sohnes viele Briefe geschrieben, in denen sie immer wieder ihren Wunsch nach einem gemeinsamen Leben ausdrückte. Erwin Strittmatter konnte sich jedoch zu keiner Entscheidung durchringen. Am 6. Dezember 1945 notiert er: »Ich bin immer noch bange vor einem Zusammenleben und weiß, daß ich ihr ausweichend schreiben werde.« Und einen Tag später: »Manchmal erwäge ich, ob ich flüchten soll, um allen Verfolgungen (ich empfinde es so) zu entgehen.«[284]

Inzwischen hatte Strittmatter eine Affäre mit der Gemeindeschwester Käte begonnen (im dritten Teil des »Ladens« nennt er sie Christine), außerdem machte er seiner Jugendliebe Gertrud aus Spremberg halbherzige Hoffnungen und schrieb Briefe an Monette Schober in Reutte, in denen ein Umzug der Freundin von Tirol in die Lausitz zumindest als Gedankenspiel auftauchte. »Man muss wieder einmal gespannt sein«, notiert er, »wie sich die Knoten, die das Schicksal mit Käte, Monette, Gertrud, Maria in mein Leben geschlungen hat, lösen werden.«[285]

Es war schließlich Anna, die ihm mit ihrem Auftauchen am 8. Mai die Entscheidung abnahm und die »Schicksalsknoten« durchschnitt, nicht vollständig allerdings. Eine Zeitlang musste sie zu ihrem Kummer den geliebten Mann noch mit Schwester Käte teilen, ehe diese schließlich traurig das Dorf verließ. Ihren fast ein Jahr alten Sohn Uwe hatte die junge Frau vorerst bei ihren Eltern in Sömmerda gelassen. In ihrem Gepäck brachte sie 25 Küken für die geplante Hühnerzucht mit, und sie engagierte sich sogleich tatkräftig beim Anbau von Tomaten und Erbsen. Sie habe eine »gesegnete Hand«, notiert Strittmatter am 4. Juni erfreut. Er sei glücklich, schreibt er am 14. August, seinem Geburtstag, diese liebevolle und zärtliche Frau an seiner Seite zu haben. Offensichtlich leistete er nicht länger Widerstand gegen eine Heirat, zu der sowohl

Anna als auch seine Mutter ihn drängten. Am 20. August 1946 schlossen Erwin Strittmatter und Anna Wilhelmine Angermann auf dem Standesamt in Hornow die Ehe. Als »eine Notwendigkeit, eine Formsache der Gesellschaft gegenüber« rechtfertigt der Bräutigam in seinen Notizen noch am selben Tag diesen Akt. Durch die »wilde Ehe« seien ihnen Nachteile in der Belieferung mit Kohlen entstanden. Brot sei ihnen für den Monat abgezogen worden, weil sie nicht als selbständiger Haushalt zählen würden.[286] Die Hochzeit wurde bescheiden im Kreis der Familie gefeiert mit einem halben Eimer Bier, zwei gebratenen Hähnchen und selbstgebackenem Kuchen.

Inzwischen war auch Heini, der Hoferbe, aus der amerikanischen Kriegsgefangenschaft entlassen worden. Er übernahm die meisten Arbeiten in der Backstube und auf den Feldern. Im Haus der Eltern wurde es eng. Ebenso wie ein halbes Jahr zuvor sein Bruder Martin machte sich auch Erwin auf, um für sich und seine Familie eine eigene Bleibe zu finden. Auf einem »Halbbauernhof« im Dorf, so berichtet er seinem Kameraden Bethmann, hätten sie »die Oberwohnung« gemietet, die in einem sehr schlechten Zustand gewesen sei. Wände mussten ausgebessert, Fenster eingesetzt werden. Den Hausrat hätten sie von den Gerümpelböden der halben Verwandtschaft zusammengetragen.[287] Vermutlich kamen an dieser Stelle auch die Möbel aus Sömmerda ins Spiel. An den Jugendfreund Rudolf Hammer schreibt er: »Beide Buben aus erster Ehe, Ulf und Knut, sind bei mir, dazu kam noch Uwe aus zweiter Ehe.«[288] Knut jedoch hatte lieber bei den Großeltern bleiben wollen, bei denen er sich wohl fühlte. In seinem Tagebuch notiert Strittmatter, der Junge habe ihm »frech« widersprochen, er wolle keine Hausaufgaben machen und nicht mit in die neue Wohnung ziehen. In einem Anfall von Jähzorn habe er ihn geschlagen, was ihn schon wenig später mit Scham und Reue erfüllte – und auch mit Selbstmitleid: »Der Junge singt schon am Abend wieder, während ich tagelang mit mir selbst zerstritten lebe. Ich muss mich wieder in Zucht nehmen und hüten.«[289]

Von solchen Konflikten steht aber nichts in dem Brief, in dem er Rudolf Hammer sein damaliges Leben beschreibt: »Ich arbeite als freier Schriftsteller für Zeitungen und für die Schublade, wir haben einen Morgen Land, den wir als Garten bestellen. Angorakaninchen und Hühner sind wieder da. (Ratten und weiße Mäuse noch nicht, nein!) Wir brauchen nicht zu hungern und führen ein friedliches Landleben. Was braucht der Mensch mehr? – Manchmal will es mir scheinen, als lebte ich in Jean Paulschen Idyllen. Aber bei der Unbeständigkeit meines Vorlebens schiele ich mit einem Auge immer nach dem Schicksal – wie die Hühner nach dem Habicht etwa – und kann nicht glauben, daß die gegenwärtigen Verhältnisse bei mir wirklich von Bestand sein können.«[290]

Auch im Notizbuch hielt er solche Glücksmomente fest: »Wenn wirklich dermaleinst meine Ahnen diese Aufzeichnungen lesen sollten, werde sie staunen, mit wie wenig ich schon im Alter von fünfunddreißig Jahren glücklich sein konnte. 5 Uhr aus den Federn. Zweieinhalb Stunden am Ochsenkutscher gearbeitet. Um 6.30 geht Maria zum Milcheinnehmen. Wenn sie um 7.30 zurückkommt, hole ich Wasser vom nachbarlichen Ziehbrunnen, gieß mit dem vollen Schmutzeimer den vergangenen Tag aus. Dann Maissuppe, die Gertrud bei österlichem Besuch kredenzte. Holzsägen, -spalten, einen Kasten für Salatpflanzen bauen und mit Erde füllen. Kaninchen umsetzen und ausmisten. Um 1 Uhr zu Mittag, eine Stunde Schlaf und wieder an den Ochsenkutscher. Mein Pensum von drei Maschinenseiten mit Leichtigkeit bewältigt. Um 17 Uhr zur Abendfütterung. Die Eier von 19 Hühnern fliegen jetzt nur so. Gestern 16, heute 17. Maria ist schon voraus auf den Berg gegangen und versucht sich im Graben. Sie jubelt mir zu, dass es fast ohne Atemnot ginge.[291] Glück durchrieselt mich. Dann die Jungen Ulf und Knut an der Seite gegraben bis etwa 19.30. Um 20 Uhr Abendbrot mit frischen Eiern. Jetzt Lektüre. Lese Gorki ›Meine Universitäten‹, Flaubert ›Schule der Empfindsamkeit‹. Ein Leben voll solcher Tage. Das wäre für mich das höchste Glück.«[292]

Diese Kombination aus Feldarbeit, Kleintierzucht und Schreiben war gewissermaßen schon die Vorform des Lebens, das er sich acht Jahre später im märkischen Schulzenhof unter günstigeren Umständen und diesmal auf Dauer erschaffen wird. Wie in seinem Brief an Rudolf Hammer gemutmaßt, sollte die Bohsdorfer Variante sich nicht als beständig erweisen. Nach nicht einmal zwei Jahren würde sie sich weitgehend aufgelöst haben und der schreibende Landwirt in einer Zeitungsredaktion in der Stadt arbeiten.

Der erste Einbruch in die Jean Paul'sche Idylle war vermutlich die vertretungsweise Ernennung Erwin Strittmatters zum Vorsteher und Standesbeamten des Amtsbezirks Bohsdorf. Vom 15. August 1947 bis zum 5. Februar 1948 war er in dieses Amt bestellt, und die 150 Mark, die er monatlich dafür bekam, waren in der Haushaltskasse der Familie zweifellos willkommen. Doch offenbar bewogen ihn damals andere Gründe, einen Teil seiner Zeit im Gemeindebüro zu verbringen. An einen Willi Häring, den er kurz zuvor auf der SED-Schule kennengelernt hatte, schreibt er, er habe nicht ablehnen können, da man vorgehabt hätte, einen Vertreter der CDU einzusetzen.[293]

Erwin Strittmatter taugte vermutlich deshalb als Gegenkandidat für den CDU-Konkurrenten, weil er am 1. Mai 1947 Mitglied der SED geworden war. Und vielleicht markierte ja bereits der Eintritt in die Partei den Beginn aller bald darauf folgenden Veränderungen. Wie diese Entscheidung zustande kam, wie Strittmatter von einer bisweilen inbrünstig geäußerten Religiosität hin zu den Lehren von Marx und Lenin gelangte, lässt sich anhand seiner Notizen nicht nachvollziehen. Lediglich im Eintrag vom 14. April 1947 macht er die Andeutung, er werde sich wohl bald »politisch zu erkennen« geben. Der Eintrag vom 18. April ist ganz seinen Schwierigkeiten gewidmet, die Totenfeier für die Kaiserin in seinem Romanmanuskript »Ochsenkutscher« angemessen dazustellen.[294] Damit enden seine Aufzeichnungen, die er erst 1951 in Spremberg für kurze Zeit wieder aufnehmen wird.

Einige Wochen nach seinem Parteieintritt nahm Strittmatter an einem sechswöchigen Lehrgang für Journalisten in der Kreisparteischule »Grube Erika« teil. Offenbar war er ausgewählt worden, weil er bereits mit kleinen Beiträgen für die SED-Zeitung »Märkische Volksstimme« aufgefallen war. Während dieser Wochen in der »Erika-Schule«, wie er sie später manchmal nannte, muss er sich das damals übliche Parteivokabular schnell und mühelos angeeignet haben. Die neu erworbene Weltsicht stellte er in einem Brief an seinen ehemaligen Lehrgangskollegen Willi Häring sogleich unter Beweis, indem er über die internationale Arbeiterbewegung referierte, als ob er nie etwas anderes getan hätte: »Ich will nur hoffen, daß die amerikanischen Arbeiter sich baldigst zusammenschließen (ich meine die beiden hauptsächlichsten Gewerkschaften) und nicht den lauen Weg eines Gerichtsverfahrens gehen. Wer den Sacco und Vanzetti Prozess kennt, weiß, was dabei herauskommen muß.«[295] Am 7. November 1947 berichtet er Häring stolz, er habe soeben in der Schule des Ortes den Kindern von der russischen Oktoberrevolution erzählt. Durch seinen Amtsvorsteherposten, fährt er fort, würden sich die Sitzungen oft häufen, auch politische Schulungen führe er inzwischen durch. Jeden Abend jedoch halte er »mindestens eine Stunde Einkehr und richte mich – nach dem oft albernen Tagesgewäsch und dem sogen. kommunal-politischen Tratsch – auf die große Linie aus. Aus dieser Stunde hole ich mir immer wieder die Kraft für den nächsten Tag.«[296]

ENTNAZIFIZIERUNG

Im Nachlass von Erwin Strittmatter befindet sich ein Aktenordner, der offensichtlich aus dem Amtsvorsteherbüro stammt. Er enthält Papiere aus den Jahren 1945/46 – also vor Strittmatters Amtszeit –, die sich auf die Entnazifizierung in Bohsdorf beziehen. Bevor er seinem Nachfolger im Februar 1948 die Geschäfte übergab, nahm Strittmatter die Mappe offenbar an sich. Vielleicht hatte er Gründe dafür, vielleicht vergaß er einfach nur, sie zurückzugeben. Aber er bewahrte sie bei seinen Unterlagen auf.

Unter den Papieren sind Protokollabschriften der Befragungen, die Bürgermeister Thräne im Juli 1945 auf Verlangen der Kreispolizeileitung mit dem Bäcker Heinrich Strittmatter, dem Grubenaufseher Max Rakel, dem Gastwirt Paul Bläse und anderen ehemaligen NSDAP-Mitgliedern des Ortes führte. Die Erklärungen aller Befragten sind in ähnlichen Worten abgefasst und weisen eine fast identische Argumentation auf. Als hätten sich die Betreffenden miteinander abgesprochen, jegliche Nähe zu den Nationalsozialisten zu leugnen und ihren Eintritt in die NSDAP ausschließlich mit äußerem Zwang oder mit schlichtem Pragmatismus zu rechtfertigen. Vermutlich jedoch bedurfte es keiner Absprache für diese Standardausflucht des Jahres 1945, die der Bürgermeister offenbar unhinterfragt übernahm, vielleicht weil er seine Dorfnachbarn nicht als überzeugte Nazis erlebt hatte, vielleicht weil er sie nicht der Gefahr einer Inhaftierung durch den sowjetischen Geheimdienst aussetzen mochte.

Heinrich Strittmatter, der 1941 in die Nazipartei eingetreten war, machte in seiner Erklärung geltend, er habe neben seiner Bäckerei auch die Poststelle betrieben. Weil die Post aber eine staatliche Einrichtung sei, habe das zwangsläufig die Zugehörigkeit zur NSDAP bedingt. Einen weiteren wichtigen Grund lieferte der Laden, »da auch die Kontingentierung der Waren ohne Mitglied zu sein hoch in Frage gestellt war«. Die gleiche Poststelle musste auch zur Rechtfertigung des Parteieintritts des Gastwirts im Jahr 1937 herhalten, während der Grubenaufseher im Jahr 1940 nicht näher genannten Schwierigkeiten im Zusammenhang mit seiner Pensionierung aus dem Weg gehen wollte. Rakel versicherte darüber hinaus, er sei vor der Machtergreifung SPD-Mitglied gewesen. Sein altes Parteibuch habe er noch und würde gern wieder eintreten.

Drei Monate nach diesen Befragungen sandte der Bürgermeister erneut eine Liste mit Namen an die Kreispolizei. »Zu der Frage nach den Mitgliedern des BDM, Polizei und Gestapo erstatte ich Fehlanzeige«, meldete Thräne am 14. Oktober 1945, drei Wochen bevor der ehemalige Schutzpolizist Erwin Strittmatter in sein Heimatdorf zurückkehrte, der auf diese Weise vielleicht knapp einer Registrierung entging.

Am 12. Dezember 1945 schickte der Leiter der Kreispolizei Greischel ein Rundschreiben an alle Bürgermeister des Landkreises, in dem er sich über die bisher erhaltenen Listen beschwerte, die unbrauchbar, weil unvollständig seien. Greischel machte deutlich, wie sehr er selbst unter Druck stand, und reichte den Druck gleich weiter: In der vergangenen Nacht habe ihn der Kapitän [Hauptmann, A. L.] der Roten Armee zu sich bestellt und innerhalb der nächsten fünf Tage eine vollständige Liste von ihm verlangt. Er lege seinem Schreiben deshalb ein Muster einer solchen Liste bei. »Derjenige Bürgermeister, der dann noch unvollständige Listen abgibt, wird dem Kapitän der Roten Armee zugeführt.«[297]

Parallel zu dieser allgemeinen Erfassung musste Thräne außerdem Unternehmer und Gewerbetreibende melden, die der Nazipartei oder einer ihrer Gliederungen angehört hatten. Ihnen drohte vor allem die Enteignung. Auch auf dieser Liste stand der Name von Heinrich Strittmatter. Am 1. Dezember vermerkt Erwin Strittmatter, Bürgermeister Thräne sei mit einer Schreibkraft auf den Hof der Eltern gekommen. Gemeinsam hätten sie ein Schreiben aufgesetzt, in dem sie darlegten, dass es nicht tragbar sei, das einzige Geschäft für Bohsdorf zu schließen. Erneut gehörte die Loyalität des Bürgermeisters ersichtlich eher seinen Landsleuten und Nachbarn als der sowjetischen Besatzungsmacht. In dem Schreiben werde »bewiesen«, so Strittmatter, dass sein Vater sich nur unter Druck der Partei angeschlossen habe. Als Beweis galt vermutlich die erwähnte Erklärung von Heinrich Strittmatter selbst. Der Schreiber findet das alles »widerlich stinkend«, er hält die politischen Säuberungen für eine »platte Umkehrung« der Verhältnisse der NS-Zeit.[298]

Ob ihm dabei der Gedanke gekommen ist, dass auch er – obwohl kein NSDAP-Mitglied – sich für seine Rolle im Krieg hätte rechtfertigen müssen? Vermutlich wusste er nicht, dass sein Name auf einer 1947 von der Saalfelder Polizei erstellten Liste gleich zweimal aufgeführt wurde: einmal als Mitglied der »SS-Schutzpolizei« und ein zweites Mal als SS-Mitglied, mit dem Zusatz, der Genannte sei nach »Bohresdorf ü. Spremberg« verzogen.[299] Diese Informationen, die, wie es im Anschreiben zu den Listen heißt, auf ungeprüften »Angaben der Bürger« beruhen, gelangten offenbar nie von Thüringen nach Brandenburg, wo Strittmatter als Amtsvorsteher seit August 1947 Teil der neuen Staatsmacht war und in dieser Funktion auch mit der Entnazifizierung befasst gewesen sein dürfte, die in der letzten Phase bis zu ihrem Abbruch 1948 vor allem in deutscher Regie betrieben wurde.

LOKALREDAKTEUR IN SENFTENBERG

Mit Wirkung vom 5. Februar 1948 hob der Kreisrat des Landkreises Spremberg Erwin Strittmatters Ernennung zum Amtsvorsteher wieder auf. De facto hatte Strittmatter wohl schon zum Jahresende 1947 seine Arbeit im Gemeindebüro beendet. Wie aus seinen Lebensläufen für die SED-Akte hervorgeht, hatte er eine Stelle als Hilfsredakteur bei der »Märkischen Volksstimme« angenommen. Er ließ Bohsdorf, den Feldgarten und die Geflügelzucht hinter sich, um in der Senftenberger Lokalredaktion der SED-Zeitung einen neuen Lebensabschnitt zu beginnen. In der rauchigen und staubigen Bergarbeiterstadt Senftenberg bezog er in der Bahnhofstraße 35 vielleicht ein ähnliches Zimmer wie Stanislaus Büdner im dritten Band des »Wundertäters« in Kohlhalden bei der Witwe Brösicke. Im Juli 1948 verließ auch seine Frau Anna das Dorf. Sie übernahm eine Stelle in der Spremberger Kreisverwaltung und zog mit den drei Jungen in eine Dreizimmerwohnung in der Stadt. Die ehemalige katholische Krankenschwester war 1947 nach dem Vorbild ihres Mannes ebenfalls in die SED eingetreten. Mit ähnlichem Eifer, mit dem sie sich zuvor in das bäuerliche Leben gestürzt hatte, strebte sie nun eine politische Karriere an. Zunächst arbeitete sie beim Spremberger Frauenausschuss, später übernahm sie eine Referentinnenstelle in der Abteilung Volksbildung. 1954, da war das Paar schon getrennt, wurde sie sogar SED-Kreissekretärin für Kultur in Cottbus.

In der Geburtsurkunde ihres zweiten Sohnes Thomas, der im September 1949 zur Welt kam, ist als Adresse des Kindsvaters die Senftenberger Bahnhofstraße aufgeführt, der Wohnort der Mutter lautete: Spremberg, Leipziger Straße Nr. 5. Das hatte wohl bürokratische Gründe. Man gab die Anschrift an, bei der man polizeilich gemeldet war. Noch war die

Ehe intakt, man traf sich an den Wochenenden in Spremberg oder Senftenberg. Eines der drei Zimmer in der Spremberger Wohnung, so schreibt Anna in einem Brief, war ausdrücklich als Arbeitszimmer für Erwin reserviert.[300]

Im Rückblick jedoch erscheint diese räumliche Trennung bereits als der Anfang vom Ende der Beziehung. Nach einer relativ kurzen Zeit des wirklichen Zusammenlebens hatte Erwin Strittmatter die Gelegenheit ergriffen, um sich erneut – wie schon in seiner ersten Ehe – von Frau und Söhnen zu entfernen.

Anna Strittmatter, die nun mit den drei und bald darauf vier Jungen zumindest während der Woche allein war, litt unter der Situation. Von Ende 1947 bis zum Frühjahr 1951 sind sehr viele Briefe an ihren Mann überliefert, in denen sie ihm beinahe täglich ausführlich ihren Alltag schildert, ihm ihre Gedanken und Gefühle mitteilt. Sie ist enttäuscht, wenn er auch am Wochenende in Senftenberg bleiben muss oder will, sie beklagt sich über seine – gemessen an ihrer Schreibfrequenz – seltenen Antworten und bringt immer wieder ihre große Sehnsucht zum Ausdruck. Gewiss spürte sie, dass sich ihr Mann mit seinem Weggang nach Senftenberg auch innerlich von ihr entfernte, und versuchte mit viel Energie, diesen Prozess aufzuhalten.

Die Adresse der Senftenberger Filiale der »Märkischen Volksstimme« lautete Am Markt 19, auf seinen Briefen gibt Strittmatter manchmal auch »Volkshaus« als Absender an. Im »Wundertäter« heißt dieses Haus »Knappenruh«, die Lokalredaktion sitzt dort in einem Hinterzimmer der SED-Kreisleitung. Vermutlich war es im »Volkshaus« ähnlich. Die kleine Redaktionsgruppe, bestehend aus einem Redakteur, einer Sekretärin und einer Volontärin, lieferte täglich das Material für die Kreisseite an die Hauptredaktion in Potsdam, wo der größte Teil der Zeitung hergestellt wurde. Die Calau/Senftenberger Redaktion der »Märkischen Volksstimme« war faktisch erst mit der Einstellung von Erwin Strittmatter gegründet worden. Er baute die kleine Gruppe auf und gewann für die Stelle der Sekretärin Annas Schwester, seine Schwägerin Wilma Angermann, die bis dahin mit ihrer kleinen Tochter im Haus der Eltern in Sömmerda gelebt hatte. Wie aus Briefen von Wilma und auch aus besorgten Bemerkungen Annas hervorgeht, kamen Erwin und Wilma nicht gut miteinander aus. Etwa nach einem Jahr verließ Wilma die Senftenberger Redaktion und nahm eine Arbeit in einem Braunkohlebetrieb in Spremberg auf. Wahrscheinlich erst nach ihrem Weggang kam eine Volontärin nach Senftenberg. Im »Wundertäter« heißt sie die Wetterzeube, und Stanislaus Büdner steht mit ihr in einer sehr streitbaren kollegialen Beziehung. Das Vorbild für diese Figur war vermutlich die Volontärin Christel Kolasser, die einige Jahre lang Strittmatters Geliebte war. Die Beziehung zu zwei oder gar mehr Frauen zur gleichen Zeit an verschiedenen Orten war offenbar ein Muster, in das er immer wieder geriet. Teil dieses Musters war auch sein Reflex, vor den angerichteten Verwicklungen irgendwann in neue Verhältnisse zu fliehen.

Als Lokalreporter schrieb Erwin Strittmatter über Wirtschaft, Politik und Kultur, er war für alle Ereignisse im Kreis Calau/Senftenberg zuständig, berichtete über den Besuch von Otto Grotewohl bei Bergarbeitern ebenso wie über die Auszeichnung von Aktivisten, die Entnazifizierung im Chemiefaserwerk Schwarzheide und über die Entdeckung des Zweitgusses der Bettler-Figur von Barlach in den Trümmern einer Gießerei bei Senftenberg. Wenn es an realen Zuschriften zu den wichtigen Themen mangelte, schrieb er sogar fingierte Leserbriefe, die er mit verschiedenen Pseudonymen unterzeichnete. Auch mehr oder weniger pädagogische Glossen fielen in sein Ressort, wie zum Beispiel ein mit freundlich erhobenem Zeigefinger verfasster Dialog zwischen »Wilhelm und Käte« über das Abgabesoll, den freien Markt und die Schieber[301] oder ein weniger freundlicher Kommentar über den Ortsvorstand »einer demokratischen Partei«, der sich nach der »zersetzende[n] aus Amerika importierte[n] Tanzmusik« in der Öffentlichkeit »verrenkt« hatte.[302]

Hin und wieder gelang es dem ambitionierten Lokalredakteur auch, auf der Kulturseite des Blattes gedruckt zu werden. So erläuterte er anlässlich der Premiere des Stückes »Ein Inspektor kommt« von John Priestley am Stadttheater Frankfurt/Oder die wesentlichen Merkmale des »bürgerlichen Realismus«, so wie er es wohl auf der Parteischule gelernt hatte: »Dieser Realismus begnügt sich damit, die Verworfenheit des kapitalistischen Systems aufzudecken und literarisch festzuhalten. Er zeigt aber im Gegensatz zum sozialistischen Realismus keine Wege, wie man diese faule Gesellschaftsform verändern kann.« Die Frankfurter Theaterbesucher hätten sich von dem Stück erschüttern und mitreißen lassen, offenbar ohne über diese Frage nachzudenken. Erschwerend kam hinzu, dass der Autor Priestley den »Friedensappell von Ilja Ehrenburg« nicht unterzeichnet habe. In der schlichten Schwarz-Weiß-Manier der Zeit schlussfolgert der Verfasser daraus: »Er steht gegen den Frieden. Er gehört selbst zu den Gestalten, die in seinem Theaterstück immer tiefer in den kapitalistischen Sumpf sinken, ohnmächtig, sich zu befreien.«[303] Solche Sätze auf den Seiten eines SED-Organs bedeuteten natürlich mehr als die persönliche Meinung des Autors. In Zeiten der stalinistischen Säuberungen und der Formalismusdiskussion war das ein Verdikt, eine Drohung, vor allem an die Adresse der Theaterleute, die sich künftig überlegen würden, ob sie noch einmal ein Stück eines so Gebrandmarkten in ihren Spielplan aufnahmen.

Als heutige Leser können wir nicht wissen, wie Erwin Strittmatters Theaterkritik ursprünglich ausgesehen hat und ob nicht der Potsdamer Redakteur der Kulturseite zumindest das ideologische Schwänzchen mit dem Friedensappell angehängt hat. Doch so, wie der Artikel überliefert ist, weist er den Autor als sattelfest aus – sowohl im Hinblick auf das Funktionärsvokabular wie auch auf die kulturpolitische Linie. Es ist anzunehmen, dass Strittmatter als frisch bekehrtes SED-Mitglied viele der Parteidogmen mit voller Überzeugung vertrat, in manchen Fällen fühlte er sich vielleicht – wie sein Büdner im »Wundertäter« – zu unsicher, um zu widersprechen, doch gewiss schloss er in anderen Fällen einfach Kompromisse – seiner »wahren Kunst zuliebe«, wie er es 1946 schon einmal ausgedrückt hatte. Denn obgleich ihm die Arbeit bei der »Märkischen Volksstimme« viel Zeit raubte, die er lieber in seinen Roman gesteckt hätte, sollte sie ihn seinem Traumziel Schriftsteller letztlich ein gutes Stück näher bringen. Er traf dort auf Erich (Bobby) Reimer, den Kulturredakteur der Potsdamer Hauptredaktion, der nicht nur seine Theater- und Ausstellungskritiken druckte, sondern sich auch für seine literarischen Texte interessierte. Reimer war ein alter KPD-Mann, ehemaliger Schneidergeselle und literaturbegeisterter Autodidakt, der Ende der zwanziger Jahre im Berliner Stadtbezirk Lichtenberg eine kleine Arbeiterbibliothek aufgebaut hatte. In seiner Eigenschaft als Kulturredakteur und später als Funktionär der SED-Bezirksleitung sah sich Reimer als Förderer und gleichzeitig als politischer Lehrer von Erwin Strittmatter und anderen Schriftstellern, mit denen er in freundschaftlichem Kontakt stand.[304]

Im August 1948 bat Reimer in einem Brief um »einige nette kurze Sachen« für das Feuilleton. Er sei überzeugt, dass Strittmatter so etwas »in der Schublade« habe. Besonders interessiert sei er an Arbeiten, »die die Frauenfrage behandeln, respektive die Frauen ansprechen«[305]. Einen Monat später teilte ihm Reimer mit, er wolle die Erzählungen »Die Schimpfschulzen« und »Der Löffelbagger« drucken, die anderen Texte seien jedoch für eine Veröffentlichung nicht geeignet.[306] Am 1. Dezember schickte Strittmatter dem inzwischen zum Freund gewordenen Kollegen einen Gruß von einem Arbeitsurlaub in Stralsund und berichtete stolz, er habe beim Feuilleton-Preisausschreiben der Zeitschrift »Freier Bauer« einen 2. Preis bekommen. Vermutlich erhielt er die Auszeichnung für seine Erzählung »Das Jahr der kleinen Kartoffeln«, die aus dem Lope-Kleinermann-Zyklus stammte und einige Jahre später in einem Erzählungsband abgedruckt wurde.[307] Strittmatter kündigte Reimer einen weiteren Text an: »Aus dem Tagebuch eines Braunkohlenhäuers«, der, wie aus einem erklärenden Zusatz hervorgeht, das »Hennecke-Problem«[308] behandeln würde.[309]

Als Redakteur der »Märkischen Volksstimme« verfügte Strittmatter zweifellos über bessere Möglichkeiten als bisher, seine eigenen Texte, die er früher so oft vergeblich an die verschiedensten Redaktionen geschickt hatte, an die Öffentlichkeit zu bringen. Wie das Netzwerk von Förderung und Empfehlung aussah, auf das er sich als SED-Mitglied und Redakteur einer Parteizeitung stützen konnte, zeigt ein Brief, den ihm der Schriftsteller Hans Marchwitza als Leiter des Kulturbundes Brandenburg 1948 schickte: Er habe die Absicht, so Marchwitza, »Dich und unseren Freund Knolle schnellstens berühmt zu machen«. Er bittet sie, sich mit ihren nächstliegenden Betrieben zu »befreunden« und »in kurzen Skizzen und Porträts die Aktivisten und ihren Weg, d. h. ihren Denkweg, wie sie zu ihrer neuen Arbeitsweise gekommen sind, möglichst künstlerisch wieder[zu]geben«.[310] Erwin Strittmatter begriff einen solchen Vorschlag als Chance – gerade hatte er Erich Reimer das »Tagebuch eines Braunkohlenhäuers« angeboten –, während Heinrich Knolle, von dem noch die Rede sein wird und der sich als Schriftsteller später Peter Jokostra nannte, damit vermutlich nicht viel anfangen konnte.

Am Ende des Jahres 1949 schloss Erwin Strittmatter die Arbeit an seinem Roman »Ochsenkutscher« ab. Als Gemeindesekretär und später als Redakteur in der Senftenberger Lokalredaktion hatte er manchmal nur die Nächte zum Schreiben nutzen können. Begonnen hatte er mit der Niederschrift nach einigen Skizzen und Vorarbeiten etwa im Frühjahr 1947, als er noch in Bohsdorf mit Anna und seinen drei Söhnen lebte und sich seine Tage nach Feldarbeit und Schreibarbeit unterteilte. »Ich lechze nach meinem Werk«, notiert er am 26. März 1947. »Ich muß jetzt hier sein, muß ökonomisch mit meiner Lebenszeit haushalten und schanzen, wenn ich eine kleine Spur auf dem Erdball zurücklassen will.«[311]

In dieser Zeit las er intensiv Eckermanns Gespräche mit Goethe, beschäftigte sich mit Flauberts Briefen, mit Tolstoi und Zweig, um mehr über Rhythmus, Stilistik, Komposition, Sprache zu erfahren. »Alles was ich jetzt studiere«, fährt er in der Notiz fort, »soll mir endlich meine – wenn auch nicht gleich eigene – Form bringen. Ach, das habe ich in der vorausgegangenen Zeit unberücksichtigt gelassen. Was war ich naiv, da ich glaubte, das Talent allein genüge.« Der Aufsatz von Wolfgang Weyrauch »Realismus des Unmittelbaren« in der Zeitschrift »Aufbau« machte ihn auf »die neuen Amerikaner John Steinbeck, Ernest Hemingway, Nathan Ash, Thomas Wolfe« aufmerksam, in deren Schreibweise er Anregungen für seine Arbeit zu finden hoffte. Aber wie sollte er im Jahr 1947 auf dem Dorf an Bücher dieser Autoren herankommen? Strittmatters anfängliche Entwicklung als Schriftsteller war letztlich von der Abwesenheit der Literatur geprägt, die die Nationalsozialisten als »entartet« verboten und verbrannt hatten. In den Jahren, als er nach Vorbildern suchte und erste eigene Texte schrieb, konnte er weder Brecht noch Tucholsky oder Thomas Mann zur Kenntnis nehmen. Überhaupt war er im »Dritten Reich« von der modernen Weltliteratur völlig abgeschnitten, wusste nichts von Hemingway, Steinbeck, Proust und anderen. Als er endlich auf ihre Namen stieß, sollten einige von ihnen schon bald wieder als »formalistisch« oder »dekadent« verdammt werden.

Im dritten Band des »Wundertäters« bekommt der Kulturredakteur Rustin, genannt »Mehrlesen«, Stanislaus Büdners Manuskript in die Hand und ist davon so begeistert, dass er den Roman als Fortsetzungsgeschichte abdruckt. Rustin, ein ehemaliger Sattlergeselle, wird als ein Mensch geschildert, der sich einerseits ängstlich an die Regeln hält, die er auf dem Lehrgang für Kulturredakteure gelernt hat, sich andererseits jedoch mutig für Büdners Roman einsetzt. In Strittmatters Leben spielte der Kulturredakteur Erich Reimer diese Rolle. Mit dem Vorabdruck verschaffte er dem »Ochsenkutscher« zweifellos einen grandiosen Start, wofür Erwin Strittmatter ihm dankbar war. Mit den Jahren allerdings erlahmte die Freundschaft ein wenig. Bei späteren Begegnungen hatten die beiden sich wohl nicht mehr viel zu sagen. 1971 schreibt Strittmatter in sein Tagebuch, die Freundschaft zu Bobby Reimer gehöre zu den »langweilige[n] und nichts sagende[n] Freundschaften, die man ein Leben lang hinter sich herschleppt, wie Molche, die sich häuten, die dünne abgeplatzte Oberhaut noch für einige Zeit hinter sich herschleppen«[312]. Die spätere Verarbeitung der Geschehnisse um den »Ochsenkutscher«-Roman im dritten Band des »Wundertäters« erlebte Reimer nicht mehr. Er starb im Jahr 1972. Für den Germanisten Kurt Merkel, den ich über Reimer befrage, war er seit den sechziger Jahren ein väterlicher Freund und politischer Lehrer. Merkel ist sich sicher, dass »Bobby« dieses umstrittenste Buch von Strittmatter nicht gemocht hätte. Die harte Abrechnung mit der Partei hätte ihn geschmerzt, sagt er. Auch ihm selbst sei

Strittmatters Kritik zu weit gegangen. Damals, setzt er hinzu, habe er das so gesehen.

Von Februar bis Mai 1950 war in der »Märkischen Volksstimme« jeden Tag eine Folge aus dem »Ochsenkutscher« zu lesen. Ausdrücklich wurden die Leserinnen und Leser der Zeitung aufgefordert, ihre Meinung zu dem Debütroman des Autors zu äußern. Tatsächlich trafen bald begeistert zustimmende und heftig ablehnende Stellungnahmen ein, die alle zwei, drei Tage in der Spalte »Was sagen Sie dazu?« abgedruckt wurden und ihrerseits weitere Zuschriften provozierten. Ein Herr Lobner aus Potsdam vermisste eine spannende Handlung, die mit Ungeduld auf die nächste Fortsetzung warten lasse. Ihm hatte der zuvor abgedruckte Roman »Truxa«, der von anderen Lesern als »kitschig« abgetan wurde, viel besser gefallen: »Ein interessanter Zirkusroman ist mir tausendmal lieber«, schreibt er, »als der von Läusen, schmutzigen Kindern, sonderbaren und unnatürlich gearteten Menschen strotzende ›Ochsenkutscher‹.«[313] Herr Schulz aus Neuruppin sprach den Autor, den er »unseren jungen Heimatdichter« nannte, direkt an: »Lassen Sie sich nicht von verkalkten Morgenpostlesern beeinflussen, sondern schreiben Sie frisch drauflos.«[314] Frau Wießler aus Priort lehnte den Roman ab, weil er »zu wahrheitsgetreu« sei und sie zu sehr an ihre eigene traurige Kindheit als sechstes Kind einer Gutsarbeiterfamilie erinnere, während Rudolf Werner aus Potsdam gerade deshalb begeistert war, weil die Geschichte zeige, »wie es im wirklichen Leben der früheren Gutsarbeiter zuging«.[315] Von »Neu-Autoren-Kitsch« sprach ein Leser, der seinen Namen nicht nennen wollte und die »geradezu abstoßend« raue Ausdrucksweise des Autors bemängelte.[316] Für Frau Engelmann aus Frankfurt/Oder ging es im »Ochsenkutscher« viel zu gewöhnlich zu. Sie brachte die Literaturerwartungen vieler Leserinnen und Leser deutlich auf den Punkt: »Wenn wir unseren Zeitungsroman lesen, wollen wir die dunkle Zeit und alles Politische einmal ausschalten.«[317] Das rief den Widerspruch von Frau Bradler aus Potsdam hervor, die sich statt zum Roman zu derartigen Stimmen äußerte: »Anscheinend handelt es sich bei diesen Lesern um Menschen, die vor den unangenehmen Dingen stets Augen und Ohren verschlossen haben und damit dazu beitrugen, die stete Steigerung der Ausbeutung zu ermöglichen.«[318]

Hinter den Kulissen gab es offenbar eine schärfere Auseinandersetzung um Strittmatters Roman, als in diesen Leserbriefen ablesbar ist. Eine kommentierende Zwischenbilanz der Diskussion, die am 4. April 1950 in der »Märkischen Volksstimme« erschien, erwähnt eine Protestresolution von Cottbuser Lehrern und ablehnende Stimmen selbst aus der Senftenberger SED-Kreisleitung. Im Roman »Der Wundertäter« wird nach einer ebenfalls heftigen Debatte und der Selbstkritik von Stanislaus Büdner der Vorabdruck des Romans abgebrochen und der Autor in eine tiefe Krise gestürzt. Im Leben von Erwin Strittmatter verlief die Angelegenheit glücklicher. Die Redaktion hielt zu ihrem Autor und dessen ungewöhnlicher Schreibweise. In der schon zitierten Zwischenbilanz der Debatte spricht der Kommentator Könsmann den Kritikern des Romans das allenthalben beschworene »neue Bewußtsein« ab und beruft sich auf die »begeisterte Zustimmung aller fortschrittlich denkenden Menschen, vor allem der Jugend unseres Landes«.

Zu Beginn des Jahres 1951 brachte die Märkische Druck- und Verlags-GmbH den »Ochsenkutscher« dann im eigenen Verlag als Buch heraus und präsentierte ihn auf der Leipziger Frühjahrsmesse. Fast zeitgleich vertrieb auch die Büchergilde Gutenberg auf Initiative ihres literarischen Leiters Walther Victor eine Sonderausgabe des Romans. Die traditionsreiche, aus dem Arbeiterbildungswesen hervorgegangene Buchgemeinschaft musste allerdings im Zuge von Kaltem Krieg und deutscher Teilung ihre Tätigkeit auf dem Gebiet der DDR schon kurz darauf einstellen.

Der »Ochsenkutscher« brachte den Durchbruch für den 38-jährigen »jungen« Schriftsteller. Maßgeblich trug dazu eine geradezu euphorische Rezension von Alfred Kantorowicz bei, die am 31. Januar 1951 in der »Täglichen Rundschau« erschien. Der aus dem Exil aus den USA zurückgekehrte Kantorowicz war Publizist und Professor für neuere deutsche Literatur an der Berliner Humboldt-Universität, bei ihm studierte Erwin Strittmatters spätere Ehefrau Eva. Er bezeichnete den Roman als die »Bewährungsprobe einer kräftigen schöpferischen Begabung« und lobte die »vortreffliche Beobachtungsgabe« des Erzählers und seine ungewöhnliche Formulierungskraft, die mit der »Bildhaftigkeit der Schilderung« zusammenfließe. Am Schluss seines Artikels heißt es: »Wir warten auf den zweiten Band dieses Romans, der uns zeigen soll, wie das Bewußtsein der gesellschaftlichen Lage, das Lope noch zu gewinnen hat, sich in Taten von gesellschaftlicher Bedeutung umsetzt.«

Tatsächlich hatte Erwin Strittmatter sowohl einen zweiten als auch einen dritten Band des »Ochsenkutschers« geplant – sein Held war ja noch längst nicht beim ursprünglich angesteuerten historischen Höhepunkt der Bodenreform angelangt. Doch stattdessen sollte er einige Jahre später wieder mit der Kindheit eines neuen Helden, Stanislaus Büdner, beginnen, der seinem eigenen Ich wohl näher kam als Lope, der Gutsarbeiterjunge. Mir scheint es charakteristisch für Strittmatters frühe Arbeitsweise, dass politisch-didaktische Vorstellungen durchaus am Beginn einer Romanidee stehen konnten, dass er aber beim Erzählen mehr und mehr auf andere Pfade geriet und die angestrebte Botschaft dabei in den Hintergrund rückte.

Der Roman »Ochsenkutscher« machte Erwin Strittmatter mit einem Schlag bekannt. Er wurde zu Lesungen eingeladen, gab Interviews für Radio und Zeitung, trat auf Konferenzen auf. Der Deutsche Schriftstellerverband (DSV) wählte ihn in den Landesvorstand Brandenburg, zusammen mit Paul Thyret übernahm er in Potsdam die Leitung der Arbeitsgruppe »Junge Autoren«. Im April 1951 begegnete er auf einer DDR-weiten Tagung für den schriftstellerischen Nachwuchs seinem Rezensenten Alfred Kantorowicz, der dort einen Vortrag hielt. »Ein schlichter feiner Mensch«, vermerkt er in seinem Notizbuch. »Er legt Wert darauf, nicht professoral zu erscheinen. Seine Formulierungen sind aber so scharf und gekonnt, so gut überlegt, daß er nicht anders erscheint. Jede Geste zurückhaltend und abgemessen. Das Gesicht ruhig, aber der Oberkörper und die Oberarme zucken beständig nervös [...]. Ich kann, je länger ich ihn anschaue, nicht fassen, daß er sich so eingehend mit meinem Buch befaßt hat und so gute Worte dafür fand.« Am Schluss des Seminars sei er auf Kantorowicz zugegangen und habe sich für die Besprechung des »Ochsenkutschers« bedankt. Der Angesprochene sei verlegen geworden und habe von Dank nichts wissen wollen. »Ich erzähle ihm rasch, was sich zugetragen hat, als der Roman als Vorabdruck in der ›Märkischen Volksstimme‹ erschien. Wie schwer die Diskussionen zunächst waren. Ich verhehle nicht, daß sein Name dazu beigetragen hat, den ›Ochsenkutscher‹ gesellschaftsfähig zu machen. Da wird er gerührt. Seine Augen umfloren sich. ›Das habe ich nicht gewußt, daß ich dir so gut geholfen habe.‹ Er packt mich bei der Schulter und schüttelt mich.«[319]

In den folgenden Jahren sahen sich die beiden Männer nur hin und wieder zufällig bei Veranstaltungen. Nachdem ihn die Nachricht von Kantorowicz' Flucht in den Westen erreicht hatte, schrieb Erwin Strittmatter am 27. August 1957 in seinem Tagebuch, es sei bekannt gewesen, dass Kantorowicz seit langem »krankhaft verbittert« gewesen sei. Seine Bescheidenheit sei vermutlich gespielt und sein Geltungsdrang groß gewesen. Doch mit einem Rest von Loyalität gegenüber seinem Förderer suchte er nach Erklärungen für dessen Schritt, nach Gründen, die auch ihm plausibel schienen: »Tatsache aber scheint auch zu sein, dass ihn W. U. [Walter Ulbricht, A. L.] nicht leiden konnte, denn die konstante Nichtbeachtung seiner Arbeit verrät Prinzip. Zuletzt hat sich K. in eine Märtyrerrolle hineingesteigert, litt an halbem Verfolgungswahn. Der militante Ton, dessen sich viele bedienen, die nur oberflächlich umgeschult sind, verletzte ihn beständig. Die geistige Ignoranz vieler Funktionäre missfiel ihm.« Doch von der Konsequenz, in den Westen zu gehen, grenzte sich Strittmatter, auch in der Zwiesprache mit seinem Tagebuch, scharf ab. Das war für ihn damals und auch später nie eine Option: »Verschiedene Wendungen in seiner Erklärung beim Übertritt ins Westlager sind unverzeihlich. Sie machen ihn wirklich zum Feinde. Soweit darf der persönliche Hass nicht gehen. Da war also ein Mangel bei K. – den Zusammenhang der Dinge und die Ansätze zu Wandlungen bei uns zu erkennen. Er lebte in seiner Studier-Stube wie die meisten unserer Intellektuellen.«[320]

SCHRIFTSTELLER UND FUNKTIONÄR
1951–1960

IN ZEITEN DES FORMALISMUS

»Jetzt also hier. Im kleinsten Kollektiv der Familie. Es fällt nach fast 3½ Jahren schwer, sich wieder einzuordnen. Schon die Mahlzeiten empfindest du als diktatorisch. Du hast dich zu lange selbst versorgen müssen«[321]. Mit diesen Worten nimmt Erwin Strittmatter am 8. März 1951 seine 1947 unterbrochenen Aufzeichnungen wieder auf. Erneut hatten sich seine Lebensumstände geändert. Seit zwei Wochen lag die Redakteurszeit bei der »Märkischen Volksstimme« hinter ihm. Nach dem Erfolg des »Ochsenkutschers« war er nun endlich ein Schriftsteller, so wie er es sich seit langem schon gewünscht hatte. Er lebte wieder in seiner Geburtsstadt Spremberg, zusammen mit Ehefrau Anna und drei seiner Söhne: dem anderthalbjährigen Thomas, dem fünfjährigen Uwe und dem elfjährigen Knut. Der mittlerweile dreizehnjährige Ulf war inzwischen zu seiner Mutter gezogen, die mit einem neuen Ehemann in Wittenberge wohnte, wo er es jedoch nicht lange aushalten sollte.

Aus der Wohnung in der Leipziger Straße war die Familie in eine ein wenig heruntergekommene Villa mit großem Garten in der Johann-Strauß-Straße direkt am Stadtpark gewechselt. Bei ihnen lebte auch Bruder Heinis geschiedene Frau Martchen mit ihrem Sohn Volker und führte den Haushalt, denn Anna Strittmatters Arbeitstag als Angestellte bei der Spremberger Kreisverwaltung war lang. Für das Familienleben scheine sie nicht geschaffen, vermerkt Strittmatter tadelnd im Eintrag vom 8. März, der wie eine Bestandsaufnahme seines neuen

Lebens gelesen werden kann, und fährt fort, über Erziehung, Ernährung usw. mache sie sich wenig Gedanken, sie sei in dieser Hinsicht »betriebsblind und konservativ«. Der zurückgekehrte Familienvater sah hier ein Betätigungsfeld für seine pädagogischen Ambitionen: »Einige Erziehungsfehler, die sich einschlichen, werden rasch ausgebügelt sein. Morgens wird gemeinsam geturnt, werden Freiübungen gemacht. Alle sind begeistert davon. Man hat damit ein gutes Erziehungsmittel in der Hand. Evtl. Ausschluß von der Morgengymnastik und so!« Weiter schreibt er: »Maria scheint enttäuscht zu sein [...]. Für ihre Begriffe scheint mein Wesen Schößlinge getrieben zu haben, die die Familienharmonie überwuchern.« Das ist offenbar die sehr blumige Umschreibung für den damaligen Grundkonflikt ihrer Beziehung, die Tatsache nämlich, dass er weiterhin in einer Doppelbeziehung lebte, mit Maria in Spremberg und mit Christel Kolasser in Senftenberg.

Am ausführlichsten äußert sich Strittmatter über die Freuden und Pflichten, die sein neuer Status als freischaffender Schriftsteller mit sich brachte: »Du hast geglaubt, das große Klingen würde gleich da sein, wenn Du nur zwei, drei Tage die Redaktion los bist. Nichts ist bisher noch«. Die ersten vierzehn Tage der »Freiheit« habe er mit Fahrten hin und her verbracht, eine »Ochsenkutscher«-Diskussion auf dem Volksgut Repten, zwei Treffen der Arbeitsgemeinschaft »Junge Autoren« in Potsdam und eine Vorstandssitzung des Schriftstellerverbands. Tschesno-Hell habe eine zweite Erzählung für eine Anthologie von ihm angefordert.[322] Aber noch sei ihm außer dem Thema nichts eingefallen, »ein ungemütlicher Zustand«.

In Strittmatters Nachlass ist ein Wochenplan erhalten, den er in jenen Tagen des März 1951 entwarf, offenbar aus Angst vor dem drohenden Chaos. Das Leben am heimischen Schreibtisch wird in diesem Plan für jeden Tag streng geregelt: vom Aufstehen um sechs Uhr über die schon erwähnte Morgengymnastik, Waschen, Atemübungen und Kaffee, genau abgegrenzte Zeiten für das »Studium der Parteiliteratur« und die »literarische Arbeit«, Zeitungs- und Postlektüre, für Tagebucheinträge, Spaziergang und Mittagsschlaf bis zur »Belletristik« am Schluss jeden Tages bis Mitternacht. Nur am Sonntag musste nicht geschrieben werden, doch auch dieser Tag durfte nicht einfach vergehen, sein Programm enthält Lesen, Sprachenstudium, auch wieder »Parteiliteratur«, einen diesmal längeren Spaziergang, Kinobesuch und/oder »Bücher von Kollegen lesen und begutachten«.

Unter dem Plan stehen die beiden Sätze: »Das ganze Wochenprogramm ist umstößlich, wenn wichtige Parteiaufträge vorliegen. Das ganze Programm ist umstößlich, wenn die literarische Arbeit es erfordert.«[323]

Die Sätze sagen etwas über das damalige Selbstverständnis von Erwin Strittmatter — als Schriftsteller und Parteiarbeiter —, wobei die Arbeit für die Partei, das war klar, vor allem im Rahmen des Schriftstellerverbandes zu leisten war. Zweifellos betrachtete Strittmatter im Jahre 1951 diese Kombination noch vorbehaltlos als notwendige Grundlage seines Schaffens. »Heute muss jedes Wort des Dichters eine Kampfansage sein. Jedes Wort ein Stein für den Neubau des Kommenden«, das sagte er nicht in einer öffentliche Rede, sondern schrieb es — offenbar voller Überzeugung — in sein Notizbuch.[324] Gemäß dem damals häufig zitierten Ausspruch von Friedrich Wolf, wonach Kunst Waffe im Klassenkampf sei, galt alles Schreiben ohne den »Klassenstandpunkt« und ohne eine politische Botschaft, die aus diesem Standpunkt erwuchs, als wertlose, wenn nicht sogar schädliche Formspielerei. Erwin Strittmatter war keineswegs der Einzige, dem dieses politische Engagement als zwingende Lehre aus der Vergangenheit von Faschismus und Krieg erschien. Eng daran geknüpft war jedoch das Dogma von der führenden Rolle der Partei, die auch in Fragen der

Kunst immer das letzte Wort hatte und die Künstler vor allem als Dienstleister im Rahmen ihrer Propaganda betrachtete. Dieses Machtverhältnis blieb bis zum Ende der DDR bestehen, wenn es auch zu verschiedenen Zeiten unterschiedlich eng oder weit ausgelegt werden konnte.

Als Erwin Strittmatter Anfang der fünfziger Jahre die Bühne der DDR-Literatur und des Schriftstellerverbandes betrat, strebte die SED gerade dem Höhepunkt der stalinistischen Säuberungen und der restriktiven Kunstpolitik entgegen. Die rasch aufeinanderfolgenden Kampagnen gegen »Trotzkisten«, »Titoisten« und »Agenten des Imperialismus« werden ihn vermutlich nicht sehr berührt haben. Das scharf polarisierende Freund-Feind-Denken der Stalin-Ära war ihm ja schon seit seiner ersten Parteischulung und natürlich aus der späteren journalistischen Arbeit vertraut. Die Säuberungen richteten sich nur selten gegen neu aufgenommene Mitglieder wie ihn, sondern vor allem gegen die alten Genossen, die in Spanien gekämpft hatten, die aus einem westlichen Exilland zurückgekehrt waren oder die vor 1933 der SPD oder einer Abweichlergruppe innerhalb der KPD angehört hatten. Eher schon musste er sich mit der sogenannten Formalismus-Debatte befassen, die im Januar 1951 mit einem Artikel in der »Täglichen Rundschau« unter dem Titel »Wege und Irrwege der modernen Kunst« eingeleitet wurde und in deren Folge abstrakte Malerei, moderne Musik und jegliche Experimente in der Literatur als dekadent und reaktionär verdammt wurden. Wer diese Thesen ernst nahm, und das tat Erwin Strittmatter zweifellos zu Beginn der fünfziger Jahre, dem blieb der Zugang zu den Büchern von Hemingway, für den er sich gerade erst begonnen hatte zu interessieren, ebenso wie zu den Werken vieler anderer Vertreter der modernen Literatur vorerst versperrt.

Strittmatters Bereitschaft, dieses Kunstverdikt anzunehmen und umzusetzen, hatte natürlich etwas mit seiner Unkenntnis der betreffenden Autoren zu tun, aber auch mit seinem Wunsch, als Neuling auf einem fremden Terrain alles möglichst richtig zu machen. Den Verfechtern der Formalismus-Kampagne im Schriftstellerverband galt Strittmatter – der Mann aus dem Volk – als positives Beispiel gegenüber den als »lebensfremd« oder »versponnen« bezeichneten Intellektuellen. Vielleicht genoss er diese Rolle sogar, weil er, als Schulabbrecher, Autodidakt und aus kleinen Verhältnissen stammend, gegenüber den gebildeteren und weltläufigeren Altersgenossen unter den Schriftstellerkollegen, die überdies meist eine antifaschistische Vergangenheit aufzuweisen hatten, ein Gefühl der Unterlegenheit nie loswurde. Aus seinen Notizen geht hervor, dass er Einladungen annahm und durchs Land reiste, um über Formalismus und Realismus in der Kunst zu sprechen, dass er dabei aber selbst manchmal nicht wusste, was nun »richtig« und was »falsch« sein sollte. Jeder konnte hier offenbar jeden bezichtigen, die Unsicherheit war Teil des Systems. Nach einer Tagung junger Autoren in Weimar im April 1951 notiert Strittmatter augenscheinlich ratlos, er sei sicher, dass er den »sozialistischen Realismus als Methode« beherrsche, er könne ihn jedoch nicht »erklären«.[325]

Zehn Jahre später sollte Erwin Strittmatter die gelebte Symbiose von Schriftsteller und Funktionär für sich wieder auflösen. Sein Glaube an die Kunstkompetenz der SED-Führung würde bis dahin deutlich geschrumpft sein. Zwar blieb er auch danach noch viele Jahre lang Mitglied des Präsidiums und des Vorstands des DSV, unterzeichnete Resolutionen und hob seinen Arm bei Abstimmungen, aber er betrachtete seine Pflichten als Funktionär nicht mehr als notwendigen Teil seiner Arbeit, er fand sie zunehmend lästig und nutzlos und versuchte ihnen möglichst aus dem Weg zu gehen, sich aus politischen Entscheidungen herauszuhalten. Der Prozess seiner Distanzierung verlief keineswegs geradlinig, sondern eher in Form eines Zickzackkurses. Zu den äußeren Stationen dieses Weges gehörten der 17. Juni 1953, die halbherzige Entstalinisierung nach dem XX. Parteitag der KPdSU, der Aufstand in Ungarn und der danach einsetzende erneute »harte Kurs« in der Kulturpolitik, den Erwin Strittmatter als 1. Sekretär des Schriftstellerverbandes von 1959 bis 1960 vertrat.

Auf dem inneren Kompass jenes Jahrzehnts zwischen 1951 und 1961 gibt es weitere wichtige Richtpunkte, die seine Lebensumstände und seinen Lebensweg darüber hinaus nachhaltig bestimmen sollten: die Bindung an den Aufbau-Verlag, der nach der Auflösung des Buchverlags der »Märkischen Volksstimme« bis zum Schluss sein Verlag bleiben sollte; die Zusammenarbeit mit Bertolt Brecht, die ihn vermutlich vor allzu großer Biederkeit und Tümelei in den Zeiten der Formalismus-Debatte bewahrte; seine Begegnung mit Eva, der dritten Ehefrau und bleibenden Lebensgefährtin, die zur unentbehrlichen Mitarbeiterin an seinem Werk wurde, und schließlich 1954 der Umzug auf das Bauerngehöft nach Schulzenhof, wo er sich fern von der Berliner Machtzentrale seine eigene Welt erschuf, eine Welt, die allein um ihn kreiste und in der er als Schreibender im engen Kontakt mit der Natur und mit seinen Tieren lebte.

BRECHT UND DAS BAUERNSTÜCK

Nach dem Ende der Arbeitstagung junger Autoren in Berlin, auf der er sich bei Alfred Kantorowicz für dessen Rezension bedankt hatte, fuhr Erwin Strittmatter am 20. April 1951 gleich weiter nach Altranft in den Oderbruch. Er gehörte einer Künstlergruppe an, die den Auftrag hatte, zusammen mit der dörflichen Laienspieltruppe Ideen zu entwickeln für das

Brandenburger Agitprop-Programm anlässlich der III. Weltfestspiele der Jugend und Studenten im August 1951 in Berlin. Mitglieder der Gruppe waren Irma Harder und Jochen Preißler von der Potsdamer Arbeitsgemeinschaft »Junge Autoren«, der Komponist Alexander Ott, die Malerin Ilse Stams-Nischke, die Tänzerin Johanna Philipicek, Richard Rabenalt von der Landesleitung der Deutschen Volksbühne, Fritz Möller vom Landesvorstand/Abteilung Kultur der DSF[326].

Bereits am ersten Abend ihres Aufenthalts kam Strittmatter die Idee, »statt den in Mode gekommenen amerikanischen Tänzen einen neuen Tanz mit Arbeitsbewegungen aus dem Bauernleben [zu] schaffen«[327]. Es gelang ihm, einige Mitglieder der Gruppe dafür zu gewinnen, allerdings nicht die mitgereiste Tänzerin, die offenbar, wie er notiert, nicht so recht verstehen wollte, worum es ihm ging. Noch in der Nacht schrieb er einen Text für den Tanz, und Alexander Ott, mit dem er sich vom ersten Moment an gut verstand, komponierte die Melodie dazu. Seine Schilderung, wie er voll ernstem Eifer erst seine Kollegen und dann die Dorfbewohner dazu bringt, sich im Takt der Musik zu bücken und die Arme zu schwingen und dabei die Zeilen: »gräbt sich dumm und krumm/bückt sich, biegt sich/bückt sich, biegt sich/bückt sich dumm und krumm« zu singen, enthält einige unfreiwillige Komik. Aber er hatte Erfolg mit seiner Idee. Anfang Mai, beim nächsten Vorbereitungstreffen der Festivalgruppe, erhielt er den Auftrag, ein kurzes Laienspiel »über den Anbauplan« zu verfassen, außerdem ein Lied der Traktoristen über das Putzen und Abschmieren ihrer Traktoren, und das Gedicht »eines rückständigen Bauern, der einsieht, dass er bisher verkehrt handelte«[328]. Bis zum 20. Mai sollte alles fertig sein.

Strittmatters Sketch, der von unredlichen Geschäften zwischen Klein- und Mittelbauern eines Dorfes handelte, kam während des Jugendfestivals dann doch nicht zur Aufführrung, die Jury lehnte ihn wegen Überlänge ab.[329] Danach aber arbeitete Erwin Strittmatter offenbar weiter an dem Dialog und war dabei, ihn zu einem Stück auszuarbeiten. Nachdem er einen Artikel über die »Trawopolnaja-Methode« in der sowjetischen Landwirtschaft gelesen hatte, beschäftigte er sich mit der Lyssenko-Diskussion an der Moskauer Lenin-Akademie. »Ich brannte darauf«, schreibt er, »in meinem Bauernstück etwas für unsere Landwirtschaft Neues hineinzuarbeiten.«[330] Trofim Denissowitsch Lyssenko war zur Stalinzeit der führende Biologe der UdSSR, der die Existenz von Genen leugnete und die Meinung vertrat, dass erworbene (anerzogene) Eigenschaften sich vererben würden. Seine Irrlehre, die in der Vision von melonengroßen Tomaten und apfelgroßen Erdbeeren gipfelte (so habe ich es im Biologieunterricht noch gelernt), faszinierte damals viele Menschen, die darin die Überlegenheit und Omnipotenz der kommunistischen Gesellschaftsordnung verkörpert sehen wollten. Bertolt Brecht schrieb dazu das Lehrgedicht »Die Erziehung der Hirse«, dessen Lob auf den »großen Ernteleiter Stalin« man heute nur noch mit Grausen lesen kann.[331]

Der Schriftsteller Hans Marchwitza, einer von Strittmatters frühen Förderern, machte Bertolt Brecht und Helene Weigel auf das Stück »Die Straße von Katzgraben« aufmerksam. Brecht war zu dieser Zeit auf der Suche nach Gegenwartsstoffen für seine Bühne und sah in Strittmatters Bauernkomödie, die von einem Konflikt zwischen Großbauern und Kleinbauern um den Bau einer Straße handelte, offenbar entwicklungsfähige Ansätze. Zweifellos spielte dabei auch die Tatsache eine Rolle, dass Brecht unter politischem Druck stand, nachdem seine und Paul Dessaus Oper »Das Verhör des Lukullus« 1951 als dekadent und formalistisch verdammt und verboten worden war. Von der Zusammenarbeit mit dem – abweichender Tendenzen gänzlich unverdächtigen – »jungen Autor« Strittmatter versprach er sich die von der SED geforderte Nähe zur Gegenwart, zum Leben der einfachen Leute auf dem Dorf. In diesen Hoch-Zeiten der Volkstümelei und des Kultes um den Arbeiter, dessen angeblich unfehlbarer Klasseninstinkt den Intellektuellen stets vorgehalten wurde, ließ sich Strittmatter, der im Grunde weder jung noch Arbeiter noch Bauer war, dieses Mäntelchen gern umhängen. In seinem Tagebuch reflektierte er bereits im April 1951, wie sehr er es genoss, auf diese Weise umworben zu werden: Walther Victor bilde sich ein, ihn entdeckt zu haben, schrieb er, Tschesno denke das auch und vielleicht auch Hans Marchwitza, obwohl dieses Verdienst vor allem Bobby Reimer gebühre: »Ich fühle mich aber durchaus wohl in der Rolle des fünfmal Entdeckten.«[332]

Anfang April 1952 brechen Strittmatters Spremberger Aufzeichnungen ab. Unterdessen hatte er zwei Monate zuvor die achtzehn Jahre jüngere Germanistin Eva Braun kennengelernt, beide stürzten sich in eine leidenschaftliche Liebesbeziehung, eine amour fou, von der im Tagebuch jedoch kein Wort steht. Strittmatters Briefe, die er fast täglich an Eva sandte, tragen zunächst noch die Spremberger Adresse als Absender. Als im Mai seine Zusammenarbeit mit Bertolt Brecht und dem Berliner Ensemble begann, zog er in ein Zimmer in der Försterei Schmalenberg bei Erkner – nach Berlin bekam er keine Zuzugsgenehmigung. Zusammen mit seinem Freund und Kollegen Boris Djacenko, der sich ebenfalls im Forsthaus eingemietet hatte, nahm er sein früheres Junggesellenleben wieder auf. Seinen ersten Brief an Eva aus Schmalenberg schrieb er am 26. Mai 1952. Später wohnte er zeitweilig auch bei den Brechts in Buckow, in einem Gästezimmer des Berliner Ensembles in der Luisenstraße und im Haus von Brecht und Weigel in Weißensee. Dass sein Auszug diesmal die Trennung bedeutete, erfuhr Anna Strittmatter erst viele Monate später. Ende 1953 zog sie nach Cottbus um und begann in der

Kulturabteilung der SED-Kreisleitung zu arbeiten. Die beiden Söhne aus Strittmatters erster Ehe und ihre eigenen Kinder brachte sie ins Internat bzw. Wochenheim.

Am 23. Mai 1953 wurde »Katzgraben« im Haus des Deutschen Theaters, in dem das Berliner Ensemble damals noch gastierte, uraufgeführt. In den Monaten zuvor hatten Erwin Strittmatter, Bertolt Brecht und seine Assistenten Käthe Rühlicke, Peter Palitzsch und Claus Hubalek intensiv an dem Stück gearbeitet und von der ursprünglichen Fassung vermutlich nicht viel mehr als den Grundeinfall übriggelassen. Sie formulierten die Fabel neu und erstellten insgesamt sieben Versionen des Stücks, die gemeinsam mit ihren Diskussionen in den »Katzgraben-Notaten« festgehalten wurden. Seit der dritten Fassung liegt das Stück nicht mehr in Prosa, sondern in freien Rhythmen vor. Im Laufe der Arbeit hätten sich die Jamben einfach in den Text geschlichen, so wurde die Geschichte in Brechts Umfeld später gern erzählt.[333] Textumdichtungen, neue Textstellen, so schrieb Strittmatter, hätte er jeweils über Nacht anfertigen müssen. Er erinnerte sich daran, wie er an einem Morgen ohne das geforderte Lied ankam und Brecht und er daraufhin gemeinsam die Verse dafür fanden: »Es war eine glückliche Viertelstunde, in der wir uns, in der Stube auf und ab gehend, die Zeilen zuwarfen.«[334]

Nach der Premiere gab es viel Wohlwollen für das Stück, aber auch kritische Anmerkungen. »Ein halber Erfolg«, resümierte »DER SPIEGEL«, der immerhin in einem zweiseitigen Beitrag die Aufführung zur Kenntnis nahm.[335] Die Journalistin Lily Leder schrieb in der Zeitschrift »Theater der Zeit«, der Autor sei ein Dichter, der es meisterhaft verstehe, »Atmosphäre zu geben und Menschen zu charakterisieren«. Es sei ihm jedoch nicht gelungen, »einen echten Konflikt herauszuarbeiten, der das Rückgrat des Stückes bilden könnte«.[336] Im »Sonntag« monierte Arnold Zweig, dass es sich im Grunde um keine echte Komödie handle, der ernsthafte und prinzipielle Konflikt werde hier verwässert. Dem Stück sei außerdem »die Darstellungsweise Brechts nicht gut bekommen«.[337] Kritik gab es auch an der letzten Szene, in der der Großbauer als lächerliche Figur in einer Schubkarre von der Bühne gefahren wird. Von der leuchtenden Zukunftsvision im Epilog, den das Ensemble anlässlich der Neuinszenierung ein Jahr später anfügte, rückte Erwin Strittmatter später ab. In einem Interview mit dem Literaturwissenschaftler Heinz Plavius, das allerdings erst nach dem Ende der DDR veröffentlicht werden konnte, nannte er im Jahr 1980 seine »damaligen Schreibereien [...] überholt, verjährt, einfach naiv« und zitierte zwei Zeilen aus dem »Katzgraben«-Epilog, in denen er die Lyssenko-Stalin-Irrlehre propagiert hatte: »...Wer wird uns hindern, Reis und Sojabohnen, im Waldschutz Baumwollpflanzen anzusiedeln?«[338] 1993 bezeichnete er in einem Gespräch gar die ganze »Katzgraben«-Komödie als eine »Sünde gegen die Kunst«[339].

Für diese »Sünde« erhielt Strittmatter im Oktober 1953 den Nationalpreis III. Klasse. Die Begründung dafür hatte Bertolt Brecht im Auftrag der Akademie der Künste verfasst. Er nannte das Stück »vorbildlich durch seine groß gestaltete Fabel und durch seine individuell geprägten Menschen«[340], er hob die originelle Sprache hervor und steigerte sich schließlich zu der Aussage: »Das politisch kluge und zugleich unterhaltsame Stück gehört zu den wenigen dichterisch bedeutenden Komödien der deutschen dramatischen Literatur.« Angesichts der Tatsache, dass Brecht selbst an der Komödie erheblich mitgeschrieben und mitgestaltet hatte, liest sich das wie ein kräftiges Eigenlob. Im Gegensatz allerdings zu seiner sonst üblichen Praxis, unter die Ergebnisse der gemeinsamen Arbeit seines Teams (meist Mitarbeiterinnen) allein seinen Namen zu setzen, verhielt sich Brecht im Fall von »Katzgraben« anders und erhob nicht einmal einen Anspruch auf die Mitautorschaft.

Letztlich zogen beide Partner ihren Nutzen aus dieser Kooperation. Brecht konnte zeigen, dass er in der Lage war, seine Methode auch auf einen Gegenwartsstoff anzuwenden. Anhand der Katzgraben-Notate entwickelte er das »Kleine Organon für das Theater«. Strittmatter erhielt – außer dem Ruhm und dem Preis – die Chance, mit einem der interessantesten und kreativsten Vertreter des modernen Theaters zusammenzuarbeiten. Einige Jahre lang war er freier Mitarbeiter des Berliner Ensembles, war in der Parteigruppe des Theaters organisiert und lernte dort eine ganz andere Welt kennen. Zum Jahreswechsel 1952/53 schrieb er an Brecht: »Ich habe noch nie in meinem Leben soviel auf einen Sitz gelernt wie in dem reichlichen halben Jahr bei Ihnen. Ich habe aber auch noch nie so willig einem Lehrer zugehört wie Ihnen. Trotzdem verspreche ich, daß ich mir bei allem, was ich Ihnen ablerne, selber treu bleiben werde, weil ich weiß, wie sehr Ihnen Nachäffer zuwider sind«.[341] Im dritten Band des »Wundertäters« zeichnet Strittmatter mit der Figur des Lukian List ein ambivalentes Bild von Brecht, in das zweifellos neben seinem damaligen Respekt auch sein Unterlegenheitsgefühl und der Wunsch, sich davon zu befreien, eingeflossen sind.

Noch Jahre später setzte er sich in seinem Tagebuch immer wieder mit ihm auseinander. Er denke »mit ›liebender‹ Wehmut an die Zeit«, schreibt er 1969, da Brecht ihn in der Welt der Intellektuellen, in der er sich nie zu Hause gefühlt habe, »wie seine Entdeckung« vorgezeigt habe. »Und wer weiss, was wir bereits für Kontrahenten wären, wenn Brecht noch lebte! Ob er sich wohl enttäuscht gesehen hätte, wenn er gewahr geworden wäre, dass ich nicht schmalgleisig wie er (wider sein besseres Wissen) der Zukunft zufahre?«[342] Ein Jahr später schreibt er: »Ganz gleich, ob ich sein Werk heute noch mag oder ablehne [...], er war die größte Persönlichkeit, die ich bisher auf Erden traf, er war ein Dichter, und er hatte geniale Züge und seine Lebens- und Schaffensprinzipien waren mir sympathisch«.[343] Ein weiteres Jahr später erinnert er in einer Notiz daran, dass Brecht damals vorhatte, mit ihm und Eva zusammen eine Art Romanschriftstellerei zu gründen, in der er (Strittmatter) das Milieu und die Beschreibungen liefern würde, Brecht die Dialoge und Eva das Ganze auf Stichhaltigkeit prüfen sollte.[344] Verständlich, dass er sich vor solchen Vereinnahmungsplänen in Sicherheit bringen wollte. Offenbar empfand er den Einfluss des Meisters als so stark, dass er sich 1954 auch räumlich aus dessen Verfügungsbereich entfernen musste, um wieder sein eigenes Werk schaffen zu können. Strittmatters Sohn Erwin Berner ist überzeugt davon, dass der Kauf des Hauses in Schulzenhof im Jahr 1954 auch in diesem Zusammenhang gesehen werden muss.

DER 17. JUNI 1953

Zwischen der Uraufführung von »Katzgraben« im Mai und der Auszeichnung mit dem Nationalpreis im Oktober lag der 17. Juni 1953. Wie schon erwähnt, führte Strittmatter seit dem April 1952 kein Tagebuch mehr, und auch in den überlieferten Briefen, die er hauptsächlich an seine neue Liebe Eva richtete, gibt es keinen Hinweis, ob und auf welche Weise er zur Kenntnis nahm, wie in den Monaten zuvor Unmut und Zorn der Bevölkerung immer mehr anwuchsen, bis sie schließlich in Streiks und Demonstrationen explodierten. Nach dem Beschluss der 2. Parteikonferenz der SED im Juli 1952, den Aufbau des Sozialismus in der DDR zu forcieren, verschlechterte sich der ohnehin niedrige Lebensstandard der Bevölkerung, die Gefängnisse füllten sich mit sogenannten Staatsfeinden, der

Strom der Republikflüchtlinge schwoll an. Die Leute waren erbittert über die Verteuerung von Lebensmitteln und Textilien, die Rücknahme von sozialen Vergünstigungen, über die Verschärfung von Polizei- und Justizwillkür und über die Erhöhung der Arbeitsnormen, die das Fass schließlich zum Überlaufen brachte. Der Historiker Falco Werkentin nennt dieses Maßnahmenbündel einen »totalen sozialen Krieg«. Die Machthaber in der DDR hätten seit dem Sommer 1952 den Konsens eigentlich mit allen Gruppen der Bevölkerung aufgekündigt.[345] Von den Arbeitern und Bauern über den Mittelstand, die Kirchen bis hin zu den alten Kommunisten, die wegen ihrer Kontakte im Westexil als Feinde stigmatisiert wurden, waren alle verprellt und vor den Kopf gestoßen.

Kaum vorstellbar, dass Strittmatter bei aller Gläubigkeit diese Eskalation nicht wahrgenommen haben soll. Seine engagierte kritische Stellungnahme, die er nach dem 17. Juni verfasste, zeugt davon, dass sich auch bei ihm Unmut und Beunruhigung angestaut hatten. Kurz vor dem Aufstand war der Lektor des Aufbau-Verlags Johannes Schellenberger verhaftet worden, den Strittmatter aus der Zusammenarbeit in der Potsdamer AG »Junge Autoren« sehr schätzte und dem er 1951 seinen Wechsel zu Aufbau verdankte. Als zeitweiliger persönlicher Referent des entmachteten Politbüromitglieds Paul Merker, der bereits seit dem Dezember 1952 in Stasihaft saß, war Schellenberger ein Opfer der letzten Welle der stalinistischen Säuberungen geworden, die aber nach Stalins Tod und dem 17. Juni nicht mehr in einem Schauprozess gipfelte. Im September 1953 bedankte sich der nach 14 Wochen aus der Untersuchungshaft Entlassene bei Erwin Strittmatter und Eva Braun, bei Boris und Inge Djacenko sowie bei Karl Grünberg für ihre Unterstützung[346] und schilderte seine traurige Lage: Infolge der Haft sei er krank, habe weder Arbeit noch Geld, seine Frau habe ebenfalls ihre Stelle verloren. Rehabilitiert sei er bisher nicht, es drohe ihm außerdem noch eine Parteistrafe wegen »mangelnder Verbindung mit den Massen«. Schellenberger bat Strittmatter um Hilfe: Ob er und andere Kollegen ihre Meinung über seine Arbeit für den Schriftstellerverband in einem Schreiben an das Zentralkomitee darlegen könnten.[347] Strittmatter setzte sich daraufhin mit Bernhard Seeger in Verbindung, einem weiteren Mitglied der Potsdamer Arbeitsgemeinschaft »Junge Autoren«. Gemeinsam verfassten sie ein positives Zeugnis für ihren Kollegen, das sie an das ZK der SED sandten.[348] Die Solidargemeinschaft dieser Gruppe funktionierte offenbar. Die Verhältnisse hatten sich inzwischen auch insoweit gelockert, dass es nicht mehr unmittelbar gefährlich war, sich für einen von der Staatssicherheit Festgenommenen einzusetzen, aber selbstverständlich war ein solches Verhalten keineswegs. Im Oktober 1953 schrieb Schellenberger einen langen Brief an Strittmatter aus dem Haus von Irma Harder in Zarrentin, wo er sich von den physischen und psychischen Strapazen seiner Haft erholen konnte.[349]

Am 16. Juni 1953 befand sich Erwin Strittmatter zusammen mit seiner Lebensgefährtin Eva in ihrer neuen Wohnung in der Stalinallee nahe dem Strausberger Platz, wo er von seinem Fenster aus den Beginn der Demonstration der Bauarbeiter beobachten konnte. Eva war hochschwanger, nur wenige Tage später sollte ihr erster gemeinsamer Sohn Erwin geboren werden. Mitte Mai hatte das Paar die Vierzimmerwohnung in der neuen Prachtstraße Ostberlins durch Fürsprache des Schriftstellerverbandes zugewiesen bekommen, obwohl Erwin Strittmatter zu diesem Zeitpunkt weder von seiner zweiten Ehefrau geschieden war noch eine Zuzugsgenehmigung für Berlin besaß. Als Nationalpreisträger genoss er jedoch Privilegien, die wohl mächtig genug waren, solche bürokratischen Hürden zu überwinden.

In seinem Bericht, den er wenige Tage nach den Ereignissen an das »Neue Deutschland« sandte, schrieb er, er habe am Nachmittag des 16. Juni einen Zug von Bauarbeitern vom Strausberger Platz her kommen sehen. »Sie trugen ein Transparent aus blauem Stoff vor sich her. ›Wir fordern Norm-Senkung‹ war mit Baukalk darauf geschrieben.«[350] Die Demonstranten hätten sich nur zögernd in Bewegung gesetzt, und auch ihr Sprechchor sei zunächst dünn gewesen. Nach und nach hätten die Arbeiter anderer Baustellen ihre Arbeitsplätze verlassen und sich dem Zug angeschlossen. Er sei sich, so Strittmatter, der Ungeheuerlichkeit bewusst geworden, dass hier »Arbeiter gegen sich selbst« streikten und demonstrierten. Offenbar hatte er unterdessen seinen Beobachtungsplatz am Fenster verlassen und war auf die Straße getreten, denn er wechselt in seinem Text die Perspektive. »Ich folgte dem Zug«, schreibt er. »Er bog in eine engere Seitenstraße ein. Zeitweilig überschwemmte er die Bürgersteige.« In den folgenden Passagen schildert Strittmatter, wie sich die Demonstranten über den Alexanderplatz, die Friedrichstraße, die Wilhelmstraße bis zum Haus der Ministerien in der Leipziger Straße bewegten.

Er zeichnet ein ambivalentes Bild der Geschehnisse. Einerseits agieren darin die besonnenen, friedfertigen Bauarbeiter, denen seine Sympathie gehört, und auf der anderen Seite »die Provokateure«, die sich unter sie mischen, die die Situation anheizen und zur Gewalt aufrufen. Die sorgfältige Unterscheidung zwischen diesen beiden Gruppen prägte bis zum Ende der DDR die Erinnerung an den 17. Juni. Wenn »die Ereignisse«, wie der Aufstand stets genannt wurde, überhaupt thematisiert wurden, so durften die Arbeiter, die doch als die sozialistische Avantgarde galten, auf keinen Fall den Sturz der Regierung, die Entmachtung der SED gefordert haben. Das konnte nur das Werk der aus dem Westen eingeschleusten, häufig als »faschistisch« bezeichneten Agenten sein. Strittmatters Schilderung der sehr unterschiedlichen Haltungen und Handlungen der Demonstranten ist gewiss kein nachträgliches Konstrukt, sondern tatsächlich erlebt: Die einen zerrten den alten Pförtner eines Baubetriebes gewaltsam mit in ihren Zug, während andere dem machtlos gewordenen Parteisekretär, der die Belegschaft nicht zurückhalten konnte, nur verächtlich auf die Schulter klopften, und wieder andere stießen zwei Männer, die sich dem Zug entgegenstellen wollten, vom Dach eines Personenwagens und schlugen auf sie ein. Wie wir heute wissen, war der Eingriff von außen, aus dem nahen Westberlin, zumal am 16. Juni, viel geringer als später immer wieder suggeriert wurde. Was sich da entlud, waren die geballten und widerstreitenden Elemente in der einen großen in Bewegung geratenen Männer-Masse.

Interessant ist in dem Zusammenhang, wie vorsichtig der Schreiber seine eigene Rolle im Geschehen umreißt. Zweifellos war es für ihn eine Gratwanderung, einerseits zu bezeugen, dass er tatsächlich alles mit eigenen Augen gesehen habe – das war wichtig für sein Anliegen, für die Botschaft seines Berichts –, und andererseits durfte er nicht den Eindruck aufkommen lassen, er sei etwa mitdemonstriert. Diese changierende Position – dabei und gleichzeitig nicht dabei zu sein – ähnelt im Übrigen sehr der Rolle des »unschuldigen Beobachters«, mit der er auch seine Romanhelden durch die heikelsten Situationen schickt. In diesem Fall war es mit dem Beobachten allein nicht getan. Seine öffentlich bekundete Anwesenheit in diesem Demonstrationszug – der Bericht sollte ja im Zentralorgan veröffentlicht werden – war letztlich nur gerechtfertigt, wenn er deutlich machte, dass er dort den Standpunkt der Partei vertreten habe, was nicht einfach war, denn die bisherigen Vorstellungen von Richtig und Falsch waren gerade dabei sich aufzulösen.

Es ist deshalb eine gestalterische Meisterleistung, wie

Strittmatter in seinen Bericht einige kleine Dialoge mit den demonstrierenden Arbeitern einflicht, um seine Rolle als kritischer Begleiter des Zuges zu beglaubigen. Am Anfang fragt er die Leute: »Was ist los? Wir haben doch eine Arbeiterregierung.« Die Antworten, die er zitiert, sind unaggressiv, aber unmissverständlich: »[…] es sitzen zu viele Nichtstuer herum […]. Sie machen uns das Leben schwer. Sie haben kein Verständnis.« Später kommt ein Bauarbeiter zu ihm auf den Gehsteig (!), um ihn zu fragen, »ob unsere Volkspolizei auf uns schießen wird?« Das Wörtchen »unsere« habe ihm angezeigt, schreibt Strittmatter, dass er mit ihm reden könne. Er habe geantwortet, »daß unsere Volkspolizei niemals schießen würde, solange die Demonstration um berechtigte Forderungen ginge«. Der Mann habe daraufhin heftig mit seinen Kollegen diskutiert. Warum soll der Bauarbeiter ihm eine solche Frage gestellt haben?, frage ich mich heute beim Lesen des Textes. Will der Schreiber damit andeuten, dass er das Parteiabzeichen an der Jacke trug? Das war damals üblich, galt sogar als Pflicht. In seinem Bericht erwähnt er das Abzeichen jedoch nicht.[351]

Vor dem Haus der Ministerien in der Leipziger Straße hätten die Demonstranten dann verlangt, Walter Ulbricht oder Otto Grotewohl solle mit ihnen sprechen. Strittmatter schreibt: »Ich rechnete in diesem Augenblick selbst sehr mit dem Erscheinen von Otto Grotewohl und Walter Ulbricht.« Dass die beiden Parteiführer sich nicht sehen ließen, bezeichnet er als einen entscheidenden Fehler. Stattdessen, fährt er fort, sei viel Zeit damit verloren worden, die Leute zu beschwichtigen. Die »Provokateure« hätten die Zeit genutzt. »Sie pflanzten faschistische Losungen in die Menge.« Zwei Männer, ein Dicker mit Lockentolle und ein anderer in braunem Anzug, die er eindeutig als »Provokateure« ausmacht, hätten sich ihm genähert und ihn nach einer Brechstange gefragt. Damit wollten sie die Tür des Hauses aufbrechen. An diesem Punkt verlässt der Schreiber seinen Beobachterstandpunkt und wird zum Akteur. »Seid ihr Bauarbeiter oder Provokateure?«, habe er laut gerufen und sei daraufhin von dem Dicken angegriffen worden. »Bauarbeiter sprangen hinzu und stellten sich den beiden Provokateuren entgegen. ›Lasst euch nicht aufhetzen‹, sagte ich den Bauarbeitern und nahm mit einem Volkspolizisten die Verfolgung der beiden Provokateure auf.«

Seine Erlebnisse dieses Tages schilderte Erwin Strittmatter 1990 in dem Interview »Umwege zu Lao-Tse« noch einmal – aber doch anders. Auch 37 Jahre später hielt er an der Unterscheidung zwischen Bauarbeitern und »Leuten von drüben« fest, »die der Sache eine andere Wendung gaben«, und zog damit gleich eine Parallele zu den gerade vergangenen Demonstrationen des Herbstes 1989: »Wir haben so was Ähnliches ja jetzt in Leipzig erlebt. Ja, merkwürdig, wenn man alt wird, wie sich die Dinge wiederholen.« In diesem Interview erwähnte Strittmatter plötzlich das Parteiabzeichen, das er damals getragen habe. Auf der Höhe des Zentralrats der FDJ [Friedrichstraße/Unter den Linden, A. L.] hätten »sie« ihn »geohrfeigt und gebackpfeift wegen dem Parteiabzeichen«. Aber ist es vorstellbar, dass er nach einem solchen Angriff noch weiter bis zur Leipziger Straße mitgelaufen ist, um dort das Aufbrechen der Ministeriumstür zu vereiteln?

Unabhängig davon, wie sich die Geschichte damals zugetragen hat – Strittmatters unmittelbare Anwesenheit bis zum Ende der Demonstration war wichtig für die Argumentation, die er daraus ableiten wollte. Die Geschehnisse des 16. Juni bilden in seinem Bericht ja nur den Hintergrund, vor dem er mit großer Eindringlichkeit darüber nachdenkt, wie es zu dieser Situation kommen konnte und was nun geschehen müsse.

»Meine Meinung ist nicht die generelle Meinung«, schreibt er als relativierende Vorbemerkung. »Zu Zeiten, in denen in der Partei und im Staatsapparat Fehler gemacht wurden, die noch nicht von unten nach oben ausgiebig diskutiert worden sind, kann es keine durchgehend richtige Meinung darüber geben, wo diese Fehler liegen.« Gerade in dieser Situation jedoch fühle er sich gedrängt, seine Gedanken und Vorschläge niederzuschreiben. Denn: »Es gehört zur Aufgabe eines Schriftstellers, das Leben seines Volkes gut zu beobachten.«

Das wichtigste Anliegen seines Textes war zweifellos die Forderung nach einer ehrlichen Auseinandersetzung über die Fehler, die im Vorfeld der Ereignisse und in deren Verlauf begangen worden waren. In der Parteipresse werde derzeit nur über die »Provokateure, Verbrecher, Faschisten« geschrieben, die aus Westberlin eingeschleust worden seien. Das aber sei zu einfach. »Provokateure können nur unzufriedene Arbeiter mit ihren faschistischen Losungen infizieren. Unzufriedene Arbeiter kann es nur geben, wenn Partei und Regierung nicht gut gearbeitet haben.«

Strittmatter führt als Beispiel die jahrelange Schönfärberei in den Zeitungen an und berührt damit auch ausdrücklich seinen eigenen Anteil an der entstandenen Lage. Sie hätten sich mehr und mehr daran gewöhnt, alle kritischen Stimmen wegzulassen, und hätten es normal gefunden, über die Köpfe der Menschen hinwegzureden. Auf diese Weise, schreibt er, sei die Verbindung zu den Arbeitern verlorengegangen. Leidenschaftlich argumentiert er gegen eine Vertagung der Aussprache über die eigenen Fehler. »Wie können wir einen ›neuen Kurs‹ einschlagen«, fragt er, »wenn wir uns über unsere Fehler in der Vergangenheit keine Klarheit verschafft haben?«

Im Archiv sind drei Fassungen dieses Textes überliefert. Die wohl erste und kürzeste Fassung schrieb er vermutlich schon am 20. oder 21. Juni auf Anregung von Brecht nieder und brachte sie in die Redaktion des »Neuen Deutschland«. Weil die Veröffentlichung jedoch auf sich warten ließ und die Situation sich von Tag zu Tag veränderte, modifizierte er bis

Anfang Juli den Text noch zweimal und fügte jeweils weitere Passagen hinzu. Die Schilderung seiner Erlebnisse an jenem Tag und der Kern seiner Argumentation wurden davon jedoch nicht berührt.

Am 9. Juli 1953 veröffentlichte die Zeitung »Neues Deutschland« einen Kommentar unter dem Titel: »Nochmals zum Charakter des 17. Juni«, der eine direkte Antwort auf Strittmatters – nicht veröffentlichten – Bericht darstellte und offensichtlich die Aufgabe hatte, die kritischen Stimmen in den eigenen Reihen schnell wieder zum Schweigen zu bringen. Erwin Strittmatters Text und ein ähnlich argumentierendes Schreiben des angesehenen Volkskunde-Professors Wolfgang Steinitz werden herangezogen, um den SED-Mitgliedern und Lesern vorzuführen, wie man es nicht machen darf. Zwar wird weder Strittmatter noch Steinitz ihre Gutwilligkeit abgesprochen, ihre Worte werden jedoch demagogisch verdreht. Sie werden quasi als Dummköpfe hingestellt, die offenbar den Ernst der Lage nicht begriffen haben, wenn sie – wie es heißt – über die »faschistische Provokation« möglichst wenig sprechen und die »irregeführten Arbeiter«, die »nur Marionetten im Spiel der faschistischen Provokateure waren«, damit weiter in Unwissenheit belassen wollen. Der Kommentator bemüht das Drohbild eines neuen Krieges, der am »Tag X« ausgelöst werden sollte, um zu beweisen, wie sehr die Forderungen von Steinitz und Strittmatter an den tatsächlichen Problemen vorbeigehen würden.

Im Archiv befindet sich ein Brief des Schriftstellers Rudolf Leonhard, der Strittmatter seine Solidarität versicherte. Unter anderem drückt Leonhard darin sein Unverständnis aus, dass eine Zeitung, »der ein so bedeutender Journalist wie Herrnstadt vorsteht«, so verfahren könne.[352] Zweifellos wusste Leonhard nicht, dass der Artikel vom Chefredakteur selbst stammte. Es gehört zu den Absurditäten dieser Tage und Wochen im Sommer 1953, dass Rudolf Herrnstadt, der Mann des »neuen Kurses«, im Auftrag und wider besseres Wissen diesen Kommentar verfasste und als Lohn für seine Unterwerfungsgeste einige Monate später von Walter Ulbricht aus allen seinen Ämtern vertrieben wurde. Im sogenannten »Herrnstadt-Dokument«, in dem er 1956 seine Sicht der Geschehnisse niederschrieb, bekannte er, diesen Artikel nur noch »mit Beklemmungen« lesen zu können.[353]

Einen Tag bevor der Kommentar im »Neuen Deutschland« erschien, hatte sich Erwin Strittmatter in einem Brief an Herrnstadt darüber beschwert, dass die Redaktion seinen Artikel nach langem Hin und Her nun doch abgelehnt habe. Zur Begründung habe ihm der stellvertretende Chefredakteur Friedrich gesagt, in dem Text seien die Proportionen schlecht verteilt. »Der Hauptschlag meines Artikels richte sich nicht gegen die Provokateure vom 16. und 17. Juni sondern gegen die Partei.« Es ist ein Hinweis auf die – trotz allem noch immer – offene Situation nach dem 17. Juni und auch ein Zeichen für das gewachsene Selbstbewusstsein Strittmatters, dass er nach diesem Verdikt »parteifeindlich«, das einige Wochen zuvor noch das politische Aus bedeutet hätte, nicht einknickte, sondern sich offensiv zur Wehr setzte:

»Aus Sorge um Partei und Volk sind meine Aufzeichnungen entstanden. Wie aber springt Ihr mit einem Genossen und Schriftsteller um, der es wagt, sich eine eigene Ansicht über bestimmte Vorgänge zu bilden? Ihr sagt irgend etwas hin und glaubt, er müsse sich damit zufriedengeben.

Wer ist die Partei? Nur die Chefredaktion des ›ND‹? Ich denke, auch ich bin die Partei. Ich habe mich in meinem Artikel nicht beiseite gestellt, sondern mich in die Kritik einbezogen. Wenn Ihr den Artikel aufmerksam gelesen habt, werdet Ihr das festgestellt haben. Ich bin nicht der Meinung, daß eine Kritik und Selbstkritik ›wohlproportioniert‹ sein muß, wenn die Fakten stimmen. Ihr solltet die Kritik an der Presse nicht unterdrücken. Die allgemeine Unzufriedenheit mit Eurer bisherigen Arbeit ist groß. Wollt Ihr sie wieder übersehen, dann beharrt Ihr auf den alten Fehlern.«[354]

Das Erscheinen des Kommentars am 9. Juli im »Neuen Deutschland« löste eine Debatte im Schriftstellerverband aus. Der Schriftsteller Karl Grünberg wandte sich zu Strittmatters Verteidigung an Wilhelm Pieck. Von Berliner und Potsdamer Verbandsfunktionären erhielt er Unterstützung. Der Mitarbeiter des Sekretariats des DSV, Erwin Kohn, verfasste eine Stellungnahme, offenbar für den inneren Verbandsgebrauch bestimmt, in der er den Schreiber des ND-Kommentars der Verdrehung und Verfälschung der Worte von Erwin Strittmatter bezichtigte und sich ganz und gar mit dessen Forderungen nach Debatte und Erneuerung solidarisierte.[355] Peter Nell, der den Potsdamer Verband leitete, bat am 14. Juli in einer Hausmitteilung an Kohn, noch einmal zu überprüfen, ob die im ND-Kommentar zitierte Formulierung »sprechen wir nicht soviel über den provokatorischen, faschistischen Charakter« nicht doch bei Strittmatter zu finden sei. »Es wäre doch geradezu ungeheuerlich, wenn das erfunden worden wäre.« Ansonsten sei er mit Kohns Stellungnahme einverstanden.[356] Das Informationsblatt des Verbandes »Der Schriftsteller« veröffentlichte in seiner Juli-Ausgabe von 1953 eine gekürzte Fassung des Berichts von Strittmatter.[357]

Auch andere seiner Kollegen äußerten sich in diesen Tagen öffentlich zu den jüngsten Ereignissen. Nach Angaben des Schriftstellers Erich Loest hatte der Mitarbeiter der Kulturabteilung des ZK der SED, Gustav Just, sie dazu aufgefordert. Loest, der einen Beitrag für die »Leipziger Volkszeitung« und einen für das »Börsenblatt« geschrieben hatte, die beide veröffentlicht wurden, geriet daraufhin in Leipzig derart unter Druck, dass er eine zehnseitige Selbstkritik verfassen und sich dafür geißeln musste, in seinen Texten die »berechtigten Forderungen« der Arbeiter und die Fehler der Parteiführung überhaupt erwähnt zu haben.[358] Dabei hatte er in den Artikeln, viel prononcierter noch als Erwin Strittmatter, das Stereotyp von den »faschistischen Provokateuren« wie eine Beschwörungsformel vor sich her getragen. Im August/September 1953, während die Kampagne gegen Loest sich zusammenbraute, befanden er und Erwin Strittmatter sich auf einer Reise durch Ungarn, wo sie vier Wochen lang als Gäste des dortigen Schriftstellerverbandes herumgereicht wurden. Nach seiner Rückkehr in die DDR am 21. September habe er erst erfahren, schreibt Loest in seinen Erinnerungen, dass er in Abwesenheit aus dem Schriftstellerverband ausgeschlossen worden sei und in der »Leipziger Volkszeitung« der »Fall Loest« verhandelt wurde. Nach quälenden Sitzungen hätten die Genossen schließlich »lindernde Großmut« walten lassen. Die Partei sprach ihm eine Rüge aus, der Ausschluss aus dem Verband wurde zurückgenommen.[359]

Erwin Strittmatter und Erich Loest – ihre Wege berührten sich 1953 und drifteten danach weit auseinander. Fünf Jahre später saß Loest im Staatssicherheitstrakt des Gefängnisses in Bautzen, während Erwin Strittmatter zum zweiten Mal Nationalpreisträger geworden war und zum zweiten Mal mit einer Schriftstellerdelegation durch Ungarn reiste. Schwer zu ermessen, wie viel Willkür, wie viel Zufall an ihren gegenläufigen Schicksalen beteiligt waren. Die Scheidelinie verlief durch das Jahr 1956. Nach den Enthüllungen Nikita Chruschtschows über die Verbrechen Stalins auf dem XX. Parteitag der KPdSU waren die Intellektuellen in der DDR in Bewegung geraten, sie versuchten sich Freiräume zu nehmen und sie mit Diskussionen über die bisherigen Denkverbote auszufüllen, mit Ideen, wie es weitergehen sollte, diesmal kühner und deutlicher als im Juni 1953. Man fühlte sich nun im Bunde mit der großen

Sowjetunion, von der die Entstalinisierung ausgegangen war. Gewiss nahmen sowohl Erwin Strittmatter als auch Erich Loest – in Berlin und in Leipzig – an Zusammenkünften im Freundeskreis, an Versammlungen der SED und des Schriftstellerverbands teil, auf denen heiße Debatten um Aufklärung und Erneuerung geführt wurden. Erich Loest wurden einige Zeilen zum Verhängnis, die er für ein freches Programm des Leipziger Kabaretts »Pfeffermühle« geschrieben hatte, außerdem die Tatsache, dass er sich von seinem inzwischen in den Westen geflohenen Freund Gerhard Zwerenz nicht distanzieren wollte. Das Übrige war Konstruktion der Staatssicherheit, um ein Exempel zu statuieren. Wahrscheinlich hatte sich Erwin Strittmatter insgesamt weniger exponiert als Erich Loest. Aber auch ihm wurden in einer späteren Beurteilung für die SED-Kaderakte »politische Unklarheiten« und eine »zeitweilig enge Bindung an schwankende Teile der Intelligenz« bescheinigt.[360] In einer Beurteilung des MfS heißt es, Strittmatter habe 1953 die Situation nach dem 17. Juni falsch eingeschätzt und sei im Spätherbst 1956 »von gewissen Liberalisierungstendenzen angesteckt« worden. Als Beispiel wird sein Vorschlag angeführt, das Buch »Tauwetter« von Ilja Ehrenburg in der DDR zu veröffentlichen. In Auseinandersetzungen mit Genossen Tschesno-Hell habe der Kandidat jedoch »seinen unrichtigen Standpunkt« eingesehen.[361] Auch in einem Vermerk in seiner SED-Kaderakte wird darauf verwiesen, Strittmatter habe anlässlich der Kulturkonferenz der SED 1957 »offen und ohne Aufforderung zu zeitweilig falschen Auffassungen Stellung genommen«[362].

Seit dem Jahr 1954 notierte Erwin Strittmatter regelmäßig Erlebnisse und Gedanken in seinem Tagebuch.[363] Nachdem sein Respekt vor der moralischen Autorität der Partei bereits 1953 erste Risse bekommen hatte, gibt das Tagebuch Auskunft über seine Aufbruchstimmung, seine Erschütterung und seine Hoffnungen nach der Rede Chruschtschows im Februar 1956. Wie viele seiner Schriftstellerkollegen war er zu dieser Zeit überzeugt, Walter Ulbricht könne sich nicht mehr lange im Amt halten, und er zeigte sich erleichtert darüber, dass die stalinistische Reglementierung der Kunst nun hoffentlich der Vergangenheit angehöre. Auch seine Ungeduld, seinen Zorn über die Verzögerungstaktik der SED-Führung teilte er mit vielen anderen Intellektuellen. Am 29. April 1956 schrieb er nach einer Zusammenkunft der Schriftsteller im Zentralkomitee der SED: »Die Parteiführung gibt zu, Fehler gemacht zu haben, aber nur kleine, und sie sagt nicht welche. Die Parteiführung behandelt uns wie Priester die Gläubigen in der alten Geschichte – im Mittelalter. Den vollen Wortlaut mit der vollen Wahrheit über die Untersuchungen im Falle Stalin enthält sie uns vor. Man muss also damit rechnen, auch ferner wie ein Unmündiger behandelt zu werden.«[364]

In der Nacht vom 1. zum 2. Mai konnte er in Käthe Rülickes Wohnung den Geheimbericht von Chruschtschow endlich lesen. Am folgenden Tag war er zusammen mit Johannes R. Becher, Willi Bredel, Alexander Abusch, Eduard Claudius, Kuba und Inge von Wangenheim zu einer Sitzung des Politbüros eingeladen. Er notiert nicht, worum es dabei ging, aber vermutlich unterbreitete die Schriftstellerdelegation moderate Vorschläge für Reformen. »Wir wurden zynisch abgefertigt, ausgelacht«, schreibt er anschließend.[365]

Die Enthüllungen über die Verbrechen der Stalinzeit bedeuteten für Strittmatter vermutlich gleichermaßen Schock wie Befreiung. Einerseits war es eine erschütternde Erkenntnis, (erneut) einem wahnsinnigen Massenmörder gefolgt zu sein. Anders als im Fall von Hitler hatte er Stalin persönlich verehrt und ihm sogar noch nach dessen Tod einen kleinen Text in einem Sammelband gewidmet.[366] Andererseits begann mit dieser Ernüchterung der Prozess seiner Lösung aus der gläubigen Abhängigkeit von der SED. Das Schuldgefühl wegen der NS-Verbrechen, das er vor allem rückblickend stets als wichtigstes Motiv für seinen Parteieintritt bezeichnete, verlor an Bindekraft. Es lebte jedoch fort in einer Vorwurfshaltung gegenüber den alten Genossen, deren Belehrungen er sich vorher oft gebeugt hatte, »immer in dem Gefühl einer Art von Kollektivschuld, an der man trug, weil man in der Hitlerzeit hier in Deutschland war und Schandtaten zuließ«.

In Strittmatters Tagebuchreflexionen über den XX. Parteitag der KPdSU taucht schon zu diesem frühen Zeitpunkt der Gedanke der Aufrechnung auf – nicht Aufrechnung der nationalsozialistischen mit den stalinistischen Verbrechen, sondern der Aufrechnung von Schuld: »Ich habe durch meine politische Ignoranz in der Nazizeit zugelassen, dass hier in Deutschland in den Konzentrationslagern Kommunisten von Faschisten umgebracht wurden. Ihr aber habt zugelassen, dass in der Sowjetunion Kommunisten von machtgierigen, verfolgungswahnsinnigen Diktatoren umgebracht wurden. Wer hat mehr Schuld auf sich geladen?«[367]

Dann brach im Oktober 1956 der Aufstand in Ungarn los und veränderte alles. Im Gegensatz zum sowjetischen Reformversuch von oben löste die gewaltsame Entstalinisierung auf den Straßen von Budapest bei den DDR-Intellektuellen vor allem Angst um den Fortbestand des Sozialismus aus. »Dumpfe Lähmung will mich befallen«, schreibt Strittmatter, als ihn die Nachricht von den Geschehnissen erreichte. »Ich denke wie damals am 17. Juni 1953: Sind wir so verletzlich, dass uns alles so schnell aus den Händen rutschen kann?« Er habe zu den Ereignissen nicht schweigen können, fährt er fort. »Der ganze Sonntag verging mit dem Niederschreiben und Ausfeilen einiger Aphorismen zur Lage.«[368] Sein Text mit dem Titel »Selbstverständlichkeiten«, der in der »Wochenpost« publiziert wurde, ist eine Rücknahme bisheriger kritischer Impulse, ein demonstrativer Rückzug auf die Positionen der SED-Führung. Ungarn wird darin mit keinem Wort erwähnt, aber die Ereignisse dort sind der Hintergrund, vor dem Strittmatter anhand von – nun ja – sehr schlichten Bildern vor allem für Ruhe und Ordnung plädiert: »Wenn das Essen zu mager war, zerschlägt man nicht den Herd, auf dem es gekocht wurde [...]. Man zündet kein Streichholz an, wenn man im Tank seines Autos nachsehen will, wieviel Benzin noch drin ist [...]. Man zankt sich nicht um den Bart des Bürgermeisters, wenn der Feind vor der Stadt liegt«[369].

Sowjetische Panzer stellten in Ungarn die alten Machtverhältnisse wieder her, und der schon beinahe abgesetzte Walter Ulbricht fühlte sich danach ermutigt, die Kritiker und Konkurrenten im eigenen Land zum Schweigen zu bringen. Ende November 1956 wurde in Berlin der Philosoph Wolfgang Harich verhaftet, Anfang Dezember auch der Leiter des Aufbau-Verlags Walter Janka. Nachdem er davon erfahren habe, schreibt Erwin Strittmatter, sei er zusammen mit Jeanne und Kurt Stern sofort zu Anna Seghers gefahren, um gemeinsam zu beraten, was man tun könne. Das Vorgehen der Parteiführung nennt er »amokhaft«. Niemand könne jetzt wissen, wer als Nächster verhaftet werde. »Auch Annas Telefon steht schon unter Kontrolle. Später kommt Erich Wendt, der ›Held der Arbeit‹ zu unserer Beratung. Wir rufen Bredel an. Er zeigt sich bereit, die Genossen des Vorstandes – soweit erreichbar – für den nächsten Tag zu einer Sitzung und Besprechung zusammenzurufen. Es darf nicht sinnlos weiter verhaftet werden.«[370]

Acht Monate später – Walter Janka war inzwischen zu fünf Jahren Zuchthaus verurteilt worden – verhandelte Erwin Strittmatter mit dem Cheflektor Caspar im Aufbau-Verlag über seinen neuen Roman »Der Wundertäter«, der noch vor Weihnachten 1957 erscheinen sollte. Am Abend schreibt er in sein Tagebuch, der Janka-Prozess und das hohe Strafmaß seien in »aller Intellektuellen-Munde«. Sein Blick auf das Geschehen, der Ton der Darstellung haben sich in der Zwischenzeit verändert: »Im Falle Janka musste die Dummheit bestraft werden. Wie konnte er sich als erfahrener Genosse mit so politisch unreifen Bürschchen zusammentun und an Umsturz-Ideen berauschen!/Die Strafvollstreckung in solchen Fällen sollte anders geschehn. Etwa wie jetzt in China. Zurück zur Handarbeit mit dem Lohn einfacher Handarbeiter auf Staatsfarmen.«[371]

Was war mit Erwin Strittmatter unterdessen geschehen? Hatte er resigniert und sah keine Alternative mehr zur Unterordnung unter die SED-Führung? Glaubte er an eine »Schuld« Jankas? Im Jahr 2008 erzählte Eva Strittmatter in einem Interview der Journalistin Irmtraud Gutschke, Walter Janka habe ihren Mann damals in seine Pläne einspannen wollen. Als sie ihn wegen einer anderen Angelegenheit traf, habe er sie gebeten, sie möge Erwin Strittmatter doch dazu bringen, einen Artikel in der »Wochenpost« zu schreiben, in dem er als populärer Schriftsteller die Forderung nach der Ablösung von Ulbricht und der Bildung einer neuen Regierung unterstützen sollte. Sie habe Erwin diese Bitte übermittelt, der habe sich jedoch nicht gerührt. Eva Strittmatter führte das im Jahr 2008 an, um zu betonen, »dass die Leute nicht wegen Kleinigkeiten eingesperrt worden sind, sondern weil sie planten, die existierende Regierung abzulösen«.[372] Könnte es sein, dass sich ihre Erinnerung an dieses Gespräch nachträglich verschärft hat? Dass Jankas Aufforderung an Strittmatter, in der Diskussion um Reformen das Wort zu ergreifen, nach seiner Verurteilung als »Staatsfeind« plötzlich als ein Versuch erschien, ihn in Umsturzpläne zu verwickeln?

In seinem Tagebuch hat Erwin Strittmatter weder den Vorschlag noch seine Ablehnung vermerkt. Auch seine unmittelbare Reaktion auf Jankas Festnahme drückt vor allem Sorge und Solidarität aus. Die Distanzierung von dem bisher geachteten Genossen, Spanienkämpfer und Verlagsdirektor muss erst danach erfolgt sein, und zwar so gründlich, dass er sie nicht nur als Selbstschutz nach außen bekundete, sondern auch in seinem Tagebuch niederschrieb, bis hin zu der Idee, man solle den Häftling nach chinesischem Vorbild statt ins Zuchthaus lieber zur Zwangsarbeit auf eine Staatsfarm schicken. Zynisch war das gewiss nicht gemeint, sondern Strittmatter glaubte wohl an die erzieherische Wirkung harter körperlicher Arbeit.

So sicher war er sich offenbar, dass Walter Janka schuldig geworden war und »gebessert« werden musste, dass er sogar das Ehepaar Stern, Jankas Exilgefährten in Mexiko, davon zu überzeugen versuchte. »Bei Kurt gelang mir's in Zusammenhang mit Bredels Prozessbericht«, schreibt er am 20. September in sein Tagebuch. »Bei Jeanne gelang mir's noch nicht.« Strittmatter konnte sich wohl nicht vorstellen, dass die gemeinsame Erfahrung von Verfolgung und Exil zumindest bei Jeanne Stern schwerer wog als alle Parteidisziplin. Seine Suche nach Gründen für den argumentativen Misserfolg sagt jedoch vor allem etwas über seinen Glaubenseifer – und über sein Verhältnis zu Frauen: »Hier spielen die ›Wechseljahre‹ der Frau mit hinein. Erhöhte Versteiftheit, Rechthaberei. Sonst wirkt sich's in der Ehe – hier in der Politik aus.«[373]

DER SEKRETÄR

1958 befand sich Erwin Strittmatter auf einem neuen Höhepunkt seines schriftstellerischen Erfolgs. 1954 war der Roman »Tinko« erschienen, der von Kindern wie Erwachsenen begeistert gelesen wurde. Für die Geschichte des Jungen, der in den Nachkriegsjahren auf dem Dorf in einen Konflikt zwischen Vater und Großvater gerät, erhielt er zum zweiten Mal den Nationalpreis III. Klasse. Der Roman wurde 1957 verfilmt. Am Ende des gleichen Jahres brachte der Aufbau-Verlag den ersten Band des »Wundertäters« heraus. Stanislaus Büdners Kindheit und Jugend bis zur Soldatenzeit und Desertion bescherte Strittmatter große Popularität, ihn erreichten sogar Briefe von ehemaligen Kriegskameraden und alten Freunden, die er seit langem aus den Augen verloren hatte. Sein damaliger Zugwachtmeister Bruno Schröfel schrieb aus Bansin/Usedom, ob er etwa der Strittmatter aus seiner Gruppe sei.[374] Der frühere Rechnungsführer der Kompanie, Heinrich Kahls aus Großvoigtsberg in Sachsen, erinnerte den »lieben Erwin« an ihre Zeit in Oberkrain, Krakau, Danzig, Finnland und Griechenland.[375] Strittmatters Antwortschreiben, die in Kopie bei den Briefen liegen, klingen sehr formell. Sie sind fast identisch abgefasst und enthalten kaum persönliche Wendungen. Nach einer kurzen Einleitungsformel berichtet der Schreiber quasi übergangslos von seiner Verbindung zum griechischen Widerstand auf Naxos, er erklärt, warum er das Angebot zur Desertion nicht annahm und dass er später auch in Berlin Kontakt zu Widerstandskämpfern gefunden habe, die ihm schließlich die Flucht in den Böhmerwald ermöglichten. Kurz erwähnt er noch den Umstand, dass er in Karelien beinahe vor Gericht gestellt worden wäre, weil er einen sowjetischen Sender gehört habe.[376]

Die Absicht ist deutlich. Die ehemaligen Polizei-Kameraden sollten auf eine Version der Vergangenheit festgelegt werden, die in der neuen Zeit erzählbar war, eben die Version, auf die Strittmatter sich bisher berufen hatte. Offensichtlich gaben sich sowohl Schröfel und Kahls als auch Glöckner, Fiedler und Langhammer (die ihm ebenfalls geschrieben hatten, deren Briefe aber nicht überliefert sind) mit der Antwort ihres berühmt gewordenen Bataillonsschreibers zufrieden. Auch sie wollten ersichtlich keinen Dialog über die schrecklichen, die verstörenden Erinnerungen, die sie miteinander teilten, sondern berichteten von ihren Kindern und Enkelkindern, den beruflichen Veränderungen oder der Briefmarkensammlung. Die Schweigegemeinschaft dieser Generation, von der so oft die Rede ist, sie wird an dieser Stelle, in diesen formelhaften Briefen, fassbar.

In den Jahren 1958/59, in denen künstlerischer Erfolg und Funktionärskarriere gleichermaßen kulminierten, fragte auch die SED-Kaderabteilung noch einmal nach der Kriegszeit. Im Sommer 1958 schrieb Erwin Strittmatter einen aktualisierten Lebenslauf für die SED-Kaderakte, ein Jahr später wurde er aufgefordert, weitere Auskünfte zu seiner Militärvergangenheit zu geben.[377] Diese Überprüfungen standen im Zusammenhang mit seiner Aufnahme in die Nomenklatura der SED und des Schriftstellerverbandes, ein Vorgang, der durchaus zwiespältige Gefühle bei ihm auslöste. Stolz auf das erreichte Ansehen, die Vorstellung, Einfluss nehmen zu können, standen im Widerstreit mit dem Wunsch, ungestört in Schulzenhof zu leben und Zeit zum Schreiben zu haben.

Bereits seit 1956 fungierte Strittmatter als einer der Stellvertreter von Anna Seghers im Präsidium des Schriftstellerverbandes. Zu Beginn des Jahres 1959 sah er sich schließlich mit dem Parteiauftrag konfrontiert, hauptamtlicher 1. Sekretär zu werden. »Genosse Erwin Strittmatter ist einer unserer hervorragendsten Autoren«, schrieb der Mitarbeiter der Kulturabteilung des SED-Zentralkomitees, Willi Lewin, in einer Beurteilung im Vorfeld seiner Berufung. Mindestens ebenso wichtig wie die schriftstellerische Qualität war die Bescheinigung, dass der Kandidat »zu den am meisten parteiverbundenen Genossen im Schriftstellerverband gehört und eine feste Stütze im Kampf für die ideologische Klarheit unter der künstlerischen

Intelligenz ist«. Willi Lewin verweist unter anderem auf Strittmatters parteiliches Auftreten als Mitglied einer Schriftstellerdelegation in Ungarn 1958 und auf seine Rede während der Konferenz »Zu Problemen des sozialistischen Realismus in der Literatur«. Dort habe er »offen parteilich zu seinen früheren Zweifeln Stellung genommen«.[378]

In der Tat muss Strittmatters Rede auf dieser Tagung als sein Eintrittsbillett in die höheren Funktionärsränge angesehen werden. Nach der Phase der Desillusionierung und den aufklärerischen und emanzipatorischen Ansätzen von 1953 und 1956 kehrte er zurück zur früheren Autoritätsgläubigkeit, die allerdings kaum noch ungebrochen sein konnte. Es klingt, als habe er sich den Blick auf frühere Erkenntnisse wieder vernagelt, wenn er die noch immer schwelenden Debatten um Entstalinisierung in der DDR nun, ohne auf Inhalte einzugehen, als intellektuelle Sucht, an allem »etwas zu kritisieren und zu mäkeln«, abqualifiziert und dagegen seinen »proletarischen Optimismus« setzt.[379] Wie schon einige Jahre zuvor während der Formalismus-Debatte ließ sich Strittmatter erneut – als der Mann aus dem Volke – willig einspannen in die Bestrebungen der SED-Führung, die Künstlerszene nach dem unruhigen 56er Jahr wieder fester in den Griff zu bekommen. Mit entwaffnendem Charme stilisierte er sich dabei als »naiven Vereinfacher«, der »merkwürdigerweise« immer genau die Themen aufgreife, die »auch die Partei von mir will«.[380] Es gäbe keinen neuen »harten Kurs in der Kulturpolitik«, behauptete er in seiner Rede, es gäbe aber die Notwendigkeit, »einem gewissen Liberalismus, der sich in der Kunst breitzumachen suchte«, Einhalt zu gebieten. Seine Rede sei »als Höhepunkt der Konferenz« bezeichnet worden, schreibt er am Abend in sein Tagebuch. »Das kam, weil ich wirklich das aussprach, was mich bedrückte, was ich seit langem auf dem Herzen hatte.« Und er wiederholt für sich und das Tagebuch die Kernsätze: »Wir wollen unsere Klugheit nicht mehr mit dem Bespötteln von Funktionären beweisen, nicht mehr das eigene Parteinest bekleckern. Wir wollen wieder lauter ja zur Partei und zur gemeinsamen Sache sagen.«[381]

Verständlich, dass die SED-Führung Erwin Strittmatter als ihren Favoriten für den Posten des 1. Sekretärs des Schriftstellerverbandes ansah. Der Kandidat war allerdings keineswegs begeistert von diesem Vorschlag: »Die Aussicht, als *Verbandssekretär* organisierend, von Sitzung zu Sitzung eilend, den Schriftstellerverband zu leiten, lähmt mich«, schreibt er am 24. Januar 1959 in sein Tagebuch.

Die entscheidende Aussprache fand am 27. Januar 1959 im Zentralkomitee der SED statt. »Gen. Siegfried Wagner von der Kulturabteilung im ZK tut, als wäre schon alles beschlossene Sache«, notiert er im Tagebuch. »Die Parteiführung wünscht. Mit der Partei handelt man nicht.« Strittmatters Widerstand war wohl nur halbherzig. Er habe zu bedenken gegeben, schreibt er, dass es bei ihm einen »Kurzschluss« geben könne, wenn er etwas tun müsse, was seiner Natur so zuwider sei, wie die Geschäfte eines Verbandes zu führen. Diesen Einwand hätten die Genossen aber weggewischt. Am Ende ergab er sich in sein Schicksal und war bereit, »aus dem Unumgänglichen das Beste zu machen«. Zu Hause bekam er dann aber Ärger mit Eva. »Sie nannte mich indirekt einen Scheisser, weil ich mich nicht eindeutig genug gegen die Übernahme dieser Funktion gestemmt hätte. / Das war hart und schwer.«[382]

Ende Februar 1959 trat er das Amt an, das ihn zu seinem Verdruss die meiste Zeit in Berlin festhielt. Allenfalls am Wochenende konnte er nach Schulzenhof fahren. Zuvor hatte er noch das Stück »Die Holländerbraut« in großer Eile zu Ende geschrieben, weil Benno Besson am Deutschen Theater darauf wartete. Den letzten Rest seines Autonomiestrebens steckte Strittmatter schließlich in die Weigerung, einen Arbeitsvertrag mit dem Schriftstellerverband abzuschließen. Er habe eine »ungeheure Verwirrung gestiftet«, weil er auf das ziemlich hohe Gehalt verzichtet habe, erklärte Eva Strittmatter in einem Brief ihren Schwiegereltern. Er wolle die Arbeit ehrenamtlich machen, »um seine Stellung unter den Schriftstellern klar zu halten«. Niemand solle ihm vorwerfen, er tue es des Geldes wegen.[383] Der Brief offenbart auch Evas zerrissene Situation, die Gründe für ihre heftige Abwehrreaktion. Im Juni 1958 war ihr dritter Sohn Matthes geboren worden. Sie musste nun wahlweise unter den sehr primitiven Lebensumständen in Schulzenhof allein mit dem Baby zurechtkommen oder auch dieses Kind zu ihrer Mutter bringen, damit sie – wie Erwin es erwartete – häufig bei ihm in Berlin sein und ihn auf Fahrten durch die Republik begleiten könne.

Die Spuren von Strittmatters etwa anderthalbjähriger Sekretärstätigkeit füllen im Archiv des Schriftstellerverbandes mehrere Ordner. Darin finden sich unter anderem seine vielen Entschuldigungs- und Absagebriefe, weil er wegen Überlastung in seiner Funktion den Einladungen zu Lesungen und Vorträgen nicht folgen und erbetene Artikel nicht schreiben konnte. Er musste täglich einen großen Angestelltenapparat am Laufen halten, Sitzungen einberufen, zu Sitzungen fahren, Kontakt zu den Bezirksverbänden halten – er hatte einen Dienstwagen mit Fahrer. In seiner Verantwortung lag die Zeitschrift »Neue Deutsche Literatur« und das Informationsblatt »Der Schriftsteller«, auch die Vergabe von Stipendien. Er besänftigte aufgebrachte Kollegen, die sich übergangen oder schlecht behandelt fühlten, kümmerte sich um die Zirkel schreibender Arbeiter, die nach der Bitterfelder Konferenz überall entstanden. Vor allen Dingen aber hatte er die Vorgaben umzusetzen, die ihm die Kulturabteilung des Zentralkomitees übermittelte. Eine seiner ersten Amtshandlungen war der Aufruf an die Schriftsteller, Beiträge zu einer geplanten Anthologie anlässlich des 10. Jahrestags der Republik einzusenden. Titel: »Wir wuchsen mit ihr«. Zu seinem Alltagsgeschäft gehörten auch die Versendung von Rundschreiben, in denen die Verbandsmitglieder aufgefordert wurden, sich zu aktuell-politischen Ereignissen zu äußern, und die Weiterleitung der (erwünschten) Stellungnahmen an die Presse. Die Vorstellung der SED-Führung, dass die Schriftsteller Dienstleistungen im Rahmen der politischen Agitation erbringen sollten, war zu dieser Zeit noch ungebrochen.

Er sei »der eiserne Chef«, schreibt Erwin Strittmatter im März 1959 an seine Eltern, »der Ordnung in den Laden bringen muss«[384]. 1993 bekannte er rückblickend in einem Interview, letztlich sei er nichts weiter gewesen »als ein Briefträger zwischen dem ZK und dem Schriftstellerverband«[385]. Seine Aufnahme – ohne Kandidatenzeit – in die Akademie der Künste, die wohl nicht zufällig gerade im März 1959 erfolgte, versüßte ihm vielleicht ein wenig die bittere Pille des Funktionärsdaseins. In dem oben zitierten Brief verkündete er seinen Eltern, »was der kleine Bäckersch Erwin aus Bohsdorf damit geworden ist«.

Gewiss hat Strittmatter auch erfahren, dass er als 1. Sekretär, neben aller Mühe und allem Frust, die dieses Amt mit sich brachte, Macht über seine Kollegen bekam. Den harten Kurs, den er 1958 auf der Realismus-Konferenz vertreten hatte, konnte er weiter betreiben. Schon während der ersten Vorstandssitzung in seiner neuen Funktion am 23. Februar 1959 forderte er, das Feld der sozialistischen Literatur abzugrenzen »gegen den trügerischen Sumpf objektivistischer und dekadenter Schreibanmaßung«. Es sei besorgniserregend, wenn junge Künstler die Werke von Gorki, Scholochow oder Alexej Tolstoi als »veraltet« hinstellten, dagegen Kafka, Proust, Musil und Hemingway als »die« großen Schriftsteller unserer Zeit verherrlichten.[386] War es zehn Jahre zuvor der »Formalismus« gewesen, hieß das neue Angriffsziel nun, nach dem amerikanischen »hard boiled style«, die »harte Schreibweise«. Strittmatter wetterte nicht nur gegen einzelne DDR-Verlage, die es gewagt hatten, Werke von Sartre bzw. Hemingway zu publizieren, sondern auch gegen Kollegen, die sich dieser »Dekadenzliteratur« verschrieben hätten und dadurch, wie er es ausdrückte, »roh und reaktionär« geworden seien. Er berief sich dabei wieder einmal auf »den Arbeiter« mit »seinem gesunden Gefühl für das Schöne« und pries sein eigenes Lebensmodell, im täglichen Kontakt mit den Menschen auf dem Dorf seine Themen zu finden, als positive Alternative.[387]

Die »harte Schreibweise« sei »eine fixe Idee von Strittmatter«, schrieb die junge Autorin Brigitte Reimann in ihr Tagebuch, nachdem in einer Veranstaltung des Schriftstellerverbandes am 11. Juni 1959 diese Abweichung vom sozialistischen Realismus öffentlich als »kleinbürgerlich nihilistisch« gegeißelt worden war. Das Manuskript ihres damaligen Ehemannes Siegfried Pitschmann sei dabei »als warnendes Beispiel zitiert und diffamiert worden«.[388] Dabei war Pitschmann eigentlich genau den Forderungen der Bitterfelder Konferenz gefolgt. Zwei Jahre lang hatte er als Betonhilfsarbeiter beim Aufbau des Werkes »Schwarze Pumpe« mitgearbeitet und auf dieser Grundlage seinen Roman »Erziehung eines Helden« verfasst. Aber seine Erfahrungen und Beobachtungen waren offenbar viel zu realistisch. Den Angriff auf den Roman hatte nicht Erwin Strittmatter selbst, sondern sein Stellvertreter Gerhard Holtz-Baumert vorgetragen. Er warf Pitschmann vor, die Menschen in »Schwarze Pumpe« als »ständig betrunken, geldgierig und ohne moralischen Halt« darzustellen.[389]

Die Kritik hatte dramatische Folgen. »Nach der Diskussion mit uns ist es bei Pitschmann zu Depressionen gekommen. Er hatte einen Selbstmordversuch gemacht«, schreibt Erwin Strittmatter am 24. August an das DDR-Kulturministerium.[390] Am 3. August hatte sich Brigitte Reimann in einem Brief persönlich an ihn gewandt und ihm mitgeteilt, was geschehen war. Er reagierte tief betroffen und fuhr nach Burg, um Pitschmann im Krankenhaus zu besuchen. »Ich habe [...] mich von seiner ehrlichen Absicht, etwas Gutes zu schreiben, überzeugt«, schreibt er an den zuständigen Abteilungsleiter Dr. Seidel im Kulturministerium, den er veranlassen konnte, Pitschmann vorerst von seinen vertraglichen Verpflichtungen (für »Erziehung eines Helden« hatte er 1500 Mark bekommen) zu entbinden.

Von seiner Verdammung der »harten Schreibweise« rückte Erwin Strittmatter zu diesem Zeitpunkt noch nicht ab, gegenüber dem schreibenden Paar Pitschmann/Reimann wollte er jedoch Wiedergutmachung leisten. Vielleicht erinnerte er sich auch, wie tief ihn zu Beginn der fünfziger Jahre die Leserkritiken an seinem Roman »Ochsenkutscher« getroffen hatten. Reimann und Pitschmann ging es zu dieser Zeit finanziell schlecht, denn auch Brigitte Reimann hatte Schwierigkeiten, ihre Texte zu veröffentlichen. Strittmatter sorgte dafür, dass der Verband das Paar beim Umzug nach Hoyerswerda finanziell unterstützte, er half sogar mit einer Geldsumme aus der eigenen Kasse. Für die Umarbeitung seines in die Kritik geratenen Manuskripts erhielt Pitschmann vom Schriftstellerverband ein Stipendium. Vorläufig jedoch wolle er daran nicht weiter arbeiten, teilte er Anfang November 1959 in einem Brief an Strittmatter mit. Zurzeit schreibe er einige kleine Erzählungen, die ebenfalls in der »Schwarzen Pumpe« spielten, außerdem habe er zusammen mit seiner Frau ein Hörspiel verfasst.[391] Brigitte Reimann, Siegfried Pitschmann und Strittmatter fühlten sich seit diesem Vorfall freundschaftlich verbunden, sie wechselten Briefe und trafen sich gelegentlich in Hoyerswerda oder Berlin. Der Roman »Erziehung eines Helden« blieb bis zu Pitschmanns Tod im Jahr 2002 unvollendet.

Ende Juni 1960 ereignete sich der »Kurzschluss«, vor dem Strittmatter im Gespräch mit Siegfried Wagner 1959 gewarnt hatte. Er erlitt einen nervlichen und gesundheitlichen Zusammenbruch. Anfang Juli 1960 wurde er mit Verdacht auf Tuberkulose ins Krankenhaus eingeliefert. Die Untersuchungen ergaben, dass er eine Lungenentzündung verschleppt hatte, zu der noch eine Rippenfellentzündung kam. Erwin Strittmatter brauchte lange, um sich davon zu erholen. Im Herbst reiste er zusammen mit Eva zu einer Kur auf die Krim nach Sotschi und kehrte danach nicht wieder auf den Sekretärsposten zurück. Offiziell wurde er erst auf dem V. Schriftstellerkongress im Mai 1961 von seiner Funktion entlastet. Sein erster Eintrag ins Tagebuch nach anderthalb Jahren Pause trägt das Datum des 23. Juni 1960. Offenbar war es an diesem Tag schon klar für ihn, dass er nicht weitermachen würde: »Die große Lehre für mich: Unter keinen Umständen, auch bei Androhung einer Parteistrafe oder vorübergehender Diffamierung mehr eine Parteifunktion zu übernehmen, in der ich der Partei nach *meinem Ermessen* nicht helfen kann.« Seine Arbeit als Sekretär bezeichnete er als »Wasserschöpfen in einen Sack«. Das habe ihn ermüdet. »Alle Illusionen, als Sekretär an der kulturpolitischen Front doch etwas vorwärts zu bringen, sind verflogen.«[392]

GI »DOLLGOW«

Bald nachdem er sich aus der Verbandsarbeit zurückgezogen hatte, wurde Strittmatter auch eine andere Verpflichtung – seine Verbindung zur Staatssicherheit – wieder los. Leutnant Paroch und Leutnant Voigt von der HA V/1[393] hatten im September 1958 Kontakt mit ihm aufgenommen, zunächst unter dem Vorwand, sie nannten es »Legende«, ihn über den in den Westen geflohenen Peter Jokostra zu befragen. Aus den Unterlagen der Staatssicherheit geht hervor, dass Leutnant Paroch ihn nach mehreren vorbereitenden Gesprächen »auf der Basis der langsamen Heranführung an die Zusammenarbeit« im Juni 1959 als »Geheimen Informator«, so hießen damals die inoffiziellen Mitarbeiter, anwarb und dass er im Dezember 1961 die Verbindung mit ihm beendete. Auf eine schriftliche Verpflichtung sei verzichtet worden.[394]

Als Joachim Walther 1996 seine umfangreiche Untersuchung »Sicherungsbereich Literatur« veröffentlichte, wurden auch Strittmatters Stasikontakte bekannt und in der Presse kolportiert.[395] Da war er schon seit zwei Jahren tot. In seinem Namen meldete sich Lew Kopelew zu Wort und gab in einem Leserbrief an den »SPIEGEL« zur Kenntnis, was sein alter Freund Erwin ihm Jahre zuvor erzählt hatte: dass er nämlich den Anwerbungsversuch der »stinksüßen Genossen«, wie er sie genannt habe, »entschieden« zurückgewiesen habe, mit dem Hinweis darauf, »daß er nur den entsprechenden Parteiinstanzen zur Rechenschaft verpflichtet sei und es mit keinem Geheimdienst zu tun haben wollte«.[396]

Wir wissen ja schon um die Wandlungsfähigkeit von Strittmatters biographischem Gedächtnis. Gewiss hatte er sich nicht vorstellen können, dass die Stasiakten einmal offengelegt werden würden, als er gegenüber Lew Kopelew seine spätere Abneigung gegen jeglichen Kontakt mit dem MfS ein wenig in die Vergangenheit projiziert hatte, in eine Zeit, in der seine Haltung noch keineswegs so eindeutig war. Doch gleichzeitig traf es wohl zu, dass er, wie gegenüber Kopelew geäußert, die Partei als seinen wichtigsten Ansprechpartner ansah. Aus dieser Perspektive waren seine Gespräche mit den Abgesandten des MfS für ihn offenbar nur eine Variante seiner engen Kooperation mit Partei- und Staatsorganen, zu der er sich als 1. Sekretär des Schriftstellerverbandes verpflichtet fühlte.

Nach Joachim Walthers Meinung könne Strittmatter »vorwiegend als Kontaktperson gelten«, obwohl er später »einige Merkmale eines regulären IM (Beachtung der Konspiration, Verwendung des Decknamens, Annahme von Geschenken) durchaus erfüllte«.[397] Es gibt in den Akten nicht nur keine unterschriebene Verpflichtungserklärung, es existieren auch keine von Strittmatter verfassten Berichte, nur die Aktenvermerke von Leutnant Paroch, dessen Darstellung der Gespräche wir glauben können oder eben nicht. Dass der Angeworbene den Decknamen »Dollgow« einschließlich der MfS-Telefonnummern entgegengenommen und für Kontaktaufnahmen tatsächlich benutzt habe, behauptet allein Paroch. Am beweiskräftigsten scheinen noch die beigelegten Quittungen für Geschenke im Wert von insgesamt etwa 250 Mark, die ihm der Führungsoffizier anlässlich seiner Geburtstage im August 1959 und 1960 überreichte.[398]

Unstrittig ist, dass Erwin Strittmatter sich regelmäßig zu konspirativen Gesprächen mit den Abgesandten des MfS traf, dass er während dieser Treffs Fragen über den Schriftstellerverband, über einzelne Kolleginnen und Kollegen sowie allgemeine Fragen der Kulturpolitik ausführlich beantwortete und dass er auch von sich aus Probleme ansprach, von denen er offenbar hoffte, sie könnten auf diesem Wege besonders schnell in die Etagen der Macht gelangen und gelöst werden. Leutnant Paroch mag in seinen Gedächtnisprotokollen Strittmatters Äußerungen noch ein wenig ausgeschmückt, mit eigener Wortwahl und mit eigenen Wertungen versehen haben, ausgedacht hat er sie sich gewiss nicht.

Zwischen dem September 1958 und dem Juni 1959, dem Datum der GI-Registrierung, empfing Strittmatter seinen Gast vom MfS fünfmal zu Gesprächen in seiner Berliner Wohnung in der Stalinallee. Laut Paroch ging es dabei zunächst um Peter Jokostra, von dem Strittmatter sich scharf distanzierte, vor allem als er erfuhr, dass Jokostra ihn in einem Artikel der Zeitschrift »Deutsche Fragen« persönlich angegriffen habe. Strittmatter gab Klatsch und böse Gerüchte über Boris Djacenko weiter, der das Manuskript seines zweiten Bandes von »Herz und Asche« angeblich nur unter starkem Alkoholeinfluss und mit Hilfe der beiden ebenfalls betrunkenen Lektoren Karl-Heinz Berger und Walter Püschel habe zu Ende schreiben können. Er gab Auskunft über Querelen im Schriftstellerverband im Zusammenhang mit seinen ersten Handlungen als 1. Sekretär und weihte seinen Gesprächspartner in Einzelheiten seiner geplanten Personalentscheidungen ein.[399]

Aus eigenem Antrieb brachte Strittmatter am 7. November 1958 das Gespräch auf die Situation im Berliner Ensemble, wo er seit dem Tode Brechts »eine Rückwärtsentwicklung im Niveau« beobachte. Aufgrund der ständigen Konflikte und Streitereien unter den Mitarbeitern befürchte er einen Zerfall des Theaters. Außerdem äußerte er die Sorge, dass nach Helene Weigels Tod der gesamte Nachlass »nach den USA wandern« werde. Brechts Sohn Stefan sei ein »Trotzkist«, der dauernd im Ausland lebe.[400] Auf dieses Thema kam Strittmatter am 8. Dezember 1959 noch einmal zurück. Von Ruth Berlau habe er erfahren, dass Stefan Brecht nachts zusammen mit einem Fotografen im Brecht-Archiv gewesen sei, um einige Arbeiten Brechts, die den 17. Juni betreffen, zu fotografieren. Ziel dieser Handlung sei, »diese Arbeiten im Westen zu veröffentlichen, um zu beweisen, daß Brecht eine andere Anschauung hatte, als wie sie von uns dargestellt würde«[401]. Die Treffpartner tauschten sich anscheinend auch gern ein wenig zwanglos über »literarische Arbeiten« aus. Am Schluss ihres Gesprächs vom 7. November 1959 bat Strittmatter Leutnant Paroch, das neue Buch von Helmut Hauptmann, »Die Karriere des Hans-Dietrich Borssdorf alias Jackow«, zu lesen und ihm bei der nächsten Zusammenkunft seine Meinung mitzuteilen. Im Schriftstellerverband habe Willi Bredel das Buch kritisiert, und er, Strittmatter, wolle Hauptmann während der angekündigten Diskussion in der Verbandsleitung unterstützen.[402]

Angesichts von so viel Offenheit und Vertrauensbeweisen versprachen sich die MfS-Verantwortlichen sehr viel von der Zusammenarbeit mit ihrem frisch registrierten GI. In seiner Einschätzung schreibt Leutnant Paroch, aufgrund seiner »Schlüsselposition« werde Strittmatter ihnen nicht nur einen direkten Einblick in die Vorgänge im obersten Gremium des SV gewähren, die Zusammenarbeit mit ihm eröffne sogar Möglichkeiten der Einflussnahme auf bestimmte Personen in diesem Bereich.[403]

Doch diese Erwartungen erfüllten sich letztlich nicht. In seinem Abschlussbericht, den er lange nach dem Abbruch der Verbindung verfasste, gesteht Leutnant Paroch, »die aktivste Arbeit mit dem GI erfolgte in der Zeit bis zur Registrierung«. Danach seien die Treffen immer unregelmäßiger geworden und schließlich ganz unterblieben. Der Schreiber des Berichts trägt dafür einige Begründungen zusammen. Die gewichtigsten waren wohl, dass der GI aufgrund seiner »bekannten positiven Haltung« keine Verbindungen zu den »operativ interessanten Schriftstellern« unterhalte, was die Stasi aber schon vorher hätte wissen können. Außerdem habe er sich von der aktiven Mitarbeit im Verband sehr zurückgezogen und könne deshalb keine wertvollen Informationen mehr liefern. Infolge seiner erhöhten gesellschaftlichen Bedeutung als Schriftsteller im nationalen und auch internationalen Rahmen schließlich berate der »GI« seine Probleme nun eher mit den Mitgliedern bzw. Mitarbeitern des Zentralkomitees. Das habe er ihnen bei ihren Treffs zu verstehen gegeben. Im Klartext könnte das heißen, dass Strittmatter von sich aus die Verbindung löste, dass Leutnant Paroch das aber aus Gründen der Erfolgsstatistik lieber als seine eigene Entscheidung darstellen wollte.

In der Berichtsakte von »GI Dollgow« finden sich für die

Zeit nach seiner Registrierung noch acht weitere Berichte, in denen Strittmatter ebenso offenherzig Auskünfte erteilt wie bei den Begegnungen zuvor. Am 8. März 1960, dem Internationalen Frauentag, brachte Paroch eine Schachtel Pralinen für Eva Strittmatter mit und er erteilte seinem »GI« den Auftrag, während dessen bevorstehender Lesung in München, wohin er auf Einladung des »Komma-Klubs« reisen sollte, das dortige Auftreten von Manfred Bieler zu erkunden, der im Februar im gleichen Klub aus seinem Roman »Bonifaz« gelesen hatte. Der »GI« habe den Auftrag angenommen, schreibt Paroch. Beim nächsten Treff am 7. Juni habe er jedoch über Bieler »nichts von Bedeutung« berichten können. Dafür bezeichnete Strittmatter auf Befragen den Dramatiker Peter Hacks, der zu dieser Zeit mit seinem Stück »Die Sorgen und die Macht« arge Zensurprobleme hatte, als »einen kleinen ›Harich‹, auf den man besonders achten« müsse. Angesichts der Tatsache, dass Wolfgang Harich zu dieser Zeit als verurteilter Staatsfeind im Gefängnis saß, war eine solche Äußerung mehr als üble Nachrede. Unter der Rubrik »Maßnahmen zur Auswertung« vermerkte Paroch: »Über das Problem Hacks einen Auszug fertigen und dem operativen Material beifügen.«[404]

Am 24. Mai 1961 – ein Jahr nach seinem gesundheitlichen Zusammenbruch und seiner Beurlaubung von der Sekretärsfunktion – sprach Strittmatter mit Paroch über Schriftstellerkolleginnen und -kollegen, mit denen sich der Verband auseinandersetzen müsse: Im Falle von Stefan Heym sei es vor allem das Problem seines Romans über den 17. Juni, »Licht und Schatten«, den er in der DDR veröffentlichen wolle. Er warnte vor einem Diskussionsbeitrag Heyms zu diesem Thema auf dem bevorstehenden V. Schriftstellerkongress und bezeichnete ihn als »eine Art zurückgekehrter Renegat«. Von dem Beitrag Hermlins zum Thema »Die Freiheit des Schriftstellers bei uns« seien ebenfalls »ideologisch falsche Ansichten« zu erwarten. Auseinandersetzungen habe er mit Arnold Zweig, Grete Weisskopf, Berta Waterstrat, Peter Huchel, Bodo Uhse und Wieland Herzfelde geführt, die am Kongress nicht teilnehmen wollten.

Das letzte von Leutnant Paroch verzeichnete Treffen mit »GI Dollgow« fand am 19. August 1961 statt. Dabei ging es fast ausschließlich um den offenen Brief, den Günter Grass und Wolfdietrich Schnurre am 16. August 1961 im Büro des Schriftstellerverbandes an Erwin Strittmatter übergeben hatten.[405] Beide Autoren hatten darin gegen die Grenzschließung protestiert. »Stacheldraht, Maschinenpistole und Panzer sind nicht das Mittel, den Bürgern Ihres Staates die Zustände der DDR erträglich zu machen«, hieß es darin. So wie es ihre Aufgabe sei, sich gegen das Verbleiben von Hans Globke im Amt zu wenden, hätten die DDR-Schriftsteller die Pflicht, »das Unrecht vom 13. August beim Namen zu nennen«.[406]

Nach der Auffassung von Paroch hatte sein »Informator« in dieser Situation versagt, weil er seine Verbindungsleute vom MfS von dem bevorstehenden Besuch der beiden Schriftsteller nicht informiert habe. Der Einwand von Strittmatter, er habe sofort die zuständigen Genossen im ZK benachrichtigt, zeigte einmal mehr, wen er als seine eigentlichen Verhandlungspartner ansah. Erwin Strittmatter habe ihm anschließend den Entwurf einer Antwort des Schriftstellerverbandes vorgelesen, in der die Provokation zurückgewiesen und die beiden Briefschreiber aufgefordert wurden, »sich um die Wiederherstellung demokratischer Zustände in Westdeutschland und die Bändigung des Militarismus« zu bemühen.[407]

Ein weiterer Treff wurde bereits für die folgende Woche anberaumt. Doch dazu kam es nicht. Am 6. Dezember teilte Leutnant Paroch in einem Aktenvermerk lediglich mit, »GI Dollgow« schreibe gegenwärtig an einem »wichtigen Roman« und habe deshalb keine Zeit.

GESPRÄCH MIT ERICH LOEST

Der große Saal der Stiftung Aufarbeitung in Berlin ist überfüllt, viele Leute stehen an den Wänden, weil sie keinen Platz mehr gefunden haben. Sie alle wollen an diesem Abend des 19. Februar 2011 den Schriftsteller Erich Loest sehen und hören, der sein gerade erschienenes Buch »Man ist ja keine Achtzig mehr« vorstellt. Nach der Lesung viel Beifall und eine lange Schlange vor dem Tisch des Autors. Als ich endlich dran bin und ihn frage, ob er mir bei Gelegenheit etwas über seine Begegnungen mit Erwin Strittmatter erzählen würde, unterbricht er seine Tätigkeit kaum. »Rufen Sie mich an«, sagt er kurz, setzt seinen Namen routiniert in das hingehaltene Buch und reicht mir mit der anderen Hand seine Visitenkarte.

Einige Wochen später, im März 2011, sitze ich ihm in seiner Leipziger Wohnung gegenüber. Eine Stunde Zeit habe er für mich, sagt er. Dann erwarte er einen Anruf von seiner Zahnärztin, der sei wichtig, am nächsten Tag werde ihm nämlich »das Maul aufgeschnitten«, wie er sich ausdrückt. Wenn seine Frau hier wäre, würde ich einen Tee oder Kaffee bekommen, da sie aber ausgegangen sei, müsse ich mit Wasser oder Saft vorliebnehmen. Alles kurz und bündig, aber durchaus nicht unfreundlich gesagt. Mein Gesprächspartner nimmt Platz in seinem Sessel direkt neben der großen Fensterfront.

Fragen muss ich erst mal nicht stellen. Erich Loest beginnt gleich von der längsten und intensivsten Zeit zu erzählen, die beide miteinander verbrachten. Im Sommer 1953 waren sie vier Wochen zusammen in Ungarn, das sei eine Auszeichnung gewesen für die beiden »hoffnungsvollen jungen Autoren und Genossen«, dafür seien zwei ungarische Kollegen später für vier Wochen nach Deutschland gekommen.

»Wir wohnten hervorragend und hatten wunderbares Frühstück, und es gab ein großes Programm. Wir sollten dies besichtigen und jenes. Wir haben dann die Schriftsteller, die da eine Rolle spielten, besucht und haben uns sehr gut verstanden.«

Obwohl Erwin der deutlich Ältere war – Erich Loest ist Jahrgang 1926 –, habe er ihm die offiziellen Begrüßungen und Danksagungen stets überlassen. Das habe ihm wohl nicht gelegen.

»Also, es war außerordentlich kameradschaftlich. Wir machten alles zusammen, ist klar, am Sonntag ging er in den Zirkus, und ich ging zum Fußball. Damals mit den ungarischen Mannschaften – das war ja der Fußball-Himmel, ich habe Unglaubliches erlebt, und Erwin hat Unglaubliches im Zirkus gesehen.«

Während dieser vier Wochen sei der 17. Juni ihr »großes Thema« gewesen. Auch die Ungarn wollten darüber etwas erfahren, sie hatten ja ähnliche Probleme mit ihrer Parteiführung. »Erwin dachte so wie die Mehrheit der Schriftsteller: Die Fehler der Partei, und der Ulbricht muss weg, und alles muss demokratisiert werden.« Aber nur privat habe er das gesagt, nicht in der Öffentlichkeit

Eine Sache, sagt Erich Loest, sei ihm erst im Nachhinein aufgefallen, als jetzt diese Geschichte mit den Gebirgsjägern bekanntgeworden sei: »Er hat nicht übern Krieg geredet. Das war sonst üblich. Alle erzählten vom Krieg und von der Gefangenschaft. Erwin nicht. Er war in Griechenland, das weiß ich noch, das hat er gesagt, die Inseln ... und es war nicht weiter schlimm. Na ja, er hat nicht viel durchgemacht. Besatzungssoldat, Kämpfe waren nicht, ich meine, Stalingrad war schlimmer als Griechenland, das war logisch. Und das war es aber auch schon. Keine Einzelheiten.«

Auch über die beiden Ehen, die er hinter sich hatte, über die Kinder, die es aus den Ehen gab, habe er kaum gesprochen, jedenfalls keine Einzelheiten. Und wahrscheinlich fand und findet Erich Loest dieses Verhalten verwunderlich, weil er selbst ganz anders ist, weil er solche Einzelheiten stets mitteilt.

Die Beziehung zu Brecht sei damals für Strittmatter wichtig gewesen. Brecht habe sogar ein Telegramm nach Ungarn geschickt: »Sofort kommen, Probe Katzgraben!« Das sei aber nicht gegangen, weil die Reise anders geplant war.

In Ungarn habe sich Erwin übrigens sein Bärtchen wachsen lassen, fällt Erich Loest plötzlich ein. Daran könne ich die Fotos unterscheiden: »Ohne Bärtchen, das war vor dem Sommer 1953, und mit Bärtchen ist danach. Ich bin da Zeuge, bitte erwähnen Sie mich. Ich war dabei, als er sich auf Wunsch von Eva sein Bärtchen wachsen ließ.«

Nach der Rückkehr aus Ungarn habe Loest auch Eva kennengelernt und ihre Wohnung gesehen. Den Schaukelstuhl habe Erwin extra gekauft, damit Brecht zu ihnen käme. Der Brecht müsse einen Schaukelstuhl haben, habe er gesagt.[408] In den folgenden Jahren bis zu seiner Verhaftung seien die Strittmatters und die Loests regelrecht befreundet gewesen, doch, meint er, das sei mehr gewesen als Kollegialität.

In Erich Loests Erinnerungszeitrechnung gibt es einen scharfen Schnitt, der sein Leben in ein »Davor« und ein »Danach« einteilt – vor dem Knast und nach dem Knast. Natürlich gab es in seinem Leben noch andere Brüche, den von 1945 zum Beispiel, oder den von 1981, als er von der DDR in die Bundesrepublik übersiedelte, aber der Punkt, an dem sich alles für ihn änderte, war zweifellos seine Haft im Zuchthaus Bautzen, die sieben Jahre dauern sollte. Aus dem vergleichsweise unbeschwerten »Davor« erzählt er noch von einer Auseinandersetzung mit Eva Strittmatter und Christa Wolf, die beide in der Redaktion der Zeitschrift »NDL« arbeiteten. Die Frauen hätten ihm klarmachen wollen, dass das Buch »Die Stunde der toten Augen« von Harry Thürk wegen der »harten Schreibweise« verdammt werden müsse.

»... und ich sage: ist doch alles Quatsch. Und die beiden verteidigten die Linie der Partei, das waren die besten Genossinnen, die ich da je erlebt habe, die beiden Weiber bedrängten mich und schimpften. Das war ein richtiger ideologischer Krach, den wir da hatten, aber das änderte nichts daran, dass ich dann wieder bei Strittmatters zu Besuch war. Also da haben wir uns ein paarmal gesehen.«

»Danach«, als er aus dem Zuchthaus entlassen war, begann ein anderes Zeitalter mit einem veränderten Blick auf das Verhalten seiner Mitmenschen ihm gegenüber. Es habe eine Weile gedauert, ehe er Erwin Strittmatter wieder begegnet sei, sagt er. Das war anlässlich des Schriftstellerkongresses im Sommer 1972. Strittmatter sei inzwischen »der große Schriftsteller« geworden und habe ihn, Loest, bei der Begrüßung zunächst nicht erkannt.

»Es waren zehn Jahre vergangen, hat man sich ja verändert, aber es hat ihn dann so erschrocken, dass er in einer Pause mit Eva zu mir kam. Die beiden kamen durch den Raum an meinen Tisch, was alle sahen. Das war eine Demonstration, das hat mir sehr sehr gut gefallen. Wir haben ein bisschen geredet: Was machen die Kinder, und was schreibst du denn. Was man dann so redet. Das war eine sehr freundschaftliche Geste von beiden.«

Sie hätten ihn auch eingeladen, inzwischen wohnten sie ja auf ihrem Landsitz. Als Erich Loest einmal bei Gotthold Gloger zu Besuch war, dessen Haus etwa 50 Kilometer von Schulzenhof entfernt lag, habe er dort angerufen und sei zusammen mit Glogers zu ihnen gefahren. Eva hätte aufgetischt, Essen vom Feinsten. Ein bisschen peinlich sei es ihm gewesen, sagt Erich Loest, dass einer der Söhne mit seinem Moped losfahren musste, extra um für ihn, den Gast, ein paar Flaschen Bier zu holen, weil sie keines im Haus hatten. Er hätte doch auch was anderes getrunken, aber das habe er nicht abwehren können.

Nach dem Essen seien sie in den Stall gegangen, um »die Araber« anzugucken. Es sei ein sehr vergnüglicher Nachmittag gewesen. So gegen Abend hätte sie sich wieder verabschiedet.

»Und nun kommt ein Stück ganz großer Mist: Wir stehen dann am Auto, und die anderen stehen dadrüben und Erwin und ich alleine. Das war der einzige Augenblick, wo wir an dem Tag alleine waren. Da sagt er: Und wenn wir uns mal alleine treffen, erzählst du mir mal, wie es in Bautzen wirklich war. Das fand ich feige. Noch nicht mal vor seiner Familie. Da waren Glogers, Gotthold Gloger und seine Frau. Nur drei, vier, fünf, sechs Leute der Familie. Niemand Offizielles oder was. Und das war seine politische Feigheit.«

Er habe danach keine Lust gehabt, die Freundschaft wieder aufleben zu lassen. Dann sei er ja auch bald nach dem Westen gegangen, und als er 1990 wiederkam, hätte er anderes zu tun gehabt, als da hinzufahren, und dann sei Erwin ja bald gestorben. Also, resümiert Erich Loest sein heftiges Abgrenzungsstakkato, sie hätten sich seit diesem Tag nicht wieder gesehen.

Aber dann fällt ihm ein, dass es doch nicht so schroff endete. Ende der siebziger Jahre hätte es noch einmal eine Begegnung gegeben, zu einer Zeit, als sie beide Schwierigkeiten mit der Zensur hatten. Er mit seinem Buch »Es geht seinen Gang« und Erwin mit dem »Wundertäter III«. Beide hätten sie mit Höpcke und Hager geredet – jeder für sich natürlich – und hätten sich darüber ausgetauscht.

»Dann hab ich gesagt, wenn ich hier gegen die Mauern laufe, dann gehe ich nach dem Westen. Ende. Und er hat gesagt: Das mache ich nicht. Ich bleibe hier, ich danke diesem Staat und dieser Partei alles. Drüben wäre ich nie Schriftsteller geworden.« Natürlich sei das Quatsch gewesen, sagt Loest, der wäre auch drüben Schriftsteller geworden. Aber solche Dinge seien damals in aller Freundschaft beredet worden: Du hast den Standpunkt, und ich hab den.

»De Bruyn musste in seinem Brandenburg bleiben, der konnte nicht in den Schwarzwald ziehen, und der andere musste seine alte Oma versorgen, die ohne ihn gestorben wäre. Abhauen – Dableiben, das waren ja nie Hundertprozent-Entscheidungen. Da war man schon glücklich, wenn's sechzig zu vierzig war. Deswegen war das auch in diesem Fall ein kameradschaftlicher Austausch: Ich mache das, du machst das – und keiner machte dem anderen einen Vorwurf. Auch innerlich nicht. Da haben wir miteinander ein paarmal geredet, und dann bin ich in den Westen, und dann haben wir uns nicht wieder gesehen.«

Ob er wisse, frage ich, dass sich Strittmatter gegen Widerstände für die Nachauflage seines Romans »Es geht seinen Gang« eingesetzt habe. Davon sei ihm nichts bekannt.

Und wie hat sich Strittmatter 1976 anlässlich der Biermann-Ausbürgerung verhalten und auch 1979, als einige Kollegen den Protestbrief an Honecker geschrieben hatten? Im Einzelnen wisse er das nicht, sagt mein Gegenüber und lehnt sich in seinem Sessel zurück. Aber Erwin sei ganz eindeutig »in Oppositionsdingen« nie dabei gewesen, nie.

»Weder bei Biermann noch bei Prag noch irgendwas. Er war immer parteitreu. Wenn er Krach hatte, habe er den innerhalb der Partei ausgetragen, wie beim »Wundertäter III«, da war eben Höpcke gegen Hager oder so. Das blieb immer – im Kessel. Es gab nie eine Äußerung kritischer Art von ihm. Und wenn wir irgendwas machten, den Brief an Honecker oder so etwas, kam niemand auf die Idee, ihn überhaupt zu fragen.«

Erich Loest hatte als einziger Nicht-Berliner den Brief an Honecker unterzeichnet. Deshalb war er bei der Versammlung der Berliner Organisation des Schriftstellerverbandes im

Mai 1979 im Roten Rathaus, auf der die Unterzeichner fast alle ausgeschlossen wurden, nicht dabei. Kurz danach sei von Berlin, von Hermann Kant, Druck auf den Leipziger Verband ausgeübt worden, ihn »gefälligst auch auszuschließen«. Aber in der Leipziger Leitung des Verbandes hätte niemand so recht gewollt. Schließlich habe er seinen Austritt angeboten. Er war der Streitereien müde und hatte ja auch offen verkündet, sich nicht mehr an die Statuten des Verbandes zu halten und seine Bücher im Westen zu veröffentlichen, wenn es in der DDR nicht möglich sei.

Geistige Rückendeckung habe er bei Franz Fühmann gefunden, der gesagt habe, er stelle das Naturrecht des Schriftstellers über die Gesetze der DDR. Das habe ihm gefallen.

»Und dann bin ich mal hingegangen zu dem Sekretär mit einem Zettel, da stand drauf: Hiermit trete ich aus dem Schriftstellerverband der DDR aus. Datum, Unterschrift. Na ja, dann war das erledigt. Das ist noch das Nachspiel nach der großen Berliner Roten-Rathaus-Geschichte. Mein persönliches Nachspiel. Höpcke hat mich noch ein Jahr lang hingehalten, ehe sie mir die Ausreise gegeben haben. Das heißt, die haben sie mir gar nicht gegeben, sie haben mir ein Dreijahres-Visum gegeben, und dann bin ich weg, meine Familie ist mit weg. Und nach drei Jahren bin ich natürlich nicht zurückgegangen – völlig klar.«

FREUNDSCHAFTEN, KONKURRENZEN, FEINDSCHAFTEN

Erwin und Eva Strittmatter standen im Zentrum eines großen Freundes- und Bekanntenkreises. In Schulzenhof waren sie häufige Gastgeber. Die spontanen Besucher, die an Sommerwochenenden einfach mal vorbeischauen wollten, wurden ihnen manchmal zu viel. Eva Strittmatter sorgte stets für die Bewirtung der Gäste und war wahrscheinlich für die Kontinuität in den Beziehungen zuständig, während Erwin gelegentlich auch zu Brüchen und Zerwürfnissen neigte. Nach Ansicht von Erich Loest umgab sich Strittmatter vor allem mit »den besten Genossen«. Er zählt Gerhard Holtz-Baumert und Hermann Kant auf, die in Schulzenhof aus und ein gegangen seien, aber Loest wusste nicht, dass es viele andere Freunde gab wie Hildegard Diener und Karl-Hermann Roehricht, die nicht Mitglied der SED waren.

Hermann Kant betonte in einem Gespräch mit mir Strittmatters große Hilfsbereitschaft: »Ich glaube, wenn die Leute, denen er geholfen hat, auf irgendeine Weise hier auf diesem Acker«, damit zeigte Kant auf die Wiese vor seinem Fenster, »antreten sollten, wird der voll. Also, da gibt's überhaupt nichts. Ob mit Geld oder mit gutem Rat. Er war immer zur Stelle.« Im direkten Kontakt als Freund fand ihn Hermann Kant allerdings manchmal anstrengend.[409]

Christa Wolf, die ich ein knappes Jahr vor ihrem Tod besuchte, meinte, sie hätte Erwin Strittmatter als einen unterhaltsamen und durchaus witzigen Gesprächspartner kennengelernt. Mit den Jahren sei er jedoch immer kauziger geworden und habe sich mehr und mehr zurückgezogen. Die Abkühlung zwischen den Strittmatters und den Wolfs, die sich bis etwa Mitte der sechziger Jahre noch hin und wieder gegenseitig besuchten, hatte nicht zuletzt politische Gründe. Im Verlauf der Auseinandersetzungen zwischen der SED-Führung und den Künstlern wählten sie unterschiedliche Handlungsoptionen und entfernten sich voneinander.

Die Freundschaft mit Horst und Edith Beseler hatte über Jahrzehnte Bestand. Von Gerhard Holtz-Baumert zog sich Strittmatter Mitte der siebziger Jahre zurück. Die Begegnungen mit Alfred Wellm wurden seltener, als er aus der Schulzenhofer Nähe wegzog. Noch viele andere Schriftsteller und Maler, Nachbarn aus Schulzenhof und Dollgow ließen sich hier aufzählen.

Wenn ich in diesem Kapitel exemplarisch nur einige wenige Schriftstellerkollegen vorstelle, die in den verschiedenen Lebensphasen von Erwin Strittmatter eine Rolle spielten, so darf ein Name dabei nicht fehlen: Peter Jokostra. Um Strittmatters Beziehung zu ihm käme ich keinesfalls herum, schrieb Werner Liersch in einer E-Mail. Die bisherige »marginale Behandlung Jokostras« sei ein »grundsätzlicher Fehler«. Der Historiker Klaus Krause, der in einem Essay die Spremberger Zeit von Jokostra beleuchtet hat, mailte etwas Ähnliches: »Im Kontext eines wirklich kritischen Umgangs mit der Biographie von E. S. kann diese Freundschaft nicht mehr unterschlagen werden.«

PETER JOKOSTRA

Mit Peter Jokostra, der mit bürgerlichem Namen Heinrich Knolle hieß, stand Erwin Strittmatter vermutlich seit dem Sommer 1947 in freundschaftlichem Kontakt. Wie schon erwähnt, hatte Knolle – offenbar in seiner Eigenschaft als Kreisschulrat – einige von seinen Erzählungen positiv begutachtet. Während Strittmatters Senftenberger Redakteurszeit schickte ihm Knolle eigene Gedichte und Roman-Versuche, einmal auch einen Leserbrief zu einer Theaterkritik Strittmatters. Knolle/Jokostra und Strittmatter nahmen wechselseitig ihre Texte zur Kenntnis und tauschten sich darüber aus.

Beide befanden sich in einer ähnlichen Lebenssituation. Sie verdienten bis zum Beginn der fünfziger Jahre ihren Lebensunterhalt mit anderen Tätigkeiten und brannten darauf, sich endlich ganz dem Schreiben widmen zu können. Auch ihr Werdegang weist Gemeinsamkeiten auf: Beide waren sie in Spremberg aufgewachsen, Heinrich Knolle allerdings als Sohn des Stadtapothekers in deutlich anderen sozialen Verhältnissen. Beide besuchten sie das Realgymnasium des Städtchens. Dort lernten sie sich jedoch nicht näher kennen. Obwohl im gleichen Jahr (1912) geboren, befand sich Strittmatter eine Klassenstufe unter Knolle. Im dritten Teil des »Ladens« lässt er den damaligen Mitschüler leicht erkennbar als »Heinrich Rübe« erscheinen, der »zu den Rüpelschülern« gehört habe, die, geschützt von ihren angesehenen Vätern, ihre Streiche hätten verüben können.[410]

Anders als Strittmatter schaffte es Knolle bis zum Abitur und bekam im »literarischen Verein« des Reformgymnasiums erste künstlerische Anregungen. 1931 begann er Literatur, Kunstgeschichte und Psychologie zu studieren, brach seine Studien jedoch 1933 ab. Danach lebte auch er – wie Erwin Strittmatter – einige Jahre auf dem Lande. In Mecklenburg und in den Masuren schlug er sich als Landwirt und Gutseleve, als Landstreicher oder »Ferkelschneider« (was immer das sein mochte) durch. 1941 wurde er zur Wehrmacht einberufen und versuchte nach verstörenden Erlebnissen an der Ostfront, dem Militärdienst zu entkommen, indem er eine Geisteskrankheit simulierte. Der Vormarsch der sowjetischen Armee rettete ihn letztlich vor einer Verurteilung durch das Militärgericht. Knolle, der sich als Schriftsteller Peter Jokostra nannte, verarbeitete seine Erfahrungen als Deserteur in dem Roman »Das große Gelächter«, der 1974 in der Bundesrepublik erschien.[411] Bereits 15 Jahre zuvor hatte Erwin Strittmatter der Figur des Weißblatt im ersten Band des »Wundertäters« Züge von Knolle/Jokostra verliehen und einige Elemente von dessen Simulantengeschichte aufgegriffen. Im zweiten und dritten Band des »Wundertäters« tritt Weißblatt dann in einer ganz anderen Rolle auf – als ein Dichter mit dem Pseudonym »Jo Ostra«, ein halbkrimineller Scharlatan, der Worthülsen aneinanderreiht und sich für einen revolutionären Künstler ausgibt – ein Reflex Strittmatters auf die Flucht von Knolle/Jokostra in den Westen und dessen Angriffe gegen ihn und andere DDR-Schriftsteller.

1958 kam es zum Bruch. Ihre Distanzen und Differenzen, die sie bis dahin miteinander ausgetragen und ausgehalten hatten, schienen unüberbrückbar geworden. Zu Beginn der fünfziger Jahre jedoch hatten Nähe und Verbundenheit überwogen. Beiden war es endlich gelungen, sich als freie Autoren zu etablieren, allerdings aus unterschiedlichem Anlass: Erwin Strittmatter verhalf der Erfolg seines ersten Romans zu diesem Status, während Knolle schwer an Tbc erkrankte und dadurch seine politischen und disziplinarischen Konflikte im Spremberger Schulamt hinter sich lassen konnte. Nach einigen Sanatoriumsaufenthalten war er auch mindestens einmal für längere Zeit zur Erholung in Schulzenhof zu Gast. In Strittmatters Nachlass sind alberne, verrückte und ernste Briefe überliefert, die sie in dieser Zeit miteinander wechselten. Strittmatter redete Jokostra mit »Mein lieber Peter Pan Pilztöter« oder »Dr. hc. P. P. P.« an, eine Anspielung auf gemeinsame ausschweifende Pilzwanderungen in der Umgebung von Spremberg. Jokostra mokierte sich über die »Hosenscheißer«, so nannten sie beide die Kulturbürokraten. Als Strittmatters

Chow-Chow-Hündin Hella Junge bekam, wünschte sich Jokostra ein Hündchen aus dem Wurf. In einem späteren Essay beschrieb er Strittmatter als einen »rothaarigen Faun mit picassoeskem Gesichtsschnitt«[412].

Beide verband ein tiefes Gefühl der Mitschuld an den deutschen Verbrechen. Jokostra sandte Strittmatter 1954 sein Gedicht »Gewalt und Schrecken des Krieges«, und Strittmatter antwortet ihm, er habe bei seiner letzten Moskau-Reise ähnliche Qualen durchlebt: »Jedes Holzbein auf der Straße, jeder Blinde, jeder Verstümmelte, ja, jedes Loch in einer Jacke war Anklage für mich.«[413] Aus einem ähnlichen Impuls der Wiedergutmachung heraus waren sie in die Partei eingetreten, Knolle bereits im Jahr 1945 noch in die KPD. Sein politisches Engagement ging aber nie so weit wie das Strittmatters. Er blieb intellektuell unabhängig, ließ sich nicht in eine Funktionärsrolle drängen. In einem lebensgeschichtlichen Text beschrieb er 1967 etwas verschwommen, dass ihn sein fast zweijähriger Aufenthalt in Kliniken und Sanatorien vor einer »Wiederaufnahme« in die SED bewahrt hätte.[414]

Im Verlauf der fünfziger Jahre strebten die Wege der beiden Männer zunehmend auseinander. Während Strittmatter mit »Tinko« und »Katzgraben« die sozialen Veränderungen auf dem Lande zum Thema machte, widmete sich Jokostra in seinen Gedichten einer eher poetisch verschlüsselten Weltbetrachtung. Literarisch lebten sie auf unterschiedlichen Planeten. Jokostra war mit Peter Huchel befreundet, bewunderte Johannes Bobrowski und verfasste als freier Autor – sehr früh schon – eine Abhandlung über Franz Kafka. Unter dem Titel »Ödipus am Meer« setzte er sich mit den »grundsätzlichen Gestaltungsproblemen der modernen Lyrik« auseinander.[415]

Erwin Strittmatter lebte nach dem Erfolg des »Ochsenkutschers« materiell einigermaßen gesichert. Jokostra, der inzwischen von Potsdam nach Chemnitz/Karl-Marx-Stadt gezogen war, schlug sich mit Lektoratsaufträgen durch und zehrte häufig von den Einkünften seiner Frau. Für seinen Roman »Kreuzträger«, der in den Briefen einige Male erwähnt wird, fand er keinen Verlag. »Kein Echo! Niemand, der sich um meine Arbeit kümmert«, klagt er dem Freund im September 1954.[416] Verständlich, dass sich in dieser zunehmend asymmetrischen Beziehung Konkurrenzgefühle, Neid und Verletzungen breitmachten, und zwar auf beiden Seiten. Dass er in Jokostras Augen, auch wenn dieser das nicht direkt aussprach, eher »in die Kategorie der niederen Dichter« gehörte, konnte Strittmatter ihm nicht verzeihen.[417] Zu einer letzten Begegnung kam es im April 1958, als Knolle auf der Fahrt von Karl-Marx-Stadt nach Serrahn/Mecklenburg in Schulzenhof Station machte. In seinem Brief vom 11. Juni 1958 nimmt Strittmatter darauf Bezug und schreibt, sie hätten sich bei diesem Anlass, wie schon so häufig, um die Hinwendung des Künstlers zur Praxis »eifrig gestritten«. Es ist ihm wichtig, zu betonen, dass er Jokostras Gedichte nur selten verstanden habe. Auch mit dem ihm persönlich gewidmeten Gedicht »Nocturno« gehe es ihm leider so. Erwin Strittmatter formulierte diesen Brief, mit dem er zu dem bisherigen Freund deutlich auf Distanz ging, kurz nach dem Erscheinen von dessen Gedichtband »An der besonnten Mauer« im Verlag Neues Leben und wenige Tage nach der Theoretischen Konferenz des Schriftstellerverbandes, auf der er sich zu einem neuen harten Kurs in der Kulturpolitik bekannt hatte. »Das Erscheinen dieses Bändchens«, so schreibt er ganz im Sinne dieses Kurses, »hat Dir keinen guten Dienst geleistet«, man werde es »in die Dekadenzliteratur einreihen«. Während der Konferenz sei der Gedichtband im Präsidium herumgereicht worden, und alle hätten sich gefragt, was der Jokostra eigentlich wolle. Der Schreiber sieht dies als eine Bestätigung seiner Auffassung. »Man wird dieses Büchlein in Grund und Boden kritisieren und das meiner Meinung nach mit Recht. […] Man wird Dir Lektorate, die Du bisher […] für ›Neues Leben‹ noch anfertigtest, nicht mehr anvertrauen. Eines wird sich aus dem andern ergeben, und das finde ich schade für Dich und Deine rein materielle Existenz.« Mit seiner »mangelnden Hinwendung zur Wirklichkeit« jedoch habe sich Jokostra selbst »an den Rand unseres Lebens« gestellt.[418]

Jokostra seinerseits verlegte das Ende ihrer Freundschaft bereits auf einen früheren Zeitpunkt, den er nicht näher bezeichnet, aber in einen Zusammenhang mit dem 17. Juni 1953 bringt. Bei einem Besuch in Schulzenhof habe er Strittmatter die Freundschaft aufgekündigt, »nachdem wir uns beide darüber klar geworden waren, daß wir zwei verschiedene Sprachen sprechen«[419].

1958 kehrte Peter Jokostra von einer Frankreich-Reise nicht zurück und siedelte bald darauf in die Bundesrepublik über. In der Novemberausgabe der Zeitschrift »Deutsche Fragen« veröffentlichte er einen Artikel unter der Überschrift »Schriftsteller in der ›DDR‹« – DDR natürlich in Anführungszeichen gesetzt.[420] Der Artikel ist in der Terminologie des Kalten Krieges abgefaßt, auch die Bezeichnungen »Zone« und »Mitteldeutschland« für den ostdeutschen Nachbarstaat fehlen nicht. Doch viele der Fakten stimmen. Jokostra entwirft darin das Panorama der kulturpolitischen Eiszeit nach dem 56er Tauwetter. Er verweist auf die Verhaftung von Wolfgang Harich, Walter Janka und Erich Loest, auf die Flucht von Alfred Kantorowicz und Gerhard Zwerenz, und er berichtet, auf welche Weise der Philosophieprofessor Ernst Bloch an der Leipziger Universität »kaltgestellt« wurde.

Vor allem aber ist dieser Artikel eine Abrechnung mit dem früheren Freund Strittmatter, eine öffentliche Antwort auf dessen Brief. Unter anderem spricht Jokostra von einem von der »Klique Strittmatter – Kuba« inszenierten »Feldzug gegen

34. Erwin Strittmatter auf dem Spremberger Mai-Umzug, 1950

35. Tagung der Schriftsteller des Landes Brandenburg, Potsdam 1952. Im Präsidium (v.l.): Hans Marchwitza, Annemarie Reimann, Eva Braun, Erwin Strittmatter, Walther Victor, Kurt Stern, Wieland Herzfelde

36. Erwin Strittmatter, 1954

37. Eva Braun, Juli 1953

38. Erster gemeinsamer Abend, Februar 1952

39. Erich Loest und Erwin Strittmatter mit ihrer Dolmetscherin in Budapest, Sommer 1953

40. Mit Willi Bredel in Budapest, 1958

41. Der Wagen des Berliner Ensembles im Demonstrationszug am 1. Mai 1954 mit Karl von Appen, Bertolt Brecht, Helene Weigel, Erwin Strittmatter, Betty Loewen (v.l.n.r.), Annemarie Hase (oben)

42. Erwin Strittmatter auf dem Schriftstellerbasar in der Stalinallee, 1. Mai 1954

43. Vor dem Haus in Schulzenhof, um 1958

44. »Schriftsteller als LPG-Bauer«, 1958

45. Eva Strittmatters Mutter Hedwig 1960 mit dem kleinen Matti bei der Einschulung von Erwin jr. in Neuruppin, Sohn Ilja fotografiert

46. Erwin Strittmatter hält Matti hoch, links Ilja, rechts außen Kiki Apitz

47. Erwin und Eva Strittmatter in Schulzenhof, vor 1962

48. Pferdemeister Schmidt, die Kinder Matthes, Ilja, Jakob, Eva Strittmatters Mutter Hedwig Braun, Erwin jr. und Eva Strittmatter, Ostern 1966

49. An der Longe, um 1960

50. Auf Sabah, um 1965

51. Knut und Erwin Strittmatter, daneben Herbert Franke, 1959

52. Jugendweihe von Erwin jr., neben Eva Strittmatter geht Matthes

53. Die Söhne Matthes und Jakob, Eva und Erwin Strittmatter, der Hund Assan, Schulzenhof 1968

54. Eva Strittmatter am Schreibtisch, 19/3   55. Erwin Strittmatter in Sotschi, 1960

56. Mit Lew Kopelew in Suchumi, Mai 1965

57. Jakob, Erwin und Eva Strittmatter, Matthes und Assan, 1974

58. Pferdedressur in der Zirkusnacht der Prominenten, 1975

59. Erich Honecker überreicht Erwin Strittmatter den vierten Nationalpreis, Oktober 1984

60. Erwin und Eva Strittmatter, Sommer 1979

61. April 1992

den Verlag Neues Leben«, wo auch sein Gedichtband erschienen war. Er beschreibt die Verbotsgeschichte des zweiten Bandes von Boris Djacenkos Roman »Herz und Asche« sowie die darauf folgende Entlassung des Cheflektors Walter Püschel. Der Schreiber des Artikels schießt hier offensichtlich über das Ziel hinaus, wenn er Strittmatter und seinen Verbandskollegen Kuba (Kurt Barthel) als Initiatoren und Drahtzieher der Zensur- und Willkürmaßnahmen hinstellt. Doch unbestreitbar hatte Erwin Strittmatter sich sowohl in seiner Rede auf der Theoretischen Konferenz, aus der Jokostra einige Sätze zitiert, als auch in seinem Brief demonstrativ hinter diesen Kurs gestellt.

Am Schluss des Artikels schildert Peter Jokostra seine eigene Geschichte, ohne sie indes als eigene Geschichte kenntlich zu machen und ohne Strittmatters Namen zu nennen: »Als Beispiel, wie man einen nicht genehmen Autor mundtot machen kann, ohne ihn vor ein öffentliches Tribunal zu zitieren, mag dieser Fall einer indirekten Liquidierung gelten: Der betreffende Schriftsteller erhält eines Tages einen ›privaten‹ Brief eines Vorstandsmitglieds des Verbandes«. Für Jokostra ist dies ein Brief »im Auftrag«, als das im freundschaftlichen Gewand daherkommende Signal zu einer Ausgrenzungskampagne. Zur gleichen Zeit sei in der Wochenzeitschrift »Sonntag« eine »mißkreditierende Kritik« publiziert worden, danach habe sich der Autor vor seinem Bezirksverband für seine Arbeiten rechtfertigen müssen, und anschließend habe ihm die Zeitschrift »Neue Deutsche Literatur« alle seine bereits in Satz befindlichen Arbeiten zurückgegeben, »mit dem Hinweis, dass jetzt dringendere Probleme diskutiert werden müssten als zum Beispiel eine Auseinandersetzung mit dem Werk Kafkas«. Das alles wird sich etwa so abgespielt und dem Betroffenen reichlich Anlass für Zorn und Verbitterung gegeben haben. Dass er seine Beschwerde in der zwiegespaltenen

Welt des Kalten Krieges nur in dessen rüder Terminologie äußern konnte, in der von einem »kommunistisch-autoritären Kolonialismus«, von »gewissenlosen Machthabern« oder der »Zone des Unrechts« die Rede war, gehört zur damaligen Nicht-Kommunikation der Blockkonfrontation und besiegelte den Abbruch aller Brücken.

Erwin Strittmatter, dem seine Gesprächspartner vom MfS den Artikel vorlegten, notierte am 19. Dezember 1958 in seinem Tagebuch, Knolle habe »in der Agentenzeitung der sogen. Freiheitlichen Juristen einen widerlichen Hetzartikel, hauptsächlich gegen mich gerichtet, geschrieben. Man sieht zwar deutlich, wie die Redakteure daran mitgeschrieben haben, aber, was hilft das alles. Ich hätt ihn nicht für so schäbig gehalten.« Menschlich war es eine Enttäuschung, doch literarisch eine Bestätigung für Strittmatters Konzept der Weißblatt-Figur im »Wundertäter«. »Es stand von Anfang an in mir der Plan fest, dass Weissblatt im zweiten Band als Verräter ins Lager der Feinde überwechselt.«[421] Im dritten Band des »Wundertäters« kommt Strittmatter erneut auf Weißblatt/Jo Ostra zurück und rechtfertigt – zwanzig Jahre später – auf befremdliche Weise noch einmal den schmählichen Umgang der SED-Kulturkontrolleure mit dessen Gedichtband: »Seine neue Gedichtsammlung nannte Jo Ostra: ›Zu neuen Ufern‹. In den Buchläden erschienen nur wenige Exemplare von ihr. Wachsame Kulturpolitiker hatten die Auflage nach den ersten negativen Reaktionen von Genossen, die etwas von Gedichten verstanden, einkellern lassen. Jo Ostra aber bildete sich ein, sein Bändchen wäre ›unter dem Ladentisch‹ verkauft worden.«[422] So höhnte der Autor, der sich anlässlich der Publikation eben dieses »Wundertäters III« bitter darüber beklagen sollte, dass ein Teil der Auflage bei der Nationalen Volksarmee verschwand und dass die Bücher in einigen Bezirken gar nicht erst ausgeliefert wurden.

Knolle/Jokostra hatte seine in Feindschaft umgeschlagenen enttäuschten Freundesgefühle noch weniger unter Kontrolle, oder war das schon mehr politische als persönliche Verhärtung? Im August 1961 wandte er sich an den S. Fischer Verlag und verhinderte mit Hilfe einer Materialsammlung »über den Zonenfunktionär Strittmatter« immerhin für einige Jahre die Publikation von dessen Romanen in der Bundesrepublik. Ein Jahr später drohte er in einem offenen Brief an den Luchterhand Verlag in der Zeitung »Die Welt«, sein neues Buch »Lyrisches Testament« zurückzuziehen, wenn der Verlag wie geplant eine Anna-Seghers-Gesamtausgabe herausbringe. »Ich kann nicht neben den Befürwortern und Verteidigern der Schandmauer erscheinen.«[423] Luchterhand ließ sich jedoch von seinem Vorhaben nicht abbringen und druckte 1962 als ersten Band der Edition »Das siebte Kreuz«.

BORIS DJACENKO

Im Jahr 1958 zerbrach auch die Freundschaft zwischen Erwin Strittmatter und Boris Djacenko. Vielleicht war diese Verbindung sogar enger und intensiver als die zu Knolle/Jokostra gewesen. In Strittmatters Tagebuchaufzeichnungen jedenfalls spielen die Begegnungen mit Boris Djacenko und seiner damaligen Frau Ingeburg vor allem um das Jahr 1956 eine wichtige Rolle. Die beiden Paare trafen sich in der Berliner Wohnung der Strittmatters, in Schulzenhof und manchmal auch in Kolberg, wo Djacenko ein Sommerhäuschen hatte. Abendelang diskutierten sie über politische Ereignisse, über Verlags- und Verbandsprobleme, sie feierten miteinander, und die beiden Männer zeigten sich gegenseitig ihre noch unfertigen Texte. Nach einem zweitägigen Besuch der Djacenkos in Schulzenhof schreibt Strittmatter am 25. August 1956, er habe das Gefühl, »eine wachsende, gute Freundschaft« vor sich zu haben. Als Ende Oktober der Aufstand in Ungarn begann, kamen Boris und Eva, die gerade in Berlin gewesen war, in der Nacht mit einem Taxi nach Schulzenhof und rissen Erwin aus dem Schlaf.[424]

Boris Djacenko war fünf Jahre jünger als Erwin Strittmatter. Er wurde 1917 in Riga geboren und hatte bis zum Jahr 1945 ein wildbewegtes Leben zwischen Riga, Paris und Berlin verbracht. Wegen seiner Opposition zum damaligen lettischen Regime wurde er vom Gymnasium geworfen, später aus den gleichen Gründen vom Philosophiestudium in Riga ausgeschlossen. Auf einem Frachter floh er 1939 nach Rotterdam und Paris, saß wegen kommunistischer Untergrundarbeit im Lager Le Vernet, wurde von dort zur Zwangsarbeit ins Deutsche Reich deportiert. Nach seiner Flucht aus einem Bergwerk und weiteren abenteuerlichen Stationen tauchte er in Berlin unter und schloss sich einer Widerstandsgruppe von Zwangsarbeitern in einem Großbetrieb an. Im Mai 1945 setzte ihn die Rote Armee zeitweilig als kommissarischen Bürgermeister in Töplitz bei Potsdam ein. Er arbeitete als Journalist für die »Tägliche Rundschau« und war seit Beginn der fünfziger Jahre freiberuflicher Schriftsteller.

Strittmatter und Djacenko lernten sich vermutlich im Schriftstellerverband kennen. Anfang 1952 taucht Djacenkos Name zum ersten Mal in einer Aufzählung der Kolleginnen und Kollegen auf, denen Strittmatter den ersten Entwurf seiner »Katzgraben«-Komödie geschickt hat. Als Erwin Strittmatter im Frühsommer 1952 für einige Monate in ein Zimmer in der Försterei Schmalenberg bei Erkner zog, wohnte er mit Djacenko Tür an Tür. Djacenko hatte als Erster dieses Quartier angemietet. Beide waren sie verheiratet und hatten zeitweilig ihr Junggesellenleben wieder aufgenommen. Ihre erste Begegnung muss emotional heftig gewesen sein.

»Als Sinnbild der Freundschaft tauschen sie ihre Hemden«, schreibt Werner Liersch, dem es Djacenko so erzählt hat.[425] Vielleicht fühlten sie sich vor allem durch ihr Einzelgängerdasein miteinander verbunden. Trotz seiner antifaschistischen Vergangenheit gehörte Djacenko offensichtlich nicht zur Gruppe der alten KPD-Genossen unter den Schriftstellern. 1954 veröffentlichte er seinen Roman »Herz und Asche«, in dem er, »spannend bis an den Rand der Kolportage« (Liersch), seine Widerstandserfahrungen verarbeitet hatte. Der Roman wurde ein großer Erfolg. Im gleichen Jahr erlebte Erwin Strittmatter mit »Tinko« eine ähnlich überwältigende Resonanz.

Die Gemeinsamkeiten hörten auf, als ihre nächsten Romanprojekte wieder fast zeitgleich fertig wurden. Der erste Band des »Wundertäters« bescherte seinem Schöpfer erneut viel Lob und Beachtung. Der zweite Band von »Herz und Asche« wurde verboten, die bereits gedruckten Bogen eingestampft. Boris Djacenko hatte die zögernden Zeichen der Entstalinisierung ernst genommen, er hatte das Schweigen brechen wollen, das noch immer die sowjetischen Lager umgab, und er hatte wohl als erster DDR-Autor, noch sehr vorsichtig, die Vergewaltigungen am Ende des Krieges thematisiert. Sein Manuskript wurde zunächst vom Verlag Neues Leben angenommen, die Hauptverwaltung Verlage erteilte die Druckgenehmigung, und die »Neue Berliner Illustrierte« begann in Heft 3/1958 mit einem Vorabdruck. Doch nach der Niederschlagung des Ungarn-Aufstandes war der kurze Augenblick der Offenheit schon wieder vorüber. Ein Gutachten aus der Kulturabteilung des SED-Zentralkomitees vom Januar 1958 brachte schließlich das Verbotsverfahren ins Rollen.

Schon ein gutes Jahr zuvor hatte sein Freund und Kollege Strittmatter gegenüber dem Text Bedenken geäußert, die damals allerdings eher die Form als den Inhalt betrafen. In seinem Tagebuch notiert er am 25. November 1956: »Boris ist der verbohrte Junge geblieben. Will mit dem Kopf durch die Wand. [...] Hat Erkenntnisse, meist politischer Art. Stopft diese Erkenntnisse in seinen Roman. Pflanzt sie in Form von Gesprächen Figuren auf, die nicht im mindesten damit zu tun haben. Wir hatten Bücher die waren ›Stopfgänse‹ aus Schematismus. Der ganze Marxismus sollte ›drin sein‹. Boris schreibt ›Stopfgänse‹ aus ebengehabten Erkenntnissen.« Doch wenn man »alles Aufgesetzte« herausstreiche, so der Tagebuchschreiber, dürfte das Buch »zu reparieren sein«.[426] Noch deutete nichts darauf hin, dass Strittmatter die »eben gehabten Erkenntnisse« ablehnte. Eine gute Woche danach trafen sich die Djacenkos und die Strittmatters in Berlin. »Über die Fehler in Boris' Roman gesprochen«, notiert Strittmatter. »Ging leichter, als ich dachte. Boris zeigte sich einsichtiger als früher.«[427]

Erst im November 1957 gibt es wieder eine Eintragung zu »Herz und Asche II«. Strittmatter registriert Djacenkos Sorge und Angst, die Druckgenehmigung könne ihm verweigert werden. Dass sich die Freunde in diesen Monaten seltener trafen, scheint vor allem mit einer Beziehungskrise und der anschließenden Trennung des Ehepaars Djacenko zu tun zu haben. Doch nach einem Gespräch mit dem Mitarbeiter der ZK-Kulturabteilung, Willi Lewin, schreibt Strittmatter am 1. Februar 1958: »Nun kommt das, was wir lange befürchteten. B. hat das, was er für die ›Wahrheit‹ hielt, was er glaubte, schreiben zu müssen, künstlerisch nicht bewältigt. Nun erscheinen diese Dinge, ganz wie vorauszusehen war, als politische Fehler.«

Durch Lewin erfuhr Strittmatter, wie ernst die Lage war: Der Verlag werde das Buch nicht herausbringen, der Vorabdruck in der »Neuen Berliner Illustrierten« sei ebenfalls gestoppt, der Chefredakteur beurlaubt worden, ähnliche Maßnahmen würden vermutlich im Verlag Neues Leben folgen. Bisher weigere sich Djacenko, eine Erklärung in die Zeitschrift zu setzen, wonach er den Text zurückziehe, weil er weiter daran arbeiten wolle. Willi Lewin habe ihn deshalb gebeten, mit Djacenko zu reden, schreibt Strittmatter. Er habe zu bedenken gegeben, dass sie gerade wegen des Romans »etwas verkracht« seien. Trotzdem habe er Boris ein Blitztelegramm geschickt.[428] Wie dieser Überredungsversuch ausging, der offenbar noch am gleichen Abend stattfand, ist aus den Tagebuchaufzeichnungen nicht ablesbar. Der Schreiber hält lediglich fest, dass Boris »die Sache sehr ruhig« nehme und auch nach einigen Gläsern Wein gelassen geblieben sei. Strittmatters Fazit des Gesprächs jedoch ist seine Frage, ob »eine echte Freundschaft fürderhin« noch möglich sein werde.

Nach der Lektüre der Druckfahnen gibt er zwei Wochen später die Antwort: »Es kann keine Freundschaft mehr zwischen uns geben, denn dieses Buch verrät, wie unreif, wie ›feindlich‹ er eigentlich denkt.« Auch hier sind auf schwer entwirrbare Weise künstlerische Vorbehalte und politisches Verdikt miteinander vermengt. »Ganze Passagen sind erkrampft. Wie sich der kleine Moritz illegale Arbeit oder die Sowjetmenschen vorstellt. Das Buch hätte, wäre es herausgekommen, unübersehbaren Schaden und vor allem große Verwirrung unter der Jugend hervorgerufen.«[429]

Diese Bemerkung, die bei mir heute sofort den Gedanken an seine eigene Rolle während der NS-Zeit wachruft, hat Strittmatter in seinem Brief an Djacenko einige Tage später nicht wiederholt. Doch der Brief ist im gleichen empörten Gestus wie die Tagebuchnotiz abgefasst: »Ich habe Dein Buch gelesen. Seit mein großer Sohn damals ausriß und seit Brechts Tod hat mich nichts wieder so mitgenommen wie jetzt Dein Versagen.« Es folgt eine vernichtende Kritik des Textes: »Ein Drittel Kolportage verwandter Schwulst, ein Drittel Philosophie, die in perfektes Objektivieren ausartet, was Höhe vortäuschen soll. Nur wenige Szenen gefallen mir und liegen etwa auf der

Höhe der guten Szenen des ersten Bandes.« Darüber hinaus bezichtigt er den Freund der Überheblichkeit: »Woher die Haltung eines Vulkans – der zum Schluss Bimsstein gebiert? [...] Sei froh, daß das Buch aus (übrigens berechtigten ideologischen Gründen) gestoppt wurde. Du hättest Dich mit ihm künstlerisch blamiert.«[430] Vielleicht hatte Strittmatter mit seinen künstlerischen Einwänden zum Teil recht. Man kann heute das einzige erhaltene Exemplar von Djacenkos Roman im Archiv der Akademie der Künste lesen. Entscheidend für das Verbot des Romans war offenbar der politische Tabubruch.

Werner Liersch berichtet, dass Djacenko noch ein Jahr lang zermürbende Gespräche mit den neuen Verantwortlichen im Verlag Neues Leben führte in der Hoffnung, das Buch doch zu retten. Die verlangten Änderungen habe er letztlich nicht akzeptieren können. 1961 folgte ein weiterer ebenso frustrierender Versuch mit dem Mitteldeutschen Verlag in Halle, dessen Leitungsmannschaft ebenfalls gerade ausgewechselt worden war. Im Februar 1963 gab Djacenko schließlich auf und begann unter dem Pseudonym Peter Adams Kriminalromane zu schreiben.

Im Dezember 1967 notiert Strittmatter in seinem Tagebuch, nachts um halb drei habe ihn Boris »anscheinend betrunken« angerufen und ihm gesagt, er überlege, ob er fünfundzwanzig Schlaftabletten schlucken solle oder nicht. Er sei völlig vereinsamt. Immerhin sprach Strittmatter eine halbe Stunde mit dem Verzweifelten und konnte ihn offenbar beruhigen. Aber er scheute sich, den Kontakt mit ihm wieder aufzunehmen.[431]

Sieben Jahre später veröffentlichte Boris Djacenko noch einmal unter seinem Namen die Partisanengeschichte »Angriff der Sonnenblumen«. Er sandte Erwin Strittmatter ein Exemplar des Buches und bat um ein Wiedersehen. Der schrieb ihm freundliche Worte zu seinem Text, lehnte jedoch ein Treffen ausdrücklich ab mit der Begründung, er wolle sich seine guten Erinnerungen an die gemeinsame Zeit bewahren. Vielleicht schämte er sich, weil er mittlerweile selbst nicht mehr an die Dogmen glaubte, die er 15 Jahre zuvor so harsch vertreten hatte. »Gesetzt den Fall, wir kämen heute zusammen, so würdest Du auf einen Erwin stoßen, der nicht mehr diskutieren würde, der Dir also nichts zu sagen hätte«, lautete die etwas kryptische Erklärung.[432] Zu dieser Zeit arbeitete Strittmatter schon am »Wundertäter III«, in den er selbst eine Vergewaltigungsszene hineinschrieb.

Im Jahr 1987 legte der Verlag Tribüne den ersten Band von »Herz und Asche« noch einmal auf. Das Geleitwort stammte von Karl Heinz Berger, dem damaligen Lektor von Band eins und zwei, den die Auseinandersetzungen 1958 seine Stelle im Verlag Neues Leben gekostet hatten und der danach – ebenso wie Djacenko – jahrelang unter Pseudonym Kriminalromane schrieb. Boris Djacenko sei 1975 einsam gestorben, schrieb Berger. An seinem Grab hätten sich nur wenige Freunde versammelt. Es drängte ihn deshalb, ein paar Sätze über den mittlerweile fast Vergessenen mitzuteilen. Die Verbotsgeschichte des zweiten Teils von »Herz und Asche«, die Djacenko in die Isolation getrieben hatte, war auch 1987 nur indirekt ansprechbar, die DDR-Leser jedoch waren geübt, zwischen den Zeilen zu lesen: »Er lag bereits im Satz vor, ist jedoch nicht erschienen. Ich hoffe noch immer darauf, daß auch dieses Buch eines Tages veröffentlicht wird.«[433]

JEANNE UND KURT STERN

Solche Intensität von Nähe und Bruch wie mit Djacenko und Jokostra gab es in der Beziehung zwischen den Strittmatters und dem Schriftsteller-Paar Kurt und Jeanne Stern nicht. Ihre Freundschaft kannte Entfernungen und Wiederannäherungen, aber keinen großen, alles in Frage stellenden Konflikte. »Manchmal will's scheinen, als ob auch Freundschaften Welk- und Blühzeiten haben«, schreibt Erwin Strittmatter, heiter und versöhnlich gestimmt, am 1. Oktober 1963 nach einem Besuch der Sterns, bei dem sie wieder einmal »wie in den besten Tagen« miteinander gesprochen hätten.[434] Zum ersten Mal erwähnt Strittmatter im Oktober 1955 eine Begegnung mit Kurt Stern in seinem Tagebuch. Er äußert sich ein wenig unzufrieden über die »vordergründigen Gespräche«, bei denen es um Schematismus in der Politik gegangen sei, und fügt hinzu: »Man lernt sich erst langsam kennen.«[435]

Erwin Strittmatter zeigte sich in seinen Tagebuchnotizen selbst gegenüber engen Freunden oft unduldsam und fällte harte Urteile. So mokierte er sich nach Zusammenkünften mit den Sterns bisweilen über die »Michael-Kohlhaas-Natur« von Jeanne oder fühlte sich genervt von den »intellektuellen und politischen Bauchschmerzen« ihres Mannes.[436] Doch ebenso häufig äußert er sich voll Wärme über die Liebenswürdigkeit und den Takt der beiden. Nachdem er den Freund im Mai 1956 im Krankenhaus besucht hatte, notiert er im Tagebuch, Kurt sei zwar kein Künstler, jedoch ein »wirklich guter, ehrlicher Mensch«[437].

Die Paare besuchten sich gegenseitig in Berlin, sie trafen sich in Schulzenhof und in Carwitz, bei Feldberg, wo Kurt und Jeanne Stern im Haus von Hans Falladas Witwe regelmäßig ihren Sommerurlaub verbrachten. Die Erschütterung über die stalinistischen Verbrechen brachte sie im Jahr 1956 einander besonders nah. Als Strittmatter auf den neuen harten Kurs der SED einschwenkte und ihn im Schriftstellerverband offensiv vertrat, wurden ihre Begegnungen schwieriger, konfliktreicher, aber sie brachen nicht völlig ab.

Kurt und Jeanne Stern waren 1946 bzw. 1948 über Frankreich aus dem mexikanischen Exil nach Berlin gekommen. 1932 hatten sie sich in dieser Stadt beim Studium kennengelernt und geheiratet: Kurt, der junge Kommunist aus jüdischem Elternhaus, und das französische Mädchen Jeanne. 1933 gingen sie zusammen nach Frankreich. Es folgten Jahre des politischen Engagements in Pariser Emigrantenorganisationen, später im Spanischen Bürgerkrieg, wo Kurt Stern als Politkommissar eine Zeitung der Internationalen Brigaden herausgab. 1939/40 wurde er als »feindlicher Deutscher« in Frankreich interniert. Im Mai 1942 gelang dem Ehepaar die Emigration nach Mexiko, wo sie mit Anna Seghers und ihrer Familie, aber auch mit den Jankas eng verbunden waren. Nach der Rückkehr arbeitete Kurt Stern zunächst in der Leitung des Kulturbundes[438]. Seit 1949 war er freiberuflicher Schriftsteller, verfasste zusammen mit seiner Frau Filmszenarien und Reportagen und übersetzte aus dem Französischen.

Wie Anna Seghers, Stephan Hermlin, Stefan Heym, Walther Victor u. a. gehörten die Sterns zur Gruppe der »alten Kommunisten«, die in den fünfziger Jahren im Schriftstellerverband noch dominant waren. Während der NS-Zeit hatten sie Widerstand geleistet, waren ins Ausland geflohen oder inhaftiert worden. Viele von ihnen stammten aus bürgerlichen jüdischen Familien, waren gebildet, hatten, wenn auch unter schwierigen Bedingungen, in anderen Ländern gelebt und beherrschten mehrere Sprachen. Zurückgekehrt in die besiegte und zerstörte Heimat, betrachteten viele von ihnen es als ihre Aufgabe, die Deutschen, die mehrheitlich auf der falschen Seite gestanden hatten, umzuerziehen und für den Aufbau einer neuen Gesellschaft zu gewinnen. Das waren keine Beziehungen auf Augenhöhe, die sich auf dieser Grundlage herausbildeten. Christa Wolf erzählte mir, wie schwierig es gewesen sei, sich im Schriftstellerverband mit einer kritischen Position zu behaupten angesichts der vielen älteren Kollegen mit antifaschistischer Vergangenheit. Leute wie sie, die eben nicht im Widerstand oder im Exil gewesen seien, sondern an die Nazis geglaubt hatten, hätten sich unter einem enormen moralischen Druck gefühlt. Auch für Erwin Strittmatter war das ein Problem, auf das er in seinem Tagebuch immer wieder Bezug nimmt. Er fühlte sich zwar als Talent entdeckt und gefördert, als Mann aus dem Volke sogar hofiert, aber dennoch verlief da eine unsichtbare und unausgesprochene Trennlinie. Mit Freundschaftsbeweisen seien »unsere alten Antifaschisten« sehr sparsam, schreibt er, er habe den Eindruck, »dass sie sich behutsam für sich halten«.[439]

Anders als Christa Wolf oder Erich Loest konnte Strittmatter für die NS-Zeit nicht das Moment der jugendlichen Verführung für sich in Anspruch nehmen. Er war eher ein Generationsgefährte von Hermlin und Stern, von Heym und Seghers, und er hatte auf der Seite ihrer Verfolger gestanden und agiert, wenn er sich das auch nicht eingestehen mochte. Zumindest in seinem Tagebuch quittierte er die empfundene Zurücksetzung und das Gefühl von Unterlegenheit seinerseits mit Ausbrüchen von Ressentiments gegen »die Intellektuellen«, die sich, wie er meinte, »immer noch etwas auf ihre Kampfzeit oder Emigration zugute[halten]. Sowohl Uhse als auch Hermlin (Stern weniger) sind mit einem intellektuellen Hochmut gesegnet, der ihnen wie eine Krankheit anhaftet.«[440] An einer anderen Stelle gibt er sich gar der Phantasie hin, sie alle »zum Mistladen in eine Genossenschaft [zu] delegieren«[441].

Dass sich Kurt Stern sichtbar und deutlich anders verhielt als viele der alten Kommunisten, bestätigte auch Christa Wolf. Mit Stern hätte man »Pferde stehlen« können, sagte sie. Einmal hätten sie sich in einem Imbiss an der Friedrichstraße getroffen, und bei einer Bockwurst hätte Kurt Stern sie genauestens vor einer unangenehmen Parteiaussprache instruiert: Was sie in dieser Situation auf keinen Fall sagen dürfe, was sie stattdessen auf jeden Fall sagen müsse. Das sei toll gewesen.

Auch im Zusammenhang mit der Biermann-Ausbürgerung hätte Kurt sich »großartig benommen«.[442]

Für Strittmatters Freundschaft zu Kurt und Jeanne Stern war es sicher nicht unwesentlich, dass es zwischen ihnen diese Trennlinie nicht gab, dass er sich mit seiner Herkunft und Vergangenheit von ihnen angenommen fühlte. Aber auch sie blieben – zumindest im Tagebuch – von seinen Sticheleien gegen Intellektuelle nicht ausgenommen. Jedenfalls äußert er sich häufig herablassend bis verständnislos über die »Lebensferne«, wie er es nannte, von Kurt Stern und wollte damit wohl ausdrücken, dass er nicht in gleicher Weise wie er mit dem Alltag der kleinen Leute in der DDR verbunden sei. Jeanne Stern wiederum meinte er »ständig davor behüten« zu müssen, dass sie »Ungerechtigkeiten im Leben unserer Republik aufspürt«.[443]

Ihre Diskrepanz wurde vermutlich zum ersten Mal offen verhandelt, nachdem Erwin Strittmatter in seiner Rede auf der Theoretischen Konferenz des Schriftstellerverbandes Kritik an der Partei und ihren Funktionären als unzeitgemäß verurteilt und die Schriftsteller aufgefordert hatte, hinauszugehen, um die »wirklichen« Vorgänge des Lebens aufzuspüren. Die Sterns hätten ihn daraufhin »erschüttert« um eine Aussprache gebeten, schreibt er am 7. Juni 1958 in sein Tagebuch. Dass sie viele Punkte seiner Rede auf sich bezogen hätten, fügt er hinzu, sei »nicht ganz richtig«. Doch während ihres Gesprächs am Nachmittag des folgenden Tages muss er sich wohl dazu bekannt haben: »Da wurde politisch einmal ausgesprochen, was sonst stets aus Rücksicht und Höflichkeit verschwiegen wurde. Jetzt sind, so glaube ich, ›klare Fronten‹ zwischen uns. Die Sterns verabschiedeten sich sehr nachdenklich.«[444] Im November 1958 ging Jeanne Stern für drei Monate in das Chemiefaserwerk Premnitz und schrieb später eine Reportage über die dort beschäftigten Frauen. Im

Kontext der Bitterfelder Bewegung blieb das wohl ihr einziger Ausflug in die von Strittmatter empfohlene »Wirklichkeit«.

Jeanne und Kurt Stern beschäftigten sich mit Themen, die zeitlich bzw. räumlich von der DDR eher entfernt lagen. Im April 1967 kam Kurt Stern von einer Vietnam-Reise zurück und berichtete den Strittmatters von seinen Eindrücken. »Für K. St. ist das Leben nur interessant, wo für unsere Sache gekämpft wird«, notiert Strittmatter nach diesem Abend im Tagebuch. Er habe sich für den Spanischen Bürgerkrieg begeistert, für die chinesische und die kubanische Revolution. »Jetzt also Vietnam. Wir sahen ihn nie zutiefst interessiert am Aufbau eines Arbeiterstaates nach der Revolution. Das scheint dann nicht mehr seine Sache zu sein. Die Fronten sind komplizierter.«[445]

Das war zutreffend beobachtet, doch offenbar konnte Erwin Strittmatter nicht verstehen, dass sein Freund sich diese Themen suchte, weil er nur so die Balance halten konnte zwischen seinen sozialistischen Idealen und der zunehmenden Enttäuschung über ihre Verwirklichung. Kurt Stern war ein aufrechter Mensch und kritischer Kommunist. Bereits 1939 im französischen Exil war er aus Protest gegen den deutsch-sowjetischen Nichtangriffspakt aus der Partei ausgetreten. 1968 wandte er sich gegen den Einmarsch der Truppen des Warschauer Paktes in die ČSSR. Im Oktober 1970 verweigerte Stern als einziges Präsidiumsmitglied des Schriftstellerverbandes seine Unterschrift unter eine Erklärung, in der der sowjetische Schriftsteller und Dissident Alexander Solshenizyn verurteilt wurde. 1976 solidarisierte er sich mit den Unterzeichnern des Protestbriefes gegen die Ausbürgerung Biermanns, ohne den Brief selbst zu unterzeichnen.

Die Beziehung zwischen den Strittmatters und den Sterns, um deren Fortbestand sich während kleiner Eiszeiten vor allem Kurt Stern immer wieder bemühte, wurde enger, als

Erwin Strittmatter sich in den siebziger/achtziger Jahren von seinen früher vertretenen Glaubenssätzen entfernte. Nach einem Besuch bei den Sterns im Februar 1980 notiert er, er habe die beiden gefragt, wann sie erkannt hätten, »dass es sich bei ihren Träumen vom verwirklichten Kommunismus um Utopien handelte«. Sie hätten als einen Wendepunkt das Zerwürfnis zwischen China und der Sowjetunion genannt, das auch für ihn eine Rolle spielte, weil es die Hoffnungen auf »den Weltfrieden« enttäuscht habe.[446]

Am 15. September 1982 bilanzierte Strittmatter in einem Geburtstagsbrief an Kurt Stern die Auf-und-Ab-Bewegungen ihrer Freundschaft in den vergangenen Jahrzehnten. Er habe sich ein-, zweimal ihnen gegenüber »schuldig« gefühlt, bekennt er. Das sei in Zeiten gewesen, »in denen ich plötzlich glaubte, dass man bei uns doch rascher zu guten gesellschaftlichen Verhältnissen käme, wenn man sich künstlerisch anpasst und mitmacht, gehorcht und hinnimmt«. Etwas gewunden, aber doch eine Entschuldigung für den ideologischen Druck, den er den Freunden in der Vergangenheit manchmal bereitet hatte. »Ganz frei von dieser Bereitschaft« [sich anzupassen, A. L.] seien doch auch sie nicht gewesen, fährt er fort und nennt als Beispiel die Arbeit von Jeanne im Chemiefaserwerk. In den letzten Jahren jedenfalls habe er angefangen, »Dich/Euch zu bewundern, weil Ihr als alte Genossen, ohne Furcht davor, die Früchte für langjährige ›Dienstzeit‹ zu verlieren, Euren Erfahrungen gefolgt seid und anerkanntet, was wirklich ist«.[447]

Jeanne Stern antwortete an der Stelle ihres kranken Mannes. Das Wort »anpassen« wollte sie so nicht stehen lassen. »[…] wir haben ehrlich gedacht, es sei der beste Weg, den wir aus eigenem Antrieb genommen haben. Ich würde sagen: wir haben uns viel zu leichtsinnig überzeugen lassen. Zum Beispiel (Du erwähntest es) mein Aufenthalt in Premnitz. Ich hatte in der Partei schwere Auseinandersetzungen wegen des Janka-Prozesses – und obwohl ich keinen Augenblick an der Schuldlosigkeit von Janka zweifelte, zweifelte ich doch an mir: Vielleicht verstand ich nicht die Arbeiter, mit der zusätzlichen Schwierigkeit, daß es deutsche Arbeiter waren.« Nur darum und nicht »auf dem Bitterfelder Weg« sei sie nach Premnitz gegangen. Sie habe es nicht bereut, wenngleich sie dort auch ganz andere Erfahrungen gemacht habe, als vorauszusehen war. Der Brief schließt mit einer warmherzigen Freundschafts-, ja fast Liebeserklärung: »Es gibt Menschen, die ich mag – spontan – dazu gehörst Du. Ich halte Dich für vollkommen unfähig, eine Gemeinheit zu begehen. Das ist schon sehr viel. Aber außerdem bilde ich mir ein, daß Du Deinen Freunden helfen würdest, wenn Du sie in Bedrängnis wüßtest. Und vor allen Dingen weiß ich von mir, daß ich Dir gut bin«.[448]

LEW KOPELEW UND RAISSA ORLOWA

Begonnen hatte ihre Beziehung mit einem enthusiastischen Brief des russischen Germanisten Kopelew an den Autor des »Wundertäters« im Juni 1960. Kopelew hatte eine Abhandlung über Strittmatters Werk in der Sowjetunion veröffentlicht, und Strittmatter hatte ihm geschrieben, er fühle sich verstanden.

»Mein deutscher Wortschatz reicht nicht aus, und ich glaube, daß auch in meiner Muttersprache ich es nicht fertig bringe die freudigen und stolzen Gefühle auszudrücken, die unsereinen schlichten Hilfsarbeiter auf den Randhöfen der Literatur übermannen, wenn er so plötzlich erfährt, daß seine Bemühungen einem Meister in der Hauptwerkstatt nützlich erschienen.«[449] Kopelew wurde Strittmatters russischer Übersetzer, seine begeisterten Rezensionen öffneten dessen Romanen den Weg in die sowjetische Literaturszene. Im Jahr 1961, schreibt Kopelew in seinem Notizbuch, hätten sie einander persönlich kennengelernt: »Erwin Strittmatter, durchdringend blaue verschmitzte und traurig-fröhliche Augen. Hohe Stirn, rotblonder bürstenartig kurzer Schnurrbart, ein gütigschüchternes Lächeln.«[450]

Schon Ende 1960 wechselt die Ansprache in den Briefen vom »Sie« zum »Du«, als sich Kopelew im Dezember überschwänglich für ein Exemplar der NDL bedankt, in dem einige Gedichte von Strittmatter abgedruckt waren: »Das ist die wahre Poesie, in der Gedanken und Gefühle unzertrennbar in farbenreicher, rauschender und traumfunkelnden Sprache miteinander geschmolzen [...]. Du bist eben der wahre poetische Wundertäter, was ich schon aus deiner Prosa empfunden habe und nun in diesen Gedichten besonders deutlich bestätigt bekomme.«[451] Strittmatter antwortete bewegt, dies sei die erste Reaktion eines Freundes auf seine Gedichte. »Hier werde ich lange auf eine solche Zustimmung warten müssen. Hier gilt vor allem: Er ist Romancier – soll bei seinen Leisten bleiben!«[452]

Der Kontakt zwischen ihnen riss nicht mehr ab. Im August 1963, nach einem Schriftstellertreffen der europäischen Autorenvereinigung COMES in Leningrad, notiert Strittmatter: »Herzliches Wiedersehen mit Lew Kopelew. Aber Lew ist ›Hund auf tausend Geigen‹. Spricht viele Sprachen. Ist allzu gierig, Westkontakte zu knüpfen. Rennt dem ›intellektuellen playboy‹ Enzensberger förmlich nach.«[453] Da schwingt nicht nur ein wenig Eifersucht mit, sondern auch Strittmatters große Distanz zu vielen bundesdeutschen Kollegen. Die Tagebuchnotizen von der Konferenz, auf der unter anderem Jean-Paul Sartre, Simone de Beauvoir und Paolo Pasolini auftraten, enthalten etliche giftige Bemerkungen über Hans Magnus Enzensberger, mit dem sich Strittmatter auf dem Leningrader

Friedhof der Blockadeopfer widerwillig in eine gemeinsame deutsche Verantwortung eingespannt sieht, dessen antifaschistischen Bekundungen er misstraut und den er einen »westdeutschen Schwätzer« und »Grünschnabel« nennt.[454] Er konnte nicht verstehen, dass sich Kopelew den west- wie ostdeutschen Literaten gleichermaßen aufgeschlossen näherte. Noch weniger konnte er ermessen, dass dessen Beziehung zu Heinrich Böll, zu Simone de Beauvoir und anderen weltberühmten Künstlern den Handlungsraum der sowjetischen Dissidenten ein wenig erweiterte. Doch solche Irritationen wurden wohl immer wieder überbrückt von Kopelews uneingeschränkter Bewunderung für Strittmatters Werk.

In den folgenden Jahren trafen sich die Strittmatters und die Kopelews in Moskau oder auf der Krim. 1964 kamen Lew Kopelew und seine Frau Raissa Orlowa zu einer privaten Besuchsreise in die DDR, auf deren Genehmigung sie lange hatten warten müssen. Im folgenden Jahr fuhr Kopelew dienstlich wegen seines Brecht-Buches nach Berlin. Jeweils im Herbst 1965 und 1967 verbrachten Eva und Erwin Strittmatter intensive Wochen mit den Kopelews auf der Krim und in Georgien. Ihr Dolmetscher- und Vermittler-Freund zeigte ihnen das Land von einer ganz anderen Seite, die sie bei ihren offiziellen Besuchen natürlich nicht erleben konnten. Er machte sie mit seinen Freunden bekannt, die Schriftsteller waren oder Literaturwissenschaftler wie er und seine Frau Raissa, die Amerikanistin. »Das kann man nur hier haben unter diesem Himmel«, schreibt Strittmatter begeistert in sein Tagebuch, nachdem er unter dem Sternenhimmel von Suchumi der Rezitation von Pasternaks Gedichten gelauscht hatte, Kopelew natürlich hatte übersetzt.[455] Bei ihrem Aufenthalt in Tblissi vermittelte er den Kontakt zwischen Erwin Strittmatter und seinem früheren Lieblingsstudenten, dem georgischen Germanisten Reso Karalaschwili, der später oft in die DDR kam und sich intensiv um die Verbreitung von Strittmatters Werken in Georgien bemühte.

Im Tagebuch kommt das Thema nur indirekt zur Sprache, aber zweifellos erfuhren die Strittmatters bei diesen Zusammenkünften viele Einzelheiten über den Stalin'schen Terror und über die Lager. Lew Kopelew selbst war viele Jahre lang inhaftiert gewesen. Anfang 1945 hatte er sich als Offizier der Roten Armee gegen die gewalttätigen Übergriffe seiner Kameraden auf die ostpreußische Zivilbevölkerung gewandt. Er wurde deshalb verhaftet und verurteilt. Einer der Anklagepunkte lautete: »Mitleid mit dem Feind«. Im Spezialgefängnis Marfino begegnete er Alexander Solshenizyn, der später die Figur des Lew Rubin in seinem Roman »Der erste Kreis der Hölle« nach Kopelews Vorbild gestaltete. 1954, ein Jahr nach Stalins Tod, durfte Kopelew das Gefängnis verlassen. Er wurde rehabilitiert, und weil er Kommunist geblieben war, trat er wieder in die Partei ein. Sein erster Arbeitsauftrag nach der Haftentlassung 1954 war gleichzeitig seine erste Begegnung mit Strittmatters Literatur. Ein Freund bat ihn, ein Gutachten über den gerade erschienenen Roman »Tinko« zu schreiben. Als er 1961 den Autor persönlich kennenlernte, arbeitete er als Germanist und Literaturwissenschaftler am Moskauer Institut für Kunstgeschichte.

Im zweiten Band seiner Autobiographie schildert Kopelew nüchtern und schonungslos die grausamen Geschehnisse beim Einmarsch der Sowjetarmee in Ostpreußen, die seinen Widerstand provoziert und letztlich zu seiner Verhaftung geführt hatten.[456] Für mich war dieses Buch Ende der achtziger oder Anfang der neunziger Jahre eine große Entdeckung. Kopelews aufrechtes ungeteiltes Menschentum ermöglichte es mir, diese Gräueltaten zu verurteilen, ohne jeweils Entschuldigungen oder Relativierungen anzuhängen. Vielleicht fühlte sich Strittmatter damals von den Erzählungen seines

Freundes ermutigt – dessen Buch war ja noch nicht geschrieben –, im dritten Band des »Wundertäters« die Geschichte einer Vergewaltigung zu erzählen. Er bestärkte seinerseits Kopelew, »sein ›Leben‹ und seine ›Wandlungen‹ schriftlich niederzulegen«.[457] Ob er seinem Freund jemals erzählt hat, dass auch er Ende 1944/Anfang 1945 in Ostpreußen war? Vermutlich nicht. Ihre jeweiligen Einsatzorte könnten damals nur wenige Kilometer voneinander entfernt gewesen sein. Während der Kriegsberichter Strittmatter die Aufgabe hatte, den Durchhaltewillen seiner Landsleute zu stärken, war der Propagandaoffizier Kopelew vor allem damit beschäftigt, die Deutschen zur Kapitulation zu bewegen.

Im Herbst 1967 in Jalta las Kopelew ihm und Eva aus den Kindheitskapiteln seiner Autobiographie vor, und er übersetzte für seine deutschen Freunde einige Passagen der Memoiren seiner Frau Raissa, in denen sie das Engagement der kurz zuvor verstorbenen Schriftstellerin und Journalistin Frida Wigdorowa für verfolgte sowjetische Autoren in den sechziger Jahren festhielt. Bis in die Nacht hätten sie diskutiert, schreibt Strittmatter ins Tagebuch. »Soll, wer schreiben muss und das auch kann, es unabdingbar tun, oder soll er sich in Einzelaktionen gegen Ungerechtigkeiten, die ein Staatswesen durch die Seelenlosigkeit bezahlter Beamter zeitigt, seine schöpferischen Kräfte aufbrauchen? / Für uns ist die Frage seit langem entschieden. Wir wundern uns, dass Lew mit seinem glänzenden Intellekt sie nicht zu entscheiden vermag.«[458]

Doch auch Lew Kopelew hatte sich längst entschieden. Vielleicht hatte er das gegenüber den Freunden aus der DDR nicht so deutlich gesagt, aber seit 1963/64 setzten er und seine Frau Raissa sich für verhaftete, ausgegrenzte, verbannte Schriftstellerkollegen und Germanisten ein. Sie sammelten Unterschriften für die Freilassung von Juli Daniel und Alexander Sinjawski, sie solidarisierten sich mit Andrej Sacharow und

Alexander Solshenizyn. Ihre Moskauer Wohnung wurde ein Zentrum der sowjetischen Menschenrechtsgruppen. Dieses Engagement, so schrieben beide später, sei ihre Konsequenz aus den bitteren Erfahrungen der Stalinzeit. Nie wieder hätten sie Terror und Unterdrückung dulden wollen.[459]

Im Juni 1968 wurde Kopelew aus der Partei ausgeschlossen und verlor seine Arbeitsstelle am Institut. »Trotz aller Intelligenz und Universalität ein Mensch ohne Weisheit, der wie ein heissblütiger Jüngling in sein Verderben tappt«, schrieb Strittmatter, als er davon erfuhr.[460] Ein Jahr später bat ihn Raissa, er möge seinen Einfluss geltend machen, um den drohenden Ausschluss ihres Mannes aus dem Schriftstellerverband zu verhindern. Strittmatter verfasste einen entsprechenden Brief an Konstantin Fedin, den Präsidenten des sowjetischen Schriftstellerverbandes. Doch seine Tagebucheintragung lässt keine Sympathie für Kopelews Engagement erkennen. Er hielt ihn für einen Eiferer: »Früher war K. ein ebenso glühender Stalinist bis zur Inhumanität, wie er heute Anti-Stalinist bis zur Inhumanität ist.« Dabei sei er so dumm, »dass er den Elogen westdeutscher Literaten glaubt, die mit ihm ihr verglosendes Feuerchen schüren möchten, ob sie nun Enzensberger, Peter Weiss oder gar Heinrich Böll heissen.«[461] Letztlich war es wohl doch nicht Strittmatters Brief, sondern eine Rundfunkrede von Heinrich Böll, die Kopelew vor dem Ausschluss aus dem Verband bewahrte.[462]

Lew Kopelews Offenheit gegenüber dem Westen blieb für Strittmatter eine ständige Provokation, mit der er sich in seinem Tagebuch weiter beschäftigte. »Die beste Heilung« wäre, so phantasierte er, den Freund »für ein halbes Jahr zu zwingen, im westlichen Ausland zu leben«.[463] Als die Kopelews 1980 tatsächlich gezwungen wurden, im westlichen Ausland zu leben — sie durften nach einem Studienaufenthalt in der Bundesrepublik nicht mehr in ihre Heimat zurückkehren —, trafen Strittmatters düstere Prophezeiungen nicht ein. Bis zu seinem Tod 1997 war Kopelew in der Bundesrepublik ein hochgeachteter Streiter für Menschenrechte und Völkerversöhnung.

Ihre Freundschaft überstand letztlich diese Vorurteile und Fehleinschätzungen – auch wenn es zwischendurch lange Schweigephasen gab. Bereits in den siebziger Jahren war ihre Verbindung quasi unterbrochen, als Lew Kopelew und Raissa Orlowa noch in Moskau lebten, aber als Aktivisten der Menschenrechtsbewegung vom KGB überwacht und schikaniert wurden. Anlässlich eines Urlaubsaufenthalts mit Eva und den beiden jüngsten Söhnen traf Erwin Strittmatter den Freund im Herbst 1972 noch einmal in seinem Zimmer im Hotel »Peking«, überzeugt davon, dass ihr Gespräch abgehört werde.[464] 1978 wurde den Kopelews das Telefon abgeschaltet, ihre Post wurde ihnen nicht mehr zugestellt.[465] Auch nach ihrer Ausbürgerung gab es keine direkten Kontakte. Wie Edith Kaiser, Kopelews private Lektorin in Deutschland, mir erzählte, wollte Lew, dessen Wohnung in Köln bereits wieder zu einer Hilfszentrale für osteuropäische und sowjetische Dissidenten geworden war, seine Freunde in der DDR nicht gefährden. Sie habe es übernommen, sagte Frau Kaiser, mit Hilfe ihrer ehemaligen Schulkameradin, der Schauspielerin Monika Lennartz, die Verbindung auf indirektem Wege wiederherzustellen. Anlässlich einer West-Tournee des Gorki-Theaters wanderten Bücherpakete hin und her. Erwin Strittmatter sandte seinem Freund »auf Umwegen«, wie er schrieb, einen Gruß zu dessen 70. Geburtstag im April 1982.[466]

Ein Wiedersehen gab es erst 1988, als Erwin und Eva Strittmatter zur Buchmesse nach Frankfurt/Main reisten. Eva habe immer wieder betont, sagte Edith Kaiser, dass allein die Aussicht auf ein Treffen mit Lew ihren zu der Zeit schon sehr reiseunwilligen Mann bewogen habe, sein Schulzenhof zu verlassen. 1988 gab es wohl keinen Grund mehr, vorsichtig zu sein. Am Stand des Aufbau-Verlags auf der Messe habe Strittmatter dem Verlagsleiter Elmar Faber und dem Literaturminister Klaus Höpcke direkt mitgeteilt, dass er den Besuch von Lew Kopelew erwarte. Die beiden, sagt Frau Kaiser schmunzelnd, seien daraufhin gleich weggegangen. »Unsere Funktionäre überrascht«, kommentiert Strittmatter im Tagebuch die Szene. »Wissen nicht recht, wie sie sich verhalten sollen«.[467]

GESPRÄCH MIT HERMANN KANT

Ich treffe Hermann Kant am 3. Mai 2010 in seinem Haus in einem Dorf bei Neustrelitz. Es ist ein kleines Haus, eigentlich ein mit einem Schilfdach veredelter DDR-Bungalow, sehr idyllisch gelegen direkt am Ufer des Sees. Kant, der freimütig gesteht, dass er im Gegensatz zu seinem langjährigen Freund Erwin »kein Landmensch« sei, hat sich eher »aus Wendegründen« in dieses Haus zurückgezogen, als er in den neunziger Jahren zwei Wohnungen nicht mehr halten konnte. Im Winter sei der zentrale Raum, in dem wir beide an einem Tisch sitzen, nicht heizbar, sagt er. In dieser Zeit würde er nur die Kammer nebenan bewohnen. Aber heute muss er hier nur einen kleinen Heizlüfter einschalten. Die Sonne scheint durchs Fenster, und auf dem Tisch steht in einer Thermoskanne der Kaffee.

Hermann Kant erinnert sich nicht mehr an das Jahr, in dem er Erwin Strittmatter zum ersten Mal begegnete. Wahrscheinlich sei das Ende der fünfziger Jahre gewesen anlässlich einer Schriftstellertagung in Berlin. Er sei damals Assistent im Germanistischen Institut bei Hans Kaufmann gewesen. Kaufmann habe Strittmatter in der Mittagspause eine Frage gestellt und eine ungehaltene mürrische Antwort bekommen. Das sei sein erster Eindruck von dem Mann gewesen. Unabhängig davon habe er fast zeitgleich Eva Strittmatter kennengelernt, die ihm lobende Sätze über eine seiner Erzählungen sagte. »So dass ich eine total widerspältige Gesamtvorstellung von der Familie Strittmatter hatte. Der Herr knarzte meinen Freund Kaufmann an, und die Frau sagte mir Freundliches, ja Beförderndes.«

Schon während seines Studiums hatte Kant den Roman »Ochsenkutscher« gelesen und war begeistert. »Dieses plebejische Milieu war meins. Diese literarischen Träumereien, dieser Ehrgeiz und dergleichen, das war alles meins, das war sozusagen mein Buch.« Als er 1960 zunächst als freiberuflicher Mitarbeiter in den Verband kam, sei ihm Strittmatter natürlich bei Versammlungen begegnet. Eine andere Qualität habe ihre Beziehung erst mit der »Aula« bekommen, dem ersten Roman von Hermann Kant, der 1965 erschien. »Er hat mir also einen zweiseitigen Brief geschrieben, wo er die ›Aula‹ für seine Verhältnisse über den grünen Klee lobte. Dazu hat er noch ein paar Anmerkungen gemacht, was ihm besonders gefiel und was ihm nicht gefiel, und für mich war, als ob mir da jemand ein paar Flügel überreicht hätte.« Eine regelrechte Freundschaft mit gegenseitigen Besuchen habe wohl ein Jahr später begonnen, als Hermann Kant die Schauspielerin Vera Oelschlegel kennenlernte und die Strittmatters und die »Kantschlegels« – wie Erwin Strittmatter das Paar in seinem Tagebuch manchmal nennt – in Schulzenhof zusammen Silvester feierten.

Er sei nie »ein fanatischer Anhänger« von Strittmatters Büchern gewesen, sagt Kant. »Ich habe sie mit großer Freude gelesen, aber habe nie gedacht, was ich bei anderen Autoren natürlich gedacht habe: So'n Buch müsstest du mal hinkriegen! Ich wollte so'n Buch nicht hinkriegen. Das war eine andere Art. Es war am schlimmsten für mich beim ›Bienkopp‹, den ich einfach ... ja, der kam nicht bei mir an.« Auch von Strittmatters Seite sei nach dem lobenden Brief zur »Aula« nicht mehr viel gekommen, bis auf ein paar freundliche Worte zum »Aufenthalt«. Sie hätten eigentlich nie groß über ihre »Sachen« miteinander gesprochen. Aber mit dem dritten Band des »Wundertäters« sei das anders gewesen, damit habe Strittmatter »eine neue Qualität« erreicht.

Bekanntlich sei dieses Buch »mehr als nur umkämpft« gewesen. »Ich habe das Buch faktisch gerettet«, sagt mein Gegenüber feierlich. »Ich wusste genau, man versuchte dieses Buch von der Öffentlichkeit fernzuhalten. Diese Tricks kennen Sie ja alle, dass man zum Beispiel einen Großteil der Auflage bei der Volksarmee ablieferte, also es gab tausend Geschichten, mit denen man versuchte, das Buch noch einmal so zu behandeln, wie man den ›Bienkopp‹ behandelt hatte. Und ich hab die Gelegenheit ergriffen und habe also eine Rezension geschrieben im ›Sonntag‹.«

Vor der Veröffentlichung sei er zu Strittmatter in dessen Berliner Wohnung gefahren und habe ihm den Text gezeigt, weil er in diesem Fall nichts machen wollte, was dem Freund nicht recht sein würde. Der habe sich zum Lesen zurückgezogen und sei nach einer Viertelstunde mit Gläsern und einer Flasche Schnaps ins Zimmer gekommen und habe gemeint, darauf müssten sie einen trinken. »Und da er immer ein bisschen ein sentimentaler Mensch war, war er den Tränen nicht ganz fern. Also, er war – ohne Diskussion – dankbar.«

Nach der Wende aber habe Erwin das Buch mit seinen Tagebuch-Auszügen zum »Wundertäter« herausgegeben, Kant überlegt ein bisschen, wie der Titel lautete – »Nachricht aus den Wolken« – nein, es war »Die Lage in den Lüften«. »Und da tauchte auch dieser mein Besuch mit meiner Rezension zum ›Wundertäter III‹ auf. Das hatte er alles zutreffend geschildert, aber dann hat er geschrieben und hat das auch gedruckt: Warum macht er das? Und ließ durchblicken, dass es mir nicht um das Buch ging, sondern eigentlich um irgendwelche Manipulationen.«[468] So groß war die Verletzung, dass Hermann Kant aus seiner Autobiographie »Abspann«, an der er gerade schrieb, die meisten Passagen über Erwin Strittmatter herausstrich. Der ließ ihm prompt die Frage ausrichten, ob er über ihre Freundschaft nichts mehr zu sagen hätte.

War das also das Ende ihrer Beziehung? »›Die Lage in den Lüften‹ hat also die Lage zwischen uns schwierig gemacht, und daraus ist dann nicht mehr groß was geworden – auch dadurch, dass er dann allmählich krank wurde und weiß der Teufel was, und ich meine großen Probleme hatte.« Hat dieses Zerwürfnis seinen Blick auf Erwin Strittmatter mit ironischer Distanz gefärbt, oder ist es einfach nur Hermann Kants Eigenart, die Geschehnisse in Sätze mit feinen Widerhäkchen zu verpacken? »Die Freundschaft mit Erwin Strittmatter war für mich eine große Bereicherung«, sagt er und setzt hinzu: »eine, die ich nie ohne Anstrengung getragen habe.«

Das Wort »Eifersucht« dürfe ich in dem Zusammenhang nicht verwenden, meint er, aber Misstrauen habe in Strittmatters Verhalten – nicht nur ihm gegenüber – durchaus eine Rolle gespielt. So habe er Kants herzliche Beziehung zu seiner Frau Eva bisweilen beargwöhnt. Das sei jedoch, so betont mein Gesprächspartner, »immer nur eine richtig gute Freundschaft« gewesen. »Unter Verdacht«, so nennt Hermann Kant es, habe auch seine Freundschaft zu Stephan Hermlin gestanden, der für ihn bei seiner Aufnahme in den Schriftstellerverband gebürgt und überhaupt in seinem Leben eine wichtige Rolle gespielt habe. »Den konnte der gute Erwin nicht leiden. Wie so viele. Das war für ihn eine Figur aus einer anderen literarischen und auch gesellschaftlichen Welt.« Mit diesen beiden Antipoden gleichzeitig befreundet zu sein muss für Kant nicht einfach gewesen sein. »Später gab es nicht nur einmal die Gelegenheit, wo er [Strittmatter, A. L.] dann sagte: Ja, dein Hermlin!« Und auch Hermlin, der, meint Kant, eigentlich der Tolerantere von beiden gewesen sei, habe manchmal sein Unverständnis über ihre Beziehung zum Ausdruck gebracht.

Hermann Kant erinnert sich an Erwin Strittmatter als einen schwierigen, verschlossenen Menschen, dessen Verhalten er bisweilen nicht verstand. Um das zu veranschaulichen, erzählt er mir die Geschichte, wie er und seine damalige Frau Vera 1975 zur großen Benefizveranstaltung in den Zirkus »Berolina« gingen und ihren Freund Erwin seine große Pferdenummer vorführen sahen.

»Da waren zwölf Rappen oder dergleichen, die da federbuschgeschmückt Parade machten, und Erwin stand mit der Peitsche da und ließ die die Nummer vorführen. Die waren natürlich längst dressiert, und Erwin musste das nur übernehmen, aber ich zum Beispiel hätte das überhaupt nicht gekonnt. Zwölf gewaltige Pferde zu kommandieren, hätte ich nicht hingekriegt. Aber Erwin hat es nicht nur hingekriegt, sondern er hatte einen blauen Frack an mit einem blauen Zylinder und wirkte ungeheuer großartig. Es war eine tolle Nummer. Er war eigentlich besser als diese zwölf Gäule dort.« In der Pause seien Vera und er dann zu Erwins Zirkuswagen gegangen und hätten an die Tür geklopft. Die Tür sei geöffnet worden, und Erwin habe majestätisch oben auf dem kleinen Treppchen gestanden, ohne Anstalten zu machen, hinunterzusteigen oder sie hinaufzubitten. »Er nahm unsere Gratulationen absolut in der Haltung des Mannes im blauen Frack entgegen. Dass er nicht gesagt hat, gut, legen Sie's dahin, war eigentlich alles. Sehr sehr merkwürdig. Ich bin total erschüttert nach Hause gegangen.«

Kam man an Erwin Strittmatter nicht wirklich nah heran?

»Sagen wir es mal so: Man hat es einfach gemerkt, wenn er

jemanden an sich rangelassen hat. Dann hat man aufgeatmet. Es war immer von seiner Verfassung abhängig, wo man empfangen wurde. Die Ausnahmen waren – und das war beinahe eine Art Ritterschlag –, wenn man in seiner Arbeitsklause zugelassen war. Wenn man den Hinweis bekam: Erwin kommt gleich, man solle in der Diele Platz nehmen, dann wusste man, das war die mittlere Freundlichkeit, die jetzt herrschte. Und wenn es ganz schlechtstand, das war aber bloß einmal der Fall, dann ließ er sich gar nicht blicken. Dann wurde man von Eva mit noch mehr Freundlichkeit, als sie sowieso immer aufbrachte, behandelt, aber man wusste, da hatte es irgendein Missfallen gegeben.«

Gewiss war Strittmatters Verschlossenheit auch eine Reaktion auf die auseinanderstrebenden politischen Positionen der beiden Männer in den späten siebziger und in den achtziger Jahren. 1978 trat Hermann Kant die Nachfolge von Anna Seghers als Präsident des Schriftstellerverbandes an, 1986 wurde er Mitglied des SED-Zentralkomitees. Strittmatter zog sich aus den Institutionen mehr und mehr zurück, er vermied öffentliche Erklärungen, während Kant in den politischen Konflikten dieser Jahre eloquent die Politik der Partei gegenüber den oppositionellen Kollegen im Verband vertrat. Mir scheint, mein Gesprächspartner möchte diese offenkundigen Diskrepanzen auf einen Widerspruch zwischen individuellen Interessen und dem Eintreten für das »große Ganze« reduzieren: »Das hat mich immer ein bisschen gestört, dass ihm schlecht zu vermitteln war, dass ich in manchen Situationen ja den Verband insgesamt durch die Schnellen bringen musste und nicht einen Einzelnen und sei es mein Freund.«

Anlässlich der Biermann-Ausbürgerung 1976 und des Ausschlusses der neun Schriftstellerkollegen aus dem Verband 1979 habe es, so versichert mir Hermann Kant, keine Auseinandersetzung zwischen Strittmatter und ihm gegeben. Im

Falle Biermanns habe sich Strittmatter »nicht groß engagiert«, sagt er, weil er weder Biermann noch das »Geschrei um Biermann« leiden konnte.

Und 1979? »Da war Erwin schon weit weg vom Verband. Hat er da überhaupt eine Stellung genommen? Ich glaube, ich habe wohlweislich nicht groß … [gefragt]. Rat hab ich sowieso nicht gesucht, aber ich kann mich nicht erinnern, dass da irgendetwas irritierend gewesen wäre. Also, es hat mir vollkommen gereicht, dass Stephan [Hermlin, A. L.] nicht einverstanden war.«

»ICH WILL DICH LIEBER LIEB HABEN …«
VERHÄLTNIS ZU FRAUEN
UND KINDERN

Klaus Theweleit hat vor vielen Jahren das »Buch der Könige. Orpheus und Eurydike« geschrieben. Das Wörtchen »und« ist auf dem Titel durchgestrichen, warum, das erklärt der Autor auf den mehr als tausend Seiten seiner radikalen, klugen, verrückten, von Assoziationen überbordenden Abhandlung über »Frauen, die – girlandenartig – das Wirken so vieler schöpferischer Männer zu umranken pflegen«[469]. Frauen, die schöpferisch oft mindestens ebenso begabt waren wie diese Männer, die ihnen jedoch vor allem als »mediale Übermittlerinnen«, als »Resonanzkörper« oder »Schreibmaschinistinnen« für ihre Gesänge/Texte dienten. In Theweleits Buch gibt es unter anderem ein Kapitel über Bertolt Brecht und Margarete Steffin, über den italienischen Komponisten Claudio Monteverdi und seine Ehefrauen und Eurydike-Sängerinnen, auch der norwegische Schriftsteller Knut Hamsun und seine Frau Marie Andersen kommen vor. Ohne weiteres hätten in diese Reihe auch Erwin und Eva Strittmatter gepasst. Vielleicht als letzter Abschnitt, in dem es einer Frau schließlich glückt, ihr eigenes Lied zu singen, die aber dabei trotzdem lebenslang ihre mediale Funktion gegenüber dem Mann erfüllt.

Der Norweger Knut Hamsun war zeitweise ein literarisches Vorbild Strittmatters. Es ist seltsam, geradezu unheimlich, in Theweleits Buch zu lesen, wie der Beginn der Paar- und Produktionsbeziehung zwischen Knut und Marie der von Erwin und Eva ähnelt. Marie Andersen, eine junge, schöne, erfolgreiche Schauspielerin, verließ ihm zuliebe das Theater. Sie zog mit ihm auf einen Bauernhof, wo sie sich nur noch der Feldarbeit, der Hauswirtschaft und den vier Kindern widmete, während er in einer separaten »Schreibhütte«, die sie nicht betreten durfte, seine Romane verfasste. »Du kannst mir so großartig helfen, wenn Du willst«, hatte er ihr geschrieben, als sie noch die umworbene Schauspielerin in der Hauptstadt war, »Du kannst mich zum Fürsten machen. Ich werde überströmen von Dichtung und Büchern.« Sie antwortete: »So will ich denn lieber Fürstin sein und mit dem Theater Schluss machen.«[470]

»Ich will lieber nicht schreiben, ich will dich lieber lieb haben«[471], soll die 22-jährige Eva Braun so oder ähnlich am 27. April 1952 zu Erwin Strittmatter im Überschwang der Gefühle gesagt haben. Am folgenden Tag greift er ihren Satz in einem Brief an sie auf und fährt fort: »[...] diese Bereitschaft, die nur die große, ganz große Liebe diktieren kann, hat mich stumm gemacht [...]. Von diesem Augenblick an habe ich gewußt, daß uns nichts mehr auf der Welt voneinander trennen kann und wird.«[472] Zwar fügt er hinzu, er wünsche sich durchaus, dass auch sie schreiben möge, doch später, so erzählte es Eva Strittmatter, habe er sie oft an ihr Versprechen erinnert, in Situationen, wenn ihre eigenen Ambitionen als Dichterin mit seinen Erwartungen an sie kollidierten.[473]

Seine Erwartungen. Sie waren von Anfang an auf ihre Mitarbeit an seinem Werk gerichtet. Bereits wenige Wochen nach ihrer ersten Begegnung beschwört er in einem Brief »die Verwandtschaft unserer gemeinsamen Arbeit« als verlässliche Grundlage ihrer Liebe. »Die Verwandtschaft der Gefühle« ist für ihn (nur?) »eine große, herrliche Zugabe«.[474] Strittmatter war verliebt wie schon lange nicht mehr in diese junge, schöne Frau, die er seine »Traumfrau«, seine »Mädchenfrau« nannte. Entscheidend war für ihn, dass sie etwas von Literatur verstand, dass sie seine Texte las und kluge Anmerkungen dazu machte. Als das Paar Anfang Mai 1952 eine erste – noch heimliche – Liebesfahrt nach Thüringen plante, wollte er dort gemeinsam mit ihr eine Novelle, an der er gerade schrieb, »Satz bei Satz durchgrasen, alles auf Klang, Inhalt und Logik prüfen. [...] Wenn Du magst, Liebes«.[475] Sie mochte. »Deine Arbeit wird immer der Mittelpunkt unserer Tage und Quelle für unsere Liebe sein«, schreibt sie einige Wochen später. »Sie wird nicht mehr Dein allein sein, sondern von Grund auf unser gemeinsamer Besitz.«[476]

Zweifellos konnte sie nicht ermessen, worauf sie sich da einließ, obwohl er sie frühzeitig gewarnt hatte: Er sei ein Mensch, mit dem es sich schlecht leben lasse. »Ein ausgesprochenes Talent, meine Umgebung unglücklich zu machen, nenne ich mein eigen.«[477] Sie konnte nicht wissen, was in ihrer so unbedingt geäußerten Hingabe letztlich alles inbegriffen war. Die Trennung von den Kindern zum Beispiel und der Umzug aufs Land nach Schulzenhof. 1954 hatte er den Bauernkaten gekauft, weil er einen Ort suchte, an dem er in Ruhe arbeiten konnte. Sie wohnten damals in der schönen Vierzimmerwohnung am Strausberger Platz. Dort habe sie sich absolut wohl gefühlt und keinen Moment daran gedacht, aufs Land zu gehen, erzählte Eva in ihrem Gespräch mit Irmtraud Gutschke. »Als er aber dann hier draußen war, meinte er, er wolle nun hier leben und brauche die Wohnung nicht mehr. Wenn ich sie behalten wolle, müsse ich sie selber finanzieren.« Die hundertsieben Mark Miete hätte sie damals allein nicht aufbringen können. Also sei ihr nichts anderes übriggeblieben, als mit nach Schulzenhof zu gehen und die große Wohnung gegen eine Zweizimmerwohnung – ebenfalls in der Stalinallee – zu tauschen.[478]

Am 15. Juni 1954 habe Erwin das Haus übernommen, seit Oktober hatten sie dann gemeinsam im Schulzenhofer Katen gewohnt. Die ersten sechs Jahre gab es dort nur eine Handpumpe auf dem Hof, Öfen, die geheizt werden mussten, kein Telefon und anfangs auch noch kein Auto, um zur fünf Kilometer entfernten Bahnstation zu gelangen. »Mir gegenüber tat er so, als hätte es ihn überrumpelt, dass die vorherigen Besitzer ihm eine Glucke mit Küken hinterlassen haben und eine Ziege, die gemolken werden musste.« Erwin habe sofort losgelegt, habe ein Pferd angeschafft und Heu gemacht. Erst viel später habe sie mitbekommen, dass das alles hinter ihrem Rücken so verabredet gewesen sei.[479]

Erwin Strittmatter hatte seinen Ort gefunden, an dem er künftig als Schriftsteller, Landwirt und Tierzüchter leben wollte. Nach sieben Jahren des Umherziehens, des zeitweiligen Unbehaustseins wollte er dort bleiben. So alternativlos für ihn diese Entscheidung war, so selbstverständlich setzte er voraus, dass Eva dieses Leben mit ihm teilen würde, besser gesagt, dass sie sich hineinfügen, sich nach seinen Bedürfnissen richten würde. Die Intensität, mit der er ihre Mitarbeit einforderte, kannte sie zu diesem Zeitpunkt schon. Doch erst dort in Schulzenhof wird sie seine Unnahbarkeit während des Schreibens kennengelernt haben, seine einsamen Spaziergänge und Ausritte, die vielen Dinge, die er ohne sie tat, seinen streng geregelten Arbeitstag, zu dem sie pünktlich die Mahlzeiten liefern musste. Von heute aus gesehen, scheint sein Verhalten und die Tatsache, dass sie sich das gefallen ließ, schwer nachvollziehbar. Doch Strittmatter gehörte einer Generation an, in der die Männer noch per Gesetz über die Frauen zu bestimmen hatten. Seine Kindheit und Jugend waren geprägt von zwei Patriarchen – Vater und Großvater. Zudem war er überzeugt davon, dass in seinem Leben sich alles und alle dem Werk unterordnen müssten, das er dabei war zu schaffen, auch Eva, die, so schreibt er an seine Mutter, »mich so selbstlos liebt, wie Du mich in der Kindheit liebtest«[480].

Als er Eva kennenlernte, war Erwin Strittmatter vierzig Jahre alt. Er hatte zwei Ehen und etliche andere Beziehungen hinter sich. Seine Vorstellungen, welchen Platz eine Frau in seinem Leben einnehmen würde, waren seit langem festgelegt. »Der Mann reift, steigt im Denken höher und höher [...], die Frau aber bleibt an der gewissen Grenze stehen«, schreibt er 1940 aus Saalfeld an die Eltern.[481] »Gelehrte Schrauben« nennt er im gleichen Jahr in einem Brief an einen Freund Frauen, die nach Bildung und Beruf strebten. Sie würden den Männern »nur das Brot stehlen« und sollten lieber »gescheit Strümpfe stopfen und Kinderkriegen lernen«.[482] Aus seinen Briefen und Tagebuchaufzeichnungen wird außerdem deutlich, dass er auch von den früheren Gefährtinnen schon immer ein Echo auf seine literarischen Versuche erwartet, dass er teilnahmsvolle Begleiterinnen und Helferinnen gesucht hatte. Bereits seiner ersten Ehefrau hatte er eine solche Rolle zugedacht. Aber Waltraud hatte ganz andere Vorstellungen vom Leben und unterwarf sich seinen Bedingungen nicht. Noch in seinem endgültigen Absagebrief an sie, ein knappes Jahr nach ihrer Scheidung, ist sein entscheidendes Argument, dass sie, obwohl sie es häufig versprochen hatte, nie einen Stenografiekurs absolviert habe. »Ich kann aber nun einmal nicht auf eine Frau verzichten, die tätig mitarbeitet und auch Anteil am Schaffen ihres Mannes nimmt. [...] Ich weiß, daß ich in allem wieder allein wäre und auf Deine intensive Mitarbeit nicht rechnen könnte. Ich weiß, daß Du mir hingegen die Abende mit Deinen Ausgehwünschen vergällen würdest.«[483]

Monette Schober, die er 1942 kennenlernte, kam seinem Ideal wohl sehr nahe, weil sie an den Wert seiner Arbeit glaubte, ihn beriet, seine Manuskripte abtippte und für ihn aufbewahrte. »Monette ist wirklich kongenial, kann künstlerisch mitfühlen«, notiert er im Januar 1946, nachdem er vergeblich versucht hatte, den Kontakt zur Freundin in Tirol wiederherzustellen.[484] In seinem Brief, der zurückkam, weil die Postverbindung nach Österreich noch nicht wieder funktionierte, hatte er ihr dargelegt, wie sehr er ihre Ratschläge, ihre seelische Hilfe vermisse.[485]

Schließlich wandte er sich der Bohsdorfer Gemeindeschwester Käte zu, die aufopferungsvoll in vielen Nachtstunden zusammen mit ihm in der elterlichen Backstube an der ersten »Ochsenkutscher«-Erzählung arbeitete. Sie schrieb den Text ab oder diktierte ihm in die Maschine. Nach der gemeinsamen Fertigstellung der Abschrift, so hält er am nächsten Morgen fest, habe Käte »nur eineinhalb Stunden auf dem Backofenrand« geschlafen, ehe sie wieder zum Dienst gefahren sei.[486]

Als Anna Angermann (»Maria«) Anfang Mai 1946 nach Bohsdorf kam, übernahm sie die Rolle der Stenografin und begeisterte sich für seine Ideen. Im Juli notiert er, er wolle eine Geschichte über den »Menschimpan«, eine Kreuzung zwischen Mensch und Schimpanse, verfassen. »Auch Maria ist von dem Thema ergriffen und vermag mir hier und da gute Winke zu geben. Ihr Geschmack in Kunstdingen ist rein und unverbildet. Man hat in ihr einen guten Kritiker, wie er sein soll.«[487]

Während seiner Redakteurszeit in Senftenberg weihte Erwin Strittmatter vermutlich seine Kollegin und Geliebte Christel Kolasser in die Schaffensprobleme am »Ochsenkutscher«-Roman ein. Anna jedenfalls fühlte sich zunehmend von seiner Arbeit ausgeschlossen und beklagte sich in ihren Briefen darüber.

Mit dem Auftritt seiner späteren Ehefrau Eva Braun endete der Reigen der Mitarbeiterinnen/Geliebten, die untereinander austauschbar schienen. Die studierte Germanistin und begabte Literaturkritikerin war der große Glücksfall für Strittmatter und sein Werk. In den über vierzig Jahren ihres Zusammenlebens arbeitete sie intensiv an jedem seiner Texte mit – ich würde sagen, sie war seine Mitautorin, wenngleich ihr Name auf den Buchtiteln niemals erschien. Mochte er sich in späteren Jahren auch wieder anderen Frauen nähern, mochte er Eva bisweilen belügen und betrügen – »literarisch« blieb er ihr treu. Als unbestechliche Kritikerin, Dramaturgin der Romanabläufe und redaktionelle Bearbeiterin der Texte war sie unersetzbar. Insofern hatte er recht behalten, als er gleich am Beginn ihrer Beziehung die gemeinsame Arbeit als wichtigste Grundlage ihrer Liebe ansah.

»Evchen scheint in solchen Augenblicken immer der Mund für das zu sein, was unbestimmt, unformuliert, oft gar sehr undurchdacht in mir klingt oder klappert«, notiert Strittmatter, nachdem seine Frau ihn überzeugt hatte, 200 Seiten des »Wundertäters« umzuschreiben und zu straffen. »In solchen Augenblicken fühl ich dann, wie sehr sie doch für mich und das Werk da ist und lebt! Der Roman soll ihr gewidmet sein!«[488] An einer anderen Stelle bezeichnet er »Evchen« als sein »zweites literarisches Gewissen«. Er selbst benötige viel mehr Zeit und Abstand, »um das Nichtgelungene an der Arbeit zu erkennen«.[489] Er nennt sie auch bisweilen sein »zweites Ich«, was schon ziemlich vereinnahmend klingt.

Natürlich verlief die Zusammenarbeit nicht immer so harmonisch, wie es in den beiden Tagebucheinträgen erscheint. Es gab Situationen, in denen er sich zunächst gegen ihre Einwände und Vorschläge sperrte, manchmal reagierte er aggressiv, ein andermal stürzte ihn ihre Kritik in tiefe Selbstzweifel. Sie musste dann viel Kraft aufbringen, um ihn wieder zu stärken. »Kritischer Tag«, schreibt er am 7. August 1962 ins Tagebuch, »Evchen hat die überarbeiteten hundert Seiten BIENKOPP gelesen und findet den geänderten dramaturgischen Aufbau wieder nicht gelungen. / Der ›Arbeitsberg‹ einer vierzehnten Fassung droht mich zu zermalmen. Ich verliere die Nerven. Lebensmüde, kein Selbstvertrauen mehr. / Eva, die gute Kameradin, hilft. Alle Worte sind im Augenblick zu dünn als Dank.«[490]

Seinen ersten großen Arbeitskrach hatte das Paar schon im November 1952 erlebt. Im strömenden Regen seien sie damals beide am S-Bahnhof Mahlsdorf durch die Straßen gelaufen und hätten sich gestritten, erzählte Eva später. Erwin hatte ihr die Druckfahnen seines Erzählungsbandes »Eine Mauer fällt« gezeigt, der im Aufbau-Verlag erscheinen sollte. »[…] ich habe gesagt: Lass das sein, diese Texte fallen dermaßen hinter ›Ochsenkutscher‹ zurück, Agitationstexte eben. Später hat er bereut, dass er nicht auf mich gehört hat. Der Band ist nie wieder aufgelegt worden. Aber erstmal ist er ziemlich wütend mit mir gewesen.«[491] Dabei hatte er bereits zwei Monate zuvor, im September, in sein Notizheft geschrieben: »Alle ihre Urteile, ihre Erkenntnisse sind so sicher und zwingend, dass man sich gern beugt und ändert.«[492]

Eva Braun arbeitete damals auf Honorarbasis als Lektorin für den Schriftstellerverband und schrieb Kritiken für die Zeitschrift »Neue Deutsche Literatur«. Ihr Germanistikstaatsexamen an der Humboldt-Universität hatte sie wegen der Geburt ihres Sohnes Ilja 1951 »nur halb absolviert«, wie sie Irmtraud Gutschke erzählte.[493] Weil sie sich von dem Vater des Kindes getrennt hatte, musste sie rasch Geld verdienen und das Baby zu ihrer Mutter nach Neuruppin bringen. Obwohl damals noch nicht Mitglied der SED – ihr Antrag wurde erst 1959 angenommen –, war Eva ebenso wie Erwin Strittmatter eine überzeugte Anhängerin des Sozialismus und begeisterte Stalin-Verehrerin. Als Literaturkritikerin vertrat sie härter noch als er die kulturpolitischen Dogmen der Partei, eiferte sich im Kampf gegen Formalismus und »harte Schreibweise«. Das »22jährige Wunderkind«, wie Strittmatter sie einmal nannte, soll mit seinem »sicheren und zwingenden Urteil« bei manchen Autoren gefürchtet gewesen sein.[494] Trotzdem verwechselte sie offenbar Literatur nicht mit Agitation, sonst hätte sie Erwin die vordergründigen politischen Botschaften in seinen frühen Erzählungen nicht vorgehalten.

Christa Wolf erzählte mir, nach ihrem Germanistikstudium hätte sie einige Zeit zusammen mit Eva Strittmatter im Schriftstellerverband gearbeitet. Beide hätten sie jungen Schriftstellern die Regeln des Schreibens beigebracht. Schrecklich, was sie denen da erzählt hätten. Christa Wolf schüttelte sich noch bei der Erinnerung daran: Dass die Partei darin vorkommen und wie der positive Held beschaffen sein müsse. Natürlich habe sie sich daran nicht gehalten, als sie dann selbst angefangen habe zu schreiben. Das wäre ja gar nicht gegangen. Auch Eva wird diese hölzernen Vorschriften, spätestens als sie Anfang der sechziger Jahre ihre ersten Gedichte schrieb, hinter sich gelassen haben. 1956 verfasste sie zusammen mit ihrem Mann das Szenario für die Verfilmung seines Romans »Tinko«. Zwar ging sie stets auch ihren eigenen Aufgaben und Beschäftigungen nach: im Redaktionsbeirat der »Neuen Deutschen Literatur« und im Kinderbuchverlag, 1958 erschien ihr erstes Kinderbuch, »Brüderchen Vierbein«, weitere sollten folgen, doch im Zentrum ihres Lebens stand das Werk von Erwin Strittmatter. Seine Produktion und seine Befindlichkeit bestimmten ihren Rhythmus. Dass der damals schon bekannte Schriftsteller sie so fest in seine Arbeit einband, war für die junge Frau Chance, Bestätigung und Falle zugleich.

»Eigentlich konnte von mir gar nichts übrigbleiben«, sagte sie über diese Grundsituation 1995 in einem Fernsehinterview. Irgendwann habe sie angefangen, dagegen zu opponieren. Das Schreiben von Gedichten sei für sie »eine Art Rettungsvorgang« gewesen.[495] Im Gespräch mit Irmtraud Gutschke spricht sie von einem »Kokon«, den sie habe sprengen müssen.[496] Der Anlass für ihr erstes Gedicht war 1961 eine existentielle Krise, als sie entdeckte, dass Erwin eine Affäre mit einer Mitarbeiterin des Neustrelitzer Theaters hatte. Sie habe sich von ihm trennen wollen, erzählte sie, und es dann doch nicht getan. Mit dem Gedicht aber, das ihren ungetreuen Mann übrigens weitaus tiefer beeindruckte als alle Vorwürfe, habe sie ihre innere Balance wiederherstellen können.

Die Gedichte waren ihre Rettung, und gleichzeitig vertieften sie den Zwiespalt, in dem sie sich befand. Eva Strittmatter wurde eine bekannte Dichterin in der DDR. 1973 erschien ihr erster Gedichtband »Ich mach ein Lied aus Stille«. Bis zu ihrem Tod 2011 folgten fünfzehn weitere Editionen und Sammelbände. Sie wurde zu Lesungen eingeladen und fuhr zu internationalen Dichtertreffen. Die Zerrissenheit zwischen ihrem Werk und dem ihres Mannes, die Bilanz ihrer symbiotischen Beziehung, verhandelte sie Mitte der achtziger Jahre in dem Essay »Mai in Piešťany« in aller Öffentlichkeit: »Jahrzehntelang habe ich meinen Stolz darein gesetzt, meine *Funktionen* zu erfüllen und doch etwas drüber zu behalten von mir, für mich, aber nun kommt die Angst, daß es zu wenig ist, um wirklich ein *Ich* zu sein, daß Zeit eben doch Zeit ist und vergeht, und daß ich, wenn ich meine gewohnte Rolle weiter *spiele*, mein Leben verliere und die Möglichkeit für ein wirkliches *Werk*. Ja, ich *spiele* die Rolle nur noch, und in *sekretierten* Gedichten habe ich zunehmende Bitterkeit abreagiert, Ausbruchssehnsucht, Freiheitsverlangen.«[497] »Haß« nannte sie eines dieser »sekretierten« Gedichte, die sie erst im Jahr 2000 veröffentlichte: »Für andre sind wir immer noch das Paar, / Das schon Jahrzehnte Legende und liebt! / Auch wenns diese Liebe längst nicht mehr gibt.«[498]

Auch Erwin Strittmatter reflektierte die veränderte Situation in seinem Tagebuch, mal abwehrend und mal einsichtsvoll, auf jeden Fall beunruhigt. Vor dreißig Jahren habe er »eine Eva genommen«, die zu ihm aufgeschaut habe, schreibt er im Mai 1980. Er zitiert ihr damaliges Versprechen, »ich will dich lieber sehr lieb haben«, das zwischen den Eheleuten vermutlich längst zur stehenden Redewendung geworden ist, und fährt fort: »Das ist schon lang nicht mehr gültig und wurde mit den Jahren noch ungültiger, und jetzt gilt es wohl gar nicht mehr. Wir sind Kollegen geworden mit je einem eigenen Geschäft.« Nach dieser vernünftigen Einleitung schießen jedoch seine Verlassensängste hoch: Noch immer wisse er nicht, ob er nach ihrer Aussprache froh sein oder heulen solle »wie ein alleiniger Wolf«. Pathetisch zeichnet er das Bild – sein Bild – eines vom Rudel ausgestoßenen Tieres und schließt mit der düsteren Prognose: »Jedenfalls muss ich mich drauf einrichten, den Rest meines Lebens einsamer zuzubringen, als ichs mir einst erhoffte.«[499]

Letztlich blieb aber doch fast alles, wie es war. Obwohl Eva manchmal aufbegehrte und häufig über Trennung nachdachte, setzte sie den Spagat zwischen ihrem Eigenleben und der Anpassung an seine Bedürfnisse fort, opferte sie weiterhin einen großen Teil ihrer Kräfte für sein seelisches Gleichgewicht. Gewiss brachte er ihrer Arbeit wachsenden Respekt entgegen, gewiss gab er stärker zu erkennen, wie angewiesen er auf sie war, und fesselte sie damit nur aufs Neue. Sie ihrerseits kündigte ihr anfängliches Versprechen nicht auf und blieb seine engste Mitarbeiterin, bis zum dritten Teil des »Ladens«, bis zu seinen letzten Aufzeichnungen »Vor der Verwandlung«, die sie nach seinem Tod für ihn vollendete. »Die Bindung zwischen uns war so stark, daß sie eigentlich untrennbar, unzerreißbar war«, sagt sie 1995 in dem Fernsehinterview.

Nach seinem Tod lebte Eva Strittmatter noch 18 Jahre, genauso viele Jahre, wie sie vom Alter ihres Mannes trennten. In dieser Zeit erlangte sie die Deutungsmacht über ihre Beziehung zu Erwin Strittmatter. In ihren Äußerungen in verschiedenen Interviews ließ sie niemals einen Zweifel daran, dass sie sich zu dieser »unzerreißbaren« symbiotischen Gemeinschaft bekannte. Doch mit dem größeren zeitlichen Abstand fand sie schärfere Worte für ihr ungleiches Verhältnis, für ihre eigene Bereitschaft, sich vereinnahmen zu lassen, für seine Art, ihre Kräfte zu absorbieren. Mit Irmtraud Gutschke sprach sie ziemlich offen über einige seiner Affären, und sie berührte auch den schmerzhaftesten Punkt, den bittersten Preis, den sie für ihr Leben mit Erwin Strittmatter zahlte: die Trennung von ihren Kindern.

Ende Oktober 1952, als klar war, dass sie ein Kind von ihm erwartete, stürzte ihre Beziehung in die erste große Krise. Er habe sich deshalb umbringen wollen, erzählte sie später. Zum ersten Mal war sie mit dieser Drohung konfrontiert, die fortan im Hintergrund jedes ihrer Konflikte anwesend sein würde. »Was soll mir noch ein Kind, zu dem ich nicht mehr Beziehungen haben werde, als zu allen Kindern schlechthin«, schreibt er in sein Notizbuch. Mit seinen vier Söhnen aus der ersten und zweiten Ehe, die zu dieser Zeit bei Noch-Ehefrau Anna lebten, hatte Strittmatter nur wenig Kontakt. Trotz seiner stürmischen Liebe zu Eva verspürte er keine Neigung, mit ihr erneut eine Familie zu gründen. »Die Arbeit an der Literatur hätte im Mittelpunkt unserer Liebe stehen sollen. Die gemeinsame Arbeit ist, nachdem man sich von der gegenseitigen ›Entdeckung‹ erholt hat, die einzige Sache, die einer großen Liebe Dauer und Reife, Berechtigung (vor allem) geben kann. Wenn die gemeinsame Arbeit uns beseelte, dann hatten wir auch die höchsten Glücksstunden. Ihr kam der Muttertrieb dazwischen und alles an der gemeinsamen gesellschaftlichen Arbeit wurde nichtig.« In ihrem hoffnungsvollen Zustand merke sie gar nicht, klagt er, »wie sehr sie mir gegenüber eigentlich versagte«.[500] Strittmatter fühlte sich getäuscht, betrogen. Seine Verzweiflung sei so ungeheuer gewesen, erzählte Eva im Gespräch mit Gutschke, dass sie sogar bereit gewesen sei, das Kind abzutreiben. Das Medikament, das ihr eine Ärztin gegeben habe, habe jedoch nicht gewirkt.[501]

Dann beruhigte sich die Situation scheinbar wieder. Das Paar bekam im Mai 1953 die schöne große Wohnung in der Stalinallee, im Juni wurde Erwin jr. geboren. Auf Vermittlung von Evas Mutter Hedwig zog »das Umsiedlermädchen« Christa Grytsch zu ihnen und kümmerte sich um das Baby. Im Rückblick meint Erwin Berner jedoch, auch er habe wohl schon damals längere Zeiten bei seiner Großmutter verbracht, während sein Bruder Ilja ständig bei ihr in Neuruppin lebte. Den Umzug im Oktober 1954 von Berlin nach Schulzenhof machten auch Christa und Erwin jr. mit. Irgendwann danach muss Strittmatter seiner Frau nahegelegt haben, auch Erwin zu ihrer Mutter zu bringen, weil Christa eher für die Haus- und Feldarbeit gebraucht werde. Für mehr als zehn Jahre blieb das ihr Arrangement, gegen das sie immer wieder aufbegehrte. Strittmatter nennt das in seinem Tagebuch »ihre Unbeständigkeitsanfälle«. Präzise, doch ohne einen Anflug von Selbstzweifel beschreibt er ihre Situation: »Sie leidet und leidet daran, dass ihre Buben nicht hier bei uns sein können. Sie liebt aber auch mich, und so wird sie hin und her gerissen bis zur Verzweiflung und möchte ausbrechen. Sie glaubt sich von mir vergewaltigt. Sie weiss aber auch nicht, wie sie sonst leben will. All das ist seit zwei Jahren eine Quelle nicht geringen Leids.« Er sei immer wieder froh, fährt er fort, wenn sich »die Gute« nach so einem »Anfall« wieder gefangen habe.[502]

Im Schulzenhofer Alltag, dem Leben zwischen Wald und Seen, mit Pferden, Hunden und Katzen, das auf Außenstehende so idyllisch wirkte, gab es für die Kinder im Grunde keinen Raum. Im wörtlichen Sinn, weil der alte Katen sehr klein war, und auch im übertragenen Sinne, weil der Rhythmus dort vor allem auf Erwin Strittmatter und seine Arbeit ausgerichtet war. Neben der Hausarbeit musste jedoch auch Eva ihre Texte schreiben. Wenn ihr Mann zu Sitzungen nach Berlin fuhr, begleitete sie ihn meist, weil auch sie Termine in der Stadt wahrnahm. Wenn er zu Lesungen durch die Republik fuhr, war sie fast immer dabei. Zunächst kam nur Knut, der damals in Rheinsberg zur Oberschule ging, regelmäßig an den Wochenenden nach Schulzenhof und wurde dort kräftig zur Arbeit herangezogen. Die beiden kleineren Jungen, Ilja und Erwin, blieben manchmal monatelang in Neuruppin. In Strittmatters Tagebuch findet sich von Zeit zu Zeit die Bemerkung, dass Eva zu ihnen gefahren sei, wenn ihre Sehnsucht zu groß wurde.

In den fünfziger Jahren konnten Frauen in der DDR häufig nur berufstätig sein, wenn sie die Kinder in Wochenkrippen, -kindergärten oder Heimschulen erziehen ließen. Eltern, die sich so verhielten, galten nicht als Rabeneltern, sondern als fortschrittlich. So brachte Anna Strittmatter ihre und Erwins Söhne in einem Heim unter, als sie 1953 erst die Parteischule besuchte und danach eine verantwortliche Funktion in der SED-Kreisleitung übernahm. Ihr Ehemann Erwin lebte zu der Zeit in Berlin und war dabei, sich von ihr zu trennen. Selbst wenn er noch anwesend gewesen wäre, hätte sie wohl kaum auf seine Unterstützung bei ihren beruflichen Plänen rechnen können. Wie aus einem Brief hervorgeht, wollte sie ihren älteren Sohn 1957 sogar auf die Kadettenanstalt schicken. Dieses Unterfangen scheiterte einzig an gesundheitlichen Problemen des damals zwölfjährigen Uwe.[503] Auch Evas ältester Sohn Ilja war zunächst in der Wochenkrippe. Erst nachdem er dort sehr krank geworden war, nahm Hedwig Braun ihren Enkel zu sich. Erwin Berner ist überzeugt, dass auch er sehr wahrscheinlich ins Heim gekommen wäre, wenn sein älterer Bruder die Krippe vertragen hätte.

Die großmütterliche Betreuung war die traditionelle Variante, und sie hätte eine liebevolle, freundliche Alternative zur kollektiven staatlichen Erziehung sein können. Doch die Kinder fühlten sich bei ihrer Großmutter nicht wohl, außerdem gab es ständig Spannungen zwischen Erwin Strittmatter und seiner Schwiegermutter. Erwin Berner sagt, die Großmutter sei autoritär gewesen, sie habe ihn oft gestraft. Im Rückblick von heute sieht er auch, wie überfordert die alte Frau häufig gewesen sein muss. Hedwig Braun war Jahrgang 1903. In ihrer kleinen Dreizimmerwohnung habe sie letztlich alle vier Söhne ihrer Tochter aufgezogen, denn auch die beiden später Geborenen Matthes und Jakob waren in ihren ersten Lebensjahren oft für längere Zeit bei ihr in Neuruppin.

Als die Jungen dann zur Schule gingen, kamen sie zumindest in den Ferien regelmäßig zu ihren Eltern, seltener an den Wochenenden. In seinem Tagebuch nennt Strittmatter sie »die kleinen Krachmacher«. Als beide einmal (wie wahrscheinlich häufig) beim Abschied weinten, kämpfte er, wie er schreibt, »zwischen Kindsliebe und der Ruhe und Stille, die mein Werk benötigt«[504]. Ein andermal notiert er, nachdem er vor dem Kinderlärm in seine Arbeitsstube geflüchtet war: »ich bin der Vater mit dem zwiegespaltenen Herzen«[505].

Nachdem die Strittmatters ein Auto gekauft hatten, Eva sich jedoch nach einem Unfall nicht traute, allein zu fahren, gab es zwischen den Eheleuten oft Diskussionen, wenn er sich weigerte, die Kinder aus Neuruppin zu holen oder seine Frau zur Bahn zu fahren. Deshalb fehlte Eva Strittmatter im September 1960 bei der Einschulung von Erwin. Auf dem Foto, das Ilja geknipst hat und das diesen Tag festhält, steht Großmutter Hedwig neben Erwin mit der Schultüte, an der Hand den kleinen Matti. Erwin Berner erinnert sich, dass seine Großmutter ihn als Siebenjährigen in den Zug setzte und dass er vom Bahnhof Köpernitz aus die fünf Kilometer allein durch den Wald nach Schulzenhof gelaufen sei und sich sehr gefürchtet habe. Als er dann mit zehn, elf Jahren ein Fahrrad bekam, sei er am Wochenende auf eigene Initiative von Neuruppin aus zu den Eltern gefahren, während sein älterer Bruder Ilja zu der Zeit schon eher bei seinen Freunden in der Stadt bleiben wollte.

Schwer erträglich finde ich in diesem Zusammenhang Erwin Strittmatters pädagogische Ambitionen, die er trotz der Distanz zu seinen Kindern häufig im Tagebuch äußert. »Wir müssen langsam ›Grenzen setzen‹«, schreibt er im Oktober 1957. Wenn die Kinder jedoch »diese Grenzen zwischen Erlaubtem und Unerlaubtem« begriffen hätten, würden sie wieder weggehen zur »Verziehung«.[506]

Ähnlich schwer erträglich finde ich vor diesem Hintergrund auch seine hingebungsvolle Zuwendung zu den Pferden, die aus beinahe jeder Seite des Tagebuchs spricht. Da beschreibt er, wie ihm keine Mühe zu groß ist, dass er auf das leiseste Schnauben reagiert, dass er mehrmals nachts nach einem kranken Tier schaut und welche Geduld er bei der Dressur aufbringt.

Wie in vielen Familien brachen auch bei den Strittmatters die Konflikte besonders zu den Feiertagen auf, wenn die hochgesteckten unterschiedlichen Erwartungen aufeinanderstießen. Weihnachten 1957 kam es offenbar zu einem Krach, wie wir aus Erwin Strittmatters Tagebucheintragungen indirekt schließen können. Er beschreibt den Abend des 24. Dezember, den er allein bei seinen Pferden verbrachte, nachdem Eva nach Neuruppin zu den Kindern gefahren und Christa zu ihren Eltern gereist war: »Diese Stille. / Beim Pferdefüttern komme ich mir vor wie der einzige Mensch, der auf dieser Erde arbeitet. In den Fenstern der Häuser sanftes Licht von Weihnachtsbäumen. Unser Baum, den Christa aus dem Wald holte, steht vergessen neben der Häckselmaschine.«[507] Nur die Erwähnung des vergessenen, verlassenen Weihnachtsbaumes spielt auf das Fest an, das hier eigentlich stattfinden sollte. Am ersten Feiertag holte er Eva von der Bahn, die ihm vom Weihnachtsfest »unserer Buben« in Neuruppin erzählt. »Der Spuk vom vergangenen Weihnachtsabend verlässt mich allmählich.«[508] Laut Günther Drommer, dem es Eva Strittmatter erzählt hat, hatte Erwin zuvor beschlossen, das Weihnachtsfest mit Kindern und Schwiegermutter ausfallen zu lassen, weil es ohnehin ein spießbürgerliches Ritual sei und außerdem seinen Schreibrhythmus stören würde. Als Eva dagegen aufbegehrte, sei er in Wut geraten und habe gedroht, ihr Geschenk, eine Ruhlaer Armbanduhr, zu zerhacken.[509]

Ein Jahr später wiederholte sich noch einmal fast die gleiche Szene, nur dass die Kinder diesmal schon im Hause waren. Strittmatter quälte sich mit der Fabel für die »Holländerbraut«, und Eva war für ihn nicht erreichbar, weil sie sich um die Kinder und die Festvorbereitungen kümmerte. »Eva zeigt absolut kein Verständnis. Sie benimmt sich immer herausfordernder«, notiert er am 23. Dezember. Nach einem schrecklichen Wutanfall dachte er über Trennung nach, er sehe »kein Ende des einzwängenden Familienlebens [...], keine Aussicht auf Umkehr bei Eva. Die gute Kameradin, die Freundin ging mir verloren.« Erst am Silvesterabend, nachdem Hedwig Braun ihre drei Enkelkinder abgeholt hatte, versöhnte sich das Paar. In seinem Neujahrswunsch schreibt er schon wieder ganz vereinnahmend: »So kommt das neue Jahr auf uns. Wir schauen ihm fest in die Augen und wissen, es wird so sein, wie wir wollen, denn wir wollen nichts von ihm als Arbeit, aus der uns unser reales Glück von selber zuwächst.«[510]

Im Jahr 1966, nachdem sich seine schulischen Leistungen sehr verschlechtert hatten, wurde der fünfzehnjährige Ilja nach Schulzenhof geholt und in Menz zur Schule geschickt. Erwin Berner erzählt, daraufhin habe er im folgenden Schuljahr sein Zeugnis gefälscht, um auch endlich aus Neuruppin heraus- und von der Großmutter wegzukommen. Im Februar

1967 wurde er ebenfalls im Nachbarort Menz eingeschult. Es folgte jedoch, wie er sagt, »ein Albtraum in schöner Landschaft«, eine Kette heftiger Konflikte mit seinem Vater, der dem pubertierenden und rebellischen Jungen vor allem mit Härte und Strenge begegnete.

Die beiden jüngsten Söhne Matthes und Jakob lebten zu dieser Zeit schon vorwiegend bei den Eltern. Der 1958 geborene Matthes hatte sich als Erster mit seinem anhaltenden Protest den Platz in Schulzenhof erkämpft. Im Tagebuch des Jahres 1962 hält Erwin Strittmatter häufig die verzweifelten Bitten seines kleinen Sohnes und sein Geschrei fest, wenn er wieder in Neuruppin abgeliefert wurde. Der nunmehr fünfzigjährige Vater reagierte darauf mitfühlender und zweifelnder als zuvor bei seinen älteren Söhnen. Bei einer Gelegenheit, Anfang August 1962, kapitulierte er sogar und nahm Matthes wieder mit nach Hause, weil der so sehr geweint hatte. Erwin und Ilja allerdings, die erst vier Tage zuvor aus dem Ferienlager zurückgekehrt waren, ließ er in Neuruppin. Dabei sollten ihre Ferien doch noch bis Ende August dauern!

Im November 1963 hält Erwin Strittmatter ungewohnte Gedanken und Gefühle in seinem Tagebuch fest: »Manchmal möchte ich dem Familienbetrieb den Rücken kehren, losfahren und mir dies und das ansehen./Dann aber sitzt KLEIN-MATTI auf meinem Schoss und gibt mir mit seinem Liebreiz, seiner Zärtlichkeit und Anhänglichkeit zu verstehen, dass er hier bei uns leben, sich entwickeln muss und nicht bei der Großmutter in Neuruppin. Schau ich in den Kinderwagen und KLEIN-JAKOB lächelt mich verhalten an, so rührt auch das mich an und fesselt mich.«[511] 1965 wurde Matthes in Menz eingeschult, die Frage seines Wohnortes war damit entschieden. Bei dem fünf Jahre jüngeren Jakob war es dann schon keine Frage mehr.

Ein Happy End also? Für die beiden Jüngeren wohl. Sie erlebten einen etwas anderen Vater als ihre älteren Brüder. Die Strittmatters nahmen Matthes und Jakob später sogar auf ihre jährliche Reise nach Weimar zum Sommerkurs mit. Sie galten als ideale Familie. Mit seinen Kindern sei Erwin ganz närrisch gewesen, erinnert sich Hermann Kant. Ilja meint dazu im Gespräch mit Irmtraud Gutschke: »Wir sind tatsächlich in einer anderen Generation groß geworden. Was es bei uns nicht geben durfte, war für die Kleinen einfach normal.«[512] Als die Familie im Jahr 1972 in das große neue Haus umzog, waren die beiden älteren Söhne nicht mehr dabei. Ilja war bei der Armee, und Erwin studierte an der Schauspielschule. Sie kamen nur noch zu Besuch nach Schulzenhof.

Und was war mit Uwe und Thomas, den Söhnen aus der zweiten Ehe? Sie wurden finanziell großzügig unterstützt, bekamen Weihnachten und zu den Geburtstagen Geschenke, worauf sie dann pflichtgemäße Dankesbriefe schrieben. Im Dezember 1961 suchte der mittlerweile sechzehnjährige Uwe den direkten Kontakt zu seinem Vater. Er habe im Sommer in Berlin an dessen Wohnungstür geklingelt, berichtet er in einem Brief, aber leider niemanden angetroffen. »Wieviel Jahre ist es eigentlich schon her, daß ich Dich vor mir gesehen habe? Es war damals, als Du Deine Sachen bei uns abgeholt hast. Wann das genau war, weiß ich nicht mehr.« Er habe in »Muttis Fotokasten« gekramt und sich ein paar alte Bilder von ihm genommen.[513] In einem weiteren Brief vom Januar 1962 wünschte sich Uwe, dass sie einander wieder näherkommen würden. »Manchmal kam es mir so vor, als hätte ich einen Vater, und doch keinen Vater.«[514] Der verabredete Sommerbesuch in Schulzenhof konnte jedoch nicht stattfinden, weil Uwe Anfang Juni beim Polytechnischen Unterricht in der Tuchfabrik einen schweren Unfall erlitt und beinahe seinen Arm verloren hätte. Der bestürzte Strittmatter, der im Tagebuch schreibt, er habe seit zehn Jahren nichts mit diesem

Sohn zu tun gehabt, versprach einen Krankenbesuch.[515] Jedoch erst sechs Wochen später machte er auf dem Weg nach Bohsdorf in Cottbus Station. Da war Uwe längst aus dem Krankenhaus entlassen, und er traf ihn auch zu Hause nicht an.

Der fünf Jahre jüngere Thomas kündigte seinem Vater einige Jahre später, während seiner Armeezeit, die Beziehung auf. Doch 1980 vermerkt Strittmatter im Tagebuch, ihn habe »ein sehr zustimmender und Sohnesstolz verratender Brief zum ›Wundertäter III‹ vom Sohn Thomas (aus meiner zweiten Ehe)« erreicht. Thomas habe außerdem »eine sehr fundierte Erwiderung« an Jürgen Kuczynski geschrieben, der das Buch in einem offenen Brief scharf kritisiert hatte. Der Vater notiert daraufhin erfreut, im Hinblick auf die getrennt von ihm lebenden Söhne sei er immer der Meinung gewesen, »wenn einer von ihnen wirklich von Kunst angerührt werden sollte, müsste er mich entdecken und eines Tages zu mir finden«[516].

Im August 1987, bei der Feier zum 75. Geburtstag von Erwin Strittmatter im Berliner Künstlerclub »Die Möwe«, waren außer dem im Westen lebenden Ulf vielleicht zum ersten Mal überhaupt alle Strittmatter-Söhne versammelt. Als der inzwischen ein wenig harmoniebedürftig gewordene Patriarch sich bei diesem Anlass ein Foto wünschte, auf dem sie mit ihm zusammen zu sehen sein würden, torpedierten Evas Söhne das Unterfangen und gingen hinaus. »Die Söhne meiner verschiedenen Frauen lehnen einander ab«, schreibt er ins Tagebuch. »Sie begegnen einander nur notwendigerweise.«[517] Sie hätten einfach keine Lust auf die Inszenierung einer »heilen Familie« gehabt, sagt Jakob Strittmatter.

Wie Klaus Theweleit schreibt, der sich auf das Buch von Thorkild Hansen beruft, fühlte sich Knut Hamsuns Frau Marie später um ihr Leben betrogen. Als Fünfzigjährige soll sie voll

Hass auf ihren Mann gewesen sein und wurde – vielleicht als Ersatz für ihre zerbrochene Liebe – eine der ersten norwegischen Anhängerinnen der Nationalsozialisten.[518] Auch Knut Hamsun war bekanntlich ein Verehrer Hitlers und schrieb ihm noch Anfang Mai 1945 einen glühenden Nachruf. Bei Wikipedia geht Marie Hamsuns Geschichte jedoch anders aus als bei Theweleit. Sie wurde nämlich eine bekannte Kinderbuchautorin. Ihre fünf Bände über die Langerud-Kinder, die unmittelbar von ihrem Leben auf dem Bauernhof inspiriert waren, sollen Klassikerstatus erreicht haben und werden bis heute neu aufgelegt. Sie sei von ihrem Mann ermutigt worden, steht dort, »der ihr Schreibtalent in ihren Briefen erkannte«.

»HIER IST MIR SCHON ALLES HEIMAT«
DAS LEBEN IN SCHULZENHOF

»Hier in der Stadt verschwendet man eine Unmenge Kraft, um sich arbeitsfähig zu machen und zu halten. Für die eigentliche Arbeit bleibt nur eine Restkraft. Alle Verhältnisse und Dinge in der Stadt scheinen gegen den Menschen gemacht zu sein«, so notiert es Erwin Strittmatter im Oktober 1956 noch in seiner Berliner Wohnung. Am gleichen Tag fuhr er mit Eva »unter goldenen Ahornlauben« wieder zurück nach Schulzenhof, das er in den frühen Jahren im Tagebuch meist Dollgow nennt nach dem Dorf, zu dem das Vorwerk gehörte. »Die große Freude der Hunde über unser Kommen ist stets wie das Eingangstor zu einer wirklichen Welt. Hier sind wir mit den Geschöpfen und der Landschaft verwoben. Hier war eine leere Stelle, als wir gegangen waren, und wir füllen sie wieder.«[519]

Stets aufs Neue versicherte Strittmatter sich seiner Abneigung gegenüber der Stadt, in der es hektisch und laut zuging, in der er an langweiligen oder anderweitig unerfreulichen Beratungen teilnehmen musste. »Man hat schon wieder Sehnsucht nach draussen«, schreibt er im Mai 1958 nach einer Sitzung der Parteigruppe des Schriftstellerverbands. »Die Rechte will Pferden über die Kruppe streichen, Erde berühren und schreiben. Das Ohr will den Kuckucksruf hören. Die Nase will Fliederduft.«[520] Mit den Jahren wurde er nicht müde, die Freude und Erleichterung auszudrücken, die er jedes Mal empfand, wenn er in seinen kleinen Kosmos zurückkehrte. »Stadtatmosphäre ausgeschwitzt«, schreibt er, nachdem er gleich nach seiner Ankunft »Fensterblumen gepflanzt«, sich um die Pferde gekümmert und die Maschinen für die Heumahd geschmiert hatte.[521]

Eva und Erwin Strittmatter waren keine echten Dorfbewohner. Sie wanderten zwischen den Welten. Meist fuhren sie einmal in der Woche für ein, zwei Tage nach Berlin, nahmen dort ihre Termine wahr, besuchten aber auch Theateraufführungen und trafen ihre Freunde. Doch Erwin Strittmatter ließ in seinen Aufzeichnungen keinen Zweifel daran, dass er sich nur in Schulzenhof wirklich zu Hause fühlte. Als er einmal aus Dresden kam, wo er die Grabrede für einen jungen Kollegen gehalten hatte, schreibt er, noch erschüttert von diesem Erlebnis: »Ich will hier sterben. Hier ist mir schon alles Heimat, alles von meinem Tun und meinen Gängen hin und her durchdrungen.«[522]

Das Vorwerk Schulzenhof wurde in den zwanziger Jahren des vergangenen Jahrhunderts ein Ortsteil von Dollgow. Es besteht aus sieben Häusern und gehörte ursprünglich zum Gut Zernikow, das im 19. Jahrhundert in den Besitz der Familie von Arnim gelangte. Im Zuge der Bodenreform wurden die Ländereien des Gutes 1945 an landlose und landarme Bauern verteilt. Seit der deutschen Vereinigung engagieren sich Angehörige der Familie für den Erhalt des Schlosses und seiner Anlagen, ohne indes wieder Gutsherren geworden zu sein, denn die Ergebnisse der Bodenreform wurden nicht angetastet. Im Jahr 1987 oder 1988 machte einer der Grafen von Arnim zusammen mit seiner Frau in Schulzenhof Station und klopfte auch bei den Strittmatters an. Nach Jakob Strittmatters Erinnerung hätten sich die unangemeldeten Besucher ein wenig wie die Eigentümer des Vorwerks aufgeführt, während Frau von Arnim ihrerseits befremdet erzählt, Herr Strittmatter habe ihnen den »wunderschönen Hof« gezeigt und mit großer Geste mehrmals auf »seine« Wiesen und »seine« Wälder gewiesen.[523] Beidseitiges Unverständnis, das vielleicht von den Nachwende-Irritationen rückprojizierend verstärkt wurde. Doch im Fall von Schulzenhof gab es nicht einmal das anfängliche Fragezeichen, ob die Ergebnisse der Bodenreform anerkannt werden würden. Das Vorwerk war bereits in den zwanziger Jahren des vergangenen Jahrhunderts aufgeteilt und verkauft worden, insofern musste keiner der dort Ansässigen um Haus und Hof fürchten.

Schulzenhof liegt im Naturpark »Stechlin – Ruppiner Land«, ein verwunschener Ort, umgeben von Wiesentälern und -hügeln, von Hochwald, sumpfigen Niederungen und Seen. Wenige Minuten Fußweg vom Hof der Strittmatters entfernt liegt der Thörnsee, in dem die Kinder und Pferde im Sommer badeten und wo Erwin Strittmatter sich im Alter von fast 60 Jahren selbst das Schwimmen beibrachte. Die »wirkliche Welt« von Schulzenhof, das bedeutete für ihn die unmittelbare Verbundenheit mit den Tages- und Jahreszeiten, mit dem Wetter, dem Himmel, dem Gesang der Vögel, deren Stimmen er alle kannte. Stundenlang streifte er durch die Wälder, sammelte Pilze und Beeren oder beobachtete Tiere. Wenn er auf dem Pferderücken saß, das beschreibt er einige Male im Tagebuch, hatten Rehe und Hirsche offenbar keine Scheu vor ihm und ließen ihn sehr nah heran. Später lief er täglich mit seinem kleinen Diktiergerät durch den Wald und sprach seine Texte in der soundsovielten Fassung auf das Band.

Erwin und Eva Strittmatter kannten ebenso wie ihre Söhne buchstäblich jeden Baum, jeden Strauch in ihrer Umgebung. Bestimmten Orten hatten sie ihre eigenen Namen gegeben: »Karelien« hieß ein Birkenwäldchen, es gab den »Maiglöckchenhügel«, das »Astversteck« und die »Wladimirka«, einen breiten Panzerweg durch den Wald, der sich, wie Strittmatter schreibt, »für's Einreiten der Pferde« eigne. »Man hat dort alles, was nötig ist: glatten Weg, Sandweg, Steppe, Wüste.«[524] Drei seiner Söhne waren von diesem Leben mit der Natur und den

Tieren so beeinflusst, dass sie später ihre Berufe danach auswählten: Knut wurde Schafzuchtforscher, Ilja und Matthes studierten Forstwirtschaft.

Für Erwin Strittmatter bedeutete Schulzenhof das einfache Leben, ein Alltag, der mit immer wiederkehrenden praktischen Handlungen gefüllt war. Sein Sohn Erwin Berner erzählt, dass Strittmatter sich mit seinem Umzug aufs Land auch dem »Bohème-Leben« entziehen wollte, in das er durch seine Arbeit am Berliner Ensemble geraten war. Die abendlichen Treffen in der Theaterkantine, bei denen viel Alkohol getrunken wurde, seien ihm nicht gut bekommen. Nach so einer Nacht in der »Möwe« habe er sich morgens geschworen, so könne es nicht weitergehen. Er war ein Frühaufsteher, der zwischen fünf und sieben Uhr morgens oft seine erste produktive Schreibphase hatte. Wenn er länger schlief, war er meist schlecht gelaunt. Ausgleich und Rahmen für seine Schreibarbeit bildeten die Tätigkeiten, die auch schon in Bohsdorf zur Aufrechterhaltung des täglichen Lebens nötig gewesen waren: Holz hacken, heizen, Blumen gießen, Bohnenstangen setzen, pflügen, Gras mähen und Äpfel aufsammeln. Diesem Häusler-Dasein, das ihm seit seiner Kindheit vertraut war, fügte er in Schulzenhof eine neue Facette hinzu, die eher aus dem gutsherrlichen Milieu stammte und zugleich die Erfüllung eines Kindertraums war: die Pferdezucht.

Begonnen hatte es mit der Anschaffung des Pony-Hengstes Brandy, der in Strittmatters erfolgreichem Kinderbuch später als »Pony Pedro« Kinder und Erwachsene entzückte. Nach und nach erwarb und erzüchtete er sich eine kleine Herde von Ponys, die auf den umliegenden Wiesen und auf der Halbinsel am Tietzensee weideten. Manchmal brachen die Tiere aus und wurden dann nach aufregenden Suchaktionen auf den Feldern eines Nachbarortes gesichtet. In den sechziger Jahren kamen zu den Ponys die Araberpferde hinzu. Die Pferdezucht entwickelte sich zu einem ernstzunehmenden Wirtschaftszweig. Erwin Strittmatter baute sich quasi eine zweite Existenz als Züchter auf. Mit dem Verkauf von Fohlen verdiente er eine Menge Geld. Regelmäßig fuhr er zu Pferdemärkten, wie er es schon als Junge in Begleitung seines Großvaters getan hatte. Unter den wenigen privaten Züchtern, die es in der DDR gab, war er eine geachtete Persönlichkeit. Dass er ein bekannter Schriftsteller war, spielte wohl in diesem Zusammenhang eine eher geringe Rolle. Auf dem Höhepunkt der Entwicklung befanden sich über zwanzig Pferde auf dem Hof. 1962 ließen die Strittmatters einen großen Pferdestall bauen, in dessen Dachetage eine Stube mit eigenem Bad im Parterre entstand – die separate Wohnung für den Schriftsteller, in der er sich nicht mehr von Frau, Kindern oder Besuchern gestört fühlte. Dafür vernahm er nun die Geräusche von unten, besonders nachts, wenn er nicht schlafen konnte: »Die Pferde sind stallmutig, weben, scheuern und klimpern mit den Ketten oder an den Boxen-Gittern. Ich bin halb-glücklich.«[525]

Seit 1956 half ihm der Schulzenhofer Nachbar Emil Schmidt, die Tiere zu versorgen und das Futter heranzuschaffen. Später übernahm Herbert Franke aus Dollgow für viele Jahre diese Aufgabe. Aber trotz der täglichen Arbeit seiner »Pferdemeister«, wie er sie nannte, nahm die Beschäftigung mit den Pferden einen großen Teil von Erwin Strittmatters streng geregeltem Tagesablauf in Anspruch. Er brachte die Tiere zur Koppel, holte sie wieder zurück, reinigte regelmäßig ihre Hufe und gab ihnen abends das Futter. Vor allem dressierte er sie, »longierte« sie in der kleinen Manege, die sie sich auf dem Hof gebaut hatten, und ritt sie ein. »Erziehung von Kindern und Dressur von Tieren ist eine Sache der Konsequenz«, schreibt er 1954 ins Tagebuch. »Kinder erziehen fällt mir schwer. Tiere dressieren leicht.«[526]

Die Faszination der Menschen für Pferde ist schon oft beschrieben worden. Über ihre Funktion als Reit- und Zugtiere hinaus waren Pferde immer auch Objekte emotionaler Annäherung. »Welcher Frieden, welche Geborgenheit, welche Wärme [...] – wenn die Pferde satt in ihren Ständen stehen«, schreibt Strittmatter nach einer abendlichen Fütterung. »Ihr Schnauben, ihr Scharren, ihre tiefe Atemzüge sind Urgeräusche. Es ist, als ob sich dein Blut vieler Pferdefreundschaften erinnert. Es ist, als ob dein Leben durch die Beziehung zu diesen alten Menschenkameraden in Not und Tod erst seine volle Ründe erhalten habe.«[527] Dabei hielt vor allem die Dressur der edlen Araber auch andere »Glücksaugenblicke« bereit, wenn es gelang, einem noch ungebändigten Tier, das über viel größere Kräfte verfügt als der Mensch, den eigenen Willen aufzwingen. »Ein Bündel Tierkraft zwischen meinen Schenkeln«, beschreibt Erwin Strittmatter seinen Kampf mit dem »rohen Hengst« in der Koppel-Manege. »Das erste Mal zwinge ich ihn im ausgesessenen Trab zu bleiben, solange *ich* will. Der Hengst erkennt zum ersten Male die Befehle meiner Schenkel. Siegesgefühl durchpulst mich.«[528]

Strittmatters Pferdeleidenschaft steckte auch seinen Freund und Kollegen Alfred Wellm an, der von ihm schließlich eine Stute kaufte. Die Fotografin Edith Rimkus-Beseler, die häufig in Schulzenhof Landschaft und Tiere fotografiert hatte, entdeckte ebenfalls ihre Liebe zu den Pferden.[529] In der Mangelwirtschaft der DDR erforderte es allerdings viel Mühe und Umsicht, immer ausreichend Futter für die Tiere zu beschaffen. In den ersten Schulzenhofer Jahren baute Strittmatter auf den zum Hof gehörenden Landstücken selbst Topinambur und Futterkartoffeln an. Auch von der Bedeutung der Heuernte ist in seinem Tagebuch häufig die Rede. Er schaffte Mäher und Häcksler an, die ganze Familie musste zupacken. Später kooperierte er wegen des Futters mit der Dollgower

LPG »Frohe Zukunft«, über die er den Hafer bestellen konnte. Erwin Strittmatter zahlte dafür einen Teil des Erlöses aus den Fohlenverkäufen in die Kasse der Genossenschaft. Eva erzählte Irmtraud Gutschke, ihr Mann habe der LPG den ersten Fernseher gekauft, noch bevor sie selbst einen Apparat besaßen.[530] Im Juli 1962 notiert Strittmatter nach einem Gespräch mit dem Vorsitzenden, die Genossenschaftsmitglieder würden mit Hilfe seines »Fohlen-Geldes« aus dem vergangenen Jahr einen Ausflug in den Spreewald unternehmen.[531] Im Oktober spendete er der LPG seine diesjährigen Einnahmen aus der Ponyzucht für den Ausbau ihres Kulturhauses.[532]

Strittmatters Interesse an der Genossenschaft erschöpfte sich jedoch nicht mit dem Thema Pferdefutter. Die Ereignisse in der LPG »Frohe Zukunft«, die Schicksale der Menschen, die dort arbeiteten, waren sein Reservoir an Wirklichkeit, aus dem er beispielsweise für den Roman »Ole Bienkopp« und das Drama »Die Holländerbraut« Anregungen schöpfte. Über die literarische Verarbeitung hinaus versuchte er anfangs sogar, direkt in die genossenschaftliche Entwicklung einzugreifen. Im Jahr 1955 veröffentlichte er unter dem Titel »Ein Kind der dürren Dame Lebensunkenntnis« einen bemerkenswerten Artikel über die LPG in »Dolldorf, Kreis Gransee«, wie er Dollgow nur geringfügig abgewandelt und durchaus erkennbar nannte. Der Text ist noch ganz beseelt vom Geist der Entstalinisierung und dem Wunsch nach Transparenz der Verhältnisse. In einer deutlichen Sprache und sehr pointiert stellt er darin die tatsächlichen Zustände in dieser Genossenschaft den üblichen geschönten Berichten in der Presse gegenüber. Ein Bauer kommt darin vor, der aus der Genossenschaft wieder austreten möchte, weil er genauso viel Arbeitseinheiten angeschrieben bekommen hat wie andere Mitglieder, die sich viel weniger angestrengt haben. Dieser Bauer, der Autor nennt ihn Zumpe, ist einer von den nur drei Mitgliedern, die überhaupt Land in die LPG eingebracht haben. Überdies sei erst kurz zuvor seine Bewährungsstrafe abgelaufen, zu der er verurteilt war, weil er in der NS-Zeit seine Frau ins Konzentrationslager gebracht habe. Weiterhin treten zwei Genossenschaftsvorsitzende auf, die im Gegensatz zu Zumpe erhebliche Ablieferungsrückstände haben, und ein Vertreter der SED-Kreisleitung, der die Probleme nicht sehen will, weil er in seinen Akten nur die Beschlüsse der Genossenschaftsversammlung abhakt. »Alle Dinge in dieser Genossenschaft stehen überhaupt auf dem Kopf«, schreibt Strittmatter, wenn »der ehemalige politische Sträfling ein besseres Bewußtsein« beweise als die Leiter der LPG. Spätestens an der Stelle, wo der Autor von seinem persönlichen Eingreifen in die Geschehnisse berichtet, wird unmissverständlich, dass die geschilderte Geschichte keine literarische Fiktion ist. Er habe ein »Mitglied der SED-Bezirksleitung, das seinen Urlaub in diesem Dorf verbrachte, auf die wahren Verhältnisse« aufmerksam gemacht und hoffe nun auf Veränderungen von oben. Wahrscheinlich spielt er hier auf Bruno Skodowski an, der später Staatssekretär im Landwirtschaftsministerium und ein Freund von Erwin Strittmatter wurde und der tatsächlich irgendwann eine Untersuchung der Verhältnisse in Dollgow und Gransee veranlasste. Der NDL-Artikel gipfelt in der Forderung nach einer vom Schriftstellerverband herausgegebenen Wochenzeitung, in der es »hoch und heiß hergehen« und »um die Wahrheit, um die Realistik« gerungen werden müsste.[533]

Drei Jahre später distanzierte sich Erwin Strittmatter in seiner bereits erwähnten Rede während der Theoretischen Konferenz des Schriftstellerverbandes von der so gepriesenen »Realistik« und verkündete unter Berufung auf einen Ausspruch von Brecht, Realismus sei nicht, »wie die wirklichen Dinge sind, sondern wie die Dinge wirklich sind«[534] (was man als Aufforderung zur Glättung und Typisierung verstehen kann, aber nicht muss). Zu dieser Zeit arbeitete er bereits an einer Romanidee, in der einige der Geschehnisse und Personen in seinem Umfeld in einem anderen Gewand wieder auftauchten. Die Idee dazu war ihm, wie er im Tagebuch festhält, während einer Autofahrt im Oktober 1957 gekommen. Sofort habe er mit Eva zusammen begonnen, »das Thema nach vielen Seiten hin abzutasten und auszuloten. Ich habe die feste Gewissheit, dass es die Geburtsstunde des neuen Romans war.«[535]

Im Februar 1958 war Erwin Strittmatter förderndes Mitglied der LPG »Frohe Zukunft« geworden. »Ich war und bin mehr oder weniger *Ehrenmitglied* einer Landwirtschaftlichen Produktionsgenossenschaft«, schrieb er Ende der sechziger Jahre in einem autobiographischen Text. »Zu einer Zeit, da die jungen Genossenschaften noch manchen Schwierigkeiten und gegnerischen Anfeindungen ausgesetzt waren [...], packte ich zu und versuchte zu helfen.« Er wollte in diesem Text unter anderem das Bild »eines *literarischen Musterknaben*« korrigieren, das von ihm in Zeitungsartikeln und Klappentexten bisweilen gezeichnet worden sei, wonach er tagsüber in einer Landwirtschaftlichen Produktionsgenossenschaft arbeite und nachts seine Romane und Geschichten schreibe.[536] Ein bisschen jedoch hatte er selbst bisweilen mit dem Image des »Musterknaben« kokettiert, wenn er in manchen Reden Ende der fünfziger/Anfang der sechziger Jahre etwa davon sprach, er käme direkt von der Erntekampagne oder von einer Genossenschaftsversammlung, und sich damit in bewusstem Kontrast zu den »lebensfernen« Intellektuellen positionierte.

Eine Zeitlang fungierte er quasi als Berater des Dollgower LPG-Vorsitzenden, der häufig abends zu ihm kam und von seinen Sorgen erzählte, mit dem zusammen er manchmal über die Felder fuhr und dem er half, Anträge beim Rat des Kreises zu stellen. Nachdem er im Januar 1959 mit ihm zusammen viele Stunden lang den Maßnahmeplan der Genossenschaft für 1959/60 ausgearbeitet hatte, schreibt er ins Tagebuch: »Eine Arbeit, die viel Konzentration und Logik erfordert. Der Gewinn für mich: Ich kann den Betrieb bis in die kleinsten Verästelungen hinein verfolgen.«[537]

Dies war schon im Hinblick auf seinen Genossenschaftsroman »Ole Bienkopp« gedacht. Zur gleichen Zeit, als er mit dem »Bienkopp« begann, arbeitete er auch an dem Stück »Die Holländerbraut« für das Deutsche Theater. Die Arbeit an Stück und Roman überschnitt sich nicht nur zeitlich. Auch inhaltlich weisen beide Werke mehr Berührungspunkte auf, als auf den ersten Blick wahrnehmbar. Anregungen für die Hanna Tainz, die Hauptfigur in der »Holländerbraut«, ebenso wie für Frieda Simson aus dem »Bienkopp« lieferte ihm vermutlich die Dollgower Bürgermeisterin, über die Erwin Strittmatter sich seitenlang in seinem Tagebuch aufregt: Sie mache dem Genossenschaftsvorsitzenden das Leben schwer, sie sei »eine versoffene, dummdreiste Dorfhure«, sie würde mit Drohungen über die Leute herrschen und überdies noch Schiebergeschäfte betreiben. Andererseits schreibt er, diese Frau sei während der NS-Zeit im Konzentrationslager inhaftiert gewesen, weil sie Beziehungen zu holländischen oder französischen Zwangarbeitern unterhalten habe. »Sie war also die einzige politisch Verfolgte im Dorf. Sie begann zu herrschen und ›befand‹ über die ehemalige Gesinnung der Dorfbewohner. Sehr willkürlich, wie man sich denken kann!« Zunächst sei sie Gemeindesekretärin gewesen, nach einer Strafversetzung wegen ihres unmoralischen Lebenswandels sei sie nach Dollgow zurückgekehrt und schließlich Bürgermeisterin geworden.[538]

Es scheint, als habe Strittmatter die Widersprüchlichkeit und Komplexität dieser Bürgermeisterin in zwei Gestalten aufgespalten: in die antifaschistische »gute« Hanna Tainz und die dogmatische »böse« Frieda Simson. Jeder Schriftsteller hat natürlich die Freiheit, Figuren nach seinen Vorstellungen zu erschaffen und den Menschen aus seinem Umfeld Charakterzüge und biographische Details hinzu- oder wegzudichten. Auf welche Weise er das tut, verrät uns jedoch einiges über den Zeitgeist, in dem das Werk entstand, und über die Prägungen, Wertvorstellungen und Vorurteile, die der Autor selbst mit sich herumträgt.

Die »Holländerbraut« Hanna Tainz kehrt 1945 aus dem KZ in ihr Dorf zurück und wird SED-Mitglied und Bürgermeisterin. Sie setzt sich für ihren früheren Geliebten, den Großbauernsohn, ein, der sie 1944 vermutlich denunziert hat, und muss später erkennen, dass das ein Fehler war, weil er sich – getreu seiner sozialen Herkunft – als Feind erweist und den Aufbau sabotiert. Frieda Simson in »Ole Bienkopp« dagegen bekommt eine Vergangenheit als Wehrmachtshelferin zugeschrieben. Sie regiert als Bürgermeisterin mit soldatischer Willkür und grobem Schematismus über das Dorf und macht dem Genossenschaftsvorsitzenden und visionären Träumer Bienkopp mit ihren Intrigen das Leben schwer.

Die reale Bürgermeisterin, die Strittmatter im Tagebuch beschreibt, finde ich interessanter, lebendiger als die beiden literarischen Gestalten, obwohl Strittmatter auch in seiner Notiz vermutlich bereits den Blickwinkel verengt hat, wenn er etwa die Zuschreibung »Dorfhure« einfach übernimmt und nicht auf die Idee kommt zu fragen, ob die Dorfgesellschaft damit die moralische Ausgrenzung der Frau seit der NS-Zeit einfach nur bis in die Gegenwart fortsetzt. Zweifellos hätte in der DDR der fünfziger und sechziger Jahre eine »Dorfhure« nicht als antifaschistisches Vorbild getaugt. Die Geschichte der »Holländerbraut« wäre unerzählbar gewesen. Ich könnte mir allerdings eine Frieda Simson vorstellen, die nicht beim Militär, sondern durch ihre Leiden im Konzentrationslager verbittert und herrschsüchtig geworden ist.

Im Fall der Hanna Tainz ist es überdies bemerkenswert, auf welche Weise die Antifaschistin und Trägerin der neuen Ordnung die moralischen Wertvorstellungen des Autors spiegelt. In der »Wirklichkeit« des Dramas hat sie sich gar nicht mit einem holländischen Zwangsarbeiter eingelassen. Ihr Geliebter (oder dessen Vater) bezichtigt sie dessen, weil sie von ihm ein Kind erwartet und der Großbauernsohn das arme Bauernmädchen nicht heiraten kann oder will. Als er sich nach seiner Rückkehr aus der Gefangenschaft als (Klassen-)Feind der neuen Ordnung erweist, stimmt das Weltbild wieder.

Irgendwo in der realen Geschichte muss auch der »Bauer Zumpe« aus dem NDL-Artikel von 1955 seinen Platz haben, dessen Geschichte Strittmatter zumindest zu diesem Zeitpunkt für erzählbar hielt, obwohl die Verhältnisse darin, wie er schreibt, »auf dem Kopf« stehen würden. Zumpe wurde, wie wir uns erinnern, nach Kriegsende bestraft, »weil er in der Nazizeit seine Frau ins Konzentrationslager gebracht hat«. Diese Frau, schreibt Strittmatter, sei auch nicht gerade »für unsere Republik«. Sie schaffe Hähnchen nach Westberlin.[539] Zwei Frauen aus dem gleichen Dorf, die im KZ waren, wird es in Dollgow schwerlich gegeben haben. War also die »Schieberin« von 1955 gleichzeitig die Bürgermeisterin von 1957?

Auch die Figur des Ole Bienkopp, obgleich sie zweifellos ebenso autobiographische Züge aufweist, wurde von einem Dollgower Vorbild inspiriert. Es ist der damalige Genossenschaftsvorsitzende, der wie die Romanfigur Bienen züchtete, der sich gegen viele Widerstände durchsetzen musste und der – wie Bienkopp – die Idee entwickelte, am Ufer des Dollgower Sees Düngerkalk abzubauen. Ob die Genossenschaft »Frohe Zukunft« dieses Projekt je verwirklichte, ist im Tagebuch von Erwin Strittmatter nicht überliefert. Der Vorsitzende leitete die LPG bis 1960. Danach arbeitete er wie zuvor als Genossenschaftsimker. Anders als die Romanfigur Ole, der im Krieg eine Partisanin rettet, war er, wie Strittmatter im Tagebuch schreibt, »vor 1944 aktiver Polizist (!)«. Er fügt hinzu: »Er hatte wohl nicht allzu viel auf dem Kerbholz«, was er offenbar einzig aus dem loyalen und engagierten Auftreten des Vorsitzenden schließt.[540] In einer späteren Tagebuchnotiz heißt es, der LPG-Vorsitzende sei Mitglied der SS gewesen. Er habe sich bei Strittmatter beklagt, dass ihm die Leute im Dorf und auch im Kreis bei bestimmten Anlässen immer wieder seine Vergangenheit vorhalten würden. Dabei habe man ihm »beim Kreis« zugesichert, es sei ein Schlussstrich gezogen. Er frage sich, ob er den Vorsitz nicht hinwerfen und viel ruhiger als Imker leben solle.[541]

Die »schlechte« Bürgermeisterin war demnach im Konzentrationslager – der »gute« Vorsitzende war Mitglied der SS. Die Dollgower Realgeschichte zeigt, wie präsent mehr als fünfzehn Jahre nach Kriegsende die NS-Vergangenheit noch immer war. In der literarischen Verarbeitung tritt ihre Bedeutung ein Stück zurück und taucht – gereinigt und politisch korrekt – wieder auf.

Erwin Strittmatter ging es damals weniger um eine widerspruchsvolle Verknüpfung von Gegenwart und Vergangenheit, auch nicht wirklich um die Auslotung vielschichtiger Charaktere. Sein wesentliches Gestaltungsprinzip bei »Ole Bienkopp« war eine radikal verknappte Darstellung bis hin zur satirisch zugespitzten Zeichnung der Figuren, vor allem der Funktionäre, die als die Gegenspieler seines Helden auftreten. Eva Strittmatter bezeichnete diese Schreibweise als »dramatischen Roman«[542]. Seine der Filmschnitt-Technik nachempfundene Konstruktion blieb für Strittmatter ein Versuch, auf den er später nicht wieder zurückkommen sollte. Vor allem wollte er mit »Ole Bienkopp« direkt in die Entwicklung der DDR Ende der fünfziger/Anfang der sechziger Jahre eingreifen. Zu dieser Zeit trieb die SED-Führung mit massiven Propagandakampagnen plus erheblichem Druck und Zwang die Kollektivierung in der Landwirtschaft voran, um die dortigen Eigentumsverhältnisse denen der überwiegend volkseigenen Industrie anzugleichen. Die letzten kollektivierungsunwilligen Bauern traten bis etwa 1961 in die Genossenschaften ein – oder sie gaben auf und flohen in den Westen.

Strittmatter stand dieser Entwicklung grundsätzlich aufgeschlossen gegenüber und schien deren dunkle Seite zu ignorieren. In seinem Diskussionsbeitrag auf der 8. Tagung des SED-Zentralkomitees Ende März/Anfang April 1960 stellte er die damaligen Konflikte in den Dörfern als eine Aneinanderreihung von heiteren Episoden dar.[543] Auch in seinem Tagebuch finden sich keine besorgten Anmerkungen zu Zwangsmaßnahmen oder zu Verzweiflungsreaktionen von Bauern. Die Idee der gemeinschaftlichen Bearbeitung des Bodens berührte Visionen und Hoffnungen, die er schon in den dreißiger Jahren in seinem ersten Romanversuch zu fassen versucht hatte.[544]

Er stieß sich vor allem an der schematischen Umsetzung des Vorhabens, an dem sinnlosen Hineinregieren von Partei- und Staatsinstanzen, wodurch seiner Meinung nach das schöpferische Potential, die Initiative der beteiligten Menschen, nicht nur behindert, sondern sogar zerstört wurde. So erlebte er es in der LPG »Frohe Zukunft« in Dollgow und im Zusammenspiel mit der Kreisverwaltung Gransee. Das sollte die Botschaft seines Romans sein, in dem er die Geschichte einer »Bauerngemeinschaft« erzählte, die auf eine Initiative von unten her lange vor den entsprechenden Parteibeschlüssen entstanden war und deren querköpfiger und erfindungsreicher Vorsitzender letztlich am Obrigkeitsdenken und der Engstirnigkeit der Funktionäre scheitert. In der damaligen Diskussion um das Buch habe man ihm vorgeworfen, dass er seinen Helden an der Parteibürokratie sterben lasse, sagte er 1993 in einem Interview, er habe das nicht zugeben können. »Heute kann ich natürlich sagen, es ist so.«[545]

Dass das Buch für die zensierenden Partei- und Staatsinstanzen eine Provokation sein würde, war Strittmatter von Anfang an bewusst. Als er im Januar 1963 als Delegierter am VI. Parteitag der SED teilnahm, waren seine Gedanken völlig vom »Bienkopp« besetzt. In seinem Tagebuch notiert er, er habe dort vor allem aus den Meinungen der befreundeten Genossen heraushören wollen, »ob ich mit meinem Roman Aussicht habe, politisch nicht missverstanden zu werden«[546].

Nachdem er das Manuskript im März 1963 beim Verlag eingereicht hatte, begann ein monatelanges Tauziehen zwischen dem Autor und dem Aufbau-Verlag, der Kulturabteilung des SED-Zentralkomitees und der Hauptverwaltung Verlage und Buchhandel des Kulturministeriums, die für die Erteilung von Druckgenehmigungen zuständig war. »Sie wollen den BIENKOPP nicht drucken. Sie sind politisch unsicher«, notiert er Anfang Mai nach einem Gespräch mit Lektor Günter Caspar und Verlagsleiter Klaus Gysi.[547] Wie aus einem Vermerk von Caspar in der Druckgenehmigungsakte hervorgeht, habe sich Strittmatter zunächst geweigert, die vom Verlag geforderten Änderungen am Manuskript vorzunehmen. Die Forderungen betrafen einerseits das Ende von Ole Bienkopp und seine »krasse Stellung gegen den Partei- und Staatsapparat«, andererseits bezogen sie sich auf die überspitzte Darstellung einiger Figuren wie zum Beispiel des Kreissekretärs Wunschgetreu und der Frieda Simson.[548]

Das vom Verlag bestellte Außengutachten eines Dr. E. Geißler bekräftigte zwar die genannten Kritikpunkte, befürwortete jedoch nachdrücklich die Drucklegung in der vorliegenden Form. Der Verlag möge den Mut finden, schreibt der Gutachter, den Roman in kürzester Zeit »als Ausgangspunkt schöpferischer Diskussionen über die ideologische Bewältigung unseres Weges« zu veröffentlichen. Für den Roman spreche, dass die Genossenschaft in »Ole Bienkopp« unaufhaltsam fortschreite. Das sei die »schönste bejahende Kraft, die Strittmatters neues Buch« ausstrahle.[549] Aus dem Vermerk Caspars ist zu entnehmen, dass der Autor dann doch einem Kompromiss zugestimmt und einen neuen Schluss geschrieben habe. Dadurch seien manche Einwände gegenstandslos geworden.

In seinem Tagebuch notiert Strittmatter, nachdem er das neue Schlusskapitel beim Verlag abgeliefert hatte, die Lektoren hätten es sofort gelesen und seien mit der »Wunschgetreu-Lösung« zufrieden. »Niemand kann mehr sagen, die Arbeiter im Partei-Apparat wären von mir zu abträglich gezeigt. Ich habe meine eigenen Gedanken. Die ursprüngliche Fassung wird beim Manuskript niedergelegt.«[550] In einer späteren Notiz vermerkt Strittmatter rückblickend, er habe aufgrund von Hinweisen des Verlagsleiters Gysi dem »Kreissekretär Wunschgetreu eine Entwicklung zum Positiven hin« gegeben. Er vermutet, dass der Anstoß dazu von Politbüromitglied Kurt Hager oder von Kulturminister Hans Bentzien bzw. seinem für Literatur zuständigen Stellvertreter Erich Wendt gekommen sei.[551]

Am 28. August 1963 spricht sich ein gewisser Fritz (vermutlich von der HV Verlage) in einer Aktennotiz weiterhin strikt gegen die Drucklegung von »Ole Bienkopp« aus. Dieser Roman werde »eine negative Wirkung auf die Bewusstseinsentwicklung vieler Menschen bei uns ausüben«. Seiner Meinung nach würden die heftigen Diskussionen, die der Gutachter Geißler vorhersehe, »den gegnerischen Absichten Vorschub leisten und einen Keil zwischen die Bevölkerung unserer Republik und unsere Partei- und Staatsführung bringen«.[552]

Warum die Druckgenehmigung kurz darauf am 18. September trotzdem erteilt wurde, ist aus den Unterlagen nicht ablesbar. Erwin Strittmatter jedenfalls wusste noch im Oktober nichts von der Entscheidung und quälte sich, wie aus seinem Tagebuch hervorgeht, mit Gedanken an das ungewisse Schicksal seines Manuskripts. Erst nachdem Bentzien und Wendt ihn am 22. Oktober zu einem »Wiedergutmachungsgespräch« eingeladen hatten, kam die große Erleichterung über ihn. Bentzien habe von einem »Volkshelden BIENKOPP« gesprochen, schreibt er, Wendt von einer »einprägsamen unverwechselbaren Figur«. Die Minister hätten durchaus verstanden, »dass hier am individuellen Fall, an einer ganz und gar privaten Geschichte einige Unzulänglichkeiten unserer Arbeit im Partei-Apparat und bei der Staatsregierung beleuchtet werden. Das richtet sich aber nicht gegen die Beschlüsse von Partei und Regierung, sondern gegen die Art und Weise ihrer Umsetzung in der Bevölkerung.«[553]

Im November 1963 kam »Ole Bienkopp« in den Buchhandel, wie Strittmatter schreibt, in einer ersten Auflage von 45 000 Exemplaren, von denen bis Mitte Dezember schon 38 500 verkauft worden seien.[554] Die heftige Auseinandersetzung um den Roman, die der Gutachter Dr. Geißler sich gewünscht hatte, erstreckte sich bis in die zweite Hälfte des Jahres 1964. Für den psychisch nicht gerade stabilen Autor bedeutete sie ein Wechselbad der Gefühle und eine harte Nervenprobe. »Oh, man muss schon einen breiten Buckel haben! In den Westzeitungen nennen sie mich einen Parteischreiber und Nichtskönner, in unserer parteiamtlichen BAUERNZEITUNG nennen sie mich einen Parteifeind und Lügner«, notiert er Anfang Februar 1964 im Tagebuch.[555] Als er Ende des Jahres einen Kreislaufzusammenbruch erlitt, von dem er sich viele Monate nicht erholte, schrieb seine Frau Eva an einen Kollegen, »die eigentliche Diagnose von Strittmatters Krankheit heißt denn wohl auch *Bienkopp-Affäre*; aber überlebt hat er es schließlich, und wir glauben, daß da ein bißchen Zugluft entstanden ist [...] und daß es sich jetzt bequemer atmen läßt«[556].

Während im »Neuen Deutschland« eine wohlwollende Kritik von Inge von Wangenheim erschien, die der Hauptfigur Ole Bienkopp »den ganzen Reichtum eines echten Volkshelden« bescheinigte[557], waren vor allem die »Neue Deutsche Bauern-Zeitung« und der »Sonntag« Sprachrohre der Ablehnung. Den Auftakt bildete der Artikel von Eduard Zak im »Sonntag«, Nr. 48/1963, unter dem Titel: »Ein Held des Übergangs«. Die Frage, ob der Autor die Realität »richtig« oder »falsch« dargestellt habe, verdrängte die Diskussion sehr schnell von der Ebene der Literatur und machte sie zu einer Debatte um politische und wirtschaftliche Grundfragen in der DDR. Die Stellvertreterfunktion der Kunst in einem Land, in dem es keine freie Presse gab und keine politischen Kontroversen geben sollte, erweist sich einmal mehr an diesem Beispiel.

»Es drängt sich die Frage auf, wo lebt, wo steht Erwin Strittmatter eigentlich, daß ihm das Leben nicht jene blutvollen Gestalten aufzwang, wie sie heute in vielen Dörfern überwiegen«[558], heißt es in einem redaktionellen Artikel in der »Neuen Deutschen Bauern-Zeitung«. Ein Beitrag im »Sonntag« geht noch einen Schritt weiter: »Im Buch werden Einzelerscheinungen [...] derart verallgemeinert, daß man bald glauben muß, der Klassenfeind hätte recht mit seiner Behauptung, die Arbeiterklasse und ihre Verbündeten seien nicht in der Lage, den sozialistischen Aufbau zu leiten.«[559] Die »Bauernzeitung« wurde in diesen Monaten zu einer Plattform für enttäuschte und wütende Äußerungen von Landwirtschaftsfunktionären, die sich von dem Roman offenbar etwas anderes erwartet hatten. So schreibt Bernhard Grünert, Mitglied des Zentralkomitees der SED und Vorsitzender des Landwirtschaftsrates des Bezirks Frankfurt/Oder, Erwin Strittmatter habe die Mehrzahl der aufrechten Funktionäre vergessen. »Und weil er die ›vergessen‹ hat, hat er das Leben verfälscht, uns Bauern und unsere Partei- und Staatsorgane beleidigt.«[560] Ein Kunstwerk, gleich welcher Art, müsse »gesellschaftliche Wahrheit ausdrücken«, fordert Ernst Wulff, ebenfalls Mitglied des SED-Zentralkomitees und Vorsitzender der LPG Schulenburg, »und mich stört an diesem Buche, daß es im Prinzip unwahr ist«.[561] In einem Brief an den befreundeten Germanisten Bernhard Igel in Eisenach machte sich Strittmatter seinen Reim auf eine derart massive Abwehr: »Ich habe für diese Leute den Bitterfelder Weg so definiert: Man geht hinaus, sieht sich alles gründlich an, greift ein und hilft, aber in Berlin wird einem gesagt, was man draußen gesehen hat.«[562]

Die Reaktion der meisten Leser und Leserinnen unterschied sich allerdings beträchtlich von den Verdikten der Rezensenten und den Stellungnahmen der Funktionäre. Bei vielen hatte Erwin Strittmatter offensichtlich einen Nerv berührt, solche oder ähnliche Geschichten kannten sie aus ihrem Alltag. Für sie war der Roman Anlass und Vorwand, um sich über die dogmatischen Funktionäre zu mokieren und ihr Bedürfnis nach gesellschaftlicher Mitsprache auszudrücken. Strittmatter bekam stapelweise »Bekenntnisbriefe« von Lesern, wie er es nannte, die ihm ihre Erfahrungen mitteilten.

Am 22. Januar 1964 hält er in seinem Tagebuch einen Streit mit Alfred Kurella während einer Sitzung der Akademie der Künste fest. Als Kurella ihm vorgeworfen habe, das Kollektiv nicht zum Helden seines Romans gemacht zu haben, habe er sich gefreut, dass er »den scheissklugen K. mal im wirren Netz seiner theoretischen Fragen fangen kann«. Am gleichen Abend fand eine »Bienkopp«-Diskussion im Kulturbund statt, die wegen des großen Andrangs in einen größeren Saal verlegt werden musste. Verlagsleiter Klaus Gysi habe die Diskussion, wie er schreibt, »demagogisch« geleitet und immerfort zu kritischen Äußerungen aufgerufen, obwohl die anwesenden Zuhörer eher ihre Zustimmung ausdrücken wollten. »Sein unfaires Verhalten« sei jedoch erkannt und vom Publikum beim Namen genannt worden. Am Ende des Abends sei er schweißgebadet »wie aus der Sauna« gekommen, doch er fühlte sich von der Zustimmung seiner Leser getragen.[563] Ähnliche Erfahrungen hatte er kurz zuvor während einer Diskussion vor Schülern und Lehrern der SED-Parteihochschule gemacht. Die Parteihochschüler brachten – offenbar hauptsächlich durch heftigen Applaus – ihre Sympathie zum Ausdruck, während die Direktorin Hanna Wolf ihr Befremden formulierte. »Das ›schwarze Diarium‹ aus dem Roman hat's ihr angetan«, schreibt Strittmatter. »Das hat sie also aus dem B. herausgelesen: Das ›schwarze Diarium‹ ist das Symbol des Stalin-Dogmatismus. Ja, ja, so wollt ich's auch verstanden wissen.«[564]

Nach monatelanger Debatte hatte der Roman viele Widerstände überwunden. Strittmatter hatte noch auf ganz andere Weise als vorher beim »Ochsenkutscher« und »Wundertäter« sein Leserpublikum gewonnen, das seine Art von positiver Sozialismuskritik teilte, das zu ihm hielt – trotz und gerade wegen der öffentlich bekundeten Vorbehalte. Im Tagebuch jedoch überwiegen die düsteren Gedanken des Schreibers. Nach der Rückkehr von der 2. Bitterfelder Konferenz notiert er am 25. April niedergeschlagen, er habe den Eindruck, sein Roman werde von der Parteiführung »gerade so geduldet«[565]. Als er 1964 anlässlich des 15. Jahrestags der DDR-Gründung für »Ole Bienkopp« mit dem Nationalpreis III. Klasse ausgezeichnet wurde, kam kaum Freude bei ihm auf: »Dreimal dritter Klasse«, schreibt er. »Das war die Rache der BIENKOPP-Gegner.«[566]

Wie der Roman in Dollgow und in der LPG »Frohe Zukunft« damals aufgenommen wurde, hat Strittmatter in seinen Aufzeichnungen nicht festgehalten. Deshalb wissen wir nicht, ob es, wie im Fall des »Ladens« in Bohsdorf, Mutmaßungen und Verstimmungen wegen angeblicher oder wirklicher Ähnlichkeiten mit lebenden Personen gab. Fünfzig Jahre danach identifizieren die Dollgower den literarischen Ole Bienkopp ganz und gar mit ihrem ehemaligen Vorsitzenden und Imker. Ein im Februar 2012 im Zentrum des Dorfes enthülltes Holzrelief zur Erinnerung an das Künstlerpaar Strittmatter zeigt unter anderem Ole Bienkopp, der – so wird gesagt – die Züge des LPG-Chefs trägt. Die Bürgermeisterin dagegen scheint vergessen.

Nach dem »Bienkopp« wandte sich Erwin Strittmatter in seinen Romanwerken »Wundertäter« und »Laden« wieder der Lausitzer Landschaft seiner Kindheit und Jugend zu. Parallel dazu blieb sein Leben in Schulzenhof Quelle der Inspiration für die kleine Form, die er mit großem Erfolg entwickelte. 1967 erschien der »Schulzenhofer Kramkalender«, in dem er Tagebuchnotizen von seinen Streifzügen durch die Umgebung, Erinnerungen an seinen Großvater und an Bertolt Brecht, Aussprüche seines Sohnes Matti, die Ankunft der Kraniche, seine Gedanken und Beobachtungen in der Schreibstube oder beim Anblick des tropfenden Wasserhahns in loser Folge aneinanderreihte. Auch viele der 1969 und 1971 erschienenen Roman-Stenogramme und Miniaturen in »Ein Dienstag im September« und »3/4hundert Kleingeschichten« handeln von den Menschen und Tieren, den Bäumen und Blumen in seiner Umgebung. Der Reiz dieser Geschichten bestand für die Leserinnen und Leser vermutlich darin, dass sie den Eindruck hatten, sie würden unmittelbar an seinem Alltag teilhaben, an seinem Leben mit der Familie, seinem Verhältnis zu den Nachbarn, an seinen Gedanken, Gefühlen, Ärgernissen und Freuden.

Heutzutage ist das nichts Besonderes mehr, wo sogar die Journalisten in Tageszeitungen bei vielen Themen vor allem von sich selbst und ihrem Verhältnis zu den Geschehnissen schreiben. Damals aber war diese persönliche, scheinbar private Ansprache in der DDR nicht nur ungewohnt, sondern in anderen Fällen ideologisch geradezu brisant. Man denke an die heftigen Auseinandersetzungen um Christa Wolfs Roman »Nachdenken über Christa T.«. Sie war Ausdruck eines wiedergefundenen Bewusstseins von Subjektivität, von Individualität in einer Zeit, da der Anspruch von Staat und Partei, auch das Privatleben der Bürger zu bestimmen, sich allmählich lockerte. Als Parallelbeispiele fallen mir Fühmanns Essay »22 Tage oder Die Hälfte des Lebens« und das Tagebuch von Maxie Wander ein. Ihr Mann Fred Wander veröffentlichte das Tagebuch erst nach ihrem frühen Tod.

Die Strittmatters präsentierten sich jedoch schon zu ihren Lebzeiten als schreibendes Paar an diesem Ort inmitten von Seen und Wäldern und hoben damit die Distanz zwischen Leben und Literatur in gewisser Weise auf. Eva Strittmatter ging mit ihren »Briefen aus Schulzenhof«, deren erster Band 1977 erschien, noch einen Schritt weiter. In ihren Mitteilungen an Freunde und Bekannte, Leserinnen und Leser oder Ratsuchende bilden sich viel unmittelbarer die privaten Ereignisse jener Jahre ab als in den Veröffentlichungen ihres Mannes. Wahrscheinlich entstand dadurch jene emotionale Nähe zwischen Erwin und Eva Strittmatter und ihrem Publikum, eine Nähe, die die Leser veranlasst, von »unserem Erwin« zu sprechen und ihn mit »Du« anzureden, eine Nähe, die einerseits keine Infragestellung des Identifikationsobjektes duldet, die aber andererseits auch in heftige Enttäuschung und Zorn umschlagen kann. Doch diese Auseinandersetzungen, in denen es auf beiden Seiten um alles oder nichts geht, brachen erst nach dem Tod von Erwin Strittmatter auf. Er erlebte nur den großen Erfolg seiner Selbstinszenierung als Mann aus dem Volke, als rauer Kerl aus den Wäldern, als Philosoph des Alltags. Und bis in seine Kleidung hinein überließ er nichts dem Zufall: »Ich gehe mit dem grossen grauen Schäferhut, den das Lederband mit den blinkköpfigen Tapeziernägeln schmückt, in den derben Manchester-Latzhosen, den holländischen Holzschuhen und der gestreiften, blauen Packerbluse umher. Das ist die Kleidung, die mir das Gefühl gibt, hier an Ort und Stelle aus der Erde gewachsen zu sein wie die Bäume, die Pilze und die Tiere dieser Gegend.«[567]

VOM MAUERBAU BIS ZUM MAUERFALL
1961–1989

KRACH MIT STEPHAN HERMLIN

Anfang Februar 1969, nachdem er im Fernsehen eine Sendung über den »grossschnäuzigen Herrn Grass« gesehen hat, notiert Erwin Strittmatter in seinem Tagebuch: »Was ich vor Jahren vermutete und in einem Offenen Brief an ihn aussprach, wird jetzt allen sichtbar. Mit seiner mittelmässigen literarischen Produktion ist auf die Dauer keine Sensation zu machen.«[568] Da entlädt sich noch einmal, acht Jahre später, der Unmut über diesen gewandten, umtriebigen, für ihn schwer einzuschätzenden Schriftstellerkollegen aus Westberlin, mit dem er 1961 aneinandergeraten war.

Die erste Begegnung zwischen Grass und Strittmatter fand im Mai 1961 auf dem V. Schriftstellerkongress in Ostberlin statt. Zu seiner Überraschung, so Günter Grass, habe er im Frühjahr eine von Erwin Strittmatter unterschriebene Einladung zu diesem Kongress bekommen. Mit Vergnügen werde er sich an den Diskussionen beteiligen, schrieb er zurück, äußerte jedoch auch kaum verhüllte Skepsis über den Rahmen für diesen Meinungsaustausch: »[...] die Erfahrung lehrt: in unseren Breiten werden Auftritte dieser Art gern mit verteilten Rollen durchgespielt.«[569]

Strittmatter war damals formal noch Sekretär des Schriftstellerverbandes. Nach seiner Erkrankung im Sommer 1960 amtierte er faktisch nicht mehr, doch offensichtlich beteiligte er sich aktiv an der Vorbereitung des Kongresses, auf dem er endlich seine Funktion auch offiziell wieder loswerden würde. Die Einladung an Grass und andere Schriftstellerkollegen aus der Bundesrepublik – Martin Walser soll 1961 ebenfalls unter den Gästen gewesen sein – war zu diesem Zeitpunkt nichts Ungewöhnliches. Die Gesellschaften, Literaturen, Akteure in Ost und West entfernten sich erst in den folgenden beiden Jahrzehnten immer weiter voneinander. Wie aus einem Dokument der Staatssicherheit hervorging, war Grass zuvor bereits »mehrfach zu gesamtdeutschen Schriftstellertreffen eingeladen« worden.[570]

In einem Kommentar zu diesem Dokument erinnerte sich Grass im Jahr 2009, Strittmatter habe ihm in seinem Antwortschreiben bestätigt, dass er auf dem Kongress reden dürfe. Durch eine Äußerung in der Rede des damaligen Kulturministers Hans Bentzien habe er sich dann zu einer Wortmeldung provoziert gefühlt. Bentzien habe die Leistungen der DDR-Literatur gelobt und die Frage gestellt: »Wer im Westen kann uns das Wasser reichen?« Darauf habe er, Grass, sofort seine Hand gehoben. Am Vorstandstisch sei das zunächst »übersehen« worden. »Und dann bin ich nach vorn gegangen an den Präsidiumstisch – da saß auch Strittmatter – und habe gesagt: ›[...] Sie haben mir schriftlich zugesagt, dass ich hier reden darf – und darauf bestehe ich jetzt.‹ Daraufhin hat man mir tatsächlich das Mikrofon überlassen, und ich habe auf diesen rhetorischen Satz mit dem ›Wasserreichen‹ reagiert und aufgezählt, was es alles an interessanter westlicher Literatur gibt, die nur in der DDR nicht erscheinen dürfe, von Kafka bis Freud. Außerdem habe ich auf Autoren aus der DDR verwiesen, die nicht verlegt werden.«[571]

»Auf dem V. Deutschen Schriftstellerkongreß trat er provokatorisch auf«, heißt es in einem zusammenfassenden Bericht des MfS über Grass. Durch diesen Vorfall, so scheint es, wurde die Staatssicherheit überhaupt erst aufmerksam auf den jungen Erfolgsautor der »Blechtrommel« und begann Material über ihn zu sammeln. Auch ein »SPIEGEL«-Reporter war an diesem Tag im großen Saal im Haus der Ministerien anwesend. Sein Zitat aus dem spontanen Redebeitrag des Westberliner Gastes war natürlich präziser als die Erinnerung des Redners fast fünfzig Jahre später: »Zeigen Sie Ihren Lesern in diesem Staat Musil, Kafka, die westdeutschen Schriftsteller, französische Schriftsteller, gleich welcher Schule, gleich welcher formalen Entwicklung, gleich ob Sie sie formalistisch nennen – Sie werden merken: Es gibt in Westdeutschland, in Frankreich und in England Schriftsteller, die in der Lage sind, Ihnen das Wasser zu reichen.«[572]

Entgegen der Einschätzung der Staatssicherheit wurde der unbequeme Einwurf von Grass jedoch nicht wirklich als Provokation oder Tabubruch wahrgenommen. Der gerade zum Kulturminister ernannte, mit seinen 37 Jahren relativ junge Hans Bentzien stand für eine vorsichtige Liberalisierung in der Kulturpolitik, die begann, sich von den Formalismus-, Dekadenz- und anderen Verdikten der fünfziger Jahre zu lösen. Erste Lizenzausgaben einiger der von Grass genannten Autoren waren wenn nicht in Vorbereitung, so doch zumindest schon im Gespräch. Vier Jahre später, auf dem berüchtigten Kahlschlag-Plenum des SED-Zentralkomitees, fand diese Politik und auch die Ministerlaufbahn von Bentzien bereits wieder ein jähes Ende. Doch auf diesem Schriftstellerkongress, so berichtete es der »SPIEGEL«-Reporter, rückten sogar die Verbandspräsidentin Anna Seghers und der Altkommunist Willi Bredel behutsam von den bisher gültigen Parteivorgaben für »gute Dichtung« ab, und Erwin Strittmatter kritisierte in seiner Rede mit beißender Ironie einige Absurditäten, die die Bitterfelder Bewegung in den vergangenen Jahren hervorgebracht hatte. Die Kulturredakteure sollten über dem schreibenden Arbeiter den lesenden Arbeiter nicht vergessen, sagte er. »Der lesende Arbeiter will nicht Sonntag für Sonntag die Selbstverständigungen und das gut gemeinte Gestammel seiner Arbeitskollegen aus der anderen Abteilung lesen.«[573]

In seinem Tagebuch geht Strittmatter auf das Auftreten von Grass und auf seinen eigenen Beitrag während des Kongresses nicht ein. Anfang Juni nach Schulzenhof zurückgekehrt, notiert er nur erleichtert, was für ihn offenbar das Wichtigste war: »DER KONGRESS DER SCHRIFTSTELLER ist zu Ende. [...] Meine Sekretärszeit ist nun auch offiziell erledigt. Bisher schwebte diese Funktion wie eine Gewitterwolke über meinem Kopfe.«[574] Einen Monat später fügt er den etwas kryptischen »Nachtrag« hinzu: »Und das geschah inzwischen:/Der Schriftstellerkongress fand statt./Unliebsame Auseinandersetzungen mit Hermlin. Parteialter.«[575] Auch in seinem Gespräch mit Leutnant Paroch vom MfS erwähnte Strittmatter diesen Vorfall, ohne indes deutlicher zu werden: »Der GI meinte, daß es zwischen Hermlin und ihm eine Kontroverse in der Diskussion gegeben habe«, schreibt Paroch und stellt eine ausführlichere Erörterung beim nächsten Treff in Aussicht.[576] Dazu kam es nicht mehr, denn beim nächsten (dem letzten) konspirativen Gespräch mit »IM Dollgow« am 19. August ging es ausschließlich um den offenen Brief von Günter Grass und Wolfdietrich Schnurre zum Mauerbau und um Strittmatters Reaktion darauf.

Hermann Kant allerdings erinnert sich in seinem Gespräch mit mir recht deutlich an den Zusammenstoß zwischen Strittmatter und Hermlin. Erwin Strittmatter, dem, wie Kant sagt, »bestimmte Zwischentöne nicht lagen«, habe in seiner Rede die Leute angegriffen, »die sozusagen versäumt haben, rechtzeitig auf den Zug zu springen, der in die sozialistische Morgenröte dampfte«. Hermlin habe das natürlich nicht hinnehmen können. »Er hat dann in seiner Entgegnung das Bild aufgegriffen und Wert darauf gelegt, dass er diesen Zug bereits bestiegen hatte, als noch nicht klar war, ob er sozusagen an sein Ziel kommen würde, während andere erst im allerletzten Moment aufgesprungen wären.«[577] Das war eine unmissverständliche Anspielung nicht nur auf Strittmatters geringes »Parteialter«. Unausgesprochen ging es dabei natürlich um die Zeit des Nationalsozialismus, die der eine als Verfolgter im Exil verbracht hatte und der andere in der Uniform der Verfolger. Um im Gleichnis von Zug und Bahnhof zu bleiben: Hermlin hatte Strittmatter ein Haltesignal gezeigt, um ihm zu sagen, dass er für ihn immer jemand bleiben würde, der in der NS-Zeit auf der falschen Seite gestanden habe. Oder war es eher ein Warnsignal, das bedeutete, mit dieser Vergangenheit im Hintergrund sollte er lieber weniger selbstgerecht über andere urteilen? Auf jeden Fall war es eine öffentliche Demütigung, die der so Zurechtgewiesene wohl nie verzieh.

Der Vorfall begründete eine solide und dauerhafte Feindschaft zwischen beiden Männern,[578] zum Leidwesen von Hermann Kant, der mit beiden befreundet war. Bereits an jenem Kongresstag hatte er offenbar versucht, die Rolle des ausgleichenden Versöhners zu spielen, vor allem im Hinblick auf den anwesenden »SPIEGEL«-Berichterstatter Otto Köhler, der sich sofort begeistert auf diesen Konflikt gestürzt habe. »Jedenfalls habe ich dafür gesorgt, dass Strittmatter und Stephan zu einem Gespräch zusammenkamen, und dann hab ich den Köhler herangelotst und gemeint, er soll das doch bitte zur Kenntnis nehmen, und habe damit gewissermaßen diesen möglichen Brandherd eingedämmt.«

Vergebens. Otto Köhler beschreibt in seinem Artikel natürlich nicht das »freundliche Gespräch«, sondern den Zusammenprall. Es gebe Leute, so zitiert er Strittmatter, die sich »zum fortschreitenden sozialistischen Leben in unserer Republik« verhalten würden wie ein Reisender, der zu spät auf den Bahnsteig kommt, während sich der Schnellzug schon in Bewegung gesetzt habe. In der »SPIEGEL«-Version lautete

Hermlins Antwort: »Ich habe diesen Zug schon lange aus der Ferne gehört und bin in ihn eingestiegen, als der Redner noch nicht daran dachte.«[579]

DER OFFENE BRIEF

Auch seine zweite Begegnung mit Günter Grass im August 1961 erwähnt Erwin Strittmatter in seinem Tagebuch nicht. Hierzu äußerte er sich ausführlich nur gegenüber Leutnant Paroch vom MfS, der das Gehörte in einem Bericht wiedergab, dessen Diktion vermutlich von den Interessen sowohl des Erzählers als auch des Protokollanten gefärbt ist. Strittmatter befand sich dabei offensichtlich in einer Rechtfertigungsposition. Er hatte seine eigentliche Aufgabe als »Geheimer Informator« verfehlt, weil er es versäumt hatte, die Genossen von der Staatssicherheit zu informieren, als Günter Grass und Wolfdietrich Schnurre am 16. August bei ihm im Büro des Schriftstellerverbandes auftauchten und ihm den offenen Brief übergaben.

Es klingt so, als seien die beiden Westberliner unangemeldet gekommen. An diesem Tag sei er der einzige verantwortliche Funktionär im Verband gewesen, alle anderen hätten sich im Urlaub befunden. Um eine Zeugin für das Gespräch zu haben, habe er sofort die Mitarbeiterin des Verbandes, Genossin Lange, hinzugezogen. Den »besagten Brief« habe er »absichtlich« nur in Empfang genommen, ohne ihn in Gegenwart seiner Besucher zu lesen. Er habe ihnen lediglich mitgeteilt, dass »zu gegebener Zeit die Funktionäre des Verbandes dazu Stellung nehmen werden«. Anschließend habe der GI, so Paroch, sofort den zuständigen Mitarbeiter von der Kulturabteilung des ZK informiert und den Inhalt des Briefes übermittelt. Für Leutnant Paroch bedeutete dieser Umstand zweifellos eine Niederlage. Er musste daraus schließen, dass sein »GI« ihn als Partner in diesem Spiel überhaupt nicht wahrnahm, sondern sich lieber direkt an das ZK wandte. Als er Strittmatter dies – gewiss verärgert – vorhielt, habe der seinen Fehler eingestanden und Besserung versprochen. In einer ziemlich verquasten Weise drehte sich ihr weiteres Gespräch um eine mögliche Verhaftung von Grass und Schnurre. Paroch schreibt nicht direkt, dass er Strittmatter vorgeworfen habe, die Verhaftung der beiden nicht veranlasst zu haben. Stattdessen heißt es: »In diesem Zusammenhang brachte der GI zum Ausdruck, daß er sich von dem Vorwurf betroffen fühlt, nicht veranlaßt zu haben, daß die beiden Westberliner Schriftsteller verhaftet werden.« Hätte die Staatssicherheit denn tatsächlich zugegriffen, wenn sie informiert worden wäre? Das suggeriert dieser Bericht zwischen den Zeilen. Doch entgegen Parochs Behauptung fühlte sich Strittmatter von dem Vorwurf wohl eher nicht betroffen. Er erklärte seinem Gesprächspartner offenbar sehr deutlich, dass eine Verhaftung seiner Meinung nach ein Fehler gewesen wäre. »Es [hätte] innerhalb unseres Schriftstellerverbandes eine große Diskussion gegeben, besonders mit solchen Personen wie Hermlin, dem Ehepaar Kurt und Jeanne Stern u. a., die bis jetzt zu den Maßnahmen von Partei und Regierung eine sehr positive Haltung auch öffentlich eingenommen haben.«[580]

Fast dreißig Jahre nach dem Gespräch mit Leutnant Paroch und zwei Jahre nach dem Fall der Mauer beschrieb Strittmatter in dem Interview »Umwege zu Lao-Tse« mit Zeitzeugen TV seine damalige Begegnung mit Grass und Schnurre freundlicher und harmonischer. Da meinte er sogar, mit Grass verbinde ihn »fast so was wie Freundschaft«. »Die Mauer« [die es an diesem Tag faktisch noch nicht gab, nur eine mit Stacheldraht und Zäunen abgeriegelte Sektorengrenze, A. L.] hätte in ihrem Gespräch kaum eine Rolle gespielt. Er habe nur gesagt: ›Ich kann sie nicht wegreißen, bestellt habe ich sie nicht. Aber man müsste nun mal sehen, vielleicht ist es ein gangbarer Weg, dass wir uns hier konsolidieren können, und dann müsste sie wieder verschwinden.‹« Zweifellos hat das historische Ereignis des Mauerfalls Strittmatters Erinnerung an ihren Bau ein wenig modifiziert und geglättet. Selbst wenn er damals so gedacht und gefühlt haben sollte, in Gegenwart der »Genossin Lange« als Zeugin hätte er das wohl niemals so ausgesprochen. Seine beiden Antworten auf den offenen Brief, die offizielle und die persönliche, bezeugen seine klare Parteinahme für die Maßnahmen der DDR-Regierung.

Grass und Schnurre hatten in ihrem Brief ihre ostdeutschen Kollegen aufgefordert, sich öffentlich zur gewaltsamen Schließung der Grenze zu äußern. Das »Unrecht vom 13. August« müsse beim Namen genannt werden. »Wer schweigt, wird schuldig«, schrieben sie und: »Stacheldraht, Maschinenpistole und Panzer sind nicht die Mittel, den Bürgern Ihres Staates die Zustände in der DDR erträglich zu machen.«[581] Kopien ihres Schreibens sandten sie auch an »Neues Deutschland«, »Sonntag«, »Tagesspiegel«, »DIE WELT«, »Süddeutsche Zeitung« und »konkret«. In den DDR-Zeitungen wurden weder der offene Brief selbst noch die Antwort des Schriftstellerverbands vom 18. August 1961 abgedruckt. Stephan Hermlin, Franz Fühmann, Bruno Apitz und Paul Wiens verfassten außerdem persönliche Stellungnahmen,[582] von denen zumindest Hermlins Text im »Sonntag« und auszugsweise im »Neuen Deutschland« abgedruckt wurde.[583]

Auch Erwin Strittmatter, der zweifellos der Autor des offiziellen Antwortschreibens war, erweiterte danach noch einmal den Verbandsbrief zu einem ausführlicheren und persönlichen Bekenntnis zu den Entscheidungen der DDR-Regierung, die, wie er schrieb, »notwendig waren, um einen Kriegskeim zu ersticken«. Diesen Brief richtete er an Günter Grass, »da wir auf dem V. Schriftstellerkongreß gewissermaßen ein öffentliches Gespräch begannen«. In seinem Nachlass befindet sich eine Mappe mit mehreren Entwürfen.[584] Es scheint, dass dem sonst so wortgewandten Schreiber bei diesem Thema Argumentation und Formulierung schwerfielen. Einige Passagen lesen sich ziemlich hemdsärmlig und grob, wenn er Grass etwa vorwirft, sich mit der Brief-Aktion nur »publicity« verschaffen zu wollen. Andere Stellen wiederum sind schrecklich hölzern und gestelzt: »Ich werde Ihr Verdienst zu schätzen wissen, wenn Sie sich die Freiheit nehmen sollten, auf solche nicht zu verbergenden Auswüchse des Neofaschismus in der Bundesrepublik aufmerksam zu machen.« Die direkte Unterstellung, Grass könne ein »vorgeschickter Provokateur« sein, formulierte er dann in der letzten Fassung doch etwas zurückhaltender.

Eine Kopie des auf den 21. August 1961 datierten Schreibens befindet sich in Strittmatters IM-Akte, eine weitere Kopie liegt in seinem Nachlass.[585] Das Original im Günter-Grass-Archiv wirft jedoch Fragen auf, weil es nicht unterschrieben ist. Maschinenschriftlich steht darunter nur: »gez. Erwin Strittmatter«[586]. Nach Eva Strittmatters Erinnerung hatte ihr Mann diesen Brief zwar geschrieben, aber nicht abgeschickt.[587] War er von seinen Formulierungen doch nicht überzeugt gewesen? Hatte jemand anders an seiner Stelle den letzten Entwurf auf den Weg gebracht? Andererseits bezieht er sich in der schon zitierten Tagebuch-Notiz vom Februar 1969 auf seinen »offenen Brief«, in dem er seine Kritik an Grass schon damals ausgesprochen habe.

Wie auch immer die Erklärung dafür lauten mag – es kann kein Zweifel bestehen, dass Erwin Strittmatter hinter den Maßnahmen vom 13. August 1961 stand. Er und viele andere Schriftsteller betrachteten die Grenzschließung als temporären Ausweg aus einer Situation der existentiellen Bedrohung. Die Ursache für Massenflucht und Krise der DDR-Wirtschaft sahen sie damals einzig in den feindseligen Aktionen des Westens.

Sein Unbehagen über die offene Grenze in Berlin hatte Strittmatter schon Jahre zuvor im Tagebuch bekundet. Natürlich verkauften auch Dollgower Bauern begehrte Produkte, etwa Hähnchen, nach Westberlin, um auf diese Weise ein wenig von dem West-Ost-Gefälle zu profitieren, oder sie besorgten sich dort, was sie zu Hause nicht bekamen. Als ihn ein Dollgower Nachbar im Dezember 1957 um Hilfe für seine von der Volkspolizei festgenommene 19-jährige Tochter bat, die 150 DDR-Mark in Westgeld umgetauscht und dafür ein Kleid für eine Hochzeitsfeier gekauft hatte, wies Strittmatter ihn ab. Statt für das Mädchen Verständnis aufzubringen, äußerte er sich befriedigt darüber, dass diese »Devisenvergehen« jetzt »endlich strenger bestraft« würden: »Ich muss dem Mann sehr deutlich sagen, dass ich diese Gesetze mitverfasst habe. Er glaubt mir nicht oder glaubt gerade deshalb, dass ich in seinem Falle erwirken kann, das Gesetz nicht in Anwendung zu bringen. Fehlgedacht. Im Grunde tut's mir wohl, zu sehen, dass die Bauernlist an der Unabdingbarkeit unserer Gesetze scheitert.«[588] Kurz darauf wurde das Mädchen zu fünf Wochen Gefängnis verurteilt.

Selbst als er später nachdenklicher und skeptischer wurde, empfand Strittmatter den Bau der Mauer wohl nicht als Verlust von persönlicher Bewegungsfreiheit und Kontaktmöglichkeiten. Westberlin war für ihn auch vor dem 13. August verbotenes Terrain, das er ohne Auftrag oder Genehmigung seiner Partei nicht betrat. Sich dort Filme anzuschauen, die in Ostberlin nicht gezeigt wurden, Bücher zu besorgen oder Freunde und Verwandte zu treffen, wie es die meisten Berliner taten, kam für ihn nicht in Frage. Während seiner wenigen Aufenthalte in Westdeutschland fühlte er sich, wie er im Tagebuch bekundete, stets fremd und unwohl. So schreibt er im Oktober 1964, nachdem er zusammen mit Eva von einer Lesung aus Düsseldorf zurückgekehrt war, wie er sich freue, wieder daheim zu sein: »Man spürt: Unsere Republik ist wie eine Familie. Das hat zuweilen Nachteile, rutscht leicht, zumal in der Kunst, in's Provinzielle ab, aber die Vorteile scheinen, besonders nach so einer Heimkehr aus der ›Fremde‹, grösser zu sein.«[589]

Erwin Strittmatters einziger »West-Verwandter« war sein ältester Sohn Ulf. Nach seiner Übersiedlung zur Mutter kam der mittlerweile Zwanzigjährige 1957 noch einmal zu Besuch nach Schulzenhof. Bei dieser Gelegenheit hegte sein Vater die unrealistische Vorstellung, der Sohn werde in die DDR zurückkehren. »Wenn ein Funken von mir in ihm ist, wird er in nicht allzu langer Zeit wieder hier sein«, schreibt er an Ulfs Ankunftstag in sein Tagebuch.[590] Politisches und Persönliches – das Tauziehen mit der Exfrau – vermischten sich hier auf schwer entwirrbare Weise. Als Ulf sich fünf Tage später wieder verabschiedete, ohne eine Rückkehr in Aussicht zu stellen, fühlte Strittmatter sich abgewiesen. »Es gibt nichts mehr zu sagen. Das war der letzte Versuch. Alles ist entschieden. Zwei Welten.«[591] Wahrscheinlich sahen sich Vater und Sohn erst nach dem Fall der Mauer wieder. So jedenfalls erinnert es Knut Strittmatter, der anlässlich des Geburtstags von Erwins Bruder Heinrich 1990 eine Versöhnung zwischen Vater und Sohn herbeiführte.

Erwin Strittmatter, Stephan Hermlin und Paul Wiens sandten ihre Antwortschreiben auf den Brief von Grass und Schnurre an den »Tagesspiegel« und andere Westberliner Zeitungen. Der »Tagesspiegel« jedoch fand diesen Briefwechsel »so überflüssig, so sinnlos, so irreal«, dass er ihn keinesfalls veröffentlichen wollte.[592] Auch die anderen Blätter publizierten daraus allenfalls kurze Zitate oder Zusammenfassungen. Dass der S. Fischer Verlag bereits unmittelbar am 13. August

1961 bekanntgab, dass er die bereits gedruckten »Wundertäter«-Exemplare nicht ausliefern würde, kann mit Strittmatters deutlichem Bekenntnis zum Mauerbau nichts zu tun gehabt haben. Grundlage für die Entscheidung war wohl eher der Brief des Freund-Feindes Peter Jokostra, der sich bereits einige Wochen zuvor an den Verlag gewandt und unter anderem auf Strittmatters Haltung zum 17. Juni 1953 verwiesen hatte. Einen entsprechenden Artikel hatte er im Juni 1961 in der Zeitung »Die Welt« veröffentlicht.[593] Vermutlich folgte der S. Fischer Verlag der Argumentation von Jokostra zunächst nicht, als jedoch am 13. August die allgemeine Stimmung kippte, gab er in einer Anzeige im »Börsenblatt für den deutschen Buchhandel« den Stopp der Auslieferung bekannt.

In seinem Tagebuch hält Erwin Strittmatter den Besuch von Klaus Wagenbach, damals Lektor des S. Fischer Verlags, im Dezember 1961 fest. Wagenbach war mit dem Auto nach Schulzenhof gefahren, um den Strittmatters mitzuteilen, dass er mit der Entscheidung seines Verlegers nicht einverstanden sei. Eva Strittmatter meinte in ihrem Interview mit Irmtraud Gutschke, dass er wegen dieser Geschichte sein Amt niedergelegt und seinen eigenen Verlag gegründet habe.[594] Tatsächlich jedoch gründete Wagenbach seinen eigenen Verlag erst, nachdem der S. Fischer Verlag 1964 von der Holtzbrinck-Gruppe aufgekauft worden war. Die Tagebuchnotiz zeigt, wie wenig Erwin Strittmatter mit seinem Gast trotz dessen Solidaritätsbekundung anzufangen wusste. Wagenbach, der in den sechziger Jahren zu einer bekannten Persönlichkeit der außerparlamentarischen Opposition wurde, war in seinen Augen ein »Männchen«, der mit seinem »amerikanischen Affenmäntelchen« und »kurzen Unterhosen« für den brandenburgischen Frost schlecht gerüstet war. »Ein paar Stunden lang verschafft uns das Männchen liebenswürdigerweise Einblick in die Seele und in die wackelige Weltanschauung eines sozialdemokratischen Intellektuellen.« Als Wagenbach äußerte, der Kommunismus, so wie er ihn in der Sowjetunion erlebt habe, sei »für westeuropäische Verhältnisse nicht zu verwenden«, fühlte sich Strittmatter in seiner Abwehr bestätigt: »Da haben wir ihn. Wenn er sonst nichts gesagt hätte, an diesem Satz wäre er durchschaubar bis auf's gebrechliche Gerippe.«[595]

NICHTEINMISCHUNG

In den sechziger Jahren begann Erwin Strittmatter sein Verhältnis zur Gesellschaft neu zu formulieren. Das Lebensmodell vom Schriftsteller, der gleichzeitig politischer Funktionär ist, schien ihm nicht mehr tauglich. Seine zunehmende Skepsis gegenüber der SED-Führung ließ seine Hoffnung auf ein geglücktes Zusammenspiel von Dichtung und Politik schwinden. Seine Distanz mündete nicht in offene Opposition, sondern in Rückzug. Er wollte sich nicht mehr verzetteln, wollte sich nur noch in der Sprache äußern, die er tatsächlich beherrschte – der Literatur.

Christa Wolf erinnert sich, dass sie 1965 im Zusammenhang mit dem 11. ZK-Plenum der SED Strittmatter in seiner Wohnung in der Stalinallee aufsuchte, um mit ihm zu beraten, wie man sich gegen diesen Rückfall in die repressive Kulturpolitik wehren könne. Er sei an dem Tag ein wenig krank gewesen, meint sie, und er habe sie einfach abgewimmelt. Es sei nicht seine Aufgabe als Schriftsteller, in diesem Geschehen aktiv zu werden, habe er gesagt. Seine und ihre Aufgabe sei es, die Situation in diesem Land festzuhalten, aufzuschreiben. »Er wollte seine Ruhe haben«, sagt sie, »er wollte sich nicht engagieren.«[596] Das war vermutlich ein erster Riss in ihrer bis dahin freundschaftlichen Beziehung, ein Riss, der sich 1976/79 mit der Biermann-Affäre und ihren Folgen noch vertiefte.

Äußerlich ging Strittmatters Leben fast so weiter wie bisher. Bis 1978 blieb er einer der Vizepräsidenten des Schriftstellerverbandes, bis 1989 blieb er Mitglied der SED. Wenn es sich nicht vermeiden ließ, nahm er an den Sitzungen im Schriftstellerverband und in der Akademie teil, aber er meldete sich selten zu Wort. Später verließ er größere Veranstaltungen und Kongresse manchmal gleich nach der Eröffnungsrede und demonstrierte damit, dass er nur noch einer Pflicht Genüge tat. Der Ort, an dem er seine Meinung äußerte, die er während der Versammlungen zurückhielt, war das Tagebuch. Darin setzte er sich mit der eigenen früheren Gläubigkeit auseinander. Seine politischen Einschätzungen, seine Äußerungen über bestimmte Funktionäre wurden zunehmend schärfer. Mit den Jahren tat sich eine Kluft auf zwischen dem Bild des loyalen und vielfach geehrten Schriftstellers, das er nach außen hin bot, und dem enttäuschten, zornigen Schreiber des Tagebuchs. In einer Notiz aus dem Jahr 1971 malt er sich aus, was geschehen würde, wenn er seine tatsächliche Meinung über den Sozialismus in der DDR offen aussprechen würde. Er ist überzeugt, dass die Funktionäre ihn zum »Treibjagdwild« erklären, dass sie »Zeitungs- und Versammlungskampagnen gegen mich entfachen« würden.[597] Als er ein Jahr später mit dem Gedanken an einen Austritt aus der SED spielt, »weil ich die letzten Jahre meines Lebens gern ausserhalb einer Sekte zubrächte«, entwirft er erneut das Szenario eines »Hextreiben[s] gegen den ›abgefallenen‹ Str.«. »Meine Nerven wären dem nicht gewachsen, jedenfalls würde ich lange Zeit nicht schreiben können, müsste mein Werk unterbrechen. Niemand wäre geholfen.«[598]

Aus der Sicht von heute kann man das Feigheit nennen oder Anpassung oder auch diplomatisches Taktieren. Er begründete seine Haltung vor sich selbst stets mit dem Werk, das er schaffen müsse und das den Vorrang vor allen anderen Erwägungen haben sollte. Dabei heuchelte er nur selten öffentlich Zustimmung, drängte sich weder nach vorn noch nach Privilegien und ging politischen Auseinandersetzungen lieber aus dem Weg. In der SED-Führung und in der Leitung des Schriftstellerverbandes galt er bald als ein knorriger, eigenwilliger Mensch, mit dem man sich besser nicht anlegte und der schon allein aufgrund seiner großen Popularität mit Respekt behandelt werden musste.

Seine Sicht auf die Welt, die sich zunehmend von politischen Doktrinen entfernte, teilte er zunächst vor allem in literarischen Miniaturen, in Episoden, Beobachtungen und Aphorismen mit. Der große Erfolg seines »Schulzenhofer Kramkalenders« (1967), von »Selbstermunterungen« (1981) und »Wahre Geschichten aller Ard(t)« (1982) zeigt, dass es bei seinen Leserinnen und Lesern ein Bedürfnis nach solchen über die marxistische Ideologie hinausweisenden Reflexionen und Alltagsweisheiten gab und dass sie auch die leisesten Anspielungen verstanden. Sie folgten seinen philosophischen Reflexionen über das Werden und Vergehen in der Natur, den Mitteilungen über sein Weltverhältnis. Sie nahmen an seinem Leben in Schulzenhof teil und konnten sich in der Schilderung augenzwinkernder Anpassung, versetzt mit kleinen Widerständigkeiten, selbst wiederfinden. Dieser Spruch wurde 1981 gedruckt: »Wenn du mich und meinesgleichen nicht hättest, sagte ich zu meinem Freunde, dem Regierer, so hättest du nichts zu regieren. Außerdem lassen wir uns von dir nur gern regieren, wenn uns einleuchtet, was du von uns verlangst. Freilich hast du deinen Knüppel, aber nicht für ewig und drei Tage.«[599]

Die Sammlungen von Aphorismen sind wie die Tagebuchnotizen ein Spiegel von Strittmatters Ringen um Gleichmut und Gelassenheit, ein Ziel, das er immer wieder verfehlte, denn mit den Jahren scheinen seine seelische Instabilität, seine Schwankungen zwischen Wut und depressiver Verzweiflung eher heftiger geworden zu sein. In den siebziger Jahren entdeckte er – gleichsam als Balancierstange über die eigenen Abgründe – die Weisheiten des Zen-Buddhismus und des chinesischen Philosophen Laotse, besser gesagt, näherte er sich ihnen wieder, denn bereits in den dreißiger Jahren und dann noch einmal in der Nachkriegszeit, kurz vor seiner Bekehrung zum Marxismus, hatte er sich mit östlichen Philosophien und dem Buddhismus beschäftigt. »Schon seit Mai [...] *LESE ICH LAOTSE*«, schreibt er 1973 ins Tagebuch, »lese langsam, bedenke die Sätze und benötige gegenwärtig keine andere Lektüre als die Aussprüche des LAO über sein TAO und sie schliessen sich mir auf. Wie das so ist: meine Erfahrungen mit dem Leben brachten mich in seine geistige Nähe.«[600] Er habe wiedererkannt und aufgenommen, was er mit fünfundzwanzig Jahren bereits »intuitiv erfuhr«, schreibt er an anderer Stelle. Als einen der »markantesten Umwege« zu dieser Erkenntnis betrachtete er nun seinen »Eintritt in die Partei der Einheitssozialisten«. Diesen Satz hielt er 1975 fest, aber er wurde erst 1990 veröffentlicht.[601]

Die Entstehungsgeschichte des »Tao Te King« ist umstritten, aber es heißt, der chinesische Weise Laotse habe im 6. Jahrhundert vor unserer Zeitrechnung die Sammlung von Weisheiten und Sinnsprüchen in 81 Abschnitten verfasst, die gleichermaßen eine Kosmologie wie eine Anleitung zur Vervollkommnung der eigenen Persönlichkeit darstellen.

Bei Laotse befinde er sich »in guter Gesellschaft« unter anderen mit dem Schriftsteller Halldór Laxness, äußerte Strittmatter in einem Interview. Laxness' Roman »Die Seelsorger am Gletscher« sei seiner Meinung nach ein »völlig taoistisches Buch«. Auch bei Hamsun habe er im Nachhinein taoistische Züge entdeckt. »[...] das ist eine Geistesrichtung, zu der man einfach hinkommt.«[602] In einem Brief an Bernhard Igel bezeichnete er den »Zaroba im Wundertäter III« als »eine laotische Figur«.[603]

Sinn, Leben, Klarheit, Frieden und das Nicht-Handeln sind Schlüsselbegriffe im »Tao Te King«. »Das Allerweichste auf Erden/überholt das Allerhärteste auf Erden./Das Nichtseiende dringt auch noch ein in das,/was keinen Zwischenraum hat./Daran erkennt man den Wert des Nicht-Handelns./Die Belehrung ohne Worte, den Wert des Nicht-Handelns/erreichen nur wenige auf Erden«, heißt es im Spruch Nr. 43.[604] Vor allem das Nicht-Eingreifen in den Fluss der Geschehnisse machte Strittmatter mit mehr oder weniger Erfolg zu seiner Maxime: »Man kann sich gar nicht eifrig genug vor Augen halten: Sich nirgendwo und in nichts einmischen!«, beschwor er sich selbst auf dem Höhepunkt der Krise um den »Wundertäter III«. »Die Prozesse, die du mit deiner Arbeit und mit einem Kosmosgefälligen Leben auslöst, wirken ohne dein weiteres Zutun weiter; dein Zutun kann ihre Wirkung nur abschwächen!«[605]

Mehr als zehn Jahre zuvor, im August 1968, als die Truppen des Warschauer Paktes in die Tschechoslowakei einmarschierten, war Erwin Strittmatter vom Gleichmut des Nicht-Eingreifens noch ein Stück entfernt. Auch seine Bewertung der Ereignisse war zwiespältig. Offenbar empfand er wenig Sympathie für die Reformer um Parteichef Dubček und betrachtete die gewaltsame Beendigung des Experiments des Prager Frühlings als notwendige stabilisierende Maßnahme. Beunruhigt zeigte er sich allerdings über die historischen Parallelen zu 1938/39, die ihm sofort in den Sinn kamen, und über die Nachricht, dass Soldaten der NVA an der Aktion beteiligt gewesen sein sollten. »Man muss sich ständig ermuntern die Situation zu durchdenken«, notiert er am 21. August, »muss sich vor Augen halten, dass bei aller Ähnlichkeit der Vorgänge die Vorzeichen unter denen besetzt wurde, gesellschaftspolitisch fortschrittliche sind, doch ein Rest Unbehagen bleibt, den man nicht

›wegdenken‹ kann.«[606] Die »Zustimmungserklärung« des Schriftstellerverbandes wollte er zunächst nicht unterschreiben. In der betreffenden Sitzung hatte er gefehlt und sah sich anschließend dem »Druck des ZK«, wie er schreibt, ausgesetzt. »[...] für alle bezahlten Funktionäre und politischen ›Pulsfühler‹ bin ich schon wieder ein Konterrevolutionär. / Wann hört diese Stalin'sche Mechanik auf? [...] Das sind Tage, an denen man leicht Hand an sich selber legen könnte.«[607]

Dass er schließlich doch unterschrieb, ist im Tagebuch von 1968 nicht vermerkt. Erst in einer Rückerinnerung im Juli 1980 anlässlich einer Auseinandersetzung mit Hermann Kant schreibt er, Kant sei damals »als Parlamentär« zu ihm gekommen. Er habe dessen Drängen nachgegeben unter der Bedingung, dass die Schriftsteller, die nicht unterzeichnen wollten (unter anderen waren das Kurt Stern, Paul Wiens, Eduard Claudius und Franz Fühmann), »keinerlei Nachteile zu erwarten hätten«. Die Betreffenden seien jedoch danach »mit Mißtrauen behandelt« worden, und »ich konnte nie beobachten, daß Hermann Kant öffentlich für sie eingetreten wäre.«[608]

Acht Jahre später, im November 1976, nach der Ausbürgerung von Wolf Biermann, ließ sich Strittmatter nicht mehr zur Unterschrift unter eine Zustimmungserklärung überreden. Doch 1976 ging es längst um mehr. Die Grenzen verliefen diesmal nicht zwischen Mitmachen oder Verweigerung. Die Biermann-Affäre spaltete die literarisch-künstlerische Intelligenz. Es gab auf der einen Seite die SED-Führung, die seitenlang in allen ihren Zeitungen Zustimmungserklärungen von prominenten Künstlern und Wissenschaftlern abdruckte, und es gab den Brief der »Gruppe der 13«, in dem die SED-Führung gebeten wurde, ihre Entscheidung zu überdenken, und der vor allem deshalb zu einem Kristallisationspunkt der Entscheidung werden konnte, weil er von den Unterzeichnern nicht nur an ADN und »Neues Deutschland«, sondern auch an die französische und die britische Nachrichtenagentur gegeben worden war.

Erwin Strittmatter, der seine Sicht auf diesen Konflikt im Tagebuch ausführlich darlegte, war von unterschiedlichen Gefühlen und Erwägungen zerrissen. Er hegte für Wolf Biermann keine Sympathien, erkannte offenbar dessen dichterische Kraft nicht und fand ihn zu eitel, zu laut, zu provokatorisch. Gleichzeitig war er entsetzt über die Ausbürgerung, vor allem weil sie »der Gegnerschaft in aller Welt« eine Angriffsfläche bot und den Schriftstellerverband spaltete. Die Argumente, mit denen die Herrschenden ihre Entscheidung begründeten, strotzten seiner Meinung nach »vor Dummheit und politischer Plumpheit«.[609] Einen Vorstoß des Leiters des Aufbau-Verlags Fritz-Georg Voigt wegen einer öffentlichen Zustimmungserklärung wies er zurück: »[...] mich hat vorher niemand um Rat gefragt. Mögen die Selbstherrlichen nun löffeln!«[610]

Einige Tage später spricht er bereits von einer »Biermann-Hysterie«, die seine Arbeitsruhe bedrohe. Auch Anna Seghers sei »zum Partei-Kreuz« gekrochen, Jurij Brězan habe erst geschwankt und dann doch unterschrieben. Seinen Zorn richtet er zunehmend auf das Opfer der Ausbürgerung – auf Wolf Biermann: »Dieser Kerl«, den zuvor nur ein paar Intellektuelle gekannt und ernst genommen hätten, werde nun durch die Dummheit der Herrschenden auch den Arbeitern bekannt gemacht. »Wenn die Arbeiter nun die Wahrheiten, die hie und da in den Provokationsgesängen des B. vorkommen, aufgreifen und als Losungen benützen? Da wird wieder einmal vorgeführt, wie sehr Maniker imstande sind, Völker zu verderben.« Es folgt ein grotesker historischer Vergleich: »Ein Blick auf das Publikum, vor dem B. in Westdeutschland sang, zeigte, dass Goebbelsche Sport-Palast-Reden und der TOTALE KRIEG keineswegs der Vergangenheit angehören.«[611] Fünfzehn

Jahre später, im Jahre 1993, verknüpfte Strittmatter in einem Interview die Biermann-Ausbürgerung mit völlig anderen historischen Erfahrungen. Da war er sich sicher, dass er den Protestbrief seiner Kolleginnen und Kollegen seinerzeit unterschrieben hätte, wenn er nur gefragt worden wäre. »[...] weil Biermann Jude ist, ja. Denn das hätte ich niemals zugelassen, obwohl ich nicht so, wie soll ich sagen, so sehr zufrieden bin mit Biermann. Aber dieser Punkt, der hätte mich gewaltig gestört, dass schon wieder Juden ausgewiesen werden.«[612]

In der Äußerung schwingt ein leises Bedauern mit, von den Initiatoren der Protestaktion übergangen worden zu sein. Ist das ein rückprojiziertes Gefühl, oder hat er es damals nur verleugnet? 1976 im Tagebuch jedenfalls distanziert er sich deutlich von dem berühmten Brief, der letztlich eine historische Zäsur im Verhältnis zwischen der SED-Führung und den DDR-Intellektuellen markieren sollte. Die Unterzeichner nennt er »Kapitalistenverständiger«[613]. Seine ablehnende Haltung wurde nicht zuletzt durch seine langjährige Abneigung gegenüber Stephan Hermlin bestimmt, dem offensichtlichen Initiator der Aktion. »Was ich lange vermutete«, schreibt er, »mit Klugheit und Verstand von Stephan Hermlin ist's nicht weit her. Er ist tatsächlich umhergegangen und hat die Unterschriften von Protestierern eingesammelt oder ist er gar Werkzeug des rachsüchtigen Stefan Heym gewesen?«[614] Sowohl Hermann Kant als auch Gerhard Wolf versichern mir unabhängig voneinander, die Idee, Erwin Strittmatter in den Kreis der Unterzeichner einzubeziehen, sei damals nicht einmal erwogen worden. Leute wie Jurek Becker, Sarah Kirsch oder Günter Kunert, sagt Kant, hätten doch mit Strittmatter gar nichts anfangen können, ganz abgesehen von Hermlin, der ihn seit dem Zusammenprall von 1961 nie »zu irgendetwas an seiner Seite auffordern würde«.[615] Gerhard Wolf bestätigt diesen Eindruck: Strittmatter habe sich schon damals völlig abseits gehalten, er habe es vorgezogen, seine Probleme mit Kurt Hager direkt zu besprechen.

Seit Ende November 1976 versuchte die SED-Führung, die Lage wieder unter ihre Kontrolle zu bringen und die Unterzeichner zu isolieren und exemplarisch abzustrafen. Das geschah in Etappen. Der erste Akt fand in der Parteiorganisation des Schriftstellerverbandes statt. Als Mitglied der Parteileitung wurde Eva Strittmatter in diesen Prozess verwickelt. Sie sollte einen vermutlich von Honecker bereits abgesegneten Entschließungsantrag, in dem die Unterzeichner des Protestbriefes verurteilt wurden, vor der Mitgliederversammlung als ihren Text vortragen. Wahrscheinlich wurde sie vor allem deshalb so bedrängt, diese Rolle zu übernehmen, damit der Name Strittmatter doch noch auf der Seite der Ausbürgerungsunterstützer auftauchte. Sohn Erwin Berner erinnert sich, dass auch er unter massiven Druck gesetzt worden sei. Die Parteisekretärin des Fernsehfunks habe sogar mit dem Abbruch der Dreharbeiten zu dem Fernsehspiel gedroht, in dem er damals zusammen mit Herbert Köfer eine Hauptrolle spielte, wenn er sich weigerte, eine Zustimmungserklärung zu unterschreiben. Während Erwin jr. festblieb, machte seine Mutter unter dem Druck von Bezirksparteichef Konrad Naumann einen Kompromiss.[616] Sie habe einige Änderungen in der Formulierung ausgehandelt und die Erklärung dann doch nicht als ihren Text ausgegeben, erzählte sie Irmtraud Gutschke: »Ich bin aufgestanden und habe gesagt: Es wird wohl niemand annehmen, dass das, was ich jetzt vorlese, ein Gedicht von mir ist.« Danach habe sie sich so elend gefühlt, wochenlang habe sie kaum schlafen können.[617] Nach der Wende entschuldigte sich Eva Strittmatter bei Gerhard und Christa Wolf und sprach auch mit Wolf Biermann darüber.

Der nächste Akt, der Ausschluss der »Uneinsichtigen« aus der Parteiorganisation, fand am 7. Dezember 1976 in der

SED-Bezirksleitung am Werderschen Markt statt. »Ich weiß nicht, was machen«, schreibt Strittmatter am Tag davor ins Tagebuch. »Hingehen muss ich, so fühle ich. Ich muss Mut zeigen, fühle ich.« Er fügt hinzu, er werde sein Verhalten von der Situation abhängig machen. Doch dann wieder: »Mir ist, als würfe ich mich da selber in ein Experiment zur Erprobung von Standhaftigkeit und dergleichen, wäre aber auch gleichzeitig der Beobachter dieses Experiments, der Beobachter meines irdischen Ichs von einem geistigen Standpunkt aus«.[618] Die Parteiversammlung selbst nennt er am nächsten Tag »die Strafaktion«. Die Genossen der Parteileitung hätten dagesessen »wie die Mannschaft eines Schlachthauses«. Die Sitzung geleitet habe »der Ober-Ehebrecher Naumann« – eine Anspielung auf das Verhältnis des SED-Bezirkschefs mit Kants Ehefrau Vera Oelschlegel –, »und der liebe Hermann K. assistierte ihm eifrig«. Neben Strittmatter saß Gerhard Holtz-Baumert mit einer gelben Umhängetasche, in der der Tagebuchschreiber ein Tonbandgerät der Staatssicherheit argwöhnte. Wegen des vermuteten Geräts habe er sich mit seinen »Nebenäußerungen« zurückgehalten – und »wie neunundneunzig Prozent der Genossen« allen Beschlüssen zugestimmt. »Eine Gegenstimme hätte nichts bewirkt. Ausserdem meine ich, hätten alle Protestierer und Kapitalistenverständiger aus der Partei austreten müssen. Meine Zeit wird da sein, wenn mein Roman herauskommen soll. Dann habe ich etwas zu verteidigen, denn was ich an B. zu verteidigen habe, wurde mir nicht bewusst.«[619]

Beschlossen wurde an diesem Tag der Ausschluss aus der SED von Karl-Heinz Jakobs und Gerhard Wolf; Jurek Becker, Sarah Kirsch und Günter Kunert wurden als Mitglieder »gestrichen«. Eine strenge Rüge erhielten Stephan Hermlin und Christa Wolf, Volker Braun eine Rüge.[620] In einem Almanach anlässlich des 70. Geburtstages von Gerhard Wolf ist der ihn betreffende Auszug aus dem Protokoll des Verfahrens abgedruckt. Für den Ausschluss stimmten an diesem Tag 109 der Anwesenden bei zwölf Gegenstimmen und einer Enthaltung. Dagegen stimmten, außer den Betroffenen selbst, unter anderen Kurt Stern und Charlotte und Artur Wasser.[621]

Am Morgen nach der Veranstaltung kehrte Strittmatter nach Schulzenhof zurück. »Angeekelt, traurig«, beschreibt er seine Verfassung im Tagebuch. Und dann beschwört er sich – ganz im Ton des Tao Te King – zur Gelassenheit: »Du bist durch die vielen möglichen Tode in zwei Weltkriegen herumgeschlüpft, du wirst auch jetzt durch diese politischen Wirrnisse, die du innerlich schon nicht mehr anerkennst, kommen und deine Aufgabe erfüllen, so gut es bei deiner Reife und in diesem Leben möglich ist. Sei getrost! Sei ruhig! Sei heiter! Sei auf dein Inneres konzentriert, willfahre den Verführungen, dich zu veräußerlichen, nicht, und alles wird recht sein und du wirst den Rest dieses Hierseins harmonisch verbringen.«[622]

KONFLIKT UM DEN »WUNDERTÄTER III«

Der Roman, um dessentwillen er dann doch keinen Mut bewiesen und den Maßregelungen seiner Kollegen zugestimmt hatte, war der dritte Band des »Wundertäters«. Bereits im Januar 1973 hatte er mit Eva zusammen begonnen, die Fabel zu entwerfen. Mehr als fünf Jahre später, im April 1978, vollendete er schließlich das Manuskript. Dazwischen waren von ihm nur zwei kleine Bändchen mit Nachtigall-Geschichten erschienen.[623] Ansonsten arbeitete er intensiv und angestrengt an diesem Buch, das – davon war er überzeugt – einen neuen Abschnitt in seinem Leben und in seiner Arbeit einleiten würde, vergleichbar mit der Zäsur, die die Zusammenarbeit mit Brecht für ihn darstellte. In diesem Roman wollte er den Prozess seiner Befreiung von der »Sektiererei«, wie er sich ausdrückt, künstlerisch abhandeln.[624]

Seine Arbeit an dem Stoff, die Auseinandersetzungen um die Druckgenehmigung bis zum Erscheinen des Buches im Mai 1980 und die ersten Reaktionen von Rezensenten und Lesern machte er kurz nach dem Ende der DDR anhand von Auszügen aus seinen Tagebüchern jener Jahre öffentlich. »Die Lage in den Lüften« ist somit ein Buch, das die Entstehung eines Buches zum Inhalt hat, das wiederum vom Schicksal eines Buches erzählt – wie eine Matrjoschka-Figur, denn im dritten Band des »Wundertäters« beschreibt Strittmatter, wie Stanislaus Büdner Ende der vierziger Jahre zum Schriftsteller wird. Die Geschichte des Romans, den der Held in seiner Zeit als Lokalredakteur in Kohlhalden verfasst, hat sehr viel Ähnlichkeit mit der Geburt von Strittmatters Erstlingswerk »Ochsenkutscher« und allen ihren Begleit-Auseinandersetzungen. Sein »Wundertäter« habe, wie Strittmatter im Dezember 1980 schreibt, »an zwanzig Handlungsstränge«, von denen seine Kritiker bis dahin aber »nur vier oder fünf […] aufgefunden« hätten.[625]

Vor allem ist es ein Buch über das Schreiben, über Tabus und über die Zensur. Anhand des Konflikts um Büdners Erzählung, die von einem 1945 von sowjetischen Soldaten vergewaltigten und umgebrachten Mädchen handelt, hielt Strittmatter seinen Zensoren, die anderthalb Jahre lang über ihren Umgang mit dem »Wundertäter« verhandeln sollten, quasi vorwegnehmend einen Spiegel vor. Das Ende des Romans bestehe aus einer genauen Darstellung aller Haltungen und Handlungen, »die im Zusammenhang mit mißliebigen Manuskripten geschehen«, schrieb die Literaturprofessorin Dr. Anneliese Löffler (IMS »Dölbl«) in ihrem Gutachten zum »Wundertäter«, das in den Unterlagen der Hauptabteilung XX des MfS überliefert ist. Löffler musste es wissen, war sie doch seit vielen Jahren offiziell und inoffiziell in das Zensurgeschäft involviert.[626] »Er sagt sozusagen bis auf's Detail genau voraus, was er für sein Manuskript erwartet. Dies geht bis zur Darstellung einer Aussprache mit einem Genossen vom ›Oberbüro‹.[627]«

Als Erwin Strittmatter 1990 »Die Lage in den Lüften« publizierte, waren ihm die Akten der Zensurbehörde im DDR-Kulturministerium und des Ministeriums für Staatssicherheit noch nicht zugänglich. Sie liefern uns heute Bestätigungen seiner damaligen Beobachtungen und Mutmaßungen sowie weitere Aufschlüsse über das Geschehen hinter den Kulissen. Dokumentiert ist darin das zähe Ringen zwischen dem Autor und den unterschiedlichen Zensoren um jede Formulierung. Es wird deutlich, wie sich der Aufbau-Verlag, die Hauptverwaltung Verlage und die ZK-Abteilung Kultur den Ball zuwarfen und wie sehr dieses Spiel auf Zeit Strittmatter nervlich zermürbte, der schließlich allenthalben Provokation und Intrige witterte. Ein erstes Gutachten von Heinz Plavius wurde offenbar als zu positiv erachtet. Daraufhin wurden die schon erwähnte Anneliese Löffler sowie Werner Neubert (IM »Wolfgang Köhler«) mit dieser Aufgabe betraut. Beide kamen zu dem Schluss, dass der Roman in dieser Form nicht publiziert werden dürfe. Löffler wollte in der Anlage der Büdner-Figur übrigens den »verheerende[n] Einfluß eines Kopelew« erkennen. Wie sie »bestürzt« erfahren habe, unterhalte Strittmatter mit ihm »eine sehr enge Beziehung«.[628] Werner Neubert verband seine vernichtende Kritik am »Wundertäter« gleich mit praktisch-taktischen Vorschlägen, wie die »gravierende[n] Negativstellen« zurückgedrängt und Strittmatters Widerstand dagegen ausgehebelt werden könne. Es sei allerdings kaum zu befürchten, dass er sich an die Westmedien wenden würde, »weil letzteres der traditionellen Haltung [...] Strittmatters widerspräche«.[629] Nach Meinung Anneliese Löfflers verweist sogar das »kitschig wirkende Schlusskapitel«, in dem Büdner auf die Agentin schießt, die sein Manuskript stehlen will, auf Strittmatters entschiedene Ablehnung hinsichtlich einer Publikation seines umstrittenen Buches im Westen.[630]

Das Hauptproblem von Klaus Höpcke und Kurt Hager war zweifellos, dass sie Strittmatters Buch nicht verbieten konnten, sosehr es ihnen auch missfiel. Angesichts der wachsenden Widerständigkeit unter den jüngeren Schriftstellern, der Ausreisewelle nach der Biermann-Affäre sowie der Solidaritätsbekundungen mit dem wegen »Devisenvergehens« verurteilten Stefan Heym konnten sie es sich einfach nicht leisten, auch ihren Vorzeigeautor (der immerhin noch einigermaßen stillhielt) offen vor den Kopf zu stoßen. So gesehen, profitierte Erwin Strittmatter indirekt von der Opposition seiner Kollegen, mit der er ja ansonsten nichts zu tun haben wollte. Der SED-Führung blieb letztlich nur der Versuch, Änderungen am Manuskript auszuhandeln, und natürlich das schon erwähnte Spiel auf Zeit, die kalkulierte Zermürbungstaktik, zu der auch die Staatssicherheit mit der Ausstreuung von Gerüchten und versteckten Drohungen ihren Beitrag leistete.

Nach monatelangen Terminverhandlungen traf sich Erwin Strittmatter schließlich am 12. Juli 1979 zu einem entscheidenden Gespräch mit Kurt Hager, der in einem neun Seiten langen Gedächtnisprotokoll den Verlauf aus seiner Sicht festhielt. Im Ergebnis einer ausführlichen Diskussion über die Vergewaltigung habe er vorgeschlagen, schreibt Hager, einen neuen Abschnitt einzufügen, »in dem sehr deutlich dargelegt wird, was dieser Vergewaltigungsgeschichte vorausgegangen ist und was die Hitlerarmeen in der Sowjetunion verbrochen haben. Außerdem sollte« – hier unterläuft Hager bzw. seiner Schreibkraft ein geradezu Freud'scher Fehler – »die historische Bedeutung des Sieges über die Sowjetarmee dargelegt werden.« Strittmatter habe dies akzeptiert und wolle eine entsprechende Ergänzung schreiben. Auch in Bezug auf Äußerungen, in denen »der Friedenskampf unserer Partei ironisiert« werde, habe Strittmatter versprochen, sich die Stellen noch einmal anzusehen. Kurt Hager kommt zu dem Schluss, »daß die negativen Folgen einer Nichtveröffentlichung des Buches für uns schädlicher sind, als wenn wir in den sauren Apfel beißen und das Buch herausgeben«. Den sowjetischen Genossen im ZK der KPdSU, von deren Seite Protest wegen der Vergewaltigungsgeschichte zu befürchten war, wollte er »unsere Motive für die Herausgabe erklären«. Seinem Gesprächpartner habe er gesagt, er werde die vorliegenden Materialien der Hauptverwaltung des Ministeriums für Kultur zurückgeben »mit dem Hinweis, daß das Buch erscheinen soll«. Alle weiteren Veränderungen solle er direkt mit der HV Verlage vornehmen.[631]

Auch Erwin Strittmatter notierte seine Eindrücke von der Diskussion mit Kurt Hager in seinem Tagebuch. Von einer Vereinbarung über Änderungen am Text ist darin nicht die Rede, dafür beschreibt er, dass er einen Wutanfall bekommen und gedroht habe, den Roman zurückzuziehen. »Damit stand ich auf und wollte gehen«. Hager habe ihn jedoch zurückgehalten. »Er sah wohl, wie ernst es mir war, und er sagte: Ich gebe die Druckgenehmigung.«[632] Jeder hatte seine Version, und keiner wollte das Gesicht verlieren.

Am 27. August 1979 fuhr Klaus Höpcke zusammen mit Verlagsleiter Fritz-Georg Voigt nach Schulzenhof. In einem Bericht an die ZK-Kulturabteilung schreibt der Leiter der HV Verlage, Strittmatter habe ihnen die neu geschriebene Passage über die Verbrechen der Wehrmacht vorgelesen. Außerdem habe er die naturalistische Beschreibung der Vergewaltigung gestrichen. Von anderen geforderten Korrekturen, die Friedenspolitik der Partei betreffend, ist nicht mehr die Rede. Er habe dem Autor mitgeteilt, schreibt Höpcke, dass er die

Druckgenehmigung nunmehr ausfertigen werde. Am 4. September traf das amtliche Papier, laut Strittmatters Aufzeichnungen, beim Verlag ein.

Doch das Tauziehen hinter den Kulissen ging weiter. Am 18. April 1980, als der Roman bereits gesetzt und korrigiert in der Druckerei lag, verfasste jemand aus der Abteilung Kultur im ZK der SED ein Papier, in dem erneut drei Entscheidungsvarianten und deren Für und Wider durchgespielt wurden: »1. Nichterscheinen, 2. Erscheinen, begleitet von kritischen Rezensionen in ausgewählten Organen, 3. Erscheinen bei totaler Ignorierung in der Öffentlichkeit und evtl. begrenzter Zahl«. Es sei gesichert, so der Verfasser, »daß der Druckereileiter, bevor er den Druck veranlaßt, auf Nachricht des verantwortlichen Genossen des Ministeriums für Kultur wartet«.[633] Kurt Hager, »der große Zauderer«, wie Werner Mittenzwei ihn nennt,[634] wollte sich offenbar noch einmal rückversichern und schickte das Papier an Erich Honecker »persönlich«. In seinem handschriftlichen Anschreiben plädierte er dafür, »in den sauren Apfel zu beißen, also Variante 2 zu akzeptieren (Erscheinen begleitet von kritischen Rezensionen in ND, Wochenpost, NDL u. Sonntag)«. Gleichzeitig kündigte er an, die erste Auflage von 60 000 Exemplaren »durch Abkauf« um 20 000 zu vermindern, ohne dass es auffallen würde. »Weitere Maßnahmen zur unauffälligen Reduzierung der Wirkung des Buches halte ich für möglich.« Am 24. April 1980 schrieb Honecker sein »Einverstanden« auf den Brief.[635] Erst dann konnten die Druckmaschinen angeschaltet werden. Im Mai 1980 kam der »Wundertäter III« schließlich zu seinen Lesern.

Der große Erfolg des Buches konnte auch durch die gezielte Bestellung negativer Kritiken nicht aufgehalten werden. Zu diesem Zweck hatte Klaus Höpcke ein Vorgabenpapier an alle Zeitungsredaktionen versandt, in dem »Gutes Gelungenes« etwa im Verhältnis von eins zu drei zu »Weniger bis nicht

Gelungenes« stehen sollte.[636] Doch nicht einmal das klappte. Wie aus einer Mitteilung vom 2. Juli 1980 hervorgeht, fand Höpcke die Rezensionen der beiden ausgewählten »Hauptkritiker« Hermann Kähler und Klaus Jarmatz »für eine Veröffentlichung ungeeignet«, weil sie »über fast 90 Prozent ihres Manuskriptes ›Lobeshymnen‹ für Erwin Strittmatter und seinen ›Wundertäter III‹ niedergeschrieben« hätten.[637] Es dauerte Wochen, bis die Kritiken dann doch veröffentlicht werden durften. Auch die stillschweigende Reduzierung der ersten Auflage und Hindernisse bei der Auslieferung in einigen Bezirken lösten vor allem Empörung aus und machten das Buch umso populärer und begehrter. Erwin Strittmatter erhielt zustimmende Leserbriefe und andere Sympathieerklärungen: »Unser Auto wurde gratis gewaschen, auch die Hohlraumkonservierung war gratis«, notiert er am 11. Oktober 1980. »Das ist unser Blumenstrauß für den WUNDERTÄTER III, sagte der junge Chef der privaten Autowäscherei, und er war nicht zu bewegen, sich seine Arbeit bezahlen zu lassen.«[638]

Die »Wundertäter«-Affäre bescherte Strittmatter eine verstärkte Bespitzelung durch die Abgesandten der Staatssicherheit. Seine Kollegen »Villon«, »Martin« und »Wolfgang Köhler« berichteten regelmäßig über Äußerungen, die er gemacht oder nicht gemacht hatte. In Schulzenhof und Gransee meldeten »Gerda«, eine Mitarbeiterin der Kreiskulturabteilung, und »J. Nöckern« ihren Führungsoffizieren alles, was sie über ihn in Erfahrung bringen konnten. Gegen Eva Strittmatter wurde in dieser Zeit die Operative Personenkontrolle »Lyrik« eröffnet, die natürlich auch ihren Ehemann einbezog und erst 1986 eingestellt wurde. Dieser Grad der Überwachung war Erwin Strittmatter durchaus bewusst. Die Zuträger der Staatssicherheit im Verband hatte er schon frühzeitig ausgemacht.[639] Im Fall von »J. Nöckern« handelte es sich jedoch um einen wirklichen Vertrauensbruch. Der langjährige Hausarzt von Erwin, Eva und den Kindern ging in Schulzenhof ein und aus. Eine Zeitlang waren die Familien sogar miteinander befreundet. Seine Doppelrolle wurde erst Anfang der neunziger Jahre bekannt, als der Mediziner schon aus der Gegend fortgezogen war.

So sehr war Erwin Strittmatter auf die Vorstellung fixiert, ständig überwacht zu werden, dass er Spitzel überall vermutete, selbst in harmlosen, gewiss ein wenig aufdringlichen Besuchern in Schulzenhof oder bei Teilnehmern seiner Veranstaltungen, die sich seiner Meinung nach verdächtig benahmen. »Wenn Du wüsstest, wie viel Geheimdienstleute aller Schattierungen und Länder zur Zeit als Leser und Verehrer getarnt, sich an mich heranmachen«, schrieb er 1980 an den jungen Journalisten Dietmar Halbhuber[640], den er mit bösen Worten vom Hof gejagt hatte und der ihm anschließend in einem Brief erklärte, er habe nur ein Exemplar des nirgendwo aufzutreibenden »Wundertäter III« von ihm erbitten wollen.[641] Wie IM »Wolfgang Köhler« berichtet, habe Strittmatter einem Kollegen erzählt, er hätte die Staatssicherheit »durchschaut« und bereits die Bezirksverwaltung angerufen und gefordert, »daß sie endlich die Leute, die sich bei ihm getarnt als Jäger und Landvermesser zu seiner Überwachung herumdrücken, zurückziehen«.[642]

In seiner Wut auf die »Ungewaschenen«, wie er die wirklichen und vermeintlichen Spitzel im Tagebuch nennt, hatte Strittmatter wohl völlig vergessen, daß er selbst einmal solche Dienste geleistet hatte, wenn auch nur für kurze Zeit. Er soll auch davon überzeugt gewesen sein, dass seine vermutlich letzte außereheliche Affäre mit der Grafikerin Ruth Mossner zu Beginn der achtziger Jahre von der Staatssicherheit eingefädelt worden sei. So erzählte es Eva Strittmatter später in einem Interview. Offenbar hatte sich das Ehepaar nach einem tiefen Konflikt, der ihre Beziehung beinahe gesprengt hätte, auf diese Version verständigt, die ja immerhin den Vorteil hatte, die »Schuld« nach außen zu verlagern. Mossner, die vor allem durch ihre kurze Liaison 1982 mit dem Leiter der Ständigen Vertretung der Bundesrepublik in der DDR, Klaus Bölling, bekannt wurde, war viele Jahre lang eine besonders eifrige Informantin des MfS in Künstlerkreisen. Im Archiv der BStU ist jedoch nur noch ihre Personalakte erhalten, die Berichtsakten existieren nicht mehr. Deshalb kann die Behauptung der Strittmatters weder bestätigt noch widerlegt werden.[643]

Nach dem Erscheinen des »Wundertäters III« fühlte sich Strittmatter in seiner Zwischenposition als kritischer und zugleich loyaler Autor gestärkt und bestätigt. Mit der Erzählung »Grüner Juni« bekam er es zwar erneut mit der Zensurbehörde im Kulturministerium zu tun,[644] sein Hauptwerk der achtziger Jahre, die ersten beiden Teile des Romans »Der Laden«, ging jedoch anstandslos durch das Genehmigungsverfahren. Esau Matts Kindheit und Jugend während des Kaiserreichs und der Weimarer Republik enthielten allerdings auch deutlich weniger politischen Sprengstoff als Stanislaus Büdners Erlebnisse während der Stalinzeit. Überdies war der Toleranzbereich für literarische Formen und Erzählweisen im letzten Jahrzehnt der DDR deutlich gewachsen.

Im Bundesarchiv gibt es eine Mappe mit dem Briefwechsel zwischen Kurt Hager und Erwin und Eva Strittmatter in den Jahren 1983 bis 1989. Es scheint, als habe sich in dieser Zeit ein beinahe freundschaftliches Verhältnis zwischen den Strittmatters und dem ZK-Sekretär für Kultur herausgebildet. Wahrscheinlich gab es neben persönlichen Sympathien – beide Männer waren übrigens der gleiche Jahrgang 1912 – auch spezifische Interessen auf beiden Seiten. Hager wollte weiterhin einen Einfluss auf den bekannten Autor und seine Frau ausüben, und Strittmatter benötigte den Schriftstellerverband nicht mehr, weil er seine kleinen und großen

Probleme nun mit Hilfe des direkten Drahts zur Machtetage lösen konnte. Schon in seinen Aufzeichnungen rund um den »Wundertäter III« kommt Hager deutlich besser weg als Klaus Höpcke, dem geradezu teuflische Eigenschaften zugeschrieben werden und der meist »devil« Höpcke genannt wird. Bei Kurt Hager jedoch unterstellt Strittmatter trotz Meinungsverschiedenheiten meist redliche Absichten. Als er ihm 1983 den ersten Teil seines »Ladens« schickte (»Er spielt in der Zeit – Anfang der zwanziger Jahre –, zu einer Zeit also, da wir beide noch in die Volksschule gingen, und Du wirst dich nicht über ihn ärgern müssen«), wollte er ihm damit »für die Hilfe danken, die Du mir damals leistetest«. Wie sehr Strittmatter an einem guten Verhältnis zu Hager gelegen war, zeigt auch der folgende Satz: »Ursel Ragwitz hat mir einen Wink gegeben: Du würdest uns besuchen, wenn ich Dich einlade, sagte sie. Ich lade dich gern ein: Wenn Du einmal Zeit hast – bitte.«[645] Laut Erwin Berner kam Hager jedoch nicht nach Schulzenhof.

Im Januar 1987 beschwerte sich Erwin Strittmatter bei Kurt Hager darüber, dass ein Film mit seiner Frau Eva, der vor drei Jahren für das Fernsehen gedreht worden war, noch immer nicht gezeigt werde. Auf Anfragen werde ihr nie eine klare Auskunft erteilt. Er verweist auf eine aktuelle Krankheit seiner Frau, die gewiss psychologische Ursachen habe, da ein solcher Zustand des Misstrauens gegen sie besonders bedrückend sei.[646] Hager wandte sich daraufhin an seinen für den Fernsehfunk zuständigen Politbüro-Kollegen Joachim Herrmann und bat um Klärung. Der Film wurde bald darauf tatsächlich gesendet. Wie aus einem weiteren Schreiben in dieser Mappe hervorgeht, forderte Kurt Hager außerdem beim Regierungskrankenhaus ein Gutachten über Eva Strittmatters Gesundheitszustand an – und erhielt es auch. Warum auch immer er das veranlasste – dieser Vorgang, von dem die Betroffene bestimmt nichts wusste, macht einmal mehr deutlich, wie wenig es sich hier ungeachtet wechselseitiger Sympathiebekundungen um eine gleichberechtigte Beziehung handelte. Der eine saß an den Schalthebeln der Macht, und der andere blieb der Bittsteller. Der berüchtigte »Tapeten«-Satz von Kurt Hager, der in einem Interview mit der Illustrierten »Stern« im April 1987 fiel und mit dem er bekundete, dass er von Reformen in der DDR nichts hielt, befremdete die Strittmatters anscheinend nicht. Sie waren beide keine Anhänger von Gorbatschows Glasnost und Perestroika. »Über Gorbatschow haben wir von Anfang an gesagt: Der verkauft Vater und Mutter«, sagte Eva im Interview mit Irmtraud Gutschke.[647]

Als sich die Krise in der DDR 1989 zuspitzte, als Fluchtwelle und Protestaktionen anwuchsen, konstatiert Erwin Strittmatter in seinem Tagebuch die Unbeweglichkeit der SED-Führung und ist sich gleichzeitig der eigenen Ratlosigkeit bewusst: »Immer wieder muss ich mir vor Augen halten: Was geht's dich, der du mit einem Bein im Grabe stehst, noch an?« Er zitiert Eva, die das alles für eine Inszenierung der Amerikaner hält, und bewundert sie für ihre politische Klugheit.[648] Drei Wochen später wandte er sich in einem Brief beunruhigt an Kurt Hager: »Du weißt, daß ich trotz der kritischen Romane, die ich schrieb, stets die Belange der DDR verfocht, daß ich mich niemals von den Medien in den westlichen Nachbarländern mißbrauchen ließ, daß ich nie dort aufgetreten bin. Jetzt melde ich meine Bedenken an. Weshalb unterrichtet Ihr nicht wenigstens einige Schriftsteller und Künstler (etwa in der Akademie) von den Maßnahmen, die Ihr ergreifen werdet, um der jetzt eingetretenen Lage zu begegnen? Mißtraut Ihr uns, haltet Ihr uns wirklich für unmündig?«[649]

Er habe etwas getan, notiert Strittmatter am gleichen Tag im Tagebuch, was er noch eine Woche zuvor für »einen Ausdruck von Verrücktheit« gehalten habe, es sei jedoch wie ein Zwang gewesen. »Ich musste anzeigen, dass ich unter bestimmten Umständen, die eintreten können, den Partei-Oberen mein Vertrauen entziehen werde und in Opposition zu ihnen gehen könnte!«[650] Deutlich wird in einer etwas späteren Notiz seine Angst vor einem Volksaufstand und vor Blutvergießen. Vor dem Hintergrund seiner biographischen Erfahrungen war deshalb die Forderung nach einem Gespräch der Herrschenden mit einigen Auserwählten schon ein kühner Vorstoß.

Die Ereignisse im Land waren jedoch im Begriff, über diese Art von Lösungen hinwegzurollen. Anfang September war der Aufruf des Neuen Forums bekannt geworden, den Zehntausende innerhalb weniger Wochen unterzeichneten. Trotz Polizeigewalt schlossen sich von Woche zu Woche mehr Menschen der Montagsdemonstration in Leipzig an, und vor allem: Tausende von Ausreisewilligen strömten in die bundesrepublikanische Botschaft in Budapest, nach Schließung der Grenzen wandten sie sich nach Prag. Kurt Hager beantwortete Strittmatters Brief am 20. September. Er sicherte ein Gespräch zu, jedoch vor dem 40. Jahrestag der DDR (an dem schließlich Protest und staatliche Gewalt kulminieren sollten) habe er keine Zeit. Als Termin wurde der 9. Oktober vereinbart. Die Kopie von Hagers Antwortbrief ist das letzte Dokument in der »Strittmatter«-Mappe. Angehängt ist noch eine Vorabliste möglicher Teilnehmer der Zusammenkunft: Hermann Kant, Manfred Weckwerth, Stephan Hermlin, Helmut Sakowski, Dieter Mann, Heinz Kamnitzer und natürlich Erwin Strittmatter.

Der 9. Oktober 1989 war ein Montag, es war der entscheidende Montag in der Geschichte der »friedlichen Revolution«, an dem in Leipzig Vertreter der Staatsmacht und Demonstranten zum ersten Mal miteinander verhandelten und Gewaltfreiheit vereinbarten und damit eine Dynamik auslösten, die nicht mehr aufzuhalten war. Doch das geschah erst am

Abend. Das Treffen bei Hager fand am Nachmittag um 15 Uhr statt. Im Tagebuch notiert Strittmatter, alle Beteiligten seien sich einig gewesen, dass ab sofort in den Zeitungen, im Rundfunk und im Fernsehen wahrheitsgetreu berichtet werden müsse. »Partei-Öbere und Regierungs-Öbere müssen die Oppositionsgruppen, die sich gebildet haben, anhören, müssen mit ihnen verhandeln«, von Reisefreiheit sei die Rede gewesen und vom Ende des Primats der Ideologie. Alle seien davon ausgegangen, dass der Sozialismus in der DDR erhalten werden müsse. In einem sehr persönlichen Schlusswort, so schreibt Strittmatter, habe er sich deutlich vom Stalinismus distanziert und gesagt, Sozialismus sei nur ohne Stalinismus möglich.[651] Sein Sohn Jakob erinnert sich, dass sein Vater sehr aufgewühlt von dieser Zusammenkunft nach Schulzenhof zurückgekehrt sei, dass aber seine Mutter nüchtern gesagt habe: »Alles zu spät.«

Nach einer Plenartagung in der Akademie der Künste, auf der die Verhaftungen und Polizeiübergriffe verurteilt worden waren, notiert Strittmatter am 19. Oktober: »Alles in allem die Zeit jener, die sich kriegsschuldig fühlten, ist hin. Ihre Söhne fühlen sich nicht gedrungen, Kotau zu machen und jene, die die Befehle für Brutalitäten ausgeben, zu vergotten. Und das ist gut so«. Den Fall der Mauer am 9./10. November erlebte er, wie schon zuvor die große Demonstration auf dem Berliner Alexanderplatz, aus der Schulzenhofer Distanz: »Unsere Öberen« seien »von den aufsässig gewordenen Leuten unseres Ländchens so bedrängt« worden, »dass sie ratlos wurden und Mauerlöcher anordneten«. Auch er habe, schreibt er, ein Weilchen geglaubt, dass die Mauer Schutz bieten würde, um das Wirtschaftsleben in Ordnung zu bringen. Dies habe sich jedoch »als Unmöglichkeit« herausgestellt.[652]

In dem Strudel der dem Mauerfall folgenden Ereignisse, in denen Erwin Strittmatter eher resigniert als empört zuschaute, wie die Zwänge, aber auch der Rahmen seines bisherigen Lebens überhaupt, sich auflösten, rang er vergebens um taoistische Gelassenheit. Am Ende des Jahres 1989 schreibt er, es werde immer schwieriger, »sich dem Vordergründigen fern zu halten«. Er würde sich am liebsten »in die Hintergründe zurückziehen, in denen alles, was einen nach vorn zieht, unwichtig wird«. Aber dazu benötige er Kraft, und er habe den Eindruck, dass es ihm genau daran fehle.[653]

WAS NOCH BLEIBT

Ich bin fast am Ende von Strittmatters Lebensgeschichte angelangt und sortiere die Haufen von Merkzetteln, die sich im Laufe des letzten Jahres auf meinem Schreibtisch angesammelt haben, mit Hinweisen, die ich zunächst wichtig fand und dann doch nicht berücksichtigt habe, weil die Dynamik des Erzählens sich in eine andere Richtung bewegt hat. Dazu gehören Notizen über seine Beziehung zu Malern und Illustratoren, zu Hubertus Giebe, Hans Baltzer, Paul Schultz-Liebisch, Herbert Sandberg und anderen. Eva und Erwin Strittmatter verstanden sich vor allem als Förderer von unbekannten, bis dahin wenig beachteten Künstlern, deren Werke ihnen gefielen. Sie kauften bei ihnen Gemälde und Grafiken, sie ließen sich und ihre Söhne porträtieren, und sie standen mit ihnen in regem brieflichem Austausch.

Auch über ihre Freundschaft zu dem früh verstorbenen Musikjournalisten Joachim Kynast und dem Sänger Peter Schreier habe ich nicht geschrieben, ebenso wenig wie über den Besuch der Strittmatters 1983 in dessen Haus in Salzburg. 1987 erfüllte sich Erwin Strittmatter einen langgehegten Wunsch und reiste mit seiner Frau nach Island, wo sie auch den von ihm verehrten Schriftsteller Halldór Laxness trafen. »Island hat uns überwältigt«, schreibt er an einen Kollegen in der Bundesrepublik, dessen Name in der Stasi-Akte, wo ich den Brief fand, nicht überliefert ist. »Ich würde morgen wieder hinfahren. Keine Korruption, stolze Menschen und hundert Tausend Pferde.«[654]

In der Biographie fehlt auch das Verbot der Erzählung »Die Cholera«, die Erwin Strittmatter 1968 aus dem druckfertigen Geschichtenband »Ein Dienstag im September« herausnehmen musste. Sie handelt von einem hohen Staatsfunktionär, der nach einer Indienreise von rätselhaften Krankheitssymptomen befallen wird. Daraufhin muss er einige Wochen in einer schäbigen Isolierbaracke zubringen, niemand darf ihn besuchen, seine Erkrankung wird wie ein Staatsgeheimnis behandelt. Die Erzählung beruht auf persönlichen Erlebnissen des damaligen stellvertretenden Landwirtschaftsministers Bruno Skodowski, der im Zusammenhang mit dem Verbot unter Druck geriet und sich von seinem Freund Strittmatter distanzieren sollte. Er weigerte sich. Nach einem Herzinfarkt wurde schließlich das Disziplinarverfahren gegen ihn eingestellt, Skodowski wurde vorzeitig berentet.[655]

Einer der Zettel muss noch zu Erich Loests Geschichte hinzugefügt werden. Nach seinem Besuch in Schulzenhof, über den Loest in unserem Gespräch berichtet hatte,[656] schreibt Strittmatter im Juli 1976 in sein Tagebuch, wie sehr er sich schäme, dass er seinerzeit gleichgültig zugesehen habe, als man den Freund und Kollegen als angeblichen Agenten verhaftet habe. »Ich war sektiererisch vernagelt und fürchtete Repressalien. Heute fürcht ich Repressalien nicht mehr. Die Sektiererei habe ich abgeschüttelt.«[657] Das habe er, wie er meinte, Loest an jenem Nachmittag in Schulzenhof zu verstehen gegeben, aber offenbar hatte der seine Botschaft nicht empfangen.

Auch über Gustav Just, der im gleichen Zusammenhang wie Loest, nur einige Monate früher, in Berlin verhaftet worden war, wollte ich eigentlich schreiben. Aber nicht wegen seiner ungerechten Verurteilung im Janka-Prozess, sondern wegen eines früheren Ereignisses schien er mir in die Strittmatter-Biographie zu passen. Just, der 1954/55 im Schriftstellerverband ebenfalls die Funktion des 1. Sekretärs wie später Erwin Strittmatter innehatte, offenbarte zu Beginn des Jahres 1955 in einem Brief an Anna Seghers, dass er in seinen Parteifragebögen falsche Angaben gemacht habe. Während des Krieges sei er nicht Unteroffizier, sondern zuletzt Leutnant der Wehrmacht gewesen. Um 1946 in einen Neulehrerkurs aufgenommen zu werden, habe er diesen Umstand verschwiegen und bei seinem SED-Eintritt einen Monat später die Lüge nicht korrigiert. Zu seinem Geständnis bewogen habe ihn unter anderem die Lektüre von Anna Seghers' Novelle »Der Mann und sein Name«. »Bitte glaube mir«, beschwört er die von ihm hochverehrte Präsidentin, »daß ich im Kriege nichts getan habe, dessen ich mich mehr schämen muß, als sich jeder zu schämen hat, der überhaupt Hitlersoldat war und nicht den Mut aufbrachte, überzulaufen.«[658] Zeitgleich sandte Just seine Erklärung an Paul Wandel, den damaligen Sekretär für Kultur im ZK der SED. Er bekam eine Parteirüge und musste vom Vorstand des Schriftstellerverbands in die Chefredaktion der Wochenzeitung »Sonntag« wechseln.

Fünfunddreißig Jahre später, nach Wende und deutscher Vereinigung, wurde er Abgeordneter der SPD und Alterspräsident im neukonstituierten Brandenburgischen Landtag. Doch schon zwei Jahre später musste er zurücktreten, weil ein Geschehnis öffentlich bekannt wurde, das offenbar bereits 1957 in dem Verfahren gegen ihn eine Rolle gespielt hatte. Eine Notiz in seinem damals von der Staatssicherheit beschlagnahmten Kriegstagebuch belegt Justs Beteiligung an der Erschießung von sechs angeblichen Marodeuren, die an anderer Stelle auch als Juden bezeichnet werden, in einem ukrainischen Dorf im Jahr 1941. Warum hatte er Anna Seghers unter Qualen den Leutnant gebeichtet und die Erschießung verschwiegen? War diese Tat tatsächlich aus seiner Erinnerung verschwunden, wie er 1992 in einem Interview mit Günter Gaus erklärte.[659] Die Geschichte von Gustav Just verlief anders als die von Erwin Strittmatter. Gleichzeitig erscheint sie mir wie eine weitere Facette des verborgenen und verschwiegenen Vergangenheitsgepäcks, das die Angehörigen dieser Generation durch die DDR schleppten.

In meiner Beschreibung des Lebens von Erwin Strittmatter sollten ebenso seine und Evas jährliche Kuraufenthalte in Piešt'any erwähnt werden. Von 1975 bis 1986 war es ein fester Teil ihres Jahreslaufs, den Monat Mai in dem slowakischen Schwefelbad zu verbringen. Ihr Leben verlief dort anders als in den übrigen elf Monaten im heimatlichen Schulzenhof. In Piešt'any gingen sie untergefasst spazieren und verbrachten auch sonst viel mehr Zeit miteinander. Natürlich schrieben sie dort ebenfalls, aber von den sonstigen Verpflichtungen in Haus, Garten, Pferdestall und dem Berliner Kulturleben waren sie befreit. Beide haben über ihre Aufenthalte in dem Heilbad geschrieben.[660] Nach der Veröffentlichung von Eva Strittmatters Essay »Mai in Piešt'any« im Jahr 1986 fuhren sie nie mehr dorthin. Sie habe eine Allergie gegen die Kombination von Schwefelwasser und Sonnenlicht entwickelt, schrieb sie später.[661] Überdies soll jedoch ihre Schilderung des dortigen Alltags und der Kurgäste ungute Reaktionen in der Klinik ausgelöst haben.[662]

Erwin Strittmatters letzte Aufzeichnungen aus Piešt'any, die seine Frau nach seinem Tod herausgab, stammen aus dem Jahr 1984. Nach einer noch nicht ganz überstandenen schweren Krankheit nennt er sich selbst nur noch den »alten Mann«, der still und resigniert den Prozess des eigenen körperlichen Verfalls registriert. Seine Zeilen sind zeitweilig von der Furcht besetzt, ihm könne der Impuls zum Schreiben verlorengehen. Das liest sich manchmal wie ein Abgesang auf das eigene Leben, freilich nicht ohne Koketterie vorgetragen: »Im *Fühlen* war der *Alte* stets stärker als im *Denken*. Manchmal hielten sich in ihm zwar die beiden Seinsweisen in der *Waage*, in der Regel aber überwog das *Gefühl*.«[663]

Auch aus dieser depressiven Abschiedsstimmung fand Strittmatter wieder heraus und hat danach noch fast zehn produktive Jahre erlebt, in denen er den zweiten und dritten Teil seines Alterswerkes »Der Laden«, die Erzählung »Grüner Juni« und »Die Lage in den Lüften« veröffentlichte. Aber die Krankheiten (von Herz-Kreislauf-Krisen über Diabetes, Nierenschmerzen bis zu Rücken- und Hüftproblemen und Depressionen) wurden seine ständigen Begleiter. Zwar begegnete er ihnen mit großer Disziplin und absolvierte weiterhin fast jeden Tag sein selbstgesetztes Schreibpensum, aber sein Leben in Schulzenhof, das ja nicht nur aus Schreiben bestand, war zunehmend in Frage gestellt.

Als Mitte der achtziger Jahre der Stallmeister Herbert Franke und seine Frau Else, die Eva viele Jahre lang im Haushalt geholfen hatte, in den Ruhestand gingen, war es für alle Beteiligten offensichtlich, dass das »System Schulzenhof«, wie Eva es nannte, dabei war, auseinanderzubrechen. Ohne fremde Hilfe konnten die Strittmatters den Betrieb nicht aufrechterhalten. Verschiedene Versuche, Ilja und Matthes einzuspannen, die sich bei ihrem wöchentlichen »Dienst« auf dem Hof abwechseln sollten, scheiterten an familiären Spannungen und vor allem an dem Wunsch der Söhne, ihr eigenes Leben zu leben. Sie denke immer an Flucht, vertraute Eva Strittmatter im Januar 1985 in einem Brief Irmgard Kuhlee an. »Denn wenn Matti geht, müssen Pferde, Tauben, Kaninchen weg – alles wird leer sein um uns. Und ich fürchte, aus der *Leere* wird kein Impuls zum Schreiben kommen.«[664] Am gleichen Tag schreibt sie an Cornelia Schulz: »Wir können nicht allein hier leben, das wäre wie ein abgerissener Erdfleck, der ins *Ozeanische* driftet – das riesige Grundstück, drei Häuser drauf, wir allein, ohne Pferde, Tauben, Kaninchen (was jetzt alles noch da ist) – nur mit Hund, zwei Katzen, zehntausend Büchern, fünfzigtausend Briefen, mit Manuskripten und Bildern ...«[665]

Erwin Strittmatter wies jeden Gedanken an eine Änderung seines Lebens, etwa einen Umzug in die Stadt, weit von sich. Stattdessen annoncierte er in der Zeitung und engagierte zwei junge Männer, die sich jeweils, wie vorher die Söhne, auf dem Hof abwechseln sollten. Nach einiger Zeit stellten die Betreffenden jedoch meist fest, dass sie für die ländliche Abgeschiedenheit nicht taugten. »[...] immer wieder verschwinden die jungen Mitarbeiter, die er anstellt«, beklagt sich Eva in einem Brief an Charlotte Wasser, »was für eine ›seelische Tortur‹ die Anpassung an die fremden Menschen ist, für die ich kochen muß, die bei uns Tag ein, Tag aus am Tisch sitzen [...], seit drei Jahren fühle ich mich als Fremde im Hause.«[666]

Im Tagebuch reflektiert Erwin Strittmatter seinen traurigen Abschied von den Pferden, die – bis auf zwei Ponys – bis zum Sommer 1989 nach und nach den Hof verließen. Bitter und selbstironisch versucht er die eigene Situation aus der Sicht seiner Söhne zu betrachten: »Da sitzt nun der Alte und hält mit seinen sechsundsiebzig Jahren unter ungeheurem finanziellen Aufwand jene Welt aufrecht, an die er sich gewöhnt hat, um unbedingt noch einen Roman zusammen zu klittern. Mag er unsretwegen dieser Altersschwäche huldigen, aber soll er dabei unseren Belangen nicht in die Quere kommen.«[667] Nach einigen Enttäuschungen mit rasch wechselnden Angestellten kam schließlich Henry Thetmeyer nach Schulzenhof, der bis zum Tod von Eva Strittmatter als unentbehrlicher Helfer, Mitarbeiter und Mitbewohner Haus und Hof in Ordnung hielt.

Zu Beginn des Jahres 1990 überlegte Erwin Strittmatter, nachdem er die »Jahresschecks« für die Grundsteuer, die Wiesenpacht, die Garagenmiete und Henrys Gehalt ausgeschrieben hatte, ob er dies vielleicht zum letzten Mal getan habe. »Nicht dass die Frage durch einen mich bedrängenden Tod ausgelöst wird, sondern durch die Instabilität der gesellschaftlichen Verhältnisse, in die wir versetzt wurden.«[668] Im Regierungskrankenhaus traf er am folgenden Tag bei einer Diabetiker-Kontrolle Bruno Haid, den Vorgänger von Klaus Höpcke in der Zensurbehörde, der sich ihm zu seinem Erstaunen in dieser Krisensituation zum ersten Mal als ein »Partei-Gemaßregelter« zu erkennen gab.

»Die Hauptsache an diesem 10. Januar aber war mein Austritt aus der Partei [rot geschrieben, A. L.], das heisst aus der SED-PDS, wie sie jetzt genannt wird.« Fünf Stunden lang habe er in seiner Berliner Wohnung mit dem Parteisekretär des Schriftstellerverbandes Sepp Müller darüber gesprochen. Müller habe grau und verfallen gewirkt. Strittmatter verstand, dass der Mann unter Existenzangst litt.

Am Schluss des Gesprächs habe er Müller sein Parteibuch in die Hand gedrückt. »Damit bin ich, nach dreiundvierzig Jahren Mitgliedschaft, aus der Partei ausgetreten. Da ich schon seit der Beendigung des Wundertäters III, vor mehr als zehn Jahren innerlich mit dieser Partei fertig war, ist die Zurückgabe des Parteibuches nur noch eine Formsache. Ich bin ebenso wenig bewegt davon wie damals, als mir die Post das Papier über die rechtmässige Scheidung meiner zweiten Ehe ins Haus brachte.«[669]

Im Gegensatz zu anderen DDR-Schriftstellern erlebte Erwin Strittmatter nach der Wende und deutschen Vereinigung noch einmal einen Höhepunkt von Popularität und Erfolg, den er vor allem dem Erscheinen des dritten Teils des »Ladens« zu verdanken hatte. Zu seinem 80. Geburtstag im August

1992 hing sein Porträt in den Schaufenstern vieler Buchhandlungen der neuen Bundesländer. Während seiner Lesung im Rahmen der Leipziger Buchmesse 1992 drängten sich die Zuhörer wie eh und je im Saal. Sogar ein richtiges Pferd brachte der Aufbau-Verlag zum Auftritt seines Erfolgsautors bei einer Veranstaltung auf die Bühne, eine Inszenierung, die den Jubilar gleichermaßen befremdete wie rührte. Journalisten von Fernsehen, Radio und Presse kamen nach Schulzenhof, um ihn zu interviewen. »Mindestens dreißig verschiedene Befrager und Ausfrager fuhren in unser Wiesental ein«, schreibt er in »Vor der Verwandlung«. Zuvor habe er gemeinsam mit Eva überlegt, ob er sie überhaupt empfangen sollte, und sich schließlich dafür entschieden, vor allem deshalb, weil er sich aufgerufen fühlte, in dieser Situation die DDR-Literatur zu verteidigen. Ein bisschen Eitelkeit sei natürlich auch dabei gewesen. »Aber sie verläßt einen wohl nur nach dem letzten Schnaufer wie der Floh den toten Hund.«[670]

Seit seinem fünfundsiebzigsten Geburtstag im Jahr 1987 hatte sich die Medienlandschaft radikal verändert. Die Reporter stellten andere Fragen als früher. Sie wollten mit ihm nicht nur über sein Werk sprechen, sondern auch über seine Lebensgeschichte, und natürlich berührten sie dabei sowohl seine Haltung zur gerade untergegangenen DDR als auch zur deutschen Vereinigung. Strittmatter fühlte sich von solchen Fragen mitunter verunsichert und angegriffen. »Eine Partie von Ausfragern« sei ihm besonders lästig gewesen, schreibt er, »jene, die frech fragt, weshalb ich *hiergeblieben* sei [...], weshalb ich diesen Staat und seine Regierung bis zuletzt unterstützte«.[671] Zu Alexander U. Martens vom ZDF sagte er ein Jahr später, er habe das Gefühl, er müsse sich »zeitlebens entschuldigen [...] für irgend etwas«. 1933 und 1945 sei es ihm so ergangen, und jetzt werde er erneut beschuldigt, dass er sich »daneben benommen habe, politisch [...]. Und so bleibt es mein ganzes Leben lang. Ich sehe das nicht ein.«[672] Der erschrockene Interviewer bemühte sich, ihn zu besänftigen. In keiner Weise sollte das Gespräch ihn veranlassen, sich für irgendetwas zu entschuldigen, versicherte er.

Es fällt auf, dass Erwin Strittmatter Äußerungen über die Vereinigung der beiden deutschen Staaten eher vermied. Obwohl er doch einer Generation angehörte, die ihr halbes Leben in einem ungeteilten Land verbracht hatte, weckte die wiedergewonnene deutsche Einheit bei ihm offenkundig keine nationalen Gefühle. Auf die entsprechende Frage von Martens drückt er vor allem Skepsis aus: Es werde »viel, viel Unzufriedenheit geben«, sogar »Maschinenstürmerei« sah er kommen.[673]

Kurz nach der Währungsunion hatte er im August 1990 an den befreundeten Germanisten Bernhard Igel geschrieben: »Wir müssen uns damit abfinden: Die Amerikaner haben den Kalten Krieg gewonnen. In nächster Zeit und darüber hinaus werden wir es mit dem krassen Kapitalismus zu tun haben [...]. Es läuft in allen Ländern Osteuropas nach der gleichen Regieanweisung ab.«[674] Resigniert klingen auch seine Zeilen, die er etwa zur gleichen Zeit an Charlotte Wasser richtete: »Man kann seine Zeit nicht damit verbringen festzustellen, was gewesen wäre, wenn wir dies oder das anders oder besser gemacht hätten.«[675] Den 3. Oktober 1990 verbrachte er, laut Tagebuch, auf dem »kleinen bewaldeten Hügel in den Wiesen«, seiner geheimen Stelle, an der er Maronen sammelte.[676] Mit keinem Wort nimmt er in seinen Notizen auf den Tag der deutschen Einheit Bezug.

Am Ende war seine Desillusionierung komplett. In einem seiner letzten Briefe schreibt er im November 1993 an seinen Freund Groißmeier in Dachau: »Begriffe wie Freiheit, Frieden, Vernunft und andere schöne Sachen sind für mich zu Utopien geworden, soweit sie sich auf die Gesellschaft beziehen.«

In seinem neuen Buch wolle er versuchen darzustellen, »wie all die schönen Begriffe, an die sich die Menschheit klammert, zuschanden gehen, wenn man alt wird«[677].

Im November 1993 verschlechterte sich Erwin Strittmatters Gesundheitszustand dramatisch. Seine Ärztin diagnostizierte Lungenkrebs. »Mir will unsere Hausärztin was an die Lunge hexen. Ich akzeptiere nicht, behaupte, es sei starke Bronchitis«, schreibt er an seinen Sohn Knut. »Jedenfalls geht's mir seit 14 Tagen beschissen.«[678]

In einem Interview mit Lars Herde erzählte Eva, sie und ihre Söhne hätten alles getan, um ihm die Diagnose auszureden. »Ich weiß nur, dass er tief-, tieftraurig war und nicht wissen wollte, dass er sterben muss. Dass er das bis zuletzt verdrängt hat.«[679] Auf keinen Fall wollte er ins Krankenhaus. Eine Therapie sei ohnehin nicht in Frage gekommen, da das Wort Krebs ja gar nicht ausgesprochen wurde. Zum Schluss konnte er die Treppe zu seinem Zimmer kaum noch bewältigen. »Aber er ist jeden Tag noch nach unten gekommen zu mir, hat im Sessel gesessen beim Fernsehen. Beim Hochgehen habe ich ihn von hinten geschoben, und er hat sich mit beiden Händen am Geländer festgehalten.«[680] Keinen Moment lang, fügt Eva hinzu, sei er ein Kranker gewesen, bei dem man sich habe überwinden müssen, ihn zu pflegen.

Am 7. Januar 1994 beantwortete Strittmatter den letzten Brief. »Abgesagt« steht in seiner Handschrift auf der Anfrage von Ingrid Kirschey-Feix vom Verlag Neues Leben, ob er ein Vorwort zur Neuauflage von Brigitte Reimanns Buch »Ankunft im Alltag« schreiben würde. Die Briefe, die ihn danach erreichten, liegen größtenteils ungeöffnet in der Mappe.

Am 6. Januar 1994 war sein und Evas zweitjüngster Sohn Matthes gestorben, der seit Jahren an einer schweren Herzkrankheit litt und sich – zum großen Kummer seiner Eltern und Brüder – einer Herztransplantation verweigert hatte. Der Schmerz um den Tod des Sohnes verbrauchte wohl Strittmatters letzte Widerstandskräfte. Nur sein Tagebuch führte er noch weiter, dokumentierte in kurzen Sätzen, was er sah und fühlte, wie er es seit Jahrzehnten getan hatte. Der letzte Eintrag stammt vom 26. Januar: »Die Erde ist stundenweis von dünnem Schnee bedeckt. Dann kommt Frühlingswind und schleppt den Schneeschleier davon.

Wenn die Atemnot nicht aufhört, möchte ich lieber ganz aufhören.«[681]

Er starb am 31. Januar 1994.

ANHANG

ABKÜRZUNGEN

Personen-Siglen

ES – Erwin Strittmatter
EvaS – Eva Strittmatter
S – Strittmatter

Archive

Archiv DSV/Archiv SV – Archiv des Deutschen Schriftstellerverbands/ Archiv des Schriftstellerverbands der DDR im Literaturarchiv der AdK
ASA – Anna Seghers Archiv im Literaturarchiv der AdK
BStU – Bundesbeauftragter für die Unterlagen des Staatssicherheitsdienstes der DDR, Berlin
ESA – Erwin Strittmatter Archiv (Depositum) im Literaturarchiv der AdK
EvaSA – Eva Strittmatter Archiv im Literaturarchiv der AdK
PAS – Privatarchiv Schulzenhof
SAPMO BArch – Stiftung Archiv der Parteien und Massenorganisationen der DDR im Bundesarchiv, Berlin

Allgemeine Abkürzungen

AdK – Akademie der Künste, Berlin
Anm. – Anmerkung
Bl. – Blatt
DAK/AdK – Deutsche Akademie der Künste, Berlin (1950–1974)/ Akademie der Künste der DDR, Berlin (1974–1990)
DEFA – Deutsche Film AG
DSV/SV – Deutscher Schriftstellerverband/ ab 1973 Schriftstellerverband der DDR
FDJ – Freie Deutsche Jugend
hs. – handschriftlich
IM – Informeller Mitarbeiter (des MfS)
MfS – Ministerium für Staatssicherheit der DDR

ms. – maschinenschriftlich

ND – Neues Deutschland. Zentralorgan der Sozialistischen Einheitspartei Deutschlands, Berlin

NDL/ndl – Neue Deutsche Literatur/neue deutsche Literatur, Berlin. Hrsg. vom DSV/SV

o. D. – ohne Datum

R – Regie

SBZ – Sowjetische Besatzungszone Deutschlands

SED – Sozialistische Einheitspartei Deutschlands

SV – Schriftstellerverband

unpag. – unpaginiert

ZK – Zentralkomitee der SED

Sekundärliteratur

Drommer, Des Lebens Spiel – Günther Drommer, Erwin Strittmatter. Des Lebens Spiel. Eine Biographie, Berlin 2000

Drommer, Erwin Strittmatter und der Krieg unserer Väter – Günther Drommer, Erwin Strittmatter und der Krieg unserer Väter. Fakten, Vermutungen, Ansichten – eine Streitschrift, Berlin 2010

Franz, Gebirgsjäger der Polizei – Hermann Franz, Gebirgsjäger der Polizei. Polizei-Gebirgsjäger-Regiment 18 und Polizei-Gebirgs-Artillerieabteilung 1942 bis 1945, Bad Nauheim 1963

Fühmann, Vor Feuerschlünden – Franz Fühmann, Vor Feuerschlünden. Erfahrung mit Georg Trakls Gedicht, Rostock 1982

Griesser-Pecar, Das zerrissene Volk – Tamara Griesser-Pecar; Christian Brünner; Wolfgang Mantl; Manfried Welan (Hg.), Das zerrissene Volk. Slowenien 1941–1946. Okkupation, Kollaboration, Bürgerkrieg, Revolution, Wien/Köln/Graz 2003

Jokostra, Bobrowski & andere – Peter Jokostra, Bobrowski & andere. Die Chronik des Peter Jokostra, München 1967

Gutschke, Leib und Leben – Irmtraud Gutschke, Eva Strittmatter. Leib und Leben, Berlin 2008

Jahns, Erwin Strittmatter und die SS – Joachim Jahns, Erwin Strittmatter und die SS. Günter Grass und die Waffen-SS, Leipzig 2011

Mittenzwei, Die Intellektuellen – Werner Mittenzwei, Die Intellektuellen. Literatur und Politik in Ostdeutschland von 1945 bis 2000, Leipzig 2001

Orlowa/ Kopelew, Wir lebten in Moskau – Raissa Orlowa/Lew Kopelew, Wir lebten in Moskau, München 1987

Reimann, Tagebücher 1955–1963 – Brigitte Reimann, Ich bedaure nichts. Tagebücher 1955–1963, hrsg. von Angela Drescher, Berlin 1997

Reimann, Tagebücher 1964–1970 – Brigitte Reimann, Alles schmeckt nach Abschied. Tagebücher 1964–1970, hrsg. von Angela Drescher, Berlin 1998

Schlüter, Günter Grass im Visier – Kai Schlüter, Günter Grass im Visier. Die Stasi-Akte. Eine Dokumentation mit Kommentaren von Günter Grass und Zeitzeugen, Berlin 2010

Sicherungsbereich – Joachim Walther, Sicherungsbereich Literatur. Schriftsteller und Staatssicherheit in der Deutschen Demokratischen Republik, Berlin 1996

Werke und Wirkungen – Werke und Wirkungen. DDR-Literatur in der Diskussion, Leipzig 1987

Bücher von Erwin Strittmatter

ES, Der Laden I – Der Laden. Erster Teil, Roman, Berlin und Weimar 1983

ES, Der Laden II – Der Laden. Zweiter Teil, Roman, Berlin und Weimar 1987

ES, Der Laden III – Der Laden. Dritter Teil, Roman, Berlin und Weimar 1992

ES, Der Wundertäter I – Der Wundertäter. Erster Band, Roman, Berlin und Weimar 1972

ES, Der Wundertäter II – Der Wundertäter. Zweiter Band, Roman, Berlin und Weimar 1973

ES, Der Wundertäter III – Der Wundertäter. Dritter Band, Roman, Berlin und Weimar 1980

ES, Die blaue Nachtigall – Die blaue Nachtigall oder Der Anfang von etwas, Berlin und Weimar 1972

ES, Die Lage in den Lüften – Die Lage in den Lüften. Aus Tagebüchern, Berlin und Weimar 1990

ES, Die Nachtigall-Geschichten – Die Nachtigall-Geschichten, Berlin und Weimar 1989

ES, Ein Dienstag im September – Ein Dienstag im September. 16 Romane im Stenogramm, Berlin und Weimar 1969

ES, Eine Mauer fällt – Eine Mauer fällt. Erzählungen, Berlin 1953

ES, Geschichten ohne Heimat – Geschichten ohne Heimat, hrsg. und mit einem Nachwort von Eva Strittmatter, Berlin 2002

ES, Grüner Juni – Grüner Juni. Eine Nachtigall-Geschichte, Berlin und Weimar 1985

ES, Kalender ohne Anfang und Ende – Kalender ohne Anfang und Ende. Notizen aus Piešt'any, hrsg. und mit einem Nachwort von Eva Strittmatter, Berlin 2003

ES, Lebenszeit – Lebenszeit. Ein Brevier, ausgewählt von Helga Pankoke, Berlin und Weimar 1987

ES, Meine Freundin Tina Babe – Meine Freundin Tina Babe, Berlin und Weimar 1977

ES, Nachrichten aus meinem Leben – Nachrichten aus meinem Leben. Aus den Tagebüchern 1954–1973, hrsg. und mit einem Nachwort von Almut Giesecke, Berlin 2012

ES, Selbstermunterungen – Selbstermunterungen, Berlin und Weimar 1981

ES, Sulamith Mingedö – Sulamith Mingedö, der Doktor und die Laus, Berlin und Weimar 1977

ES, Vor der Verwandlung – Vor der Verwandlung. Aufzeichnungen, hrsg. und mit einem Nachwort von Eva Strittmatter, Berlin 1995

Zeitchen vergeht ... – Zeitchen vergeht ... Briefe Erwin Strittmatters der Jahre 1950 bis 1991 nach Bohsdorf, Hg. Erwin-Strittmatter-Verein in Bohsdorf, o. J.

Bücher von Eva Strittmatter

EvaS, Briefe aus Schulzenhof I – Briefe aus Schulzenhof. Band 1, Berlin 1996

EvaS, Briefe aus Schulzenhof II – Briefe aus Schuzenhof. Band 2, Berlin 1996

EvaS, Briefe aus Schulzenhof III – Briefe aus Schulzenhof. Band 3, Berlin 1996

EvaS, Liebe und Haß – Liebe und Haß. Die geheimen Gedichte 1970–1990, Berlin 2000

EvaS, Mai in Piešt'any – Mai in Piešt'any, Berlin und Weimar 1986

ANMERKUNGEN

1 »Der gefundene Schluss. Büdner mordet aus Notwehr«, in: ES, Die Lage in den Lüften, S. 143.
2 ES an Heinrich S, 15.12.1991, in: Zeitchen vergeht ..., unpag.
3 Fühmann, Vor Feuerschlünden, S. 184.
4 Johann Wolfgang Goethe, Aus meinem Leben. Dichtung und Wahrheit, Dritter Teil, Zwölftes Buch, in: Goethes Werke in zwölf Bänden, Bd. 9, Berlin und Weimar 1988, S. 83.
5 Vgl. ES, Lebenszeit.
6 Tagebuch, 6.1.1970, z. Z. noch PAS, Übergabe an die AdK in Vorbereitung.
7 Willi Lewin, Beurteilung 9.7.1958, Kaderakte ES, SAPMO BArch Berlin, DY 30/IV 2/11/v. 5185, Bl. 50.
8 Vgl. ES, Der Laden III, S. 99.
9 Wie ich meinen Großvater kennenlernte, in: ES, Die blaue Nachtigall, S. 28.
10 ES, Der Laden I, S. 130.
11 Tagebuch, 8.2.1965, PAS.
12 ES, Der Laden I, S. 42.
13 Sulamith Mingedö, der Doktor und die Laus, in: ES, Die Nachtigall-Geschichten, S. 170 ff.
14 Tagebuch, 20.5.1966, PAS.
15 Tagebuch, 20.1.1970, PAS.
16 Ebd.
17 Lars Herde, Erwin Strittmatter, »Der Laden« und das Lebenswerk, Rostock 2001, S. 79.
18 ES, Der Laden II, S. 7.
19 Tagebuch, 22.11.1968, PAS.
20 Vgl. Kaderakte ES, a. a. O., Bl. 39 u. 49.
21 Tagebuch, 8.12.1969, PAS.
22 Das Schuljahr begann damals zu Ostern. Zwischenzeugnisse gab es im September und zu Weihnachten.
23 Vgl. Drommer, Des Lebens Spiel, S. 36.
24 Ebd., S. 35.
25 SAPMO BArch Berlin, DY 30/210.
26 Tagebuch, 21.10.1956, PAS.
27 Tagebuch, 8.12.1969, PAS.
28 ES, Die blaue Nachtigall, S. 119 ff.
29 Interview mit Erwin und Eva Strittmatter, in: Umwege zu Lao-Tse, 1991, www.zeitzeugen-tv.com.

30 ESA, Nr. 452.
31 Tagebuch, 21./22. 8.1969, PAS.
32 ESA, Nr. 483.
33 Tagebuch, 21./22. 8.1969, PAS.
34 Tagebuch, 10. 9.1963, PAS.
35 Vgl. ESA, Nr. 495.
36 ES, Nur was ich weiß und fühle. Gespräch mit Alexander U. Martens in der Reihe »Zeugen des Jahrhunderts«, Göttingen 1994, S. 14.
37 Sulamith Mingedö, der Doktor und die Laus, in: ES, Die Nachtigall-Geschichten, S. 186f. Vgl. auch Tagebuch, 4. 7.1973, PAS.
38 Kunstblatt der Jugend, Stuttgart/Leipzig, 3/1928, S. 172–176.
39 Sulamith Mingedö, der Doktor und die Laus, a. a. O., S. 191.
40 Ebd., S. 192.
41 Tagebuch, 3. 9.1963, PAS.
42 ESA, Nr. 148.
43 Karl Krone an ES, 14. 2.1934, ESA, Nr. 453.
44 Im Rahmen der »Nacht der Prominenten« beteiligten sich 1975 bekannte Künstler der DDR, unterstützt von professionellen Zirkusartisten, an einer Benefizvorstellung zugunsten von alten und kranken Berufskollegen.
45 ES, 3. 10.1945, PAS.
46 Vgl. Kaderakte ES, SAPMO BArch Berlin, DY 30/IV 2/11/v. 5185.
47 Umwege zu Lao-Tse, Zeitzeugen TV.
48 Ebd.
49 Tagebuch, 24. 3.1973, PAS.
50 Dies und die folgenden Zitate: Tagebuch, 24. 3.1973, PAS.
51 Eberhard Roy, Aus dem Gefangenen-Kontrollbuch (Teil 1), in: Döberner Kultur- und Heimatblatt, Nr. 3, Mai 2004, S. 9. – Roy gibt als Quelle für den Verhaftungsgrund die Internet-Adresse www.bohsdorf.de an.
52 ES an M. Weidemann, 19. 4.1935, ESA, Nr. 483.
53 ES an M. Weidemann, 25. 4.1935, ESA, Nr. 483.
54 Arbeitsbuch ES, PAS.
55 M. Weidemann, 31.10.1935, ESA, Nr. 483.
56 Vgl. Damals auf der Farm, in: ES, Ein Dienstag im September, S. 21–27.
57 Tagebuch, 8. u. 9. 7.1966, PAS.
58 ES, Lebenszeit, S. 84.
59 Kaderakte ES, SAPMO BArch Berlin, DY 30/IV 2/11/v. 5185, Bl. 54.
60 ES an Heini S, o. D., PAS.
61 Vgl. ESA, Nr. 452.
62 Kaderakte ES, a. a. O., Bl. 39.
63 Tagebuch, 18. 4.1971, PAS.

64 Hedwig Ruetz an ES, 26.4.1937, PAS.
65 Vgl. Drommer, Des Lebens Spiel, S. 54.
66 ES an Matthäus Kulka, o. D., PAS.
67 Strittmatter-Biograph Henning Gloege schrieb mir in einer Mail, ein alter Forster Bürger namens Piel habe sich in den neunziger Jahren an die beiden Schwestern Hildegard und Waltraud erinnert, die in den dreißiger Jahren in Forst lebten.
68 Waltraud Kaiser an ES, 23.9.1934, ESA, Nr. 452.
69 ES, Grüner Juni, S. 43.
70 Ebd.
71 Ebd, S. 50.
72 Tagebuch, 21.10.1956. PAS.
73 ES an Magdalena Kulka, 6.9.1938, PAS.
74 Rechtsanwalt Rodig an ES, 20.9.1940, PAS.
75 ESA, Nr. 483.
76 ES, Der Wundertäter II, S. 238.
77 Tagebuch, 8.12.1969, PAS.
78 ES, Grüner Juni, S. 16.
79 Ebd, S. 52.
80 Tagebuch, 28.–30. Juli 1971, PAS.
81 Vgl. Jahns, Erwin Strittmatter und die SS, S. 25.
82 Drommer, Erwin Strittmatter und der Krieg unserer Väter, S. 76 ff.
83 ES an Heinrich S, 3.5.–15.5.1940, PAS.
84 Vgl. Tagebuch, 24.3.1973, PAS.
85 ES an Dr. Schieber, 3.5.–15.5.1940, PAS.
86 ES an Magdalena und Matthäus Kulka, 15.9.1939, PAS.
87 ES an Helene und Heinrich S, 29.11.1939, PAS.
88 ES an Helene S, 6.4.1940, PAS.
89 ES an Helene S, 30.5.1940, PAS.
90 ES an Heini S, 27.5.1940, PAS.
91 Unser grünes Zet. Werkzeitung der Betriebsgemeinschaften Schwarza (Saale), Lenzing, Peschelmühle. Zit. nach: Drommer, Erwin Strittmatter und der Krieg unserer Väter, S. 68 f.
92 Helene S an Manfred S, 13.9.1938, PAS.
93 In seinem Brief an Heini vom 27.5.1940 ist die Rede von der »Freiwilligen-Meldung zur Waffen-SS«, die er zurückziehen soll. A. a. O.
94 ES, Lebenslauf 1959, SED-Kaderakte ES, a. a. O., Blatt 35.
95 ES an Helene und Heinrich S, 22.2.1941, PAS.
96 Rechtsanwalt Rodig an ES, 20.12.1940, PAS.
97 Vgl. Scheidungsurteil, 11.1.1945, PAS.

98 Beschluss des Amtsgerichts Saalfeld/Sa., 29. 9. 1945, PAS.
99 Eine Analyse des Frauenbildes in den Romanen von ES liefert Sylke Kirschnick, Wo die Nixen baden gehen. Warum Erwin Strittmatters Romane Kitsch sind, in: Carsten Gansel / Matthias Braun, Es geht um Erwin Strittmatter oder Vom Streit um die Erinnerung, Göttingen 2012.
100 ES an Knut S, o. D., Privatarchiv Knut S.
101 Gespräch Eva S mit Lars Herde, 3. 11. 1998, unveröff. Transkript, Archiv Herde.
102 Tagebuch, 19. 5. 1971, PAS.
103 Lexikon deutschsprachiger Schriftsteller. Von den Anfängen bis zur Gegenwart, Leipzig 1974, S. 354. – Auch eine 1993 vom Olms Verlag hrsg. aktualisierte Fassung geht über diese Angaben nicht hinaus.
104 Helmut Hauptmann, Wie Erwin Strittmatter Schriftsteller wurde, in: NDL 7/1959, S. 123.
105 Vgl. Günter Grass, Beim Häuten der Zwiebel, Göttingen 2006.
106 Tagebuch, 6. 8. 1963, PAS.
107 ES, Der Wundertäter III, S. 11.
108 Ebd., S. 303.
109 ES, Der Wundertäter I, S. 493.
110 Vgl. Fühmann, Vor Feuerschlünden.
111 Information, 8. 3. 1985, BStU, HA XX ZMA 4191, Bl. 117 f.
112 ES an Schulrat Toussaint, 24. 10. 1946, PAS.
113 ES an die Redaktion »Das Tor«, 26. 1. 1947, PAS
114 Lebenslauf, 20. 7. 1947, PAS.
115 Vgl. ES, Personalakte DSV, PAS.
116 Fragebogen, 16. 12. 1949, Kaderakte ES, SAPMO BArch Berlin, DY 30/IV 2/11/v. 5185, Bl. 57.
117 Lebenslauf, 10. 7. 1958, ebd., Bl. 40 f.
118 Vgl. Ralph Klein, Das Polizei-Gebirgsjäger-Regiment 18. Massaker, Deportation, Traditionspflege, in: Zeitschrift für Geschichtswissenschaft, Berlin, 1/2007, S. 52.
119 Nachtrag, 11. 5. 1959, Kaderakte ES, a. a. O., Bl. 35.
120 Nachtrag zum Nachtrag, ebd., Bl. 37.
121 Michael Tschesno-Hell (1902–1980), Filmautor und Funktionär des DSV.
122 Information, 6. 6. 1974, Kaderakte ES, a. a. O., Bl. 17.
123 In den sechziger Jahren fand in Hamburg ein Prozess gegen Angehörige des Reserve-Polizeibataillons 101 statt, den der US-amerikanische Forscher Christopher Browning 1992 mit dem Buch »Ganz normale Männer« (dt. 1993) bekanntmachte. 2011 zeigte das Deutsche Historische Museum die Ausstellung »Ordnung und Vernichtung« über die Rolle der Ordnungspolizei im Dritten Reich.

124 Polizeidienstpass Josef Heller, BStU BV Neubrandenburg, AU 712/69, Bd. 2, Bl. 243 ff.
125 Vernehmungsprotokoll, 18. 2. 1969, ebd., Bd. 5, Bl. 163.
126 Abschrift Personalbogen Josef Heller, ebd., 360/69 OPV »Strolch«, Bl. 7.
127 Vernehmungsprotokoll, 18. 2. 1969, ebd., AU 712/69, Bd. 5, Bl. 164.
128 Abschrift Kurzbiographie, 9. 7. 1958, BStU, Akte »Dollgow«, MfS 11 000/64, Bl. 9.
129 Ralph Klein, Das Polizei-Gebirgsjäger-Regiment 18. Massaker, Deportation, Traditionspflege, in: a. a. O., S. 62.
130 In dem Verein sind seit mehr als fünfzig Jahren Orts-, Gebiets- und Traditionskameradschaften ehemaliger Gebirgsjäger der Wehrmacht und der Bundeswehr organisiert.
131 Adolf von Bomhard, Vorwort, in: Franz, Gebirgsjäger der Polizei, S. 7.
132 Vgl. Ralph Klein, Das Polizei-Gebirgsjäger-Regiment 18. Massaker, Deportation, Traditionspflege, in: a. a. O., S. 41.
133 Franz, Gebirgsjäger der Polizei, S. 12.
134 Vgl. BStU, MfS HA XX 5381, unpag.
135 Kriegstagebuch des Polizeibataillons 93, SAMPO BArch Berlin, R 20/217, unpag.
136 Ebd.
137 Ebd.
138 Zum Polizeiregiment »Endler« gehörte auch das Bataillon 93.
139 Kriegstagebuch des Polizeibataillons 93, SAMPO BArch Berlin, R 20/217.
140 Der alte österreichische Name der Stadt war Bischofslack, die deutschen Besatzer nannten sie Laak.
141 Wer nach der Ausgangssperre auf der Straße angetroffen wurde, dem drohten schwere Strafen bis zur Exekution.
142 ES an Helene S, 18./19. 10. 1941, PAS.
143 ES an Helene und Heinrich S, 9. 11. 1941, PAS.
144 Drommer, Erwin Strittmatter und der Krieg unserer Väter, S. 96.
145 ES, Der Wundertäter I, S. 374 f.
146 www.Zbiory NAC online.
147 ES an Helene und Heinrich S, 9. 11. 1941, PAS.
148 Kriegstagebuch des Polizeibataillons 93, a. a. O.
149 Vgl. Griesser-Pecar, Das zerrissene Volk, S. 369.
150 l. M. G. = leichtes Maschinengewehr. – Schütze 2 ist der Gehilfe, der die Munition heranschafft und einlegt.
151 Arie = Artillerie.
152 s. M. G. = schweres Maschinengewehr.
153 ES an Helene und Heinrich S, 15./16. 1. 1942, PAS.
154 SD = Sicherheitsdienst.

155 Griesser-Pecar, Das zerrissene Volk, S. 368.
156 Ebd.
157 In ihrer von einer vehementen Verurteilung des kommunistischen Regimes in Jugoslawien getragenen Darstellung geht die Autorin so weit, dem Kampf der slowenischen Partisanen jeglichen Sinn abzusprechen. Ihrer Meinung nach hätte er lediglich Repressalien der Besatzungsmacht provoziert, die Kriegslage jedoch nicht beeinflusst. Vgl. ebd., S. 365 ff.
158 Ich muss an dieser Stelle einfügen, dass Erwin Berner wegen dieser Ortsangabe im Zweifel ist, ob sein Vater in seinem Brief tatsächlich den Kampf um Dražgoše schildert. Wieso fragt er, reitet er mit der Karawane der Beutetiere durch die Berge, um am Ende wieder im gleichen Ort Station zu machen? Tatsächlich wirft die Ortsangabe für den 16. Januar Fragen auf. Meiner Meinung nach besteht jedoch trotzdem kein Zweifel, dass sich ES in seinem Brief auf die gleiche Aktion bezieht wie Kissel im Kriegstagebuch. Es gibt zu viele Übereinstimmungen im Handlungsablauf. Es hat zudem zur gleichen Zeit in dieser Gegend keine ähnlich bedeutende Auseinandersetzung zwischen den Partisanen und der Ordnungspolizei gegeben.
159 ES an Helene und Heinrich S, 25./26.1.1942, PAS.
160 ES an Helene und Heinrich S, 2. – 4.2.1942, PAS.
161 ES an Helene und Heinrich S, 15./16.1.1942, PAS.
162 ES an Helene und Heinrich S, 2. – 4.2.1942, PAS.
163 Hildegard Diener, eine Freundin der Strittmatters, und ihre Tochter Daniela.
164 Tagebuch, 16.3.1980, PAS.
165 ES an Helene und Heinrich S, 12.3.1942, PAS.
166 Helene S an ES, 25.4.1942, PAS.
167 ES an Helene und Heinrich S, 22./23.2.1942, PAS.
168 Vernehmungsprotokoll 18.2.1969, in: BStU BV Neubrandenburg, AU 712/69, Bd. 5, Bl. 162.
169 Helene S an ES, 6.8.1942, PAS.
170 Franz, Gebirgsjäger der Polizei, S. 14.
171 Ebd., S. 16.
172 Zit. nach Ralph Klein, Das Polizei-Gebirgsjäger-Regiment 18. Massaker, Deportation, Traditionspflege, in: a. a. O., S. 48.
173 Ebd.
174 Befehlshaber der Ordnungspolizei Alpenland, Befehlsstelle Veldes, 19. Juli 1942, in: Tone Ferenc, Quellen zur nationalsozialistischen Entnationalisierungspolitik in Slowenien 1941–1945, Maribor 1980, S. 463 f.
175 Ralph Klein, Das Polizei-Gebirgsjäger-Regiment 18. Massaker, Deportation, Traditionspflege, in: a. a. O., S. 49 f.

176 SAPMO BArch Berlin, R 70 Jugoslawien 18.
177 Ralph Klein, Das SS-Polizei-Gebirgsjäger-Regiment 18, in: Wolfgang Schulte (Hg.), Die Polizei im NS-Staat. Beiträge eines internationalen Symposiums an der Deutschen Hochschule der Polizei in Münster, Frankfurt/M. 2009, S. 208.
178 Vgl. auch: HSSPF Alpenland, Lage am 27. Juli 1942, BArch Berlin, R70/Jugoslawien/18, Bl. 25; Tone Ferenc, Quellen zur nationalsozialistischen Entnationalisierungspolitik in Slowenien 1941–1945, a. a. O., S. 463 f.
179 Vorschlagsliste für die Verleihung des Kriegsverdienstkreuzes, 3. April 1943, BStU, MfS HA XX/5381.
180 Helene S an ES, 6. 8. 42, PAS.
181 ES an Helene S, 25. 8. 1942, PAS.
182 Helene S an ES, 10. 9. 42, PAS.
183 SAPMO BArch Berlin, R70/Jugoslawien/15, Bl. 11 f.
184 Ralph Klein, Das Polizei-Gebirgsjäger-Regiment 18. Massaker, Deportation, Traditionspflege, in: a. a. O., S. 50.
185 Martin Diez, der bisherige Kommandeur, wurde nach seiner Beförderung zum Oberstleutnant Ende September von Hauptmann Spann abgelöst. Vgl. BStU, MfS HA XX/5381.
186 Helene S an ES, 11. 10. 1942, PAS.
187 Helene S an Manfred S, 9. 11. 1942, PAS.
188 Helene S an ES, 1. 11. 1942, PAS.
189 Helene S an Monette Schober, 4. 3. 1944, PAS.
190 Vgl. ESA, Nr. 484.
191 Helene S an ES, 22. 1. 43, PAS.
192 Vgl. Franz, Gebirgsjäger der Polizei, S. 80 ff.
193 Helene S an ES, 8. 9. 1943, PAS.
194 Vgl. Ralph Klein, Das Polizei-Gebirgsjäger-Regiment 18. Massaker, Deportation, Traditionspflege, in: a. a. O., S. 52 f.
195 Vgl. Franz, Gebirgsjäger der Polizei, S. 84.
196 Dichtung und Prosa, PAS.
197 ES, Der Wundertäter I, S. 476.
198 Franz, Gebirgsjäger der Polizei, S. 101.
199 ES, Ein Traum, 4. 11. 1943, in: Dichtung und Prosa, PAS.
200 Ebd., 25. 11. 1943.
201 Franz, Gebirgsjäger der Polizei, S. 101.
202 Vgl. ES, Nachtrag zu meinem Fragebogen, 11. 5. 1959, Kaderakte ES, a. a. O., Bl. 35–37.
203 Vgl. Ralph Klein, Das Polizei-Gebirgsjäger-Regiment 18. Massaker, Deportation, Traditionspflege, in: a. a. O., S. 55 f.

204 Dichtung und Prosa, PAS.
205 Helene S an ES, 15. 2. 1944; 26. 3. 1944, PAS.
206 Helene S an ES, 4. 3. 1944; 11. 4. 1944, PAS.
207 Dichtung und Prosa, PAS.
208 ES, Der Laden III, S. 157 f.
209 Helene S an ES, 11. 4. 1944, PAS.
210 Marga Heinz an ES, 30. 5. 1944, PAS.
211 ES an Schulrat Toussaint, 24. 10. 1946, PAS.
212 ES, Der Laden III, S. 159.
213 Vgl. Jürgen Huck, Ausweichstellen und Aktenschicksal des Hauptamtes Ordnungspolizei im 2. Weltkrieg, in: J.-J. Neufeld / J. Huck / G. Tessin, Zur Geschichte der Ordnungspolizei 1936–1945, Koblenz 1957, S. 128 u. 148.
214 Vgl. Christoph Spieker, Polizeibilder unter SS-Runen, in: Sabine Mecking/ Stefan Schröter (Hg.), Kontrapunkt, Essen 2005, S. 87.
215 Die Deutsche Polizei, Nr. 19, 1. 10. 1942.
216 Die Deutsche Polizei, Nr. 3/4, 15. 2. 1944.
217 Christoph Spieker, Polizeibilder unter SS-Runen, a. a. O., S. 91.
218 Vgl. Drommer, Erwin Strittmatter und der Krieg unserer Väter, S. 133.
219 Die Deutsche Polizei, Nr. 11/12, 15. 6. 1944.
220 Manfred S an ES, 26. 6. 1944, PAS.
221 Spandauer Aufzeichnungen, 8. 8. 1944, PAS.
222 Spandauer Aufzeichnungen, 12. 8. 1944, PAS.
223 Spandauer Aufzeichnungen, 7. 8. 1944, PAS.
224 Dichtung und Prosa, August/September 1944, PAS.
225 Spandauer Aufzeichnungen, 5. 10. 1944, PAS.
226 ES an Dr. Nickold, 12. 2. 1946, ESA, Nr. 484.
227 Marga Heinz an ES, 23. 10. 1944; 20. 11. 1944, PAS.
228 Helene S an ES, 3. 12. 1944, PAS.
229 Helene S an ES, 19. 12. 1944, PAS.
230 ES nannte diese Mappe »Marias Tagebuch«, tatsächlich sind diese Briefe nicht nur Zeugnisse ihrer Liebe, sondern auch die Berichte einer Augenzeugin vom Kriegsende in Sömmerda.
231 Anna Angermann an ES, 11. 4. 1945, PAS.
232 Ian Kershaw, Das Ende. Kampf bis in den Untergang. NS-Deutschland 1944/45, München 2011, S. 170 f.
233 Hans Angermann an ES, 4. 2. 1945, PAS.
234 Monette Schober an Anna Angermann, 6. 3. 1945, PAS.
235 Dichtung und Prosa, PAS.
236 Vgl. ES, Grüner Juni, S. 5.
237 Lebenslauf, 19. 7. 1950, Archiv Märkische Volksstimme.

238 ES, Nur was ich weiß und fühle, a. a. O., S. 23.
239 Werner Liersch, Die Inseln des Verschweigens, in: Deutschland Archiv, 2/2011, S. 167.
240 Vgl. Gutschke, Leib und Leben, S. 159; Drommer, Erwin Strittmatter und der Krieg unserer Väter, S. 136.
241 Werner Liersch, Geschichte der Ordnungspolizei, keine Geschichte der DDR, in: Wolfgang Schulte (Hg.), Die Polizei im NS-Staat. Beiträge eines internationalen Symposiums an der Deutschen Hochschule der Polizei in Münster, Frankfurt/M. 2009, S. 171.
242 ES an Hein Bethmann, 10. 2. 1947, ESA, Nr. 484.
243 Hein Bethmann an ES, 20. 3. 1946, PAS.
244 Günther de Bruyn, Zwischenbilanz. Eine Jugend in Berlin, Frankfurt/M. 1994, S. 238.
245 Anni an ES, 25. 4. 1945, ESA, Nr. 494.
246 Anna Angermann an ES, 21. 4. 1945, PAS.
247 Vgl. Jürgen Huck, Ausweichstellen und Aktenschicksal des Hauptamtes Ordnungspolizei im 2. Weltkrieg, a. a. O., S. 136 ff.
248 ES an Schulrat Toussaint, 24. 10. 1946, PAS.
249 Vgl. Lebenslauf 1958, Kaderakte ES, a. a. O., Bl. 41.
250 Karl Corino, Im Dickicht des Südostens, in: Frankfurter Rundschau vom 4. 8. 2008.
251 Vgl. Werner Liersch, Das amerikanische Zeugnis, in: Frankfurter Allgemeine Sonntagszeitung vom 3. 2. 2008; Werner Liersch, Die Inseln des Verschweigens, a. a.O.
252 ES, Grüner Juni, S. 5 f.
253 ES an die Redaktion der »Tribüne«, 3. 10. 1945, PAS.
254 Heinrich Knolle an ES, 23. 6. 1947, ESA, Nr. 495.
255 Emma Pircher an ES, 2. 10. 1947, ESA, Nr. 494.
256 Hein Bethmann an ES, 31. 5. 1946, PAS.
257 Anna Sauheitl an ES, o. D., ESA, Nr. 494.
258 ES an Anna Sauheitl, 20. 11. 1973, PAS.
259 Anmeldung bei der polizeilichen Meldebehörde, 16. 6. 1945, PAS.
260 Vgl. ES an Monette Schober, 24. 5. 1946, ESA, Nr. 484.
261 Gehlener Aufzeichnungen, 1. 7. 1945, PAS.
262 Gehlener Aufzeichnungen, 7. 8. 1945, PAS.
263 ES an die Redaktion der »Tribüne«, 3. 10. 1945, PAS.
264 Bohsdorfer Aufzeichnungen, 17. 11. 1945, ESA, Nr. 182.
265 Unveröff. Manuskript, ESA, Nr. 175.
266 ES an Hedwig Ruetz, 2. 10. 1945, ESA, Nr. 493.
267 Dr. Nickold an ES, 19. 12. 1945, PAS.

268 Dr. Nickold an ES, 23.1.1946, PAS.
269 Bohsdorfer Aufzeichnungen, 27.2.1946, ESA, Nr. 182.
270 Bohsdorfer Aufzeichnungen, 17.3.1946, ebd.
271 Bohsdorfer Aufzeichnungen, 4.6.1946, ebd.
272 ES an die Redaktion »Der freie Bauer«, 26.8.1946, PAS.
273 Deutscher Bauernverlag an ES, 10.9.1946, PAS.
274 Unveröff. Manuskript, ESA, Nr. 172.
275 ES an Hein Bethmann, 10.2.1947, ESA, Nr. 184.
276 ES an Susanne, 4.1.1946, ESA, Nr. 484
277 Helene S an ES, 14.9.1945, ESA, Nr. 494.
278 ES an Knut S, 17.8.1957, ESA, Nr. 509/2.
279 Bohsdorfer Aufzeichnungen, 10.11.1945, ESA, Nr. 182.
280 Bohsdorfer Aufzeichnungen, 31.12.1945, ebd.
281 ES, Der Laden III, S. 152f.
282 Bohsdorfer Aufzeichnungen, 18.11.1945, ESA, Nr. 182.
283 ES an Bataillonskamerad Willi, 17.2.1947, ESA, Nr. 484.
284 Bohsdorfer Aufzeichnungen, 6. u. 7.12.1945, ESA, Nr. 182.
285 Bohsdorfer Aufzeichnungen, 16.1.1946, ebd.
286 Bohsdorfer Aufzeichnungen, 20.8.1946, ebd.
287 ES an Hein Bethmann, 10.2.1947, ESA, Nr. 484.
288 ES an Rudolf Hammer, 12.2.1947, ebd.
289 Bohsdorfer Aufzeichnungen, 6.9.1946, ESA, Nr. 182.
290 ES an Rudolf Hammer, o.D., PAS.
291 Anna Angermann hatte sich im Sommer 1944 im Krankenhaus mit Tuberkulose infiziert und war im März 1947 an einer Rippenfellentzündung erkrankt.
292 Bohsdorfer Aufzeichnungen, 10.4.1947, ESA, Nr. 484.
293 ES an Willi Häring, 7.8.1947, ebd.
294 Bohsdorfer Aufzeichnungen, 14. u. 18.4.1947, ebd.
295 ES an Willi Häring, 15.7.1947, ebd.
296 ES an Willi Häring, 7.11.1947, ebd.
297 ESA, Nr. 462.
298 Bohsdorfer Aufzeichnungen, 1.12.1945, ESA, Nr. 182.
299 ThHStAW NS-Archiv des MfS ZM 1587, Akte 2, zit. nach: Jahns, Erwin Strittmatter und die SS, S. 85f.
300 Anna S an ES, 9.7.1948, ESA, Nr. 493.
301 Märkische Volksstimme vom 4.9.1948.
302 Märkische Volksstimme vom 10.1.1950.
303 Märkische Volksstimme vom 11.10.1950.
304 Gespräch mit Kurt Merkel, 4.12.2011.

305 Erich Reimer an ES, 12. 8. 1948, ESA, Nr. 497.
306 Erich Reimer an ES, 15. 9. 1948, ebd.
307 Das Jahr der kleinen Kartoffeln, in: ES, Eine Mauer fällt.
308 Adolf Hennecke, Steinkohlenhäuer, begründete im Oktober 1948 die Aktivistenbewegung (Hennecke-Bewegung) in der SBZ, indem er in einer Schicht seine Norm mit 387 Prozent übererfüllte.
309 ES an Erich Reimer, 1. 12. 1948, ESA, Nr. 496.
310 Hans Marchwitza an ES, 20. 12. 1948, ESA, Nr. 497.
311 Bohsdorfer Aufzeichnungen, 26. 3. 1946, ESA, Nr. 484.
312 Tagebuch, 10. 7. 1971, PAS.
313 Märkische Volksstimme vom 16. 3. 1950.
314 Märkische Volksstimme vom 6. 5. 1950.
315 Märkische Volksstimme vom 17. und 18. 3. 1950.
316 Märkische Volksstimme vom 22. 3. 1950.
317 Märkische Volksstimme vom 24. 3. 1950.
318 Märkische Volksstimme vom 13. 5. 1950.
319 Spremberger Aufzeichnungen, 17. – 20. 4. 1951, ESA, Nr. 181.
320 Tagebuch, 27. 8. 1957, PAS.
321 Spremberger Aufzeichnungen, 8. 3. 1951, ESA, Nr. 181.
322 Es handelte sich um: Neue deutsche Erzähler. Geschichten aus unserer Zeit, hrsg. u. Nachwort Michael Tschesno-Hell, Berlin 1951.
323 Wochenplan, ESA, Nr. 436.
324 Spremberger Aufzeichnungen, 19. 3. 1951, ESA, Nr. 181.
325 Spremberger Aufzeichnungen, 6. – 8. 4. 1951, ebd.
326 DSF – Gesellschaft für Deutsch-Sowjetische Freundschaft.
327 Spremberger Aufzeichnungen, 20. – 23. 4. 1951, ESA, Nr. 181.
328 Spremberger Aufzeichnungen, 4. 5. 1951, ebd.
329 Liane Pfelling, Von der wirklichkeitsverändernden Kraft des Menschen. Zu Erwin Strittmatters »Katzgraben«, in: Theater der Zeit, Berlin, 4/1969, S. 4.
330 Spremberger Aufzeichnungen, 31. 10. 1951, ESA, Nr. 181.
331 Bertolt Brecht, Die Erziehung der Hirse, erschien zuerst 1951 im Aufbau-Verlag, Berlin.
332 Spremberger Aufzeichnungen, 17. – 20. 4. 1951, ESA, Nr. 181.
333 Bertolt Brecht, Schriften zum Theater, Bd. VII, Berlin und Weimar 1964, S. 92.
334 ES, Gesellenjahre bei Brecht, in: Erinnerungen an Brecht, Leipzig 1964, S. 244.
335 Der Ochse ist ein Fakt, in: DER SPIEGEL, Hamburg, vom 3. 6. 1953.
336 Lily Leder, Katzgraben von Erwin Strittmatter, in: Theater der Zeit, Berlin, 7/1953, S. 57 f.
337 Arnold Zweig, Notiz über »Katzgraben« und das Dramatische, in: Sonntag, Berlin, vom 14. 6. 1953, S. 4.

338 Interview Heinz Plavius – Erwin Strittmatter, Januar 1980, in: Die Lage in den Lüften, S. 246.
339 ES, Nur, was ich weiß und fühle, a. a. O., S. 48.
340 Bertolt Brecht, Juli 1953, AdK, Brecht-Archiv, Nr. 799/004 u. 005.
341 ES an Bertolt Brecht, 31.12.1952, AdK, Brecht-Archiv, Nr. 728/79 – 82.
342 Tagebuch, 14. 3.1969, PAS.
343 Tagebuch, 18. 8.1970, PAS.
344 Tagebuch, 22. 4.1971, PAS.
345 Falco Werkentin, Der totale soziale Krieg. Auswirkungen der 2. Parteikonferenz der SED im Juli 1952, in: Historisches Jahrbuch für Kommunismusforschung, Berlin 2002, S. 23f.
346 Wie ES später in einem Interview sagte, hatten sie an den Generalstaatsanwalt geschrieben, in: Umwege zu Lao-Tse, Zeitzeugen TV.
347 Johannes Schellenberger an ES, 22. 9.1953, ESA, Nr. 508/2.
348 Zeugnis, 11. 10.1953, ESA, Nr. 181.
349 Johannes Schellenberger an ES, 23.10.1953, ESA, Nr. 181.
350 Dieses und die folgenden Zitate: Archiv DSV, Nr. 313.
351 Aus Erzählungen seines Vaters weiß Erwin Berner, dass Srittmatter damals selbstverständlich das Parteiabzeichen trug und deshalb angegriffen wurde.
352 Rudolf Leonhard an ES, o. D., ESA, Nr. 191.
353 Nadja Stulz-Herrnstadt (Hg.), Rudolf Herrnstadt. Das Politbüro der SED und die Geschichte des 17. Juni 1953. Das Herrnstadt-Dokument, Reinbek 1993, S. 98f.
354 ES, 8. 7.1953, ESA, Nr. 191.
355 Erwin Kohn, o. D., Archiv DSV, Nr. 313.
356 Peter Nell, 14. 7.1953, ebd.
357 ES, Einige Lehren vom 16./17. Juni, in: Der Schriftsteller, 7/1953.
358 Erich Loest, Zu von mir begangenen Fehlern nach dem 17. Juni 1953, Archiv DSV, Nr. 313.
359 Erich Loest, Durch die Erde ein Riß. Ein Lebenslauf, Hamburg 1981, S. 237ff.
360 Willi Lewin, 9. 7.1958, Kaderakte ES, DY 30/IV 2/11/v. 5185, Bl. 50.
361 Vorschlag zur Werbung eines GI, 11. 6.1959, BStU, MfS 11 000/64, Bl. 107.
362 Vorlage Kurella/Mückenberger/Wieland, 14. 5.1959, Kaderakte ES, a. a. O., Bl. 32.
363 Vgl. ES, Nachrichten aus meinem Leben.
364 Tagebuch, 29. 4.1956, PAS.
365 Tagebuch, 2. 5.1956, PAS.
366 Die Kirchbluse, in: Du Welt im Licht. J. W. Stalin im Werk deutscher Schriftsteller, Berlin 1954, S. 352.
367 Tagebuch, 25. 6.1956, PAS.

368 Tagebuch, 22.10. bis 5.11.1956, PAS.
369 Selbstverständlichkeiten, o. D., ESA, Nr. 138/1.
370 Tagebuch, 7.12.1956, PAS.
371 Tagebuch, 5.8.1957, PAS.
372 Gutschke, Leib und Leben, S. 68.
373 Tagebuch, 20.9.1957, PAS.
374 Bruno Schröfel an ES, 23.6.1957, PAS.
375 Heinrich Kahls an ES, 9.2.1958, PAS.
376 ES an Bruno Schröfel und Heinrich Kahls, 22. u. 23.2.1958, PAS.
377 Vgl. Kapitel »Die schwarze Box – der Krieg«.
378 Beurteilung, 9.7.1958, Kaderakte ES, a. a. O., Bl. 50f.
379 Rede ES, 6.6.1958, Archiv DSV, Nr. 353, Bl. 127.
380 Rede ES, ebd., Bl. 128.
381 Tagebuch, 6.6.1958, PAS.
382 Tagebuch, 27.1.1959, PAS.
383 EvaS an Helene und Heinrich S, 22.2.1959, ESA, Nr. 175.
384 ES an Helene und Heinrich S, 22.3.1959, ESA, Nr. 509/1.
385 ES, Nur was ich weiß und fühle, a. a. O., S. 52.
386 Rededisposition Vorstandssitzung 23.2.1959, ESA, Nr. 138/7.
387 Rede, 12.5.1959, ebd.
388 Reimann, Tagebücher 1955–1963, S. 116f.
389 So jedenfalls stand es, ohne Holtz-Baumert direkt zu zitieren, in dem Artikel »Die harte Schreibweise« in der Berliner Zeitung vom 26.6.1959.
390 ES an das Ministerium für Kultur, 24.8.1959, Archiv DSV, Nr. 313, Bl. 104.
391 Siegfried Pitschmann an ES, 7.11.1959, ebd., Bl. 97.
392 Tagebuch, 23.6.1960, PAS.
393 Die HA V/1 war damals zuständig für Kulturorganisationen wie den DSV, für Verlage, Rundfunk und DEFA.
394 Einschätzung, 2.5.1960, BStU, MfS 9936/60, Bl. 118.
395 Sicherungsbereich.
396 Leserbrief Lew Kopelew, DER SPIEGEL, Hamburg, 41/1996.
397 Sicherungsbereich, S. 750.
398 Zuwendung an GI »Dollgow«, 16.8.1960, BStU, ZA, AIM 11000/64, Bd. I/1, Bl. 120.
399 Aktenvermerk, 7.11.1958, ebd., Bl. 88.
400 Ebd., Bl. 89.
401 Treffbericht, 9.12.1959, ebd., Bd. II/1, Bl. 9.
402 Aktenvermerk, 7.11.1958,ebd., Bd. I/1, Bl. 91.
403 Vorschlag zur Werbung eines GI, 11.6.1959, ebd., Bl. 104.
404 Treffbericht, 8.6.1960, ebd., Bd. II/1, Bl. 30.

405 Siehe auch Kapitel »Vom Mauerbau bis zum Mauerfall«.
406 Günter Grass und Wolfdietrich Schnurre an die Mitglieder des Schriftstellerverbandes in der DDR, 16. 8. 1961, in: Kai Schlüter, Günter Grass im Visier. Die Stasi-Akte, Berlin 2010, S. 29 ff.
407 Treffbericht, 19. 8. 1961, BStU, ZA AIM 11 000/64, Bd. II / 1, Bl. 44.
408 Nach Aussage von Erwin Berner ließ sich ES das Bärtchen nicht auf Wunsch von EvaS wachsen. Sie soll im Gegenteil entsetzt gewesen sein. Sie war es auch, die unbedingt den Schaukelstuhl wollte und deswegen annonciert hatte.
409 Gespräch mit Hermann Kant, 3. 5. 2010 in Prälank.
410 ES, Der Laden III, S. 261.
411 Peter Jokostra, Das große Gelächter, Stuttgart 1974.
412 Jokostra, Bobrowski & andere, S. 53.
413 ES an Peter Jokostra, 2. 1. 1955, ESA, Nr. 508.
414 Jokostra, Bobrowski & andere, S. 60.
415 Peter Jokostra an ES, 5. 10. 1954, ESA, Nr. 508.
416 Peter Jokostra an ES, 6. 9. 1954, ebd.
417 ES an Peter Jokostra, 11. 6. 1958, ESA, Nr. 509.
418 Ebd.
419 Jokostra, Bobrowski & andere, S. 61.
420 Peter Jokostra, Schriftsteller in der »DDR«, in: Deutsche Fragen. Informationen und Fragen aus der Zone des Unrechts, hrsg. vom Untersuchungsausschuss Freiheitlicher Juristen, 4 (1958) 11, S. 11–13.
421 Tagebuch, 19. 12. 1958, PAS.
422 ES, Der Wundertäter III, S. 471.
423 Offener Brief an einen Verleger, Die Welt, Hamburg, vom 1. 8. 1962.
424 Tagebuch, 22. 10. – 5. 11. 1956, PAS.
425 Werner Liersch, Unerwünschte Vergewaltigungen. Der Fall Djacenko: Wie ein unbequemes Buch verboten wurde und Erwin Strittmatter eine Wende vollzog, in: Berliner Zeitung vom 25. 1. 2003.
426 Tagebuch, 25. 11. 1956, PAS.
427 Tagebuch, 4. 12. 1956, PAS.
428 Tagebuch, 1. 2. 1958, PAS.
429 Tagebuch, 15. 2. 1958, PAS.
430 ES an Boris Djacenko, 17. 2. 1958, in: Werner Liersch, Unerwünschte Vergewaltigungen, a. a. O.
431 Tagebuch, 15. 12. 1967, PAS.
432 ES an Boris Djacenko, 16. 11. 1974, in: Werner Liersch, Unerwünschte Vergewaltigungen, a. a. O.
433 Karl Heinz Berger, Ein Leben nicht nach der Elle der Alltäglichkeit, in: Boris Djacenko, Herz und Asche, Berlin 1987, S. 8.

434 Tagebuch, 1.10.1963, PAS.
435 Tagebuch, 27.10.1955, PAS.
436 Tagebuch, 26.8.1962 u. 6.1.1957, PAS.
437 Tagebuch, 9. – 13.5.1956, PAS.
438 Kulturbund zur demokratischen Erneuerung Deutschlands, im August 1945 zunächst für alle Besatzungszonen gegründet.
439 Tagebuch, 19.11.1958, PAS.
440 Tagebuch, 3. – 7.9.1956, PAS.
441 Tagebuch, 30.1.1958, PAS.
442 Gespräch mit Christa und Gerhard Wolf, 17.2.2011.
443 Tagebuch, 29.8.1958, PAS.
444 Tagebuch, 7. u. 8.6.1958, PAS.
445 Tagebuch, 24.4.1967, PAS.
446 Tagebuch, 4.2.1980, PAS.
447 ES an Kurt Stern, 15.9.1982, Privatarchiv N. Steinitz.
448 Jeanne Stern an ES, 29.9.1982, ESA, Nr. 678/2.
449 Lew Kopelew an ES, 24.6.1960, ESA, Nr. 539/2.
450 Orlowa/ Kopelew, Wir lebten in Moskau, S. 118.
451 Lew Kopelew an ES, 12.12.1960, ESA, Nr. 539/2.
452 ES an Lew Kopelew, 27.12.1960, ESA, Nr. 539/2.
453 Tagebuch, 9.8.1963, PAS.
454 Tagebuch, 6.8.1963, PAS.
455 Tagebuch der Kaukasus-Reise, September 1965, PAS.
456 Lew Kopelew, Aufbewahren für alle Zeit, Göttingen 1996 (dt. Originalausg. 1976), S. 93 ff.
457 Tagebuch, 9.10.1967, PAS.
458 Tagebuch, 5.10.1967, PAS.
459 Orlowa/ Kopelew, Wir lebten in Moskau, S. 64.f.
460 Tagebuch, 9.6.1968, PAS.
461 Tagebuch, 17. – 19.11.1969, PAS.
462 Orlowa/ Kopelew, Wir lebten in Moskau, S. 208.
463 Tagebuch, 29.11.1969, PAS.
464 Tagebuch, 1.3.1973, PAS.
465 Klaus Bednarz, Namen nennen …, in: Raissa Orlowa/Lew Kopelew, Zeitgenossen, Meister, Freunde, München 1989, S. 9.
466 ES an Lew Kopelew, 15.3.1982, ESA, Nr. 678/2.
467 Tagebuch, 6.10.1988, PAS.
468 Vgl. ES, Die Lage in den Lüften, S. 202 u. 208 f. ES hatte am 20.1.1980 geschrieben: »[…] noch weiß ich nicht, handelt er auf Geheiß von H. [vermutlich Hager, A. L.], oder ist es wirklich sein eigener Wunsch.«

469 Klaus Theweleit, Buch der Könige. Orpheus und Eurydike, Bd. 1, Basel 1991, S. 5.
470 Ebd., S. 837.
471 Gutschke, Leib und Leben, S. 35.
472 ES an Eva Braun, 28. 4. 1952, EvaSA, Nr. 1111.
473 Gutschke, Leib und Leben, S. 35.
474 ES an Eva Braun, 20. 3. 1952, EvaSA, Nr. 1111.
475 ES an Eva Braun, 22. 4. 1952, ebd.
476 EvaS Braun an ES, 18. 8. 1952, ebd.
477 ES an Eva Braun, 7. 3. 1952, ebd.
478 Gutschke, Leib und Leben, S. 12.
479 Ebd., S. 13.
480 ES an Helene S, 4. 2. 1967, in: ES, Zeitchen vergeht ...
481 ES an Helene und Heinrich S, 3. 9. 1940, PAS.
482 ES an Arno Heusel, Januar 1940, PAS.
483 ES an Waltraud S., 1. Adventssonntag 1945, ESA, Nr. 484.
484 Bohsdorfer Aufzeichnungen, 21. – 25. 1. 1946, ESA, Nr. 182.
485 ES an Monette Schober, 26. 10. 1946, PAS.
486 Bohsdorfer Aufzeichnungen, 24. 3. 1946, ESA, Nr. 182.
487 Bohsdorfer Aufzeichnungen, 20. – 26. 7. 1946, ebd.
488 Tagebuch, 14. 7. 1956, PAS.
489 Tagebuch, 13. 2. 1958, PAS.
490 Tagebuch, 7. 8. 1962, PAS.
491 Gutschke, Leib und Leben, S. 20.
492 Schmalenberger Notizen, 29. 9. 1952, ESA, Nr. 829/3.
493 Gutschke, Leib und Leben, S. 57.
494 Vgl. »Die praktikable Wahrheit«, in: NDL 5/1958; »Tangenten«, in: NDL 7/1958; »Der negative Held«, in: NDL 12/1958.
495 Lebensläufe, TV-Produktion 1995.
496 Gutschke, Leib und Leben, S. 109.
497 EvaS, Mai in Piešt'any, S. 139.
498 EvaS, Liebe und Haß, S. 85.
499 Tagebuch, 22. – 25. 5. 1980, PAS.
500 Schmalenberger Notizen, 29. 10. 1952, ESA, Nr. 829/3.
501 Gutschke, Leib und Leben, S. 21.
502 Tagebuch, 26. 8. 1956, PAS.
503 Anna S an ES, 1. 8. 1957, ESA, Nr. 509/2.
504 Tagebuch, 4. 8. 1957, PAS.
505 Tagebuch, 5. 4. 1958, PAS.
506 Tagebuch, 10. 11. 1957, PAS.

507 Tagebuch, 24.12.1957, PAS.
508 Tagebuch, 25.12.1957, PAS.
509 Drommer, Des Lebens Spiel, S. 155f.
510 Tagebuch, 29.12.1957, PAS.
511 Tagebuch, 5.11.1963, PAS.
512 Gutschke, Leib und Leben, S. 44.
513 Uwe S an ES, 17.12.1961, ESA, Nr. 540/2.
514 Uwe S an ES, 2.1.1962, ESA, Nr. 540/1.
515 Tagebuch, 4.6.1962, PAS.
516 Tagebuch, 17. – 21.11.1980, PAS.
517 Tagebuch, 13. – 20.8.1987, PAS.
518 Thorkild Hansen, Knut Hamsun. Seine Zeit – Sein Prozess, München/Wien 1979.
519 Tagebuch, 13.10.1956, PAS.
520 Tagebuch, 23.5.1958, PAS.
521 Tagebuch, 12.6.1958, PAS.
522 Tagebuch, 5.6.1957, PAS.
523 Gespräch mit Helga von Arnim-Gralla, 23.9.2011 in Dagow.
524 Tagebuch, 23.8.1973, PAS.
525 Tagebuch, 18.12.1962, PAS.
526 Tagebuch, 31.10.1954, PAS.
527 Tagebuch, 4.12.1956, PAS.
528 Tagebuch, 29.5.1964, PAS.
529 Edith Rimkus/ES, Erntesommer, Dresden 1954; Edith Rimkus, Matti im Wald, Berlin 1966.
530 Gutschke, Leib und Leben, S. 40.
531 Tagebuch, 26.7.1962, PAS.
532 Tagebuch, 1. – 15.10.1962, PAS.
533 Ein Kind der dürren Dame Lebensunkenntnis, in: NDL 10/1955, S. 118–126.
534 Rede ES, 6.6.1958, Archiv DSV, Nr. 353, Bl. 124.
535 Tagebuch, 23. u. 24.10.1957, PAS.
536 Strittmatter über Strittmatter, in: 56 Autoren. Photos, Karikaturen, Faksimiles, Berlin und Weimar 1970, S. 129f.
537 Tagebuch, 13.1.1959, PAS.
538 Tagebuch, 1.8.1957, PAS.
539 NDL 10/1955, S. 120.
540 Tagebuch, 1.8.1957, PAS.
541 Tagebuch, 6.10.1958, PAS.
542 EvaS, Briefe aus Schulzenhof I, S. 57.
543 SAPMO BArch Berlin, DY 30/IV2/1/232, Bl. 43–50.

544 Vgl. das Manuskript »Tians Heimkehr« im Kapitel »Knechtstationen«.
545 ES, Nur was ich weiß und fühle, a. a. O., S. 39 f.
546 Tagebuch, 15. – 21. 1. 1963, PAS.
547 Tagebuch, 9. 5. 1963, PAS.
548 Vermerk, 1. 8. 1963, BArch Berlin, DR 15086a, Bl. 265.
549 Gutachten Dr. E. Geißler, 25. 5. 1963, BArch Berlin, DR 15086a, Bl. 256 ff.
550 Tagebuch, 9. 7. 1963, PAS; frühere Romanfassungen vgl. ESA, Nr. 81 u. 86.
551 Tagebuch, 23. 10. 1963, PAS.
552 Aktennotiz, 28. 8. 1963, BArch Berlin, DR 15086a, Bl. 267.
553 Tagebuch, 23. 10. 1963, PAS.
554 Tagebuch, 20. 1. 1964, PAS.
555 Tagebuch, 5. – 7. 2. 1964, PAS.
556 EvaS, 16. 2. 1965, Briefe aus Schulzenhof I, S. 29 f.
557 Inge v. Wangenheim, Treffpunkt Bitterfeld, in: ND vom 21. 2. 1964.
558 In: Neue Deutsche Bauern-Zeitung, 6/1964, zit. nach: Reinhard Hillich, Aufforderung zum Mitdenken. Erwin Strittmatters Roman »Ole Bienkopp«, in: Werke und Wirkungen, S. 66.
559 Herbert Paul, Den positiven Funktionär vergessen, in: Sonntag, Berlin, 4/1964.
560 In: Neue Deutsche Bauern-Zeitung, 7/1964, zit. nach: Werke und Wirkungen, S. 66.
561 Ernst Wulff, Wird die Revolution im Bett entschieden?, in: Neue Deutsche Bauern-Zeitung, 9/1964, zit. nach: Werke und Wirkungen, S. 66.
562 ES an Bernhard Igel, 21. 12. 1963, AdK Berlin.
563 Tagebuch, 22. 1. 1964, PAS.
564 Tagebuch, 7. 1. 1964, PAS.
565 Tagebuch, 25. 4. 1964, PAS.
566 Tagebuch, 8. 10. 1964, PAS.
567 Tagebuch, 9. 9. 1973, PAS.
568 Tagebuch, 9. 2. 1969, PAS.
569 Günter Grass an ES, 9. 5. 1961, ESA, Nr. 539.
570 Karteikarte von 1961, in: Schlüter, Günter Grass im Visier, S. 26.
571 Kommentar Günter Grass, in: Ebd., S. 26 f.
572 Wasser für Bentzien, in: DER SPIEGEL, Hamburg, vom 6. 6. 1961.
573 Ebd. Vgl. auch: SAPMO BArch Berlin, DY 43/624, Bl. 19.
574 Tagebuch, 1. 6. 1961, PAS.
575 Tagebuch, 1. 7. 1961, PAS.
576 Treffbericht, 29. 5. 1961, BStU, AIM 11 000/64, Bd. II / 1, Bl. 39.
577 Gespräch mit Hermann Kant, 3. 5. 2010 in Prälank.
578 Trotz dieser Feindschaft protestierten EvaS und ES, als man verhindern wollte, dass Hermlin auf dem VIII. Schriftstellerkongress im Mai 1978 wie-

der in den Vorstand des SV gewählt wird. Siehe Tonbandabschrift eines unveröff. Interviews von Lars Herde mit EvaS, 2006, ESA, S. 55.
579 Wasser für Bentzien, a. a. O.
580 Aktenvermerk, 19. 8. 1961, BStU, AIM 11 000/64, Bd. II / 1, Bl. 41 – 44.
581 Schlüter, Günter Grass im Visier, S. 30.
582 Vgl. Vaterland, Muttersprache. Deutsche Schriftsteller und ihr Staat von 1943 bis heute, Berlin 1979, S. 185 – 188.
583 Vgl. ND vom 20. 8. 1961; Sonntag, Berlin, vom 27. 8. 1961.
584 Entwürfe, 19. 8. 1961, in ESA, Nr. 138/2.
585 BStU, AIM 11 000/64; ESA, Nr. 260.
586 Literaturarchiv der AdK Berlin, Grass, Nr. 8987.
587 Vgl. Drommer, Des Lebens Spiel, S. 150.
588 Tagebuch, 21. 12. 1957, PAS.
589 Tagebuch, 8. 10. 1964, PAS.
590 Tagebuch, 24. 8. 1957, PAS.
591 Tagebuch, 29. 8. 1957, PAS.
592 Post aus dem Osten, in: Der Tagesspiegel, Berlin, vom 25. 8. 1961.
593 Vgl. Tod im Offenstall, in: DER SPIEGEL, Hamburg, vom 18. 3. 1964. – Das Archiv des S. Fischer Verlags, in dem Jokostras Brief vermutlich aufbewahrt wird, war bis vor kurzem leider nicht zugänglich.
594 Gutschke, Leib und Leben, S. 77.
595 Tagebuch, 4.–23. 12. 1961, PAS.
596 Gespräch mit Christa und Gerhard Wolf, 17. 2. 2011 in Berlin.
597 Tagebuch, 14. 4. 1971, PAS.
598 Tagebuch, 30. 5. 1972, PAS.
599 ES, Selbstermunterungen, S. 78.
600 Tagebuch, 29. 7. 1973, PAS.
601 26. 8. 1975, in: ES, Die Lage in den Lüften, S. 102.
602 Umwege zu Lao-Tse, Zeitzeugen TV, 1991.
603 ES an Bernhard Igel, 16. 2. 1990, AdK Berlin.
604 Laotse, Tao Te King. Das Buch vom Sinn und Leben, München 2012.
605 Tagebuch, 23. – 30. 4. 1979, PAS.
606 Tagebuch, 21. 8. 1968, PAS.
607 Tagebuch, 28. 8. 1968, PAS.
608 Eintrag vom 11. 7. 1980, in: ES, Die Lage in den Lüften, S. 222 f.
609 Tagebuch, 17. 11. 1976, PAS.
610 Tagebuch, 19. 11. 1976, PAS.
611 Tagebuch, 23. 11. 1976, PAS.
612 ES, Nur was ich weiß und fühle, a. a. O., S. 97.
613 Tagebuch, 7. 12. 1976, PAS.

614 Tagebuch, 23.11.1976, PAS.
615 Gespräch mit Hermann Kant, 3.5.2010 in Prälank und Gespräch mit Christa und Gerhard Wolf, 17.2.2011 in Berlin.
616 Konrad Naumann hatte dafür gesorgt, dass Erwin Berners Einberufung zurückgestellt wurde, damit er ein Engagement am Weimarer Theater antreten konnte. Er drohte EvaS, ihren Sohn doch einziehen zu lassen. Vgl. EvaS, Briefe ans Schulzenhof 2, S. 24.
617 Gutschke, Leib und Leben, S. 73.
618 Tagebuch, 6.12.1976, PAS.
619 Tagebuch, 7.12.1976, PAS.
620 Mittenzwei, Die Intellektuellen, S. 308.
621 Die Poesie hat immer recht. Gerhard Wolf. Autor, Herausgeber, Verleger. Ein Almanach zum 70. Geburtstag, hrsg. von Peter Böthig, Berlin 1998, S. 77.
622 Tagebuch, 8.12.1976, PAS.
623 ES, Sulamith Mingedö; ES, Meine Freundin Tina Babe, beide 1977.
624 ES, Die Lage in den Lüften, S. 118.
625 Ebd., S. 240.
626 Vgl. Sicherungsbereich, S. 695–701.
627 BStU, HA XX, ZMA/ 4191, Bl. 16.
628 Ebd.
629 Ebd., Bl. 26.
630 Ebd., Bl. 17,
631 Gedächtnisprotokoll, 13.7.1979, SAPMO BArch Berlin, DY 30/ IVB 2/ 2024.
632 ES, Die Lage in den Lüften, S. 196.
633 SAPMO BArch Berlin, DY 30/ IVB 2/ 2024.
634 Mittenzwei, Die Intellektuellen, S. 213.
635 SAPMO BArch Berlin, DY 30/ IVB 2/ 2024.
636 BStU, HA XX, ZMA 4191, Bl. 32 f.
637 BStU, ZA ZMA XX 50 437, Bl. 3.
638 ES, Die Lage in den Lüften, S. 234 f.
639 Tagebuch, 6.3.1970, PAS.
640 Halbhuber wurde 1989 der erste Chefredakteur der ersten alternativen Zeitung der DDR »die andere«.
641 Dietmar Halbhuber an ES, 12.11.1980, ESA, Nr. 828.
642 Information, 19.2.1979, BStU, HA XX, ZMA 4191, Bl. 2.
643 Personalakte »Liliom«, BStU, AIM 15 908/89.
644 Siehe auch das Kapitel »Der Krieg«.
645 ES an Kurt Hager, 16.9.1983, BArchB, SAPMO, DY 30/26 303.
646 ES an Kurt Hager, 15.1.1987, ebd.
647 Gutschke, Leib und Leben, S. 81.

648 Tagebuch, 21.8.1989, PAS.
649 ES an Kurt Hager 11.9.1989, SAPMO BArch, DY 30/26 303.
650 Tagebuch, 11.9.1989, PAS.
651 Tagebuch, 9.10.1989, PAS.
652 Tagebuch, 10.11.1989, PAS.
653 Tagebuch, 11.12.1989, PAS.
654 ES an unbekannt, 10.11.1987, BStU, ZMA Kult, 168/2, Bl. 7.
655 »Die Cholera« wurde in der NDL 11/1967 abgedruckt, dann erst wieder in: ES, Geschichten ohne Heimat.
656 Siehe Kapitel »Schriftsteller und Funktionär«.
657 Tagebuch, 26. 6. – 12.7.1976, PAS.
658 Gustav Just an Anna Seghers, 6.1.1955, ASA, Nr. 1104.
659 Vgl. Gustav Just, Gespräch vom 19. März 1992, in: Porträts 4. Günter Gaus im Gespräch, Berlin 1993, S. 55 – 77.
660 EvaS, Mai in Piešt'any; ES, Kalender ohne Anfang und Ende.
661 Nachwort von EvaS, in: Ebd., S. 235.
662 EvaS an Dr. Kerny, 13.10.1988, in: EvaS, Briefe aus Schulzenhof III, S. 386.
663 ES, Kalender ohne Anfang und Ende, S. 224.
664 EvaS an Irmgard Kuhlee, 25.1.1985, in: EvaS, Briefe aus Schulzenhof III, S. 323.
665 Ebd., S. 325.
666 EvaS an Charlotte Wasser, 20.12.1988, AdK Berlin, Nachlass Artur und Charlotte Wasser.
667 Tagebuch, 20.5.1989, PAS.
668 Tagebuch, 8./9.1.1990, PAS.
669 Tagebuch, 10.1.1990, PAS.
670 ES, Vor der Verwandlung, S. 100.
671 Ebd., S. 109.
672 ES, Nur was ich weiß und fühle, a. a. O., S. 14 u. 16.
673 Ebd., S. 112.
674 ES an Bernhard Igel, 2.8.1990, AdK Berlin.
675 ES an Charlotte Wasser, 20.8.1990, AdK Berlin, Nachlass Artur und Charlotte Wasser.
676 Tagebuch, 3.10.1990, PAS.
677 ES an Groißmeier, 11.11.1993, ESA, Nr. 389.
678 ES an Knut S, 23.11.1993, ebd.
679 Unveröffentlichtes Interview, 3.11.1998, Privatarchiv Herde.
680 Gutschke, Leib und Leben, S. 187.
681 Tagebuch, 26.1.1994, PAS.

PERSONENVERZEICHNIS

Abusch, Alexander 255
Adams, Peter (Pseud. von Boris Djacenko)
Alma, Dienstmädchen 40
Andersen, Marie s. Hamsun, Marie
Angermann, Anna (Maria) s. Strittmatter, Anna
Angermann, Hans, Vater von Anna Angermann 180, 209
Angermann, Wilma, Schwägerin von Erwin St. 219
Anni 184 f.
Apitz, Bruno 369
Arnim-Gralla, Helga von 340
Ash, Nathan 223

Balding, Juro 22, 45, 61
Balding, Minna 22, 45, 61
Baltzer, Hans 398
Barlach, Ernst 219
Barth, Bernd-Rainer 86
Beauvoir, Simone de 305 f.
Becher, Johannes R. 255
Becker, Jurek 381, 383
Bentzien, Hans 354 f., 363 f.
Berger, Karl-Heinz 271, 297
Berlau, Ruth 271
Berner, Erwin, eigentl. Erwin Strittmatter, Sohn von Erwin und Eva St. 33, 87, 96 f., 127, 129 f., 142–145, 161, 178, 227, 242, 244, 330–337, 342, 382, 407 f.
Beseler, Edith s. Rimkus, Edith
Beseler, Horst 283
Besson, Benno 98, 263
Bethmann, Hein 173, 183 f., 186, 188 f., 195, 205, 210

Bieler, Manfred 273
Biermann, Wolf 280, 301, 316 f., 379 ff.
Bläse, Paul 214
Bloch, Ernst 288
Bobrowski, Johannes 286
Böll, Heinrich 11, 105, 306, 309
Bölling, Klaus 392
Bomhard, Adolf von 121, 147
Bradler 226
Braun, Eva s. Strittmatter, Eva
Braun, Hedwig, geb. Berner, Mutter von Eva St. 264, 325, 330 ff., 334
Braun, Volker 383
Brecht, Bertolt 18, 21, 27, 223, 235, 237–242, 249, 271, 277, 295, 306, 318, 346, 359, 384
Brecht, Stefan 271
Bredel, Willi 255, 257, 259, 271, 364
Brenner 150
Brežan, Jurij 380
Brion, Friederike 30
Brix, Erika, geb. Franke 52–55, 77
Brucke, Renate 52
Bruyn, Günter de 185, 280
Büchele, Monette s. Schober, Monette

Caspar, Günter 257, 353 f.
Chruschtschow, Nikita S. 253, 255
Claudius, Eduard 255, 379

Daluege, Eduard, General 149
Daniel, Juri 308
Dessau, Paul 237
Diener, Daniela 144
Diener, Hildegard 144, 282
Dietl, Eduard, General 198

Diez, Martin 151
Djacenko, Boris 238, 243, 271, 289, 291–297
Djacenko, Ingeburg (Inge), geb. Kretzschmar 243, 291
Dönitz, Karl, Admiral 187
Drommer, Günther 31, 75, 87, 134, 182, 334
Dubček, Alexander 378
Dumas, Alexandre 19
Düpsch, Dorflehrer 41, 45
Dürrenmatt, Friedrich 12

Eckermann, Johann Peter 223
Ehrenburg, Ilja G. 220, 254
Eichler, Direktor 50
Emerson, Ralph Waldo 176
Engelmann 225
Enzensberger, Hans Magnus 305 f., 309

Faber, Elmar 311
Fallada, Hans 298
Fedin, Konstantin A. 309
Fiedler 260
Flade, Generalmajor 188
Flaubert, Gustave 212, 223
Folkers, Gutsinspektor 77
Franke, Else 402
Franke, Erika s. Brix, Erika
Franke, Herbert, Stallmeister 343, 402
Franz, Herrmann 122 f., 147–151, 154, 156–159, 161
Friedrich 251
Friedrich I. Barbarossa 79
Frisch, Max 11
Fühmann, Franz 25, 105–108, 281, 360, 369, 379

Gaus, Günter 401
Geißler, Dr. E. 353–355

Geschonneck, Erwin 12
Giebe, Hubertus 398
Globke, Hans 274
Glöckner 260
Gloger, Gotthold 278 f.
Goethe, Johann Wolfgang 30, 63, 73, 223
Gorbatschow, Michail 394
Gorki, Maxim 212, 265
Grass, Günter 11, 101 f., 274, 362–370, 372
Gregorcic, Partisanenführer 151
Greischel, Leiter der Kreispolizei 215
Griesser-Pecar, Tamara 139 f.
Groißmeier 406
Grotewohl, Otto 219, 247
Grünberg, Karl 243, 252
Grünert, Bernhard 356
Grytsch, Christa 330, 333
Gutschke, Irmtraud 258, 320, 325 f., 329, 336, 345, 373, 382, 394
Gysi, Klaus 353 f., 357

Haas, Wolfgang 48
Hacks, Peter 273
Hager, Kurt 108, 279 f., 354, 382, 387 ff., 392–396
Haid, Bruno 404
Halbhuber, Dietmar 391
Hammer, Rudolf 61, 210 ff.
Hamsun, Knut 207, 318, 337 f., 377
Hamsun, Marie, geb. Andersen 318, 337 f.
Hansen, Torkild 337
Harder, Irma 236, 244
Harich, Wolfgang 257, 273, 288
Häring, Willi 212 f.
Hartmann, Gertrud 209, 211
Haas, Wolfgang 48, 61
Hauptmann, Helmut 101, 271 f.
Hein, Christoph 107
Heintz, Jürgen, Sohn von Marga und Rudi H. 170

Heintz, Marga, geb. Strittmatter, Schwester von Erwin St., s. Strittmatter, Marga
Heintz, Rudi, Schwager von Erwin St., erster Ehemann von Marga Strittmatter 67, 91
Heller, Josef 117 ff., 123, 134, 147, 149, 188
Hemingway, Ernest 11, 223 f., 233, 265 f.
Herde, Lars 407
Hermlin, Stephan 273, 299 f., 314 f., 317, 365–369, 372, 381, 383, 395
Herrmann, Joachim 393
Herrnstadt, Rudolf 250 f.
Herzfelde, Wieland 274
Heym, Stefan 14, 273, 299 f., 381, 387
Himmler, Heinrich 114, 148 f., 152
Hitler, Adolf 68, 255, 338
Hoffmann, Hans Joachim 108
Holtz-Baumert, Gerhard 98, 266, 282 f., 383
Holzmann 174
Honecker, Erich 23, 280, 382, 389
Höpcke, Klaus 279 f., 311, 387–390, 393, 404
Hösl, Oberst 158, 167
Hubalek, Claus 239
Huchel, Peter 274, 286
Huck, Jürgen 186 f.

Igel, Bernhard 357, 377 f., 406

Jahns, Joachim 86
Jakobs, Karl-Heinz 383
Janka, Walter 257 ff., 288, 299, 304, 399
Jarmatz, Klaus 390
Jokostra, Peter (eigtl. Heinrich Knolle) 190 f., 222 f., 268, 270, 283–291, 297, 373
Jürgens, Hauptmann, Kompaniechef 159

Jurischka, Gottfried, Stiefgroßvater von Erwin St. 41
Jurk, Hermann 56
Just, Gustav 252, 399 ff.

Kafka, Franz 11, 265, 286, 289, 364
Kähler, Hermann 390
Kahls, Heinrich 260
Kaiser, Edith 310 f.
Kaiser, Hildegard, Mutter von Waltraud Kaiser 77
Kaiser, Waltraud (Traudchen) s. Strittmatter, Waltraud
Kamnitzer, Heinz 395
Kant, Hermann 98, 107, 281 f., 311–317, 336, 365 f., 379, 381, 383, 395
Kantorowicz, Alfred 227 ff., 235, 288
Karaschwili, Reso 306 f.
Kähler, Hermann 390
Käte, Gemeindeschwester 209, 323
Kaufmann, Hans 311 f.
Kershaw, Ian 180
Kestner, Charlotte (Lotte), geb. Buff 30
Kirsch, Sarah 381, 383
Kirschey-Feix, Ingrid 407
Kissel, Wilhelm 123 ff., 136 ff., 150
Klein, Ralph 120 f., 122, 148–151, 153, 156, 158, 166
Klemm, Klassenleiter 50
Klofanda, Oberstleutnant der Schutzpolizei 171
Knolle, Heinrich s. Peter Jokostra
Knötzsch, Karl 57 ff.
Köfer, Herbert 382
Köhler, Otto 366
Kohn, Erwin 252
Kolasser, Christel 219, 231, 323
König, Professor 95
Könsmann 226

Kopelew, Lew S. 269, 304–311, 386
Kopelewa, Raissa D. s. Orlowa, Raissa
Koppen, Helmut 184, 186, 188 f.
Kostas, Dolmetscher 107
Krause, Klaus 283
Krejsova, Jaroslava 190, 192
Kretzschmar, Ingeburg s. Djacenko, Ingeburg
Kuba (eigtl. Kurt Barthel) 255, 288 f.
Kuczynski, Jürgen 337
Kuhlee, Irmgard 402
Kulka, Magdalena (Helene), Großmutter von Erwin St. 22, 36 ff., 42–44, 62, 93, 133, 158, 206
Kulka, Matthäus (Matthes), Großvater von Erwin St. 35–38, 42–45, 62, 76, 93, 133, 175, 206, 321, 343, 359
Kümmel, Wolfgang 9 f.
Kunert, Günter 13, 381, 383
Kurella, Alfred 357
Kynast, Joachim 398

Landschek, Sabine 161 ff.
Lange, Mitarbeiterin DSV 367, 369
Langhammer 260
Laotse 377
Laxness, Halldór 377, 398
Leder, Lily 239
Lenin, Wladimir I. 213
Lennartz, Monika 310
Leonhard, Rudolf 250
Lewin, Willi 261 f., 294 f.
Liersch, Werner 14, 182, 190, 283, 293, 296
Lobner 225
Loest, Erich 13, 252 ff., 275–282, 288, 300, 399
Löffler, Anneliese 385 f.
Lyssenko, Trofim D. 237, 240

Magy, Tante 44
Maika 44
Mann, Dieter 395
Mann, Thomas 224
Marchwitza, Hans 222, 237 f.
Martens, Alexander U. 405 f.
Marx, Karl 213
Matzat, Heinrich 47
Merkel, Kurt 224
Merker, Paul 243
Mittenzwei, Werner 389
Möller, Fritz 236
Monteverdi, Claudio 318
Mossner, Ruth G. 391 f.
Müller, Heiner 14
Müller, Sepp 404
Musil, Robert 265, 364

Naumann, Konrad 116, 120, 382 f.
Nell, Peter 252
Neubert, Werner 386
Neugebauer, Landjägermeister 69
Nickold, Werner 177, 200 f.
Nietzsche, Friedrich 63, 73, 204

Oelschlegel, Vera 312, 315, 383
Orlowa, Raissa 304–311
Ott, Alexander 236

Palitzsch, Peter 239
Paroch, Benno 268–275, 365, 367 f.
Pasolini, Paolo 305
Pasternak, Boris 306
Pfeiffer, Klaus 163 f.
Philipicek, Johanna 236
Pieck, Wilhelm 252
Pircher, Ada 195
Pircher, Emma 195
Pitschmann, Siegfried 266 f.
Plavius, Heinz 240, 386

Pleitgen, Fritz 13
Pöschel, Leni 58
Preißler, Jochen 236
Priestley, John 220
Priller, Fritz, Polizeihauptwachtmeister 173
Protonotarios, Anthonoz (Anthony) 163
Proust, Marcel 224, 265
Püschel, Walter 271, 289

Rabenalt, Richard 236
Ragwitz, Ursula 393
Rakel, Max 214 f.
Reimann, Brigitte 266 f., 407
Reimer, Erich (Bobby) 221 f., 224, 238
Reich-Ranicki, Marcel 23
Rilke, Rainer Maria 73 f., 85, 101
Rimkus (Rimkus-Beseler), Edith 283, 344
Röder, Hendrik 24
Rodig, Anwalt 82, 92
Roehricht, Karl-Hermann 282
Rothe, Irene 11
Roy, Eberhard 69
Ruetz, Elsa 71 ff.
Ruetz, Hedwig 71–75, 81, 200, 205
Ruge, SS-Untersturmführer 86
Rülicke (Rülicke-Weiler), Käthe 239, 255
Runge, SS-Untersturmführer 166

Sacco, Ferdinando 213
Sacharow, Andrej 308
Sakowski, Helmut 395
Sandberg, Herbert 398
Sartre, Jean-Paul 12, 266, 305
Sauheitl, Anna 181-185, 195
Sauheitl, Franz 181-185, 195
Scharlach, Christel 53 f.

Schellenberger, Johannes 243 f.
Schieber, Walter, SS-Brigadeführer 83, 89 ff.
Schlesinger, Klaus 13
Schmidt, Emil, Stallmeister 343
Schmidt, Klassenleiter 9 f.
Schnurre, Wolfdietrich 274, 365, 367–369, 372
Schober, Monette, verh. Büchele 100 f., 129, 147, 155 ff., 176 f., 180, 185, 197, 207, 209, 322 f.
Scholochow, Michail A. 265
Schopenhauer, Arthur 63, 73 f., 101, 160, 204
Schreier, Peter 398
Schröder, Dr., Stabsarzt 126
Schröfel, Bruno 260
Schultz-Liebisch, Paul 398
Schulz 225
Schulz, Cornelia 402
Schwark, Professor 95
Seeger, Bernhard 244
Seghers, Anna 257, 261, 291, 299 f., 316, 364, 380, 400
Seidel, Dr. 267
Shakespeare, William 73
Silvia, Haustochter 89, 92
Simon, Günther 10
Sinjawski, Alexander 308
Skodowski, Bruno 346, 399
Solshenizyn, Alexander I. 302, 307, 309
Spann, Hauptmann, Bataillonskommandeur 153, 159
Spieker, Christoph 173
Stahl, Oberst der Schutzpolizei 187
Stalin, Josef W. 102, 237, 253, 255, 307, 325
Stams-Nischke, Ilse 236
Steffin, Margarete 318
Steinbeck, John 12, 223 f.

Steinitz, Wolfgang 250
Stern, Jeanne 257, 259, 297–304, 368
Stern, Kurt 257, 259, 297–304, 368, 379, 384
Strittmatter, Anna (Maria), geb. Angermann, zweite Ehefrau von Erwin St. 96 f., 176–180, 185, 197, 207–211, 217 f., 223, 230 f., 238 f., 244, 323, 329, 331, 336
Strittmatter, Dorothea, geb. Lühr, Großmutter von Erwin St., in zweiter Ehe verheiratet mit Gottfried Jurischka 36 f., 81, 158
Strittmatter, Erwin jr. s. Berner, Erwin
Strittmatter, Eva, geb. Braun, dritte Ehefrau von Erwin St. 16 ff., 31, 33, 37 f., 44, 51, 58, 81, 96 ff., 100, 127 ff., 143, 182, 227, 235, 238, 242 ff., 258, 263 f., 268, 273, 277 tf., 282, 291 f., 294, 306 ff., 310, 312, 314, 316, 318–337, 339 ff., 345, 347, 351, 355, 360, 370, 372 f., 382, 384, 390–394, 398, 401 f., 405, 407
Strittmatter, Heinrich, Vater von Erwin St. 18 f., 33, 37–44, 51, 56, 59, 88 f., 91 f., 128, 130 f., 134, 136, 141, 145 f., 153, 156, 175, 177, 180, 210, 214 ff., 321 f.
Strittmatter, Heinrich (Heini, Heinjak), Bruder von Erwin St. 19, 21, 37, 40, 50 f., 54, 56 f., 73, 88 ff., 130, 175, 206 f., 210, 230, 372
Strittmatter, Helene, geb. Kulka, Mutter von Erwin St. 19, 33, 35 ff., 39–45, 50, 56, 62, 88–92, 130 f., 133 f., 136, 141, 145 ff., 151–157, 166 f., 169, 175, 177 f., 180, 204 f., 210, 230, 321 f.
Strittmatter, Ilja, Sohn von Eva St. aus erster Ehe, von Erwin St. adoptiert 97, 129 f., 325, 330–337, 342, 402, 407 f.
Strittmatter, Jakob, Sohn von Erwin und Eva St. 33, 87, 96, 126–130, 142, 310, 332, 335 ff., 340, 396, 407 f.
Strittmatter, Josef, Großvater von Erwin St. 37
Strittmatter, Knut, Sohn von Erwin St. aus erster Ehe mit Waltraud St. 77, 84 f., 89, 93, 94–99, 134, 147, 155 f., 170, 175, 196, 204 ff., 210, 212, 217 f., 223, 230, 329, 331, 337, 342, 372, 407 f.
Strittmatter, Manfred, Bruder von Erwin St. 37, 54, 91, 130, 146., 166, 173, 175, 178, 206 f.
Strittmatter, Marga, Schwester von Erwin St., verh. mit Rudi Heintz 37 f., 53 f., 67, 96, 155, 166, 170, 175, 177, 205 ff.
Strittmatter, Marta (Martchen), Schwägerin von Erwin St. 166, 206, 230
Strittmatter, Martin, Bruder von Erwin St. 37, 40, 54, 88, 130, 156, 178, 205, 210
Strittmatter, Matthes, Sohn von Erwin und Eva St. 206, 264, 310, 332, 334–337, 342, 359, 402, 407 f.
Strittmatter, Thomas, Sohn von Erwin St. aus zweiter Ehe mit Anna St. 96, 217 f., 230, 239, 329, 336 f.
Strittmatter, Ulf, Sohn von Erwin St. aus erster Ehe mit Waltraud St. 54, 76 f., 80 ff., 84 f., 89, 92 f., 96–99, 134, 147, 155 f., 170, 196, 204 f., 210, 212, 217 f., 223, 230, 295, 329, 337, 372
Strittmatter, Uwe, Sohn von Erwin St. aus zweiter Ehe mit Anna St. 96, 209, 210, 217 f., 223, 230, 239, 311, 329, 331, 336 f.
Strittmatter, Volker, Sohn von Heini und Marta St. 206, 230

Strittmatter, Waltraud Maria Vineta, geb. Kaiser, erste Ehefrau von Erwin St., später verehelichte Lemcke 54 f., 70 f., 75 ff., 80, 82, 84 f., 89, 92 ff., 96–99, 106, 134, 147, 154 ff., 166, 170 f., 176, 196 ff., 205, 207, 322, 372
Susanne 205

Tagore, Rabindranath 85
Thälmann, Ernst 10
Thetmeyer, Henri 403 f.
Theweleit, Klaus 318, 337 f.
Thräne 207, 214 ff.
Thürk, Harry 277
Thyret, Paul 228
Tolstoi, Alexej N. 265
Tolstoi, Lew N. 63 f., 73 f., 204, 223
Töpfer, Erich 85
Toussaint, Schulrat 110
Trakl, Georg 107
Trauttmansdorff, Carl von 171
Tschesno-Hell, Michael 116, 120, 231, 238, 254
Tucholsky, Kurt 223 f.

Uhse, Bodo 274, 300
Ulbricht, Walter 229, 247, 251, 255, 257 f.

Vanzetti, Bartolomeo 213
Victor, Walther, 226, 238, 299
Voigt, Fritz-Georg 380, 388
Voigt, Paul 268

Wagenbach, Klaus 373 f.
Wagner, Siegfried 263, 268
Walser, Martin 363
Walther, Joachim 269
Wandel, Paul 400

Wander, Fred 360
Wander, Maxie 360
Wangenheim, Inge von 255, 356
Wapple, Mitschüler 48
Warnke, Herbert 32
Wasser, Artur 384
Wasser, Charlotte 384, 403, 406
Waterstradt, Berta 274
Weidemann, M. 70
Weigel, Helene 237 f., 271
Weiss, Peter 309
Weisskopf, Grete 274
Wekwerth, Manfred 395
Wellm, Alfred 283, 344
Wendl, Polizei-Oberleutnant 166
Wendt, Erich 257, 354 f.
Werkentin, Falco 243
Werner, Rudolph 225
Weyrauch, Wolfgang 223
Wieland, Heinz 116
Wiens, Paul 369, 372, 379
Wießler 225
Wigdorowa, Frieda A. 308
Willi, Bataillonskamerad 208
Wolf, Christa 14, 107 f., 277 f., 282 f., 299 f., 326, 360, 374, 382 f., 384
Wolf, Friedrich 232
Wolf, Gerhard 283, 381 ff.
Wolf, Hanna 358
Wolfe, Thomas 223
Wulff, Ernst 357
Wünnenberg, General 184

Zagar, Partisan 137
Zahorka, Herwig 182 f.
Zak, Eduard 356
Zetzsche, Dr., Anwalt 171
Zweig 223
Zweig, Arnold 239, 274
Zwerenz, Gerhard 254, 288

ZEITTAFEL

1912   14. 8.: Geburt von Erwin Strittmatter in Spremberg. Vater: Heinrich Strittmatter, Mutter: Helene Strittmatter, geb. Kulka.

1914   Nach der Einberufung des Vaters zum Militär zieht die Mutter mit Erwin und seiner Schwester Marga nach Graustein zu ihren Schwiegereltern.

1919   Ostern Einschulung in Graustein.
Nach der Heimkehr des Vaters übersiedelt die Familie im Juni nach Bohsdorf. Die Strittmatters eröffnen eine Bäckerei und einen Kolonialwarenladen. Dort Besuch der Volksschule.

1924   Ostern wechselt er an das Realgymnasium in Spremberg. Er wohnt während der Woche beim Ehepaar Balding, Jugendfreunden seiner Mutter.

1927   Konfirmation in der Kirche von Spremberg.

1929   Abbruch der Schule in der Untersekunda.

1930   Beginn der Bäckerlehre in Spremberg bei Hermann Jurk und in Prezsch/Elbe bei Karl Knötsch.

1932   April: Gesellenprüfung. Arbeit in der Bäckerei des Vaters, danach in der Bäckerei Kahren in Cottbus. Erste Versuche, als Kaninchenzüchter und Hundedresseur den Lebensunterhalt zu verdienen.
Erstes Romanmanuskript »Tians Heimkehr«.

1934   6. März: Verhaftung durch SA-Leute in Döbern, Entlassung aus dem Polizeigewahrsam am nächsten Tag.

1935   1. 5. bis 31. 10.: Farmleiter der Angora-Zucht im Tierpark »Diwa«, Dinslaken/Niederrhein.
ab 1. 11. 1935: Volontär in den Ortenburgischen Zuchtbetrieben in Tambach/Oberfranken (bis 31. 1. 1936).
Bekanntschaft mit Waltraud Kaiser.

1936   1. 9. 1936: Kaninchenzüchter, Gärtner und Chauffeur im Privathaushalt von Hedwig Ruetz auf dem »Edelhof« in Beulwitz bei Saalfeld (bis 1. 6. 1937).

1937   25. 5. bis 7. 9.: Pferdepfleger bei der Heeresstandortverwaltung Saalfeld. 7. 9. bis 30. 10.: Hilfsarbeiter in der Thüringischen Zellwolle AG Schwarza. 1. 11.: Geflügelzüchter auf dem Mühlgut Reschwitz bei Saalfeld (bis 31. 5. 1938).
4. 11.: Eheschließung mit Waltraud Kaiser auf dem Standesamt in Saalfeld.

1938   März: Geburt des Sohnes Ulf. Wohnung in Saalfeld, Saalwiesen 2.
8. 6. bis 8. 8. 1938: Hilfsarbeiter in der Optischen Anstalt Saalfeld.
10. 8. bis 15. 10.: Hilfsarbeiter in der Maschinenbauanstalt Darmstadt.
17. 10.: Beginn der Tätigkeit als Hilfsarbeiter, später Stammarbeiter in der Thüringischen Zellwolle AG Schwarza.

1939   November: Geburt des Sohnes Knut.

1940 Freiwillige Meldungen nacheinander bei Wehrmacht, Schutzpolizei und SS, die alle erfolglos bleiben, weil die Zellwolle AG ihn reklamiert.
November: Trennung von der Familie, Wegzug nach Bad Blankenburg.
1941 1. 3.: Einberufung zur Schutzpolizei, Ausbildung in Eilenburg bei Halle, Wachtmeister des Polizeibataillons 325. Ende September bis Ende Oktober: Erster Einsatz in Oberkrain/Slowenien zur Partisanenbekämpfung. Ende Oktober bis Ende Dezember: Einsatz in Krakau/Generalgouvernement.
1942 Januar bis April: Einsatz in Oberkrain. Seit März: Schreiber des Bataillons. Mai bis Juli: Ausbildung zum Gebirgsjäger in Reutte/Tirol. Das Polizeibataillon 325 wird als III. Bataillon in das neugegründete Polizei-Gebirgsjäger-Regiment Nr. 18 eingegliedert.
Bekanntschaft mit Monette Schober.
Juli bis September: Erneuter Einsatz in Oberkrain, Aktion »Enzian« zur Partisanenbekämpfung. Anfang Oktober: Rückkehr nach Reutte/Tirol; bis Ende November: Ausbildung unter Winterbedingungen und Verlegung des Regiments über Danzig nach Karelien/Nordfinnland.
1943 Januar bis Juli: Fronteinsatz in Karelien. Februar: Das Regiment erhält die Bezeichnung SS-Polizei-Gebirgsjäger-Regiment Nr. 18, das Teil der Ordnungspolizei bleibt. August: Ankunft in Griechenland. Oktober: Besetzung der Kykladen in der Ägäis, der Stab wird auf der Insel Naxos stationiert.
1944 Rückkehr auf das griechische Festland, Einsätze zur Partisanenbekämpfung. Juni/Juli: Strittmatter wird nach Berlin versetzt zur Film- und Bildstelle des Hauptamtes der Ordnungspolizei, Tätigkeit als Kriegsberichter. August: Beziehung zu Anna Angermann, der späteren zweiten Ehefrau. November/Dezember: Sechswöchiger Einsatz in Ostpreußen.
1945 Januar: Scheidung der ersten Ehe.
Vermutlich im April taucht Strittmatter mit zwei Kameraden in Wallern/Südböhmen auf dem Hof der Familie Sauheitl unter.
Mai: Vernehmung durch die Amerikaner.
Mai: Geburt des Sohnes Uwe in Erfurt (Mutter Anna Angermann).
Juni: Rückkehr nach Saalfeld, Arbeit als Gärtner auf einem Obstgut.
November: Umzug mit Sohn Knut nach Bohsdorf zu den Eltern. Arbeit als Bäcker, Neubauer auf Bodenreformland, Kleintierzüchter.
Veröffentlichung erster Erzählungen in der »Thüringischen Landeszeitung«.
1946 20. 8.: Eheschließung mit Anna Angermann im Standesamt Hornow. Beginn der Arbeit am Roman »Ochsenkutscher«.
1947 1. 5.: Eintritt in die SED (bis Januar 1990). Besuch eines Lehrgangs der Kreisparteischule der SED. August 1947 bis Februar 1948: Amtsvorsteher und Standesbeamter für den Amtsbezirk Bohsdorf.

1948 Anstellung als Redakteur in der Lokalredaktion der »Märkischen Volksstimme« in Senftenberg.
1949 September: Geburt des Sohnes Thomas. Umzug mit der Familie nach Spremberg, Leipziger Straße 5. Strittmatter arbeitet während der Woche in Senftenberg.
1950 Vorabdruck des »Ochsenkutschers« in der »Märkischen Volksstimme«.
Mitglied des Landesvorstandes des DSV Brandenburg, Leiter der Arbeitsgemeinschaft »Junge Autoren«. Wohnung in Spremberg, Johann-Strauß-Str. 1.
1951 März: Der Roman »Ochsenkutscher« erscheint als Buch im Verlag der »Märkischen Volksstimme«.
Beendigung der Tätigkeit als Redakteur. Freiberuflicher Schriftsteller.
Anlässlich der Internationalen Weltfestspiele der Jugend und Studenten in Berlin verfasst er das Laienspiel »Die neue Straße von Katzgraben«.
November: Sechs seiner Kurzgeschichten werden im Rahmen des Preisausschreibens des FDGB »Arbeit und Kultur« prämiert.
Abschluss eines Generalvertrags mit dem Aufbau-Verlag.
1952 Februar: Begegnung mit Eva Braun, der späteren dritten Ehefrau.
Mai: Beginn der Arbeit mit Bertolt Brecht am Stück »Katzgraben«.
Teilnahme an einer dreiwöchigen Studienreise deutscher Schriftsteller in die UdSSR.
Strittmatter mietet sich zusammen mit Boris Djacenko in der Försterei Schmalenberg bei Erkner ein, Umzug in ein Gästezimmer im Berliner Künstlerclub »Die Möwe«, später für einige Wochen Gast in der Wohnung von Helene Weigel und Bertolt Brecht in Berlin-Weißensee.
Mitglied des Bezirksverbands Berlin des DSV, des zentralen Vorstands des DSV und der Kommission für Nachwuchsförderung.
1953 Mitarbeit an der Inszenierung »Katzgraben« am Berliner Ensemble.
Anfang Mai: Gemeinsame Wohnung mit Eva Braun in der Berliner Stalinallee 107.
23. 5.: Premiere von »Katzgraben« am Berliner Ensemble.
Nach dem 17. Juni schreibt er einen kritischen Bericht über die Situation, der im »ND« nicht abgedruckt wird. Stattdessen wird er in einem Leitartikel am 9. 7. öffentlich gerügt.
Juni: Geburt von Erwin, dem ersten gemeinsamen Sohn mit Eva Braun.
August/September: Vierwöchige Schriftstellerreise mit Erich Loest nach Ungarn.
Oktober: Nationalpreis III. Klasse für »Katzgraben«.
»Eine Mauer fällt« (Erzählungen) im Aufbau-Verlag.
1954 20. 6: Reise mit Bertolt Brecht nach Amsterdam und Paris.

1954	5. 10: Scheidung der zweiten Ehe mit Anna Strittmatter.
	Erwerb des Hauses in Schulzenhof/Dollgow bei Gransee. Zweitwohnung in Berlin, Stalinallee 292. Ab November lebt auch Sohn Knut in Schulzenhof.
	»Tinko« (Roman) erscheint im Kinderbuchverlag. Neuausgabe des »Ochsenkutschers« (Roman) im Aufbau-Verlag, der Strittmatters Stammverlag wird.
	Dezember: Reise mit Willi Bredel und Stefan Heym nach Moskau.
1955	Nationalpreis III. Klasse für »Tinko«.
1956	Wahl zum stellvertretenden Vorsitzenden des DSV.
	14. 6.: Heirat mit Eva Braun.
	Arbeit am Filmszenarium »Tinko« zus. mit Eva Strittmatter.
1957	»Der Wundertäter« (Roman. Erster Band). »Tinko« (DEFA-Film).
1958	5. 2.: Aufnahme als Mitglied in die LPG »Frohe Zukunft« in Dollgow.
	Mai: Reise nach Ungarn mit Bredel und Hauptmann im Auftrag des DSV.
	Juni: Geburt des Sohnes Matthes.
	IV. Kongress des DSV, Strittmatter wird zum 3. Vorsitzenden gewählt.
	Er hält einen wichtigen Beitrag auf der Theoretischen Konferenz des DSV.
1959	Januar: Wahl zum Mitglied der Akademie der Künste. März: Wahl zum hauptamtlichen 1. Sekretär des DSV.
	Juni: Anwerbung als Geheimer Informator der Staatssicherheit (IM »Dollgow«).
	Oktober: Vaterländischer Verdienstorden in Silber anlässlich des 10. Jahrestages der DDR.
	»Pony Pedro« erscheint im Kinderbuchverlag.
1960	September: Nach einem Nervenzusammenbruch Entbindung von seiner Funktion als 1. Sekretär des DSV, weiterhin Mitglied des Präsidiums und des Vorstands.
1961	Nach Strittmatters öffentlichem Bekenntnis zum Bau der Berliner Mauer stoppt der S. Fischer Verlag die Auslieferung der bereits gedruckten Ausgabe des »Wundertäters«.
	6. 10.: Premiere des Stücks »Die Holländerbraut« (Regie Benno Besson) am Deutschen Theater, Berlin.
	Dezember: Das MfS stellt seine Zusammenarbeit mit »IM Dollgow« ein.
1963	Juni: Geburt des Sohnes Jakob.
	Juli: Teilnahme an einem Schriftstellerkongress in Leningrad.
	Mitte Oktober: Fahrt mit Schriftstellerkollegen nach Karlsruhe, um gegen die Verhaftung von Günter Hofé zu protestieren.
	November: Der Roman »Ole Bienkopp« erscheint nach vielen Verzögerungen und löst heftige Diskussionen aus.

1964	Oktober: Nationalpreis III. Klasse für »Ole Bienkopp«.
	Reise nach Düsseldorf, gemeinsamer Auftritt mit Max von der Grün.
	November: Herz-Kreislauf-Erkrankung, Aufenthalt im Regierungskrankenhaus, lange Erholungszeit bis ins Jahr 1965 hinein.
1965	»Ole Bienkopp«, »Ochsenkutscher«, »Der Wundertäter« erscheinen im Sigbert Mohn Verlag, Gütersloh.
	Oktober: Kaukasus-Georgien-Reise mit Eva, längerer Aufenthalt mit Lew Kopelew und Raissa Orlowa in Suchumi und Tbilissi.
1966	Oktober: Georgien-Reise mit Eva, Treffen mit Kopelews.
1967	»Schulzenhofer Kramkalender«. Fontane-Preis des Bezirks Potsdam.
1968	Juni: Längerer Krankenhausaufenthalt wegen schwerer Nierenkoliken.
	26. 11.: Tod von Helene Strittmatter, seiner Mutter.
1969	»Ein Dienstag im September. Sechzehn Romane im Stenogramm«.
1970	Strittmatter lernt schwimmen.
	Verleihung der Johannes-R.-Becher-Medaille.
1971	»3/4hundert Kleingeschichten«.
1972	März: Einzug in das neugebaute Haus.
	Auszeichnung mit dem Orden »Banner der Arbeit«.
	»Die blaue Nachtigall oder Der Anfang von etwas«.
1973	»Der Wundertäter« (Roman. Zweiter Band). Nach dem VII. Schriftstellerkongreß zum Vizepräsidenten des SV gewählt, Mitglied des Vorstands.
1974	Februar: Karl-Marx-Orden.
1975	Kunstpreis des FDGB.
1976	Oktober: Nationalpreis I. Klasse für das Gesamtwerk.
1977	»Meine Freundin Tina Babe. Drei Nachtigall-Geschichten« und »Sulamith Mingedö, der Doktor und die Laus. Geschichten vom Schreiben«.
1978	VIII. Schriftstellerkongreß: Auf eigenen Wunsch aus dem Präsidium des SV ausgeschieden, weiterhin Mitglied des Vorstands.
	Kunstpreis des FDGB.
1980	»Der Wundertäter« (Roman. Dritter Band) erscheint nach diversen Versuchen, den Roman aus politischen Gründen zu verhindern.
	Strittmatter zieht sich mehr und mehr aus der Öffentlichkeit zurück.
1981	»Selbstermunterungen« (Aphorismen).
1982	»Wahre Geschichten aller Ard(t). Aus Tagbüchern«.
	Vaterländischer Verdienstorden in Gold anläßlich des 70. Geburtstags.
1983	»Der Laden« (Roman. Erster Teil).
1984	Nationalpreis I. Klasse für das Gesamtwerk.
1985	»Grüner Juni. Eine Nachtigall-Geschichte«.
1987	»Der Laden« (Roman. Zweiter Teil).
	August: Ehrendoktor der Agrarwissenschaften an der Hochschule für

	Landwirtschaft in Meißen anlässlich seines 75. Geburtstags. Auszeichnung als »Held der Arbeit«. Ehrenbürger von Dollgow. Ehrenurkunde des Rates der Stadt Spremberg.
1987	14. 8.: Feier zum 75. Geburtstag im Berliner Künstlerklub »Die Möwe«. Erstmaliges Treffen aller Söhne. Reise mit Eva nach Island zu einem Internationalen Schriftstellertreffen. Begegnung mit Haldór Laxness.
1988	Ehrenbürgerschaft des Kreises Spremberg-Land.
1990	»Die Lage in den Lüften. Aus Tagebüchern« erscheint, eine Rekonstruktion der Zensurvorgänge um den »Wundertäter III«.
1992	»Der Laden« (Roman. Dritter Teil). »Flikka. Eine Geschichte«. Verfilmung der Roman-Trilogie »Der Laden«.
1993	Letzte große Lesereise nach Leipzig, Weimar, Suhl, Schwerin u. a.
1994	6. 1.: Tod des Sohnes Matthes. Am 31. Januar stirbt Erwin Strittmatter in Schulzenhof, er wird am 5. Februar auf dem Friedhof in Schulzenhof beigesetzt.

DANKSAGUNG

Zuallererst danke ich den beiden Söhnen von Erwin Strittmatter, Erwin Berner und Jakob Strittmatter, dass sie mir unbeschränkten Einblick in den Nachlass ihrer Eltern gewährt haben und in langen Gesprächen meine Fragen beantwortet, meine Irrtümer geduldig korrigiert haben. Mit Knut Strittmatter konnte ich ebenfalls ein ausführliches Gespräch führen.

Dank auch an Almut Giesecke, die Herausgeberin der Tagebücher von Erwin Strittmatter, die mich an ihrem umfangreichen Wissen teilhaben ließ.

Mein Kollege Bernd-Rainer Barth hat schon frühzeitig Informationen über Erwin Strittmatters Kriegsjahre gesammelt und mich auf wichtige Ereignisse und Dokumente aufmerksam gemacht.

Werner Liersch verwies mich auf seine Publikationen zum Thema, die ich bis dahin noch nicht entdeckt hatte.

Sabine Landscheks und Klaus Pfeiffers Erzählungen verdanke ich die Episode vom Schuss auf Naxos.

Karim Saab von der »Märkischen Allgemeinen« schickte mir einen bisher nicht bekannten Lebenslauf von Erwin Strittmatter aus dem Verlagsarchiv.

Lars Herde stellte mir das vollständige Transkript seines Gesprächs mit Eva Strittmatter zur Verfügung.

Henning Gloege lieferte mir Anhaltspunkte für die Biographie von Strittmatters erster Ehefrau Waltraud.

Nadine Steinitz übergab mir einen Brief von Erwin Strittmatter an ihre Eltern.

Dank auch an Renate Brucke und Manfred Schemel vom Erwin-Strittmatter-Verein Bohsdorf, die mir mit vielen Tipps und Hinweisen halfen.

Hans Krause machte mich auf die Geschichte von Peter Jokostra aufmerksam und stellte mir die Ergebnisse seiner Recherchen zur Verfügung.

Herrn Roy und Frau Jesussek vom Heimatverein Döbern verdanke ich die Kopie aus dem Wachbuch des örtlichen Polizeigefängnisses.

Jürgen Brückner, ehemaliger Schüler des Spremberger Gymnasiums, übersandte mir Informationen über das SS-Polizeigebirgsjäger-Regiment.

Berhard Igel gestattete mir den Einblick in seinen Briefwechsel mit Erwin Strittmatter.

Edith Kaiser erzählte mir von ihren Begegnungen mit Lew Kopelew und den Strittmatters.

Elli und Jürgen Grätz schließlich brachten mich mit Zeitzeugen aus der Schulzenhofer Umgebung zusammen und waren die Zuhörer einer ersten improvisierten Lesung.

Dank auch den Archivarinnen und Archivaren des Literaturarchivs in der Akademie der Künste, Berlin, für ihre freundliche Unterstützung, besonders Franka Köpp und Sabine Wolf, dem Bundesbeauftragten für die Unterlagen des Staatssicherheitsdienstes der ehemaligen Deutschen Demokratischen Republik, Berlin, der Stiftung Archiv der Parteien und Massenorganisationen der DDR im Bundesarchiv, Berlin, sowie Johannes Ibel von der KZ-Gedenkstätte Flossenbürg.

BILDNACHWEIS

Edith Rimkus-Beseler: 47, 49, 50, 53, 57, 60

Werner Schulze: 58

Archiv Aufbau Verlag (Günter Prust): 61

Bundesarchiv: 19/20

Erwin Strittmatter Archiv (Depositum) im Literaturarchiv der AdK: 14, 30, 38, 40, 44, 46, 51, 52, 54, 55, 56

Heinrich-Strittmatter-Nachlass, Bohsdorf: 12

Knut-Strittmatter-Archiv, Leipzig: 16

Privatarchiv Schulzenhof: 1, 2, 3, 4, 5, 6, 7, 8, 9, 10, 11, 13, 15, 17, 18, 21, 22, 23, 24, 25, 26, 27, 28, 29, 31, 33, 34, 35, 36, 37, 39, 42 (Tschuschke), 43, 45, 48, 59

Literaturarchiv der Akademie der Künste, Berlin/Bertolt-Brecht-Archiv: 41

Leider waren nicht alle Fotografen und Rechteinhaber von Fotos zu ermitteln. Etwaige Forderungen bitten wir an den Verlag zu richten.